百年南开
日本研究文库

# 日本经济转型与治理变革论

刘轩 著

江苏人民出版社

**图书在版编目(CIP)数据**

日本经济转型与治理变革论/刘轩著. —南京：江苏人民出版社，2019.7

(百年南开日本研究文库)

ISBN 978-7-214-23173-4

Ⅰ. ①日… Ⅱ. ①刘… Ⅲ. ①转型经济—研究—日本—现代②经济体制改革—研究—日本—现代 Ⅳ. ①F131.31

中国版本图书馆 CIP 数据核字(2018)第 298950 号

| | |
|---|---|
| 书　　名 | 日本经济转型与治理变革论 |
| 著　　者 | 刘　轩 |
| 责任编辑 | 洪　扬 |
| 装帧设计 | 刘葶葶 |
| 责任监制 | 王列丹 |
| 出版发行 | 江苏人民出版社 |
| 出版社地址 | 南京市湖南路 1 号 A 楼，邮编：210009 |
| 出版社网址 | http://www.jspph.com |
| 照　　排 | 江苏凤凰制版有限公司 |
| 印　　刷 | 江苏凤凰数码印务有限公司 |
| 开　　本 | 652 毫米×960 毫米　1/16 |
| 印　　张 | 23.25　插页 4 |
| 字　　数 | 304 千字 |
| 版　　次 | 2019 年 8 月第 1 版　2019 年 8 月第 1 次印刷 |
| 标准书号 | ISBN 978-7-214-23173-4 |
| 定　　价 | 82.00 元 |

# “百年南开日本研究文库”
# 编辑委员会

# “百年南开日本研究文库”出版说明

2019年南开大学建校百年校庆，作为中国教育史上的大事，当然是值得纪念的。

如何使纪念百年南开的活动具有历史意义？我们很早就开始谋划和筹备。早在2015年春节期间，南开大学日本研究院原院长、教育部人文社会科学重点研究基地南开大学世界近现代史研究中心主任杨栋梁教授，向江苏人民出版社王保顶副总编提起，想以集体展示日本研究院研究成果的形式来纪念南开百年校庆。这一提议得到了保顶同志的大力支持，也得到了研究院各位同事的积极响应。后来经过商讨，编委会一致同意以“百年南开日本研究文库”作为南开日本研究者纪念百年校庆丛书的名称，本文库由江苏人民出版社和南开大学出版社分别出版。与百年校庆相适应，“百年南开日本研究文库”也应该是百年来南开日本研究业绩的展现。为此，编委会确定本文库由以下几个方面的成果构成。

第一，从南开大学创立到抗日战争胜利时期南开的日本研究成果。刘岳兵教授搜集相关文稿四十余万字，编成了《南开日本研究（1919—1945）》。这是一本专题性的南开大学校史资料集，对于研究和总结包括南开大学在内的这一时段中国日本研究的状况和特点，具有重要的史料价值。

第二，新中国建立以来，南开大学成立的实体日本研究机构研究者的成果。实体研究机构包括1964年成立的日本史研究室、2000年实体化的日本研究中心和2003年成立的日本研究院。

第三，1988年组建的南开大学日本研究中心，是以日本史研究室成员为核心，联合校内其他系所相关日本研究者成立的综合研究日本历史、经济、社会、文化、哲学、语言、文学的学术机构。在百年南开日本研究的历史发展中，日本研究中心具有重要的意义。本文库也包括该中心成员的成果。

今后，如果条件成熟，还可以将日本研究院的客座教授和毕业生的优秀成果也纳入这个文库中，希望将本文库建设成为一个开放的、能够充分且全面反映南开日本研究水平的成果展示平台。

在中国百年来的日本研究中，南开占有重要的一席之地。历史的发展和南开的先贤告示我们：日本研究对于中国的发展至关重要。中日关系值得我们认真思考，其经验教训值得认真总结。百年来，南开大学的日本研究者孜孜以求，探寻日本及中日关系的真相，取得了一定的成绩。吴廷璆先生主编的《日本史》（南开大学出版社1994年），是南开大学与辽宁大学两校日本研究者倾注近20年心血合力打造出来的。杨栋梁教授主编的十卷本“日本现代化历程研究丛书”（世界知识出版社2010年）及六卷本《近代以来日本的中国观》（江苏人民出版社2012年），也几乎是倾日本研究院全院之力而得到了学界认可的标志性研究成果。另外，在日本国际交流基金的资助下，南开大学日本研究中心从1995年开始由天津人民出版社出版的“南开日本研究丛书”，展现了中心成员在日本研究各具体专题上的业绩，产生了积极的社会影响。这些成果都是南开日本研究者集体智慧的结晶。

“百年南开日本研究文库”是南开大学日本研究院和南开大学世界近现代史研究中心相关学术成果的集体展示。我们相信，本文库将成为南开大学日本研究和南开大学世界史学科“双一流”建设的又一项标志性成果，她将承载南开精神、贯穿南开日本研究学脉，承前启后，为客观地了解日本、促进中日关系健康发展做出新的贡献；我们也想以此为实现“发展同各国的外交关系和经济、文化交流，推动构建人类命运共同体”的理想，培养全民族的国际视野和情怀，提高广大人民群众的世界历史知识和认识水平，尽我们的一份绵薄之力。

“百年南开日本研究文库”编辑委员会

2019年3月19日

# 目　录

# 绪论：日本经济转型与治理变革的演进

在战后七十多年的经济发展历程中，日本曾经作为战败国，在美国占领下进行激进的战后改革，曾经经历二十多年的经济高速增长，曾经遭受二次石油危机的冲击。1968年，日本成为仅次于美国的世界第二经济强国。日本成功实现了经济高速增长、政治有序运行、社会秩序稳定。到1980年代，日本企业誉满全球，日本电器风靡世界，日本商人大举出手美国。然而，在全球惊叹日本“经济奇迹”之际，日经指数在闯过38915点的巅峰之后，股价开始迅速下跌。紧跟着房地产价格下降，“土地神话”破灭，泡沫经济崩溃。进入21世纪，日本社会在“失去的10年”的无奈中，又送走了“失去的20年”。日本政府和企业一直在探寻新的经济增长点和企业创新之路。战后七十多年的制度演进中，经济转型和治理变革始终是一个不变的政策课题。日本政府通过不断放松经济规制，推进国有企业民营化和公共事业的治理变革，推动经济发展和社会进步，其中既有可供参考的经验，同时也不乏失败的教训。

## 一、战后改革的历史定位与战后经济体制

1990年前后，日本学者提出的战时体制源流说、1940年体制说、总

力战体制说等观点，突出强调战时体制与日本现代体制的连续性，否定或淡化战后改革的性质和作用。第二次世界大战结束后，美国占领日本。在美国占领军主导下，日本政府推行的以财产税法、民主改革、解散财阀、农地改革等为主要内容的战后改革，事实上根本上动摇了战前日本国家统治的政治基础、经济基础和阶级基础，催生了新的宪法体制和生产关系。在战后改革后期，美国占领军对日政策发生了巨大转变，战后改革出现了明显的“不彻底性”。但是，这种占领政策转变及其“不彻底性”，以及战后日本经济体制中存在的对战前体制、战时体制的“继承性”“连续性”等因素，并不足以抹平战时体制与战后改革的沟壑，也难以决定和改变战后改革的革命性质。

国内外对日本战后改革的研究，出现了一个明显的“淡忘”或“忽视”因素，即避而不谈战后改革中的财产税法。1946 年，在美国占领军的授意下，日本政府制定和实施了具有一定“革命性”的激进财产税政策。日本政府通过征收高额的财产税和战时债务补偿税等，以法律形式没收了天皇、贵族、大财阀、大地主等的绝大部分财产，从根本上瓦解了明治维新以来确立的军事封建帝国主义的经济基础，从而为顺利推动战后改革开辟了道路，为战后日本经济恢复和高速增长创造了有利的社会环境，并形成了日本“一亿宗中流”社会的经济制度基础。

基于各项制度变革的基础，战后日本保持了长期的高速增长和稳定增长。制度是经济增长的源泉，一个国家的经济制度决定了其经济绩效。战后日本经济波动是日本型经济体制变迁的反映，而日本型经济体制的变迁对经济绩效产生了巨大的影响。日本传统型经济制度以各种法律化的条文或非法律化的行为惯例为基础，终身雇佣制、年功序列、企业内工会等构建日本独特的企业内部制度，相互持股和长期采购形成的集团制和系列化的企业间关系，以主银行制为中心的银企关系以及以“护送舰队行政”为基础的政企关系等，由各个经济主体有机构成。

以 20 世纪 70 年代中叶为分界点，日本经济形态发生了本质的变化，即完成了从后发展经济向工业化经济的转型。日本传统型经济体制本应在20世纪70年代中叶适时退出历史舞台,但“尼克松冲击”、第一次“石油危机”等危机等反而强化了“日本传统型经济体制”,导致曾经支持日本成功抵抗外部危机的经济体制,在新的历史时期发生了经济绩效的逆转,反而直接催生了泡沫经济并最终导致其破灭。20世纪80年代中叶的金融自由化,打破了日本对内封闭对外开放的经济模式,从半封闭(单向开放)走向了开放。改革过渡期的经济体制失去了日本传统型经济体制曾经具备的对外抗压优势,使日本经济对世界经济产生了严重的依赖性,在金融自由化的背景下,其经济绩效为世界经济的走势所左右。

在战后七十多年的发展历史中,日本政府和国民结合本国自然灾害应对的历史经验和教训,建立了较为系统的灾害应急管理体制。日本是一个灾害大国,台风、地震、海啸、火灾等成为影响日本人民社会生活的重大自然灾害。在长期与各种自然灾害斗争中,日本政府通过不断完善《防灾对策基本法》及相关法律,形成了系统推进灾害危机管理的紧急对策体制。该体制通过计划性预防机制、多渠道预警机制、协调性决策机制、专业救援与互助自救相结合的紧急救援机制,附之以应急对策机关、专门防灾机关、专业救灾队伍等系统性组织体系,有效减少了灾区人员伤亡和财产损失,确保了重大灾害面前的社会秩序稳定。日本完善的防灾法律制度体系虽然为紧急应对各种灾害危机提供了强有力的制度支撑,但是日本现行灾害危机管理的紧急对策体制依然面临着诸多现实困境。

## 二、高速增长时期的规制改革

规制是指在市场经济条件下,政府等公共机构基于一定的法律法规对某些具有自然垄断性、网络性等特点的特定产业或经济领域的微观经济主体直接采取的限制性行为或活动。规制本质上是一种政府管理行为,它具有一定的强制约束性、制度依赖性、有限理性、成本效益性和规制主体约束性等特征。

20世纪70年代以来，随着电信技术的迅速发展和电信产业的迅速扩张，发达国家掀起了电信产业规制改革的浪潮。由于受到各国制度环境、电信市场竞争结构以及电信产业发展程度等因素的影响，各国的电信规制改革过程及规制模式各具特点。在确保稳定提供基础电信服务和促进电信竞争的基本目标下，行为规制的趋同性、产业组织规制的非对称性以及监管体制的路径依赖性构成了全球电信规制改革的主要特征。

在进行电信产业规制改革的同时，各国政府也在不断调整自己的经济管理职能和行政管理体制。日本的信息产业管理体制经历了政府部门制、政企分开、管理职能分割、战略决策与行政管理分离的变化过程。日本信息产业管理体制虽然几经变革，但依然问题重重。围绕改革现存信息产业管理体制的问题，日本各界争议之声不断，然而，战后日本形成的"官僚制多元主义"政治决策机制严重制约了日本信息产业管理体制的改革步伐。

## 三、稳定增长时期的国有企业民营化

跨过长达20年的高速增长之后，经过两次石油危机的洗礼，到20世纪80年代，日本经济虽然仍然呈现一片繁荣景象，但高速增长时期形成的经济运行模式和规制体制已经难以适应成熟经济的发展挑战。为了改变因"制度疲劳"而导致的体制僵化等问题，增加社会发展的活力，中曾根内阁时期，强力推动第一波规制缓和与国企民营化，并实现了日本电信电话公社和国有铁道的民营化改革。新世纪前后，桥本内阁时期的行政改革和小泉内阁时期的结构改革，再次掀起了日本经济体制改革的高潮，中央行政管理体制全面深化，产业规制和社会规制进一步放宽，金融监管得到强化，并继续推动了道路公团和邮政事业民营化。

财政投融资作为国家干预国民经济的政策金融，是指政府通过财政规划模式进行的特定资金投资或融资活动，是建立国家垄断资本主义的重要支柱。在日本高速增长时期,财政投融资作为日本政府落实国家发展规划和宏观政策的重要手段,曾经为保证经济稳定发展和社会进步发挥了重要作用。日本财政投融资的主要对象随着国民经济的发展不断调整。1950年代前期,以重点产业中的大企业为重点,1950年代中期以后转变为大企业与中小企业并重,其后则越来越把社会基础设施改善置于重点。财政投融资制度作为战后日本财政制度的重要内容和日本政府的“第二预算”,对国民经济的发展和稳定具有一定的调控作用,对民间金融机构的融资活动也具有一定的示范和诱导作用。

民营化的根本目的是要通过调整政府与企业、政府与市场的关系,变革现存社会组织结构,减少社会交易费用,实现社会经济效益的最大化。但是,在推进民营化的政策过程中,由于特定制度环境的影响,政策过程可能会偏离政策自身的价值取向。战后日本进行的两次大规模国有企业民营化改革,其社会背景和政策过程虽然不尽相同,但是,在“分割性多元主义”的利益集团决策模式下,经过各利益集团之间的政治博弈,经济结构和经济体制虽然得到一定程度的调整,但民营化自身却偏离了其原本的价值取向,最终只是基本满足了利益集团的利益驱动需求。

1980年代以后,电信产业迎来大发展时代。电信产业作为信息产业的前沿领域和重要支撑,首先迎来了产业格局的大调整和产业规制的大变革。1985年,日本修改电信产业相关法律,实现了电信电话公社民营化和通信自由化,引入竞争机制,大量新兴企业进入电信领域。电信民营化是顺应时代发展要求进行的制度调整和经营体制变革,但由于日本社会纵向分割的职能主义决策体制影响,导致电信民营化改革的不彻底,NTT规制改革和NTT重组的严重滞后,最终影响了日本信息产业的发展步伐。

国有铁道民营化则是1980年代日本政治经济生活中的重大历史事件。曾经为近代日本经济发展立下汗马功劳的国有铁道,面临严重的亏损和经营问题,并日益成为日本政府的财政包袱。经过分割民营化改革，JR 集团转变为 7 家独立法人，通过剥离债务和人员分流，JR 集团实现了体制创新、管理创新，彻底打破了国有铁道的经营模式，引入了竞争模式。然而，国铁民营化前遗留下来的巨大债务包袱最终还是由日本国民买单。

在日本政府直接管理的诸多公共服务事业中，规模最大的是专门负责高速道路建设和运营的日本道路建设四公团。道路四公团是日本名副其实的耗钱大户。在战后日本公共事业的发展过程中，邮政事业作为公共资金的入口，由邮政储蓄和简易保险筹集巨额资金通过大藏省资金运用部之手投资于公共事业建设。日本道路建设四公团则是最大的公共投资出口。小泉内阁时期所倡导的结构改革，其主要着眼点在于根本解决日本公共投资的入口和出口问题。通过公共事业的民营化改革，试图彻底打破政官商勾结的利益集团体系。

基于对战前经济发展模式的反思，并为应对战后资金、技术供给不足等短缺经济的约束，以国营邮政部门提供的庞大资金为基础构建的战后护航体制，曾在战后日本经济赶超中发挥了重要作用。但是，日本成为经济大国后，经济发展的约束条件发生逆转，护航体制高成本、低效率、束缚市场活力发挥的弊端尽显，体制改革成为必然。邮政民营化作为国家治理的重要举措，是平成政治经济体制改革的重中之重，其深远意义在于釜底抽薪，彻底切断政府干预国民经济的主要资金来源，使护航体制失去本源性依凭。

作为战后日本最受争议的改革之一，邮政民营化搅动了整个日本社会，并直接导致了 2005 年的国会解散和“全民公决式”大选。赢得超级人气支持的小泉政府，虽然强势启动了邮政民营化改革，但邮政民营化体制下的制度安排，却直接延缓了邮政民营化进程，导致了日本邮政的治理困境，影响了邮政民营化的现实效果，并使轰轰烈烈开启的邮政民营化在政治博弈中被迫搁浅。

## 四、泡沫经济崩溃后的转型困境

近十几年来,中国国内研究过多关注了日本房地产泡沫破灭问题,但是,国内学者对日本的房地产泡沫及其崩溃问题存在一定认识误区,未能从经济转型和房地产关系角度分析日本地价波动的演进轨迹。战后日本的房地产市场主要经历了五个发展阶段,出现过三次房地产泡沫。其中只有1986—1991年的房地产泡沫最终“崩溃”。中国现阶段的房地产市场正处于快速增长时期,与1950、1960年代日本高速增长时期的房地产泡沫具有惊人相似性。经济高速增长和快速城市化往往伴随着房地产价格高涨甚至房地产泡沫。房地产泡沫未必导致泡沫经济,也不必然发生崩溃,而是可能通过有效释放或挤出加以消融。

日本1980年代中期出现的房地产泡沫,源于没有刚性需求的房地产炒作,其最终“崩溃”并不是泡沫爆裂后房地产价格的断崖式下跌,而是在日本政府直接干预下的逐渐挤出,并经历了长达20多年的缓慢下降。

泡沫经济崩溃后,日本经济陷入长期通货紧缩,其政策根源在于凯恩斯主义指导下的长期大规模公共投资。长期公共投资导致日本巨额国债负担,巨额国债积累与老龄化背景下的高额养老金支出引发严重财政赤字,迫使日本政府不得不继续大举国债。长期的经济低迷、民间投资不足和零利率政策,诱使大量银行资本和保险资金流入国债市场,并逐渐形成两条脱离实体经济的资本循环。民间储蓄、金融资本与国债市场之间的货币循环流动,引发实体经济中货币流量减少,物价下降,并最终形成长期通货紧缩。通货紧缩是民间投资不足的背景下政府大力压缩公共投资而引起的供求失衡的货币表象。

## 五、信息化时代的治理变革

进入信息时代以后,制造大国日本不断受到发达国家和新兴工业国家的挑战。为了寻找新的经济增长点，日本在继续加强汽车、机械、半导体、精密仪器等传统优势的同时，不断加大对动漫、游戏等内容产业投入。作为世界第二内容产业大国，日本内容产业虽然具有一定的国际竞争力，但日本动漫、游戏等内容产品却未能获得理想的海外输出收益。日本政府虽然积极推动内容产业国际化战略，但由于日本内容产业发展模式的滞后性、内容产业政策的保守性、内容产品本身的民族性以及现实环境制约，日本内容产业国际化发展之路步履维艰。

数字时代的传输渠道融合、传播模式革命对网络内容规制提出了深刻挑战，网络内容规制的理论演进与实践探索虽然提供了有益参考，但国际上一直难以形成网络内容规制的治理共识。在未来的内容时代，网络规制的治理逻辑应该以确保内容创新为基点，日本结合本国的现实国情，首先实现了从监管思维向治理思维的转变，进而确立网络分层、内容分级的治理结构。

信息时代的根本问题是创新和人才，对于承担科技创新和人才培养的大学来说，改革大学内部管理，提高大学治理水平具有重要现实意义。面对全球化、信息化的不断深入和国际竞争的日渐加剧，充分发挥国立大学的文化融合、知识创新能力，打造世界一流的教育科研基地，培养适合全球化竞争要求的复合型高科技人才，成为各国政府制定大学改革政策的重要内容。日本的国立大学研究制定大学长期发展规划，构建能够调动全体教师积极性、创造性的大学治理模式，全面评估成果主义、管理主义的治理模式，尽量避免过分成果化、程式化的大学管理。为此，日本国立大学打破完全以传统学科为基础的人才培养体系，试点调整学科体系和院系体系，建立融合多学科、多门类的课程体系和自由选课系统，努力培养复合型人才。增加全球化、国际化教育内涵和课程设置，改革国际相关的行政管理体制和课程设置体系，构建开放性、多元化课程体系和院系结构。

## 六、全球化背景下的战略选择

冷战结束后,全球化和区域化趋势日趋加强,亚洲经济迅速崛起。面对世界格局日益发生的重大变化,加之长期低迷的日本经济现状,日本政府不得不全面调整其外交战略。曾经以“脱亚入欧”和“西方社会一员”而自豪的日本,一直踌躇于亚洲主义或太平洋主义的历史分水岭上。围绕东亚共同体的构建,日本政府左右摇摆,这一方面体现了当代日本在区域主义问题上的方向迷失,同时也反映了日本外交战略智慧的匮乏。

亚洲投资银行建设和“一带一路”建设倡议激发了亚洲基础设施投资热潮,得到了国际社会的广泛认可和支持,推动着国际政治经济秩序走向重构。面对中国的和平崛起,日本政府曾经长期沿袭“文明冲突”理念下的冷战思维,利用各种手段对中国进行遏制、围堵。对于中国提出的亚洲投资银行和“一带一路”建设倡议,日本以一种矛盾的心态而冷漠处理之。中日两国如果能够在“文明共生”的治理理念下形成“互利共赢”的战略默契,通过建立多种形式的开发合作机制,充分发挥各自在资源、技术、专利、人才等方面的优势,一定可以为亚洲乃至世界文明的发展做出更加卓越的贡献,并有利于推动世界大变局下的国际秩序重建。

# 第一章　战后改革与战后经济体制

在美国占领军直接指导下，战后日本的经济体制和经济结构经历了巨大变化。美国占领军按照自己设定的制度模式从根本上改变了日本的财产占有关系、经济制度和企业组织体系。尽管这些制度设计的初衷与结果并非完全一致，但是在占领初期，一定程度上说美国的对日占领政策基本实现了其战略目的。然而，随着战后改革期间国际局势的剧烈变化，美国对日占领政策也发生了巨大改变。从战后改革的最终结果看，日本走出了一条美国占领军和日本政府都没有充分意识到的结果。战后日本实现了经济快速恢复和高速增长，其发展速度和经济实力远远超出了美国对日制度设计的目标，也超出了日本人自身对战后发展的预判。究其原因，关键在于战后改革带来了日本制度变革的超级红利。如何正确认识战后改革，如何正确认识美国对日占领政策及其变化，对于理解战后日本的发展轨迹和未来趋势有着重要意义。

## 一、战后改革中的财产税法及其政策价值

自20世纪80年代以来，伴随着日本经济大国地位的确立，日本政府开始积极谋求政治大国、文化大国和军事大国地位。在学术领域，基

于战后高速增长和经济奇迹的根源探寻，一些日本学者开始高度关注战时经济体制，着力发现日本当代经济体制的继承性、连续性和异质性，并有意“淡化”或选择性“遗忘”战后改革的历史事实。这种人为剪裁日本历史发展过程的研究方法，一定程度上误导了日本国民对战后改革、战后七十年发展道路的客观认知。

如何全面认识日本的战后改革，如何科学评定战后改革的性质及其历史意义，不仅直接关系着如何正确认识战后日本的国家性质和发展道路问题，也关系着如何正确理解当代日本的社会思潮和未来战略走向问题。系统梳理国内外关于日本战后改革的研究动态及存在问题，通过分析战后初期的财产税法及其对战后改革的影响，重新探讨日本战后改革的性质，可以进一步揭示日本战后改革的历史本源。

### 1. 战后改革及其研究

第二次世界大战战败后，在美国占领军主导下，日本政府通过实施财产税法、解散财阀、农地改革、教育改革、劳动立法等措施，推动了具有划时代意义的战后民主改革。战后初期，日本学界对战后改革给予了高度评价，强调日本战后改革是资产阶级民主主义革命①。1960 年代前后，井上清等马克思主义学者对战后改革基本持肯定态度。1970 年代以后，与山田盛太郎等基于“结构论”视角的战后改革研究不同，以大内力为代表的马克思主义经济学家，注重从“机能论”和“发展阶段论”视角开展战后改革研究，强调战前与战后的连续性，主张战后改革是国家垄断资本主义进程中的一场变革。因此，围绕战前体制和战后体制的连续与断绝问题，日本学界出现了结构论与发展阶段论的论争。②

20 世纪 90 年代以后，随着后现代理论和民族国家论的兴起，日本学

① 山田盛太郎「農地改革の歷史的意義」1949 年、『山田盛太郎著作集，第 4 巻』岩波書店、1984 年、第 3 頁。

② 森武麿：「戦前と戦後の断絶と連続：日本近代史研究の課題」『一橋論叢』第 127 巻(6)、第 639—654 頁。

界出现了一股对战后体制追本溯源的学术反思，并先后提出了战时体制源流说、1940年体制说、总力战体制等论说。冈崎哲二等西方经济学派强调现代日本经济制度的源流在于战时经济的计划性和统制经济模式①。野口悠纪雄认为战后日本经济体制源于战时的"1940年体制"②。山之内靖主张现代社会制度的出发点不是战后改革，而是动员社会整体进行战争的合理化的总力战体制③。上述研究借助后现代理论、现代化理论等时髦词语，过度注重日本经济体制的自我衍生和进化，强调战时体制与战后体制的连续性，有意否定或淡化美国占领时期实行的战后改革。

上述学说的提出，虽然一定程度上迎合了经济大国时代日本社会的自负心理，但却遭到了许多日本经济学家的批判。桥本寿郎认为，"1940年体制无法直通现在"，战后改革是"资本主义史上最伟大的实验"。④ 浅井良夫认为："战后经济改革是伴随着私有产权大规模转移的经济社会变革。通过财阀解体和禁止垄断政策，相当于股份公司资本42%的股票成为强制转让对象。农地改革使全国80%出租耕地的被强制转让。这种大规模的改革在社会经济秩序稳固时是不可能出现的。"⑤森武麿指出，"1990年代出现的总力战论、现代化论和现代经济体制战时源流论等，通过提倡战时和战后的连续性，试图将战后改革的壁垒无限接近于零。"⑥

在国内，对日本战后改革的研究，主要围绕民主宪法、解散财阀、禁止垄断、农地改革、教育改革等问题展开。俞辛焞著《试论日本的战后改革》一文，系统论述了日本战后改革的主要内容、性质和推动力量，强调

① 岡崎哲二、奥野正寛:『現代日本システムの源流』日経出版、1993年。
② 野口悠紀雄:『1940年体制:さらば戦時経済』東洋経済新報社、増補版、2010年12月。
③ 山之内靖:『総力戦体制』筑摩書房、2015年。
④ 橋本寿朗「戦後経済50年—2—「1940年体制」は現在と直結していない」『エコノミスト』73(19)1995年5月9日号、第68頁。
⑤ 浅井良夫「日本の戦後経済改革」『土地制度史学』別冊1999年9月、第93頁。
⑥ 森武麿:「戦前と戦後の断絶と連続:日本近代史研究の課題」『一橋論叢』第127巻(6)、第639—654頁。

“战后改革是明治维新的最终的归宿，完成了维新以来日本近代的历史过程，因此它在日本历史上是个划时代的改革，其改革的性质是反封建、反军国主义、反法西斯的资产阶级民主革命”。[①] 田桓强调：“日本战后体制改革的目标，就是要在日本彻底扫清封建残余势力，完成明治维新以后应该完成而未能完成的资产阶级革命任务。”“战后体制改革是不亚于明治维新的一次社会大变革。”[②]针对1990年以来日本学界出现的否定和“淡化”战后改革的研究趋向，杨栋梁强调：“战后日本的经济制度及经济体制变革，意味着经济领域发生了一次革命性的变革。”战时经济体制的某些要素虽然对战后体制产生了重要影响，但“战时源流说”和“1940年体制说”存在明显缺陷。[③]

与上述战后改革研究的视角不同，吴杰认为：“应该肯定战后改革的积极作用，但是还应该注意其局限性。”“有些论述日本战后经济高速发展的著作对战后改革作了过高的评价。有不少论文纠缠在派系性的学说论辩之中，进展较慢。”[④]张健基于日本战后改革的不彻底性，认为“日本的战后改革是一场资产阶级民主主义性质的改革。改革不同于革命。改革是在原有生产关系和上层建筑的框架内进行的”[⑤]。冯玮强调，日本战时经济体制是战后经济体制的原型，二者并没有因为战后改革而割断，是一种“持续”关系[⑥]，这种观点比较接近1990年以后日本出现的战时体制连续说。

国内外关于日本战后改革的研究，尽管研究视角和研究方法各异，侧重点也不尽相同，但都疏漏了一个影响日本战后改革性质及其进程的

① 俞辛焞：《试论日本的战后改革》(上)，《世界历史》1980年第5期，第12—19页。

② 田桓：《日本战后体制改革》，经济科学出版社，1990年，第515页。

③ 杨栋梁：《论日本战后型经济体制的形成——兼评“1940年体制”》，《南开学报》2004年第5期，第66—77页。

④ 吴杰：《关于日本战后改革研究的若干意见》，《日本研究》1985年第4期，第73页。

⑤ 张健：《试论日本战后改革的不彻底性》，《日本学刊》2004年第1期，109页。

⑥ 冯玮：《再论战后日本经济体制的特征、问题及改革——对战后日本经济体制的历史学分析》，《北京行政学院学报》2004年第6期。

重要内容，即1946年实行的财产税法。战后改革初期，以大内兵卫等为首的马克思主义经济学家积极倡导并推动了财产税法的出台。日本一些研究成果虽然涉及了1946年财产税法的相关问题，但多是一些解释性资料，缺乏系统论述。1975年，高石末吉出版《梦幻的财产税：失败的战后混乱收拾政策》，系统研究了1946年财产税法出台、实施等历史过程。但是，囿于作者本身的立场和视野，该书并未深入论及财产税政策与战后改革的关系。高石末吉认为："财产税是日本国民经历的一场噩梦。从结果看，国民从来没有遭受过如此重大的牺牲。"①作者明显是站在有产者的立场上，根本否定1946年财产税法的历史价值。

1970年以后，日本出版的许多战后改革研究成果，有意无意地回避或淡化了战后改革中的财产税政策问题。1974年东京大学社会科学研究所出版的八卷本《战后改革》，对于财产税征收问题，仅仅在研究解散财阀时稍有提及，给人一种无足轻重的感觉。井上一郎在《税大论丛》《经营经理研究》等杂志上连续发表多篇文章，详细披露了财产税法相关的许多珍贵史料，但大多限于历史史料的介绍。林荣夫在《战后日本的租税结构》②中虽然对财产税法及其实施情况有所涉及，但只是简单强调了财产税法实施的不彻底性。广田四哉在《地主解体与财产税》③、《旧资产阶级的没落》④等文章中，虽然探讨了1946年财产税法与农地改革、解散财阀、皇族和华族衰落的关系，并高度评价了财产税政策的历史意义，但上述成果未能对财产税法及其相关政策进行系统分析。

2. 财产税法颁行的历史背景

财产税作为调解个人收入分配关系和实现社会公平的重要手段，已为许多国家所采纳。但是，由于各国客观经济条件、政治环境和历史文

① 高石末吉『夢の財産税：破れた戦後の混乱拾収策』時潮社、1975年、第1頁。
② 林荣夫『戦後日本の租税構造』有斐閣，1985年。
③ 広田四哉「地主の解体と財産税」『土地制度史学』35(1)、14—32頁、1992年10月20日。
④ 广田四哉：「旧資産階級の没落」中村正則等编『占領と改革』岩波書店、2005年。

化等具体国情差异，财产税的开征时间、条件、税种、税率、征收方法和课征对象等存在较大差异。中华人民共和国成立初期，我国进行新民主主义革命和社会主义改造，确立了近乎平均主义的分配体制。改革开放以后，在"一部分人先富起来"的政策鼓励下，我国经济实力和居民生活水平不断提高，与此同时，居民收入差距拉大，贫富分化严重，社会矛盾加剧，不稳定因素日趋增多。因此，作为建立社会稳定机制的重要手段之一，重新调整社会财产分配制度，适时引入财产税，已成为直接关系我国社会发展的重要课题之一。

战后初期，在美国占领军的主导下，由日本政府实行的财产税制度，不仅通过 25%—90%的一次性财产税、100%的一次性战时债务补偿税，直接剥夺了从天皇、贵族到大财阀、大地主的绝大部分财产，而且还通过 20%—75%的个人所得税、20%—90%的继承税等调整了过分悬殊的个人收入分配模式，确立了战后财产收入再分配的制度框架，奠定了日本"一亿中流"社会的经济基础，为战后日本经济高速增长和政治稳定创造了有力的制度环境。

（一）尖锐的社会矛盾

明治维新以后，由于以天皇为首的皇族、华族等封建残余势力大量保存，在发展资本主义和对外侵略过程中，日本的封建贵族与大财阀、大地主紧密结合，形成了日本式封建专制的军事帝国主义国家。天皇、贵族、大财阀、大地主迅速聚敛了庞大的个人财富，而广大劳苦大众却未能享受资本主义发展的成果。因此，战前日本贫富差距悬殊，阶级矛盾异常尖锐。根据南亮进推算，1923、1930、1937 年，日本的基尼系数分别为 0.530、0.537、0.573，可以说，战前日本的收入分配差距已经大大超过警戒线。与之相对，战后高速增长期的 1972 年，其基尼系数却仅为0.314。战后日本贫富分化现象得到明显改善。[①] 战前战后之所以出现如此巨大差异，其根本原因在于战后改革的影响。特别是战后改革时期实施的财

① 南亮進「所得分布の戦前と戦後を振り返る」『日本労働研究雑誌』2007 年 May、No. 562。

产税制度，由于它在相当大程度上直接调整了社会财富的再分配形式，从而造就了令各国瞩目的所谓“一亿中流”社会。

（二）危机的财政

战后初期，日本生产设施遭到极大破坏。长期空袭造成工厂机械设备和运输工具严重损毁，大量工人失业，农村土地荒芜，加之大批军人复员回国或回家，粮食供应异常紧张。1945 年，日本稻米生产仅为 4000 万吨，大大低于平常年份 6000 万吨的平均值。由于生活物资奇缺，通货膨胀严重，地下黑市猖獗，日本政府不得不实行配给制。据日本银行统计，1946 年以后批发物价连年上涨，前三年批发物价平均每年上涨近 3 倍之多，而黑市价格更远高于官方价格。（参见表 1－1）

**表 1－1　战后初期的批发物价指数(1948 年 1 月＝100)**

| 年度 | 1946 | 1947 | 1948 | 1949 | 1950 | 1951 |
|---|---|---|---|---|---|---|
| 批发物价指数 | 19.13 | 56.61 | 150.4 | 245.4 | 290.4 | 402.4 |

资料来源：大藏省财政史室編『昭和財政史—終戦から講和まで』19 統計、東洋経済新報社、第 38 頁。

战争期间，日本政府曾经多次发放国债，结果导致货币大量增发。战后由于军需生产停止，大批军事订货费用难以支付，因此，战后日本政府面临庞大的战时国债偿还责任和担保责任。大量退伍军人的津贴、退休金等，由军队负责支付，政府无权干预，从而进一步加剧了通货膨胀。此外，作为“战争终止处理费”，日本政府还要支付美国占领军的占领费用。1948 年，“终止战争处理费”占到日本国家预算的 35.5%。为了解决财政亏空，占领军要求日本政府加大税收力度，督促税务人员强行扣押和拍卖滞纳者财物，严厉处罚偷税漏税者。

（三）占领军的目的

日本战败后，美国军队以联合国名义占领日本，美国远东司令麦克阿瑟成为“八千多万日本国民的绝对统治者”①，并直接指挥了日本的战

① 末川博『戦後二十年史資料——法律』日本評論社、1971 年、第 13 頁。

后改革。对于美国占领军来说，日本战后改革的根本目的并不在于恢复日本经济，而在于彻底消灭日本潜在的再侵略潜力。“最初的占领政策具有浓厚的对战败国惩罚的性质，占领军是趾高气扬地进驻日本的。与此同时，美国政府指示麦克阿瑟，‘对于日本经济的复兴和强化，你不负任何责任’。”①因此，对于战后改革，美国政府一开始并没有形成系统的占领方案，各项政策是随着战后改革推进而逐步展开的。美国当时采取的一些短期性经济政策，虽然目的并不在于帮助日本，但是从长期和客观的视角看，却为后来日本经济的恢复、发展和社会稳定起到了极大的正面作用。1945 年 11 月 24 日，GHQ 向日本政府发出“关于没收战时获利及国家财政再建备忘录”(SCAPIN337)，指令日本政府设立战时获利税，停止战时补偿②。在美国占领军的直接压力下，币原内阁开始研究财产税的征收问题。

### （四）紧急金融措施和财产调查令

面对日益恶化的通货膨胀和财政危机，日本政府的中心课题是，如何挽救濒临破产的国家财政，如何抑制和避免通货膨胀。1945 年 11 月 6 日，外电报道日本将发行新币和创设财产税，导致人们纷纷挤兑存款，通货膨胀进一步加剧，经济运行呈现恶化趋势。大藏大臣涩泽敬三提出四项措施，试图以此抑制通货膨胀，重建日本经济，即：(1) 以“全体国民战死之信念”，征收约 1000 亿日元财产税；(2) 为调查财产，必须发行新纸币，更换旧纸币；(3) 交换新旧币时，坚决冻结存款；(4) 对军需企业进行补偿，但征收财产税。③

1946 年 2 月 17 日，日本政府以天皇“敕令”形式颁布“金融紧急措施令”“日本银行券预存令”“临时财产调查令”，决定实施经济危机紧急对策。日本政府宣布，即日起发行新日币，新旧币兑换期间为 2 月 25 日到

---

① 向坂正男『昭和経済史』(中)有沢広巳監修、日本経済新聞社、1994 年、第 18 頁。

② 大蔵省財政史室編『昭和財政史：終戦から講和まで』第 17 巻資料、東洋経済新報社、1981 年、第 517 頁。

③ 向坂正男『昭和経済史』(中)有沢広巳監修、日本経済新聞社、1994 年、第 56 頁。

3 月 7 日,兑换比率为 1∶1。现行流通的 10 日元以上的纸币(后来进一步扩大至 5 日元),其效力截止至 3 月 2 日,此后不能继续流通。所有旧币必须在 3 月 7 之前全部存入银行。

为控制通货膨胀,日本政府严格限制每个家庭的日常支出,以求抑制消费。政府规定,每个家庭户主每月只能兑换 300 日元,其他家庭成员只能兑换新币 100 日元,其余存款则悉数冻结。工人工资用新币支付,但每月只限于 500 日元,因此被后人称为“500 日元的耐贫生活”。然而,由于时间仓促,加上战后纸币印刷机器设备破坏严重,印刷新币的数量无法满足市场需求,最后日本银行只好发行新币“凭证”,将其贴在原来的旧币上,以此作为暂时流通的新币继续使用到 10 月底。

为配合征税财产税,在发布金融紧急措施、封存旧币存款、发行新货币的同时,2 月 17 日,日本政府发布《临时财产调查令》。临时财产调查令“以排除战时得利、再建国家财政、稳定国民经济为目的”。临时财产调查令规定,以 3 月 3 日零时为基点,要求所有国民和法人必须申报自己的所有财产。在调查个人及法人财产的基础上,日本政府试图适时推出财产税制度。

### 3. 战后改革中的财产税政策

战后改革时期的财产税政策主要是由暂时性财产税政策和经常性财产税制度两部分构成。1946 年实施的“战时补偿特别措施法”“财产税法”以及 1947 年实施的“非战争灾害者特别税法”,作为一次性调整社会财富再分配的制度安排,直接目的在于抑制通货膨胀,缓解政府财政压力,调节社会严重贫富不均。而 1947 年颁布的“所得税法”“继承税法”等,作为全面调整财产收入再分配的经常性制度安排,主要目的在于消除收入差距过分悬殊和化解社会矛盾,它直接确立了战后日本财产再分配制度的基本框架。可以说,财产税法制度对日本战后经济改革发挥了革命性的作用。

(一) 1946 年财产税法

基于 GHQ 的指令，以涩泽敬三大藏大臣为首，日本政府开始着手制定财产税等相关法律，并起草相关法律。1946 年 1 月 10 日，日本政府通过《财产税法案要纲》《法人战时得利税法案要纲》《个人财产增加税法案要纲》。关于财产税，"要纲"设计的起征点为 2 万日元，税率从 15%开始，实行累进税率。超过 5000 万日元以上，税率为 70%。[①]（参见表 1-2）

**表 1-2　1946 年币原内阁制定的财产税税率**

| 起征金额 | 纳税比率 | 起征金额 | 纳税比率 |
|---|---|---|---|
| 2 万以下 | 0 | 50 万以上 | 40% |
| 3 万以下 | 10% | 100 万 | 45% |
| 3 万以上 | 15% | 200 万 | 50% |
| 5 万以上 | 20% | 500 万 | 55% |
| 7 万以上 | 25% | 1000 万 | 60% |
| 10 万以上 | 30% | 2000 万 | 65% |
| 20 万以上 | 35% | 5000 万 | 70% |

资料来源：大蔵省財政史室編『昭和財政史：終戦から講和まで』17 卷、574 页。

由于该要纲设计的财产税起征点过低，因此可能导致一般国民承受较大财产税负担。与之相对，要纲对巨额财富所有者设计的税率则相对宽松，因而不利于从根本上消灭大财阀、大地主等有产阶级，也难以发挥社会财富再分配的社会功效。所以，GHQ 最终否决了日本政府提出的财产税草案。吉田组阁以后，日本政府不得不根据 GHQ 的指令精神重新起草财产税法。

1946 年 11 月 12 日，日本第 90 次帝国会议通过《财产税法》(法律 52 号)。11 月 18 日，天皇以敕令形式宣布 11 月 20 日开始实施。财产税法

① 大蔵省財政史室編『昭和財政史：終戦から講和まで』第 7 巻租税、東洋経済新報社、1977 年、第 65 頁。

规定，纳税人系户籍法上的个人，即指1946年3月3日调查时在日本拥有住所或居住1年以上的人（法律规定的外国人除外）；或者调查令执行2年以内拥有住所或居住1年以上的人。根据财产税法，上至天皇、贵族、财阀、官僚，下至平民百姓，各个阶层，所有国民都成了财产税的纳税对象。

财产税法规定，纳税财产以纳税人的所有财产为征税对象，包括房屋、土地、现金、证券、艺术品等。征收范围包括除生活必需品，如衣服、家具、器具、墓地及其他动产外的一切财产。免征范围还包括简易生命保险契约权利、退休金权利等。纳税财产总价以调查期间的财产价格为准，即1946年3月3日零时的所有财产价格，包括扣除债务、公共租金等后的所有剩余金额。对于在1945年11月15日（GHQ对日政府发布备忘录之日）以后，在财产调查期间，已经发生继承或赠与的财产，由继承人或赠与人按照财产数额进行交付。对于调查开始后发生的赠与或继承，其被继承或赠与财产的税额，由赠与人、继承人等负连带纳税责任。对于由于战争或灾害导致死亡或受伤、患病等而获得的补助金等，虽然不予征税，但以1万日元为限，超过部分照常纳税。对于战争受害者和移民归国者，每人只能扣除5000日元的免征财产税额。

财产税法实行累进税制，共同生活的同一家族按照合计总额进行课税。财产税起征点为10万日元，10万日元以下不纳税。由此，广大平民百姓被排除在纳税人之外。对于超过10万日元的财产，税率从25%开始，累进增加。在20万日元以内，税率升幅较快，到17万—20万日元，税率已达50%。由于拥有10万—20万个人财产的中小地主、豪农、商人人数众多，借此扩大了财产税的税源。20万日元以上，税基数额差距逐步拉大，税率则继续上升。到1000万以上，税率则高达90%。（参见表1-3）

**表 1-3　1946 年财产税法的纳税比率(日元)**

| 起征金额 | 纳税比率 | 起征金额 | 纳税比率 |
| --- | --- | --- | --- |
| 10 万—11 万 | 25% | 30 万—50 万 | 60% |
| 11 万—12 万 | 30% | 50 万—100 万 | 65% |
| 12 万—13 万 | 35% | 100 万—150 万 | 70% |
| 13 万—15 万 | 40% | 150 万—300 万 | 75% |
| 15 万—17 万 | 45% | 300 万—500 万 | 80% |
| 17 万—20 万 | 50% | 500 万—1000 万 | 85% |
| 20 万—30 万 | 55% | 1000 万以上 | 90% |

对于财产税法，大藏大臣石桥湛山曾极力反对，但他在国会发言时依然解释说："本法案是为确保战后必要之国库收入，且与战时补偿特别税一并，对个人财产依照高额累进税率课征财产税，以减轻战后财政负担，确立财政基础。""毫无疑问，以财产税来弥补财政支出，从健全财产机制角度看，绝不能说是理想方法，这正如我以前所说，作为政府，不管怎样，因为对国民实施如此程度之财产征税，即使通过征收所得没有达到应有效果，也还是可以直接或间接起到抑制纳税者消费之效果，这一点非常清楚。因此，将财产税作为本年度财政支出一部分财源之理由，也正在于此。"①

鉴于此次财产税法实施的广泛性和复杂性，日本政府一改过去的征税方式，推出了自己申报纳税制度，即以根据《临时财产调查令》申报的财产为纳税基础，义务纳税人必须在规定的时间内申报纳税。在纳税申报书中，必须明确记载自己的财产总额、扣除明细、纳税财产价格和内容等事项。为保证申报纳税制度的顺利实施，对于纳税额超过 50 万日元的纳税人，其申报书必须在税务署进行公告。对于 50 万以下的纳税者，则采用第三者通报制，即人们可以自由浏览其申报书内容。自此开始，

① 日本国会図書館ホームページ:「帝国議会会議録」1946 年 10 月 5 日。http://teikokugikai-i.ndl.go.jp/

日本逐渐形成了申报纳税制度。

由于财产税法将个人全部财产计入征税范围，而且税率过高，因此，绝大多数纳税人根本无法用现金交付税额，而只能以实物财产交付。加之战后经济破坏严重，大规模财产交换事实上难以真正展开，这更促进了实物交付的比例。财产税申报期限自 1947 年 2 月 15 日开始，要求申报人必须在一个月内交付完毕。事实上，直到 1948 年，财产税征收才基本完成，其中现金与实物比例为 2∶1。

为了确保财产税征收，防止偷税漏税，日本政府设立了漏税举报制度。1948 年 7 月，由于增加了漏税举报者的赏金，一时间举报活动十分活跃。社会上还出现了以专门举报偷税漏税为业的民间秘密侦探社等调查机构。当时的报纸上经常出现“发现漏税奖励 10 万”（《朝日新闻》1948 年 8 月 19 日）、“漏税举报”（《朝日新闻》1948 年 8 月 21 日）等报道。①

根据日本《国税厅统计报告书》统计，1946 年，全日本超过 10 万日元的家庭为 47.6 万户，不足全体国民的 3%，其合计总资产为 1198.36 亿日元。1947 年，日本政府共获得 411 亿日元的财产税收入，而 1947 年日本全年的财产收入仅为 2145 亿日元。由于财产申报与核实及其诉讼等一系列问题，实际的财产税征收一直拖到 1951 年，扣除各种减免税额以及计算追征税额后，日本政府共获得 418.24 亿日元的财产税。②

上至天皇贵族，下至黎民百姓，不管是固定资产，还是流动资产，统统都成为日本财产税法的纳税对象。从 25%—90% 的高额累进纳税比率，为史上所罕见，其严厉程度甚至高于民主革命时期社会主义国家所实行的赎买政策。这说明实施财产税法的根本目的在于彻底消灭大财阀、大地主以及封建贵族阶层。事实上，正是由于财产税法的实施，客观

① 广田四哉「旧資産階級の没落」、中村正則他『占領と改革』岩波書店、2005 年、第 147 頁。

② 大蔵省財政史室編『昭和財政史：終戦から講和まで』19 統計、東洋経済新報社、1981 年、第 284 頁。

上彻底消灭了自明治维新以来一直存在的贵族阶级和大财阀、大地主阶级。

当时的主税局长平田敬一郎认为，战后日本政府之所以开征财产税，是试图借此获得1000亿日元以上的收入，用以冲抵战时债务，并从根本上遏制通货膨胀。然而，后来由于实施了战时补偿特别税，财产税最终演变为对高额财产所有者课征的特别税，从而事实上起到了财富再分配和经济民主化的作用。① 虽然财产税征收具有增加国家收入和平衡财政的作用，但是，由于日本政府长期以交付财产税的实物作担保而大量发行国债，并以此充抵一般财政支出，结果财产税事实上并未起到遏制通货膨胀的作用。

（二）战时补偿特别措施法

在与财产税法颁布之前，作为临时性财产税制度的重要内容之一，日本政府还推出了战时补偿特别措施法。所谓战时补偿，是指日本在侵略战争中由政府以命令或契约形式承诺支付的各种费用和债务的补偿，主要包括军需品订货补偿、被征用船只沉没补偿、工厂疏散补偿等。其补偿对象主要是为侵略战争提供后方服务的日本大企业和金融机构。战争期间，许多大企业由于投入军需生产和工厂疏散，导致背负巨额借款和政府债务。战后这些企业如果不能获得必要的补偿，必然陷入经营危机甚至破产。而曾经给这些企业大量贷款的银行也会因此而陷入经营困境。与政府补偿相关的保险公司、船舶公司等同样将面临大量破产。以住友金属工业公司为例，战后该公司资本核算合计为6.4亿日元，其中总负债额为14.2亿日元。因此，住友申请的战时补偿额为17.6亿日元。如果获得这些战争补偿，住友不仅可以还清债务，而且还可以继续重建，否则可能面临破产的境地，而对其进行贷款的金融机构住友银行也将面临危局。

1945年，日本战败后，币原内阁承诺以财产税和个人财产增值税等

① 平田敬一郎『租税制度』学陽書房、1952年、第93頁。

临时课税为税源，继续支付上述补偿。按照日本政府统计，当时日本政府及地方公共机关需要支付战时补偿为917亿日元①。然而，如果继续支付战时补偿，势必造成更大程度的通货膨胀。因为战时补偿最后只能通过增发公债来解决，而增发国债势必继续增大财政赤字。大内兵卫认为，基于日本经济崩溃的现实，必须终止战争补偿，减轻财政负担，应该寻找一条使企业和国民走出谷底的财政再建道路。

日本政府试图继续支付战时补偿的政策与GHQ抑制通货膨胀的政策发生了严重冲突。1945年11月24日，GHQ在向日本政府发出的《关于没收战时得利和经济再建备忘录》中明确指出："在完成必要立法措施之前，日本政府、下属机构、代理机关、其他机关及一切人员，关于军需品的生产、供给、战争损害或军需工厂建设及变化所产生的一切请求权"，"未经本司令部许可，日本政府、下属机构、代理机关、其他机关不得行使"公债、信用、不动产处分、公共事业或企业利益出售等活动。由此，暂时中止了日本政府所承诺的战时补偿活动。

1946年5月20日，吉田内阁成立。围绕财产税和战时债务补偿问题，日本政府与GHQ继续讨价还价。石桥湛山等反对停止战时债务补偿。他认为，如果政府放弃战时债务补偿，会破坏作为自由经济根本的契约精神，必将沉重打击日本经济。围绕战时债务履行问题，对日理事会内部也进行了激烈的讨论。苏联代表强烈要求日本政府终止履行战时债务。7月19日，麦克阿瑟致信吉田茂首相："对于法人及企业的军需补偿支付问题，已成为联合国军进驻以后产生争议最多的经济问题之一。对此，虽然经过长期讨论，但日本方面相关人员的见解与我方财政经济专家的主张，我认为没有妥协的余地。""我反对大藏大臣主张的政府补助政策，这里所说的被广泛认可的金融及课税等相关原则，完全没有论辩的余地。而且我坚信，这些措施将成为有利于日本帝国政府恢复

① 大蔵省財政史室編『昭和財政史：終戦から講和まで』第17卷、東洋経済新報社、1981年、第683—684頁。

和再生国家经济的基本政策。”①麦克阿瑟要求日本政府严格执行 GHQ 意见，立刻起草相关法案。迫于美国占领军的强大压力，8 月 8 日，日本政府被迫接受 GHQ 意见。

1946 年 10 月 30 日，日本政府以天皇敕令形式颁布实施了《战时补偿特别措施法》。依据《战时补偿特别措施法》，日本政府承诺继续对战争期间由政府担保或需要支付的各项费用、损失和契约等负有补偿责任，与此同时，日本政府强行征收 100％的战时补偿特别财产税，因而事实上是终止了战时补偿。对于已经补偿的部分，则要求接受方除保留必要的法定份额外，一律按财产税形式进行 100％课税。根据该项法律，将对 917 亿日元的战时补偿债务全额征税。

战时补偿特别税的征收，使由于战争而导致的各种军事订货费用、工厂搬迁费、船只损失费以及由政府担保的许多债务被一笔勾销，原来以及支付的各种费用，则需要以税收形式交还政府。根据日本《国税统计年报书》(昭和 22—26 年度)统计，到 1951 年，共征收战时补偿特别税合计 575.37 亿日元。② 当然，需要说明的是，上述金额虽然主要是数字上的意义，但是对于日本政府来说，这不仅是免除了其巨额债务，而且一定程度上缓解了政府财产压力。对于一般日本国民来说，实质上也是一次社会财产再分配的过程，因为政府债务最终还是要由国民承担。

在当时五大银行和兴业银行的融资业务中，80％以上涉及战时债务。因此，终止债务补偿必将导致金融机构、保险公司和大企业陷入债务危机。1946 年 8 月 11 日，日本政府修改金融紧急措施令，将全部冻结存款分为第一冻结存款和第二冻结存款。前者可以取出，并保证其存款安全。后者则不允许取出，在金融机关整理时，作为剥离对象处理。与此同时，作为补充措施，颁布《会计经营应急措施法》《金融机关经营应急措施法》等经济救济方案，将金融机关的资产和负债分为

① 井上一郎「改正税法のすべて昭和 21 年 2—2：経済再建計画のドラフト」『税大論叢』29 号。

② 大蔵省財政史室編『昭和財政史：終戦から講和まで』19 統計、東洋経済新報社、1981 年、第 280 頁。

新账户和旧账户。新账户资产是指那些不受终止战时补偿影响的国债、地方债，其负债部分作为第一冻结存款和新发行纸币的存款。旧账户资产是指股票、不动产和贷款等资产，其负债部分为第二冻结存款和资本金、剩余金。根据该经济救济方案，金融机关以新账户形式继续营业，以确保日本经济正常运转。为填补金融机关的损失，政府只能暂时冻结普通居民存款。第一冻结存款虽然于 1948 年 7 月 21 日宣布解除，但是，从 1946 年 2 月到 1948 年 7 月，物价急剧上升，根据《日本银行调查局批发物价指数：明治 20 年—昭和 37 年》统计，批发物价指数上升 11.7 倍。也就是说，当其存款取出时，其实际价值仅为原来的十分之一。

（三）非战争灾害者特别税法

为配合财产税法和战时补偿债务特别税法的实施，平衡战后普通居民或企业之间的财产关系，进一步增加财政收入，1947 年 11 月 30 日，作为临时性一次性财产税，日本政府还颁布实施了“非战争灾害者特别税法”。与财产税法和战时补偿特别措施法不同，这部法律根据战后日本宪法，由战后第一届国会通过并颁布实施。目的在于通过对在战争中未遭受重大破坏的房屋及固定资产进行征税，以调节战争中遭受灾害者与非遭受灾害者之间的财产不均衡，同时借此扩大税源，缓解政府财政危机。非战争灾害者特别税包括非战争灾害房屋税和非战争灾害者税两种。前者主要是指战争结束后仍然存在的住宅、店铺、工厂、仓库等所有的房屋。后者是指在 1947 年 7 月 1 日前，家庭所受战争灾害未超过一定限度的自然人和法人。作为一次性征税，以当时的房屋租金为标准，税率为房屋租金的 300%。要求纳税义务人于 1948 年 1 月 31 日前申报并交付税金。按照日本政府的设计，通过该法律的实施，到 1950 年，共获得 68.44 亿日元的税收。①

① 大蔵省財政史室編『昭和財政史：終戦から講和まで』19 統計、東洋経済新報社、1981 年、第 290 頁。

### 4. 战后改革时期财产税政策的历史影响

由于418.24亿的财产税征收和575亿日元的战时债务免除，二项合计超过当年财政收入的二分之一，这在一定程度上缓解了日本政府的财政危机，对于抑制通货膨胀和恢复经济起到了积极作用。从战后经济民主化改革的角度看，财产税制度实施的历史影响主要体现在以下四个方面。

（一）奠定了日本高额财产税制度的基础

如果说财产税法和战时补偿特别税法、非战争灾害者特别税法只是作为临时性税收措施而进行的一次性财产再分配的话，那么，1947年之后相继颁布的个人所得税法、继承税法等，则是对收入再分配关系进行经常性调整，而且确立了战后日本财产收入再分配体制的制度框架。财产税法等作为临时性制度，目的在于一次性平衡日本国民的财产基础，而所得税法和继承税法则在于经常性调整居民收入的分配关系，以求建立稳定而公平的社会财产制度。

与一次性社会财富再分配的制度安排相配合，为巩固财产税法等对社会财富占用的再分配调整成果，确保财产收入再分配的公平性，进一步增加财政收入，日本政府还全面修改了战前的所得税法和继承税法，大幅提高个人收入的纳税比率，进而确立了战后日本个人收入再分配调整的制度框架。

所得税是以纳税者的收入为基准而征税的一种经常税。1887年，以家庭为单位，日本开始征收所得税，但当时的税率仅从1%（300日元）到3%（3万日元以上），税率较低。所得税收入仅为国税收入的0.8%。1940年，迫于战争发展的需要，日本修改所得税法，创立法人税，从而形成了分类所得税和综合所得税的分征体制。对于年收入超过5000日元的居民，实行从10%—65%的高额累进所得税，借此充实战时财政，以满足战争扩大需要。

1947年3月31日，日本帝国议会最后一次会议全面修改了战时《所得税法》。根据新所得税法，个人收入低于 1 万元时，纳税 20%。超过 1 万元的收入金额，征收 25%。然后依次累进递增，其最高税率为 75%。考虑通货膨胀等因素，对于因通货膨胀而获得的利益，则征收 85%的重税。从税率计算起征点和累进分级层次看，1947 年所得税法的一个重要目的在于限制中等收入家庭的收入，进而抑制消费，遏制通货膨胀。1947 年所得税法废除了原来的分类所得税和综合所得税的分征制度，开始实行一次性综合所得申报纳税制度。(参见表 1－4)

**表 1－4　1947 年所得税法税率**

| 起征金额 | 纳税比率 | 起征金额 | 纳税比率 |
|---|---|---|---|
| 1 万元以下 | 20% | 5 万以上 | 50% |
| 1 万以上 | 25% | 7 万以上 | 55% |
| 1.5 万以上 | 30% | 10 万以上 | 60% |
| 2 万以上 | 35% | 20 万以上 | 65% |
| 3 万以上 | 40% | 50 万以上 | 70% |
| 4 万以上 | 45% | 100 万以上 | 75% |

1950 年，受舒普(Carl Sumner Shoup)税制建议的影响，日本政府以所得税过高将损害劳动积极性为由，降低了所得税税率。3 月 31 日，新通过的所得税法将最高税率定为 55%。与此同时，作为补充，以累进税率形式引入了富裕税。对拥有大量资产的富裕阶层开征经常性税收。然而，富裕税未能长久执行，1953 年被废除，其后所得税率又重新回到 65%。此后，日本所得税税率虽然不断调整，但高额所得税税率制度却一直保持下来。

在继承税法方面，1905 年，为了筹措日俄战争经费，日本引入了继承税制度。考虑到日本社会普遍实行家督继承制(嫡长子继承制)等历史因素，继承税法从保护家督继承角度出发，对家督继承和遗产继承分别规定了不同税率，即家督继承税率为 12/1000—55/1000，普通遗产继承税率为15/1000—65/1000,继承税税率相对较低。1947年4月28日,日本天皇以敕令形式颁布实施新的《继承税法》(法律第87号)。1947年继承法规定,纳税义务人为继承人、遗产接受者以及继承开始两年前从被继承人那里接受赠与的人。继承财产为扣除5万日元免征金额以外的所有剩余部分。起征点为:2万日元以下10%,其后采取依次累进税率,最高达65%。法律根据亲属关系远近而实行区别税率,直系亲属和配偶为第一位顺序继承人,直系尊亲和兄弟姐妹为第二位顺序继承人,其他则为第三位顺序继承人。次位顺序继承人的纳税比例相对较高。对于赠与行为,则按照与第三位顺序继承人相同的税率进行征税,即起点为2万日元以下为15%,最高500万日元则累进至65%。(参见表1-5)

**表1-5　1947年继承税法税率**

| 起征金额 | 税率 | | | 起征金额 | 税率 | | |
|---|---|---|---|---|---|---|---|
| | 第一位 | 第二位 | 第三位 | | 第一位 | 第二位 | 第三位 |
| 2万以下 | 10% | 13% | 15% | 50万以上 | 36% | 39% | 41% |
| 2万以上 | 12% | 15% | 17% | 60万以上 | 39% | 42% | 44% |
| 5万以上 | 14% | 17% | 19% | 80万以上 | 42% | 45% | 47% |
| 10万以上 | 16% | 19% | 21% | 100万以上 | 45% | 48% | 50% |
| 15万以上 | 18% | 21% | 23% | 150万以上 | 48% | 51% | 53% |
| 20万以上 | 21% | 24% | 26% | 200万以上 | 51% | 54% | 56% |
| 25万以上 | 24% | 27% | 29% | 300万以上 | 54% | 57% | 59% |
| 30万以上 | 27% | 30% | 32% | 400万以上 | 57% | 60% | 62% |
| 35万以上 | 30% | 33% | 35% | 500万以上 | 60% | 63% | 65% |
| 40万以上 | 33% | 36% | 38% | | | | |

受舒普税制建议的影响,为防止财富向财阀等的过分集中,促进遗产分割,并依据遗产取得者的纳税能力而实行公平课税,1950年3月31

日，日本政府全面修改《继承税法》。新继承法将征税方式从遗传税方式转变为遗产取得税方式。义务纳税人为因继承、遗赠或赠与而获得财产的个人，并以其所取得的继承财产作为税源基础。为确保财产再分配的公正性和维护财产税法实施的成果，新继承税法在提高起征点的基础上，进一步提高了继承税税率。与 1947 年税制相比，1950 年继承法以 20 万日元为起征点，由此排除了一般国民的继承税负担。与此同时，大大提高继承税税率。超过 5000 万以上，税率达 90%之高。相对于其他国家，日本的继承税税率一直较高。（参见表 1－6）

**表 1－6　1950 年继承税法税率**

| 起征金额 | 纳税比率 | 起征金额 | 纳税比率 |
|---|---|---|---|
| 20 万以下 | 25% | 400 万以上 | 60% |
| 20 万以上 | 30% | 500 万以上 | 65% |
| 50 万以上 | 35% | 700 万以上 | 70% |
| 100 万以上 | 40% | 1000 万以上 | 75% |
| 150 万以上 | 45% | 1500 万以上 | 80% |
| 200 万以上 | 50% | 2500 万以上 | 85% |
| 300 万以上 | 55% | 5000 万以上 | 90% |

（二）财产税征收对解散财阀的影响

战前日本财阀是典型的垄断组织，他们不仅垄断了日本的生产、流通、金融等所有重要领域，而且财阀家族实行封闭性系统内融资①。1945 年 11 月，当时三井家族 11 人拥有三井总公司股票 635.7 万股，占公司发行股票总数的 63.6%。岩崎家族 4 人持有三菱总部股票 228 万股，占公司发行股票总数的 47.5%。住友家 4 人拥有 60 万股票中的 55 万股（1945 年 3 月），占 91.7%。安田家 10 人持有总公司股票 3000 万日元的 100%②。三井、三菱、住友、安田四大财阀的公司财产占日本所有公司资

① 柴垣和夫『日本金融資本分析』東京大学出版会、1965 年。
② 持株会社整理委員会編『日本財閥とその解体』記述編、1951 年。

本总额的24.5%，其他六大财阀（鲇川、浅野、古河、大仓、中岛、野村）占10.7%，两者合计占35.2%。①

1945年9月22日，美国政府发布《投降后美国初期对日方针》，强调“解散统治日本的大部分工商业企业及金融领域大型组织”。为此，GHQ经济科学局局长克莱默上校不断约谈各财阀相关人员，要求他们自行解散。10月15日，克莱默发表“关于财阀解散的声明”。同月31日，GHQ指示冻结15个财阀的全部证券，开始正式落实解散财阀事宜。

从1946年9月6日到1947年9月26日，GHQ通过五次指令，共指定83家财阀企业解散，其中包括十大财阀总部和具有总公司性质的公司。当时的三井物产被分割为200家公司，三菱商事被分割为140家。然而，当时的银行等金融企业被排除在解散行列之外。根据GHQ《将财阀家族财产移交控股公司整理委员会之件》（SCAPIN－1363），控股公司整理委员会负责接管原来由大藏省行使的财阀家族管理机能。1947年2月22日，控股公司整理委员会重新划定了56人的财阀家族名单。3月13日，经总理大臣予以认可。

财阀解散主要通过解散控股公司、排除财阀家族的支配力、分散股票持有等三种形式来完成。其根本目的在于对财阀集团进行组织化分解和控制力消除。然而，如果仅仅靠上述解散财阀措施，事实上根本不可能彻底消除财阀家族的影响力乃至彻底消灭财阀。这也正是国内外许多学者在强调解散财阀的同时，又反过来过分强调解散财阀的不彻底性的根本原因。事实上，作为解散财阀的前提，日本政府通过实施高达90%的财产税征收，是从根本上消除了财阀家族对企业的控制。

在解散财阀的过程中，由于财产税的实施，各财阀家族不得不以财产税形式，向日本政府交付手中的全部有价证券、绝大部分不动产和其他财产。从财产税实际课税情况看，最后课税对象包括三井家族11人

① 持株会社整理委員会編『日本財閥とその解体』資料編、1950年。

中的10人,岩崎家族11人中的6人,住友家族4人中的2人,大仓家族4人的1人,古河家族2人中的1人。虽然被指定的56人中仅仅有20人成为课税对象,但其课税程度却相当严厉,而且最终纳税比例也相当高,平均比例都在70%以上,而70%—90%财产的无偿没收,事实上必将导致财阀的彻底破产。当时,56名财阀全部财产的76%属于有价证券,而其他动产、不动产等占24%,但其财产绝对数额庞大。虽然控股公司整理委员会要求转移这些动产和不动产,然而由于管理和处分困难,根本无法实现全部移转,而只是进行了实地验证、鉴定,或者派人监督和指导处理情况。财阀动产中有许多国宝和重要艺术品,持股公司整理委员会虽然要求将其卖给博物馆,但是由于博物馆资金有限,因此当时的许多贵重物品散失民间。

到1947年3月13日,控股公司整理委员会共持有有价证券总额为12.0199亿日元,其中股票11.1395亿日元。被指定的56人共交付财产税约6.26亿日元。除上述交付部分外,扣除海外资产,控股公司整理委员会还接受了其他有价证券4.97亿日元(1950年3月)。至此,财阀解散的财产清理工作基本完成。以财产税形式交付企业有价证券的财阀家族,自然丧失了对企业的直接控制权利。

控股公司整理委员会通过财产税征收和解散财阀,不仅直接控制了各大财阀所有股票,而且还接收了财产税、战时补偿特别税的实物交付部分。根据公司债券保有限制令等法令,"证券处理调整协议会"负责处理各个领域的有价证券。股票出售以市场价格为基准,在1950年3月末的销售对象中,工人占38.6%,拍卖占23.3%,出售占27.7%,其他占10.5%。对于财阀家族转让的有价证券的销售收益,扣除各种经费等费用后,以10年内固定非流通国债形式支付。由此,隔断了他们未来试图复活的道路。股票处分价格合计收入资本金额184亿日元,占1946年末大藏省调查的日本总股票金额437亿日元的42%。应该说,这是日本历史上从未有过的股票所有结构强行重组。(参见表1-7)

**表 1－7　主要财阀交付财产税情况(单位:日元)**

| 被指定财阀 | 课税价格 a | 财产税额 b | b/a | 剩余财产 a－b |
|---|---|---|---|---|
| 三井家(11 家) | 356,451,814 | 306,761,825 | 0.86 | 49,689,989 |
| 岩崎家(10 家) | 161,633,404 | 135,641,588 | 0.84 | 25,991,816 |
| 住友家(4 家) | 129,815,797 | 113,669,216 | 0.88 | 16,146,580 |
| 古河从纯(1 家) | 38,201,600 | 32,997,440 | 0.86 | 5,204,160 |
| 大仓家(4 家) | 19,917,281 | 15,580,370 | 0.78 | 4,336,911 |
| 安田家(10 家) | 14,858,800 | 9,221,511 | 0.62 | 5,637,289 |
| 野村家(2 家) | 7,404,664 | 5,159,355 | 0.7 | 2,245,308 |
| 浅野家(4 家) | 5,998,483 | 3,776,180 | 0.63 | 2,222,303 |
| 鲇川家(1 家) | 4,344,300 | 3,091,440 | 0.71 | 1,252,860 |
| 中川家(1 家) | 1,083,917 | 644,530 | 0.59 | 439,387 |
| 合计(48 家) | 739,710,060 | 625,543,455 | 0.85 | 114,166,604 |

资料来源:鈴木邦夫「財閥解体・財産税と財閥家族資産の縮小」『総合研究機構研究プロジェクト研究成果報告書』Vol.平成 22 年度、(2010.)埼玉大学総合研究機構出版。

财产税不是针对个人,而是以家为单位进行征收。借此,日本财阀家族的财产急剧减少。在上述 48 家财阀总资产中,85%作为财产税进行了征收,其剩余部分不足 15%。其中住友吉左卫门家则高达 89%,其剩余仅仅 11%。根据《国税厅事业年报告书》记载,从 1946 年到 1951 年 11 月 19 日,日本政府共征收财产税达 412.247 亿日元①。

(三) 对农地改革的影响

日本农地改革被麦克阿瑟称为“历史上最成功的改革”。即使是麦克阿瑟的反对者,也承认日本农地改革的巨大成就②。通过农地改革,不仅使日本农村的贫富差距急剧缩小,而且还打破了战前日本农村长期存在的各种传统陋习和封建制度。

与财产税、解散财阀等不同,农地改革是由日本政府积极推动的一

① 林栄夫『戦後日本の租税構造』有斐閣、1985 年、第 63 頁。
② 庄司俊作『日本農地改革史研究』御茶の水書房、1999 年、第 19 頁。

项改革,其根本目的在于消除战后日益严峻的粮食危机和社会不稳定因素。农林大臣松村谦三曾经以主张“完全自耕农主义”而闻名日本,他认为如果不能改革土地制度,稳定农业基础,“不要说粮食增产,即使是思想上、文化上,都恐怕要处于不稳定状态”①。在其担任农林大臣以后,开始全面推动自耕农改造路线。1945 年 10 月 13 日,松村谦三向内阁提出了农地改革纲要。日本政府对松村方案进行修改,将农地所有限度从 3 町步提高到 5 町步②。12 月 29 日,日本第 89 届临时帝国议会通过了“农地调整法修正法律案”。

然而,GHQ 未能认可日本政府提出的农地改革方案,结果第一次农地改革宣告失败。其后,对日理事会开始研究农地改革计划,并分别审议了苏联代表案和英联邦代表案,经过多次讨论,对日理事会最终采纳了英联邦代表案。6 月末,GHQ 以口头“劝告”形式向日本政府发出了第二次农地改革的指令。

根据 GHQ 的指令,经第 90 次帝国议会通过,10 月 21 日,日本政府公布了《自耕农创设特别措施法》。第二次改革方案大大降低了地主拥有土地的限度,要求不在村地主的全部出租地,在村地主超过 1 町步(北海道 4 町步)以上的出租土地,全部由市町村农地委员会予以强制收购。

与农地改革并行,日本政府开始在农村征收财产税。第二次农地改革中的农地收购计划制定日为 1947 年 3 月 31 日,而财产税交付期限为 3 月 15 日。由于两者几乎同时进行,因此,在日本各地就出现了竞相交付的问题。根据农地改革规定,考虑到可能被强行收购等情况,许多地主选择用土地来交付财产税。根据农地改革方案,即使不以实物形式交付财产税而继续持有,当其土地以公定价格收购时,地主最后也只能获得禁止转让的票据(农地证券)。由于一些受佃农影响较大的农地委员会存在故意压低土地价格的倾向,因此,市町村农地委员会制定的收购

---

① 農地改革記録委員会『農地改革顛末概要』農政調査会、1951 年。

② 町步:日本面积计量单位,相当于 9917 平方米。

价格往往低于各地评估的财产税价格。此外，由于农地价格采取固定化征收模式，而其他财产则可能随着通货膨胀出现价值增值，因此，一些地主也愿意选择以农地形式交付财产税，借此可以保留其他财产。1950 年 7 月 2 日，通过农地改革获得的土地总面积为 175.7 万町步，为全国土地的 90.5%，其中以财产税形式交付的土地为 17.6 万町步，占 9.1%，其他 9000 町步占 0.4%。①

与解散财阀相类似，正是由于财产税的实施在前，后面的农地改革才得以顺利推动。对于地主阶级来说，不管是被迫交付财产税，还是通过农地改革形式分割所有土地，他们都无法再继续拥有大规模的土地所有权，而区别只在于交付形式和方法。因此，可以说，财产税的实施，对于农地改革的顺利推进，具有直接而明显的促进作用。而伴随着农地改革的逐步推进，曾经长期依靠土地来维持奢靡生活的大地主、大豪农阶级，不得不交出其手中的山林、宅地、证券等财产，从而失去了在农村作为统治阶级的经济基础，这对于从根本上改变日本农村的传统经济结构和社会秩序具有革命性意义。

（四）对日本政治结构和阶级构成的影响

战后日本实施的财产税制度，如同一部无形的“绞刑架”②，它直接导致了以天皇和皇族、华族、财阀、地主为主体的政治集团的衰落。从一定意义上说，“1945 年，由于日本战败和 GHQ 的占领政策，被强迫‘作为阶级死去’的旧统治集团的命运是十分悲惨的”③。可以说，财产税制度的实施，直接导致了日本社会的经济基础调整和阶级重组，进而推动了日本经济发展和社会稳定与进步。

日本投降后，在美国政府发布的《投降后美国初期对日方针》中，明确要求“皇室之财产，为实现占领目的，无论通过何种必要措施，不可免

① 广田四哉「旧資産階級の没落」、中村正則他『占領と改革』岩波書店、2005 年、第 122 頁。
② E・M・ハードレー『日本財閥の解体と再編成』小原 敬士、有賀 美智子訳、東洋経済新報社、1973 年。
③ 广田四哉「旧資産階級の没落」、中村正則他『占領と改革』岩波書店、2005 年、第 114 頁。

除”。[①] 1945 年 10 月 22 日，GHQ 要求宫内省提供四十多个项目的报告书。11 月 18 日，在 GHQ 发布的《皇室财产相关文件》(SCAPIN300)备忘录中，指令冻结除生活费等之外的全部皇室财产。24 日，在 GHQ 发布的《消除战时得利和国家财政再建备忘录》中，明确表示皇室财产不能排除在课税计划之外。

1946 年公布的新宪法虽然保留了天皇制度，但是对于天皇的财产，第 8 条规定:“向皇室让渡财产，或者皇室让渡财产，或赐予等必须由国会议决。”第 88 条规定:“全部皇室财产属于国家。全部皇室费用必须通过预算，由国会议决。”由此，除天皇个人财产以外的大部分皇室财产变成了国家所有，由此斩断了皇室通过赠与等途径重新获得财产的路径。日本宪法生效时间是 1947 年 5 月 3 日，与之相对，财产税的申报期限是 2 月 15 日，交付期限是 3 月 15 日。因此，皇室财产事实上经过两个阶段完全收归国有，即:第一阶段，通过财产税的征收，绝大部分财产收归国有;第二阶段，根据宪法，其剩余部分全部收归国有。

在日本历史上，天皇财产从来都不是课税对象，因此对于天皇到底有多少财产，从来没有详细的记录。从资产构成看，皇室林木占 43.8%，有价证券及其他占 21.2%，土地占 20.6%，三者超过 80%。在不动产中，除皇居外，还有 3 座离宫、4 座御用宅邸、2 座帝室博物馆。皇室土地共计 135 万町步，相当于日本国土的 3.6%，其中大部分为帝室林野局管理的山林。根据 GHQ 发表的资料，皇室财产总额共达 37.16 亿日元，其中包括不动产 26.47 亿日元，动产 11.01 亿日元[②]。这相当于财阀住友吉左卫门(1.1738 亿日元)、三井高公(9628 万日元)的三十几倍。因此，天皇家族实际上是日本超一流的大地主、大资本家。

通过财产税的课税，皇室财产的 90%在旧宪法体制下被无偿没收，

① 大蔵省財政史室編『昭和財政史:終戦から講和まで』第 17 巻、東洋経済新報社、1981 年、第 19 頁。

② 大蔵省財政史室編『昭和財政史:終戦から講和まで』第 17 巻資料、東洋経済新報社、1981 年、第 454 頁。

剩余的10％则根据新宪法第88条划归国家财产。因此，通过财产税和宪法规定的国有财产制度，皇室最后剩下的私有财产主要是天皇的周身用品，即衣服、日常用品、化妆品、书籍及1500万日元的花销，还包括宫中三殿、三件神器等①。但是，上述财产可能只是皇族财产的一部分，根据保罗·曼宁《美国从军记者看到的昭和天皇》记载，战争结束前，皇室将大部分财产通过横滨正金银行都转移到了瑞士或阿根廷。

与皇室的命运相似，战前的皇族成员享有诸如年费、宅邸、公职、免税等经济政治特权。1946年5月21日，GHQ发出“皇族相关备忘录”(SCAPIN1298-A)，指令剥夺皇族的一切特权。战后初期，皇族主要包括14个宫家，即天皇的兄弟姐妹、儿女及皇后家等。根据财产税法，14个宫家全部财产的课税价格为7.4111亿日元，其交付的财产税额为5.542亿日元，税率为60％—80％。1947年11月13日，第一次皇室会议决定，除3家皇族直系继续保留皇族地位外，其余11家皇族51人全部脱离皇籍。对于脱离皇籍的人，为确保其正常生活，政府给予了一定的补助。作为天皇的长女，嫁到东久弥家的成子内亲王，战后开始饲养鸡和鹌鹑，她还与六本木的鸟店达成协议，从事鸡蛋批发。成子的养父，原首相东久弥稔彦则开始在新宿市场经营食品店业务。②

除皇室、皇族之外，作为战前日本统治集团的阶级基础，还有以大批享有一定政治经济特权的华族、士族等。明治维新以后，在实行版籍奉还和废除公卿制、诸侯制的同时，明治政府通过法令形式，确立了华族、士族、卒族等身份制度，因而使日本社会保留了大量封建残余。1947年，根据日本新宪法，全面废除了华族等其他贵族身份制度，全体国民在法律面前一律平等。至此，原来的华族、士族等特权被全部剥夺，他们与其他一般民众同样，成为承担公共租税的对象。

元加贺藩第17代藩主继承人前田利建(1908—1989)曾被封为侯

① 黒田久太「天皇の財産」三一新書、1966年。

② 高橋紘，鈴木邦彦「天皇家の密使たち一秘録　占領と皇室」徳間書店、1981年。

爵，战后他不仅丧失了侯爵身份，而且根据财产法，其最后核定的申报财产为3502.3万日元，纳税额为3013.7万日元，税率为86%，在华族中位列第17位。因此，前田家的大量房产等充公。他在东京的各处邸宅也都成了盟军司令部等GHQ办公场所。① 太宰治1947年发表的小说《斜阳》，围绕女主人公和子及其母亲、弟弟的人生轨迹和内心世界刻画，主要描写了一个没落日本贵族之家的战后生活，揭示了战后日本社会巨大变化和贵族阶层的没落景象，而“斜阳族”“没落贵族”等词语曾经成为战后一时的流行语。

财产税制度是指钦定宪法体制下，由“神圣不可侵犯”的天皇颁布的课税，而且天皇与一般国民一样，不能免除自身的财产税义务。因此，随着财产税制度和新宪法的实施，皇族、华族、大财阀、地主阶级，不仅在政治上失去了各种特权和地位，而且在经济也丧失了作为一个阶级存在的客观基础。事实上，在战后发展史上，绝大多数的原皇族、贵族、士族以及财阀和地主阶级成员，都变成了和平宪法下的普通日本国民。

日本战后初期的财产税制度，是在GHQ主导下由日本政府直接制定和实施的。尽管GHQ与日本政府在实施财产税制度的动机和预期上不尽相同，但事实上，正是由于上述法律的制定、颁布和实施，客观上摧毁了战前日本社会的经济基础和阶级基础，为顺利推动战后改革扫清了障碍。应该说，如果没有财产税制度作为前提，GHQ和日本政府在解散财阀、农地改革以及民主化改革方面不仅可能困难重重，而且战后改革的效果也许会大打折扣。

在GHQ的直接指令下，日本政府不仅堂而皇之地推行了财产税制度，而且上述法律大都是由帝国议会通过，并以天皇敕令形式颁布的。在天皇制和帝国议会的体制框架下，日本政府通过财产税法等高额税收形式，不仅没收了以天皇为首的皇族、华族、财阀、地主等有产阶级的绝大部分财产，而且还从根本上废除了明治维新以来一直未能彻底解决的

① 酒井美意子『ある華族の昭和史』主婦と生活社、1982年。

身份制度，这在世界历史上是绝无仅有的。加上日本社会特殊的文化和制度因素影响，通过天皇敕令形式推行的上述革命性激进措施，事实上并没有引起过大的社会动荡和冲突。应该说，战后初期的日本，正是由于实行了上述具有明显资产阶级革命性质的财产税制度，才为顺利推动解散财阀、农地改革和民主化改革扫清了障碍，并进而直接影响了日本社会的历史进程。

日本战后实行的财产税制度，作为社会财产再分配的一种制度安排，具有明显的资产阶级革命性质，它不仅摧毁了以天皇为首的皇族、华族、士族、财阀、地主等封建贵族阶级赖以存在的经济基础，而且还消灭了以天皇为首的统治阶级，消灭了带有浓厚封建军事色彩的大地主、大财阀，彻底打破了明治维新以来一直由贵族阶级和财阀阶级垄断日本政治、经济的统治格局。战后财产税制度所体现的革命性、广泛性和深入性，甚至不亚于一些新民主主义国家开展的社会主义革命。经过战后改革，垄断资本和地主阶级趋于没落，中产阶级逐渐形成。“战争结束以后的昭和二十年代，是涉及经济、政治、社会各领域从旧日本向新生日本转变的巨大‘制度变革时代’。如果没有战败这个严酷的事实，经济民主化和专制政治废除等涉及根本制度的各项改革就不可能一下子实现。应该说，各项制度改革成了昭和三十年代以后经济快速发展的重要源泉。”①

### 5. 战后改革的性质及其决定因素

判断日本战后改革的性质，应该以战后改革是否真正改变了日本社会的各项根本性制度为前提，应该看战后改革是否真正颠覆了战前的天皇制专制主义统治，是否从根本上瓦解了战前军国主义的经济基础，是否在日本社会确立了新型的社会生产关系。而不能仅仅用简单的理论

---

① 向坂正男「制度改革の時代」有沢広巳監修、『昭和経済史』(中)日本経済新聞社、1994年、第18頁。

架构、制度模式和价值判断代替历史事实，也不能因为某些改革的彻底性与否来判定战后改革的整体定性，不能因为某些制度体制的历史“连续性”而否定战后改革的革命性。

（一）战后改革后期的不彻底性不足以改变战后改革的性质

由于美国对日占领政策的转变，战后改革后期的改革措施的确呈现了明显的不彻底性，而且这种不彻底性为战后日本的政治走向带来了严重的负面效应。然而，这种不彻底性是否必然改变战后改革的性质呢？这里需要明确的是，即使是真正“彻底性”的战后改革，也无非是一场资产阶级的民主主义革命，而不可能由美国占领军或日本政府去进行一场社会主义性质的改革或革命。全面审视日本战后改革，特别是财产税政策，对于几乎全部剥夺了日本天皇贵族统治阶级的特权、土地、财产，并制定和颁布了民主宪法的战后改革，如果都不能称其为资产阶级的民主主义“革命”，那么世界历史上似乎很难找到更合适的对象了。

战后改革存在着不彻底性，并不等于战后改革一定是对战前日本政治、经济制度的部分调整或枝节改良。战后改革是否具有“革命”性质，关键不在于“革命”或“改革”一词本身的称谓，而在于战后改革本身的主要内容。从战前到战后，日本政治、经济制度所发生的不是量变，而是质变。当战后改革，特别是激进的财产税政策的实施和民主宪法的颁行，已经足以从根本上颠覆战前的上层建筑、阶级结构和经济基础，我们很难再用“改革”（改良）来对其进行定性，而必须承认它的“革命”性。事实上，经过战后改革，被颠覆的绝不仅仅是简单的“日本资本主义生产关系内的封建因素”，而是天皇制法西斯主义和封建军国主义的经济基础。

战前日本的垄断财阀与军国主义相结合，虽然带来了严重的社会问题，但垄断财阀本身毕竟是一种财产占有关系和经营管理方式层次的问题。战后改革时期的解散财阀主要是强迫财阀家族成员交出手中的股票，放弃企业的经营控制权，而不是没收股票。如果日本政府仅仅采取合理赎买的形式，那么财阀家族在放弃控制权的同时，仍然会拥有巨额的社会财富。事实上，在解散财阀的过程中，由于实施了激进的财产税法，财阀家族首先丧失了企业的所有权，之后才丧失了企业的经营权、控制权。因此，战后改革后期在解散财阀和反垄断法实施过程中的不彻底性并不足以改变战后改革的性质。

当然，我们也应该充分正视战后改革不彻底性带来的社会危害。正是由于美国对日政策转变，日本战后改革未能触及日本的官僚体制、金融体系，未能彻底清算法西斯分子，这为战后日本右翼思想的回潮，右翼势力的沉渣泛起提供了肥沃的土壤和自由的空气。与此同时，我们也应该认识到，制度改革具有其天然的局限性，任何制度改革或革命都不能解决所有问题。战后日本的民主改革与和平宪法颁布，虽然能够从根本上摧毁天皇专制主义的上层建筑，但不能彻底清理过去遗存的思想余孽。解散财阀，没收大地主、大资本家的财产，虽然能够瓦解封建军国主义的经济基础，但却不能消除潜藏在日本社会深层的文化根基。因此，我们没有理由因为战后改革的局限性和不彻底性而否认其革命性。

### （二）战后体制的继承性和连续性，难以影响战后改革的革命性

美国占领军主导的日本战后改革，不仅完整保留了日本政府机构，而且在制度体制等方面对战前和战时具有一定的继承性，这是一个不争的事实。不仅作为战后经济民主化改革“三大支柱”的解散财阀、农地改革、劳动改革可以在战前找到某些政策原型，而且即便是上文主要涉及的财产税法，战前的日本政府也曾经一再进行研究论证，并先后翻译出版了德国财产税法和意大利财产税法。然而，一个不可回避的问题是，如果没有美国占领军的强力主导，日本是否能够真正推动后来的战后改革？日本是否能够实施如此激进的财产税法和颁布和平宪法？

首先，战后改革是美国资产阶级按照自己的理念设计的，其改革目标是摧毁日本法西斯政权和军国主义的经济基础。美国占领后期的政策转变并不是对前期政策的全面否定，也没有触及和平宪法、财产税征收、劳动改革等根本性内容。战前日本历史上曾经出现大正民主运动，战时体制下的反财阀浪潮，劳动立法相关的政策动议，虽然都可能成为

战后改革的政策原型，但充其量不过是政策素材和参考资料。大日本帝国宪法体制下的战前体制既不能为战后改革提供动力支持，也不足以直接衍生出战后日本的现代体制。

其次，在战后改革中，日本的政府机构虽然作为政权形式被保留并延续下来，美国占领军对日本战犯的整肃也不够彻底，甚至可以说遗患无穷。然而，战后改革时期的日本政府，特别是民主宪法后建立的日本政府，绝不是战前法西斯政府的简单延续。一方面，它不得不接受美国占领军的指导；另一方面，在战后日本宪法体制下，政治运行机制，政治家和官僚的构成人员等都发生了很大变化。那些曾经享受封建特权的皇族、华族、士族被迫退出历史舞台，日本社会的上层建筑主体和阶级基础发生了重大变化。

总之，战后改革是在美国占领军主导下由日本政府推动的，是针对日本天皇制法西斯主义政权和军事帝国主义的经济基础而进行的根本性变革，是按照美国的民主模式和治理理念而进行的一次资产阶级民主主义革命。虽然1948年以后美国转变对日政策导致了战后改革的不彻底性，虽然日本政府对美国占领军的指令不断讨价还价，并尽量按照日本政府的意志去解释和实施，但这些都不足以决定和改变战后改革的革命性质。日本战后改革是一个系统性综合工程，它包括制定民主宪法、财产税征收、解散财阀、农地改革、教育改革、劳动改革、解放妇女等一系列政策措施和制度构建。尽管各项政策措施和制度构建推进程度不一，社会影响各异，但它们共同构成了日本战后改革的整体。

## 二、经济波动与经济体制变革

经济体的绩效波动是经济发展过程中的必然现象，经济波动的大小和变化规律往往反映一个国家对国内外经济形势与经济政策的适应程度。从长远角度看，国家的经济体制对经济绩效存在着重要影响。日本"发展导向型经济体制"的形成及其在不同时期对日本经济发挥的不同作用，可以解释日本战后经济波动的变化规律。诺斯关于“偶然性在制度变迁中有时也可以发挥决定性的作用”[①]的观点，可以解释“发展导向型经济体制”在日本完成了从后发展经济向工业化经济转型后没能适时变革的原因，进而说明日本经济的增长性衰退是由日本型经济体制的变迁所决定的。

1. 战后日本经济发展的波动

无论是考察世界经济还是国别经济，其经济活动总是随着时间的推移发生着扩张和收缩的反复交替。经济学家把这一过程称为经济周期，并把其分为长周期、中周期和短周期。经济周期是经济发展中客观存在的一种必然的经济现象。虽然不能消除经济周期的波动，但各国政府还是希望通过宏观经济政策的实施来尽量减缓经济波动对社会经济所造成的负面影响。因此，对经济短周期的划分都规定有明确的可衡量性经济指标，并依此来实施相应的宏观经济政策。如美国是由私人非营利研究机构全国经济研究局(National Bureauof Economic Research，NBER)的经济周期确定委员会决定经济周期的顶峰和谷底的日期。NBER 把衰退定义为“重复出现的总产出、收入、就业和贸易下降的时期，通常持续 6 个月到 1 年，并以经济中许多部门普遍的收缩为标志”。[②] 而日本则是由内阁府根据景气动向指数对日本经济周期进行划分的。根据内阁府对战后日本经济周期的短期波动分析，日本已进入第 14 个经济周期。但对经济长周期和中周期，各国并没有统一的划分标准。这里所指的日本经济波动并不特别拘泥于某种类型的经济周期，而是泛指日本经济发展过程中的变化。外部冲击和经济周期是经济体产生经济波动的原因，但有时又很难分辨造成经济波动的是由于外部冲击的影响还是仅仅由于经济周期的波动。经济波动虽然是一种经济现象，但其更是对一国经济状况的反映。(参见表 1－8)

---

① 约翰·N·德勒巴克、约翰·V·C:《新制度经济学前沿》，北京：经济科学出版社，2003 年，第 33 页。

② 约瑟夫·E·斯蒂格利茨、卡尔·E·沃尔什:《经济学》，北京：中国人民大学出版社，2005 年，第 629 页。

**表 1-8　战后日本的经济周期**

| 周期 | 底 | 峰 | 底 | 期间(个月) | | |
|---|---|---|---|---|---|---|
| | | | | 扩张 | 衰退 | 全周期 |
| 第 1 周期 | | 1951.6 | 1951.10 | | (4) | |
| 第 2 周期 | 1951.10 | 1954.1 | 1954.11 | 27 | 10 | 37 |
| 第 3 周期 | 1954.11 | 1957.6 | 1958.6 | 31 | 12 | 43 |
| | | | | 神武景气 | | |
| 第 4 周期 | 1958.6 | 1961.12 | 1962.10 | 42 | 10 | 52 |
| | | | | 岩户景气 | | |
| 第 5 周期 | 1962.10 | 1964.10 | 1965.10 | 24 | 12 | 36 |
| | | | | 奥林匹克景气 | 昭和 40 年不景气 | |
| 第 6 周期 | 1965.10 | 1970.7 | 1971.12 | 57 | 17 | 74 |
| | | | | 伊奘诺景气 | | |
| 第 7 周期 | 1971.12 | 1973.11 | 1975.3 | 23 | 16 | 39 |
| 第 8 周期 | 1975.3 | 1977.1 | 1977.10 | 22 | 9 | 31 |
| 第 9 周期 | 1977.10 | 1980.2 | 1 983.2 | 28 | 36 | 64 |
| 第 10 周期 | 1983.2 | 1985.6 | 1986.11 | 28 | 17 | 45 |
| 第 11 周期 | 1986.11 | 1991.2 | 1993.10 | 51 | 32 | 83 |
| | | | | 泡沫经济 | 平成不景气 | |
| 第 12 周期 | 1993.10 | 1997.3 | 1999.4 | 41 | 25 | 66 |
| 第 13 周期 | 1999.4 | 2000.10 | 2002.1 | 41 | 15 | 36 |
| 第 14 周期 | 2002.1 | 2008.2 | 2009.3 | 73 | 13 | 86 |
| 第 15 周期 | 2009.3 | 2012.3 | 2012.11 | 36 | 8 | 44 |

资料来源：内閣府景気基準日付 http://www.esri.cao.go.jp/jp/stat/di/150724hiduke.html。

1956 年的《经济白皮书》将 1955 年称为“已经不是战后”，标志着战后日本经济的恢复期已经结束，从此步入了经济高速增长时期。从图 1-1可以看出，1956—1973 年日本的实际经济(GDP)年平均增长率为 9.1%，1974—1990 年平均增长率为 3.8%，而 1991—1997 年平均增长率仅为 1.3%。这反映了日本经济增长性衰退的特点。(参见图 1-1)

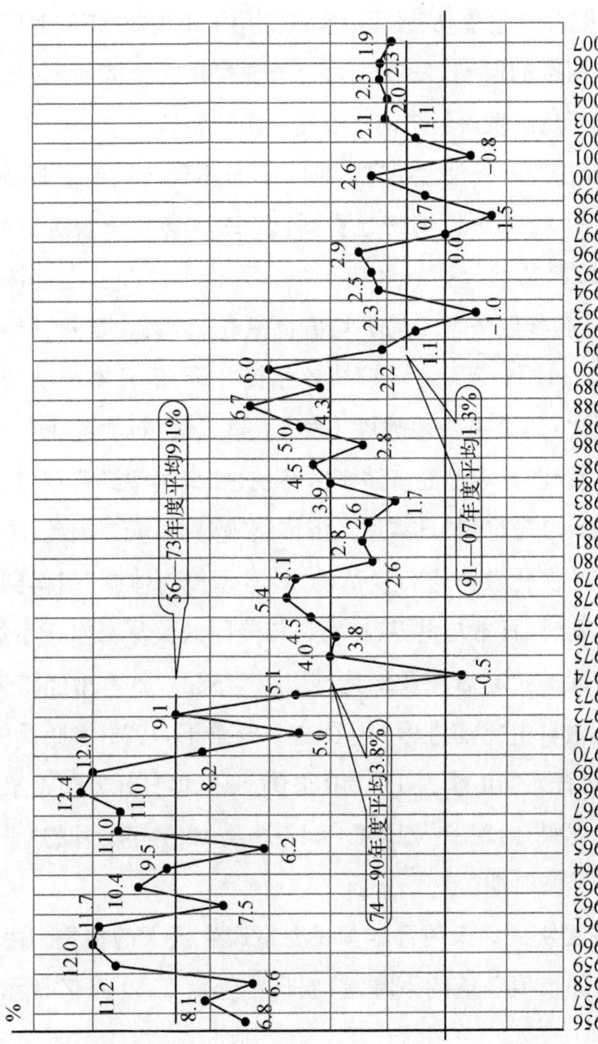


**图 1－1　日本经济年度增长率变化**

数据来源：内阁府编国民経済計算（GDP 統計）。

从1955—1975年,日本国民生产总值(GNP)由240亿美元增至5492亿美元,增长了近22倍。[①] 1955年,日本人均国民收入为194美元,位居西方国家第34位,到1968年,一跃而成仅次于美国的第二经济大国。[②] 日本以傲人的业绩,从战后的废墟上用了不到30年的时间就完成了对西方先进国家的赶超,发展成为一个现代化的经济强国,这标志着日本经济完成了从后发展经济向工业化经济的转型。

在"尼克松冲击"和"石油危机"的冲击下,日本经济结束了其持续高速的增长期。从图1-1可以清楚地看到,以1974年负增长为分界点,1975—1985年GDP的增长率一直在1%—6%徘徊。即使把泡沫经济的扩张期包括在内,其经济增长的平均值也只有3.8%。虽然其经济绩效已无法与1956—1973年间的经济绩效相提并论,但日本经济与其他西方先进国家相比,还是更快地战胜了第一、第二次"石油危机"。日本经济的适应能力及其"日本型经济体制",特别是"日本型经营"开始为世界所瞩目。日本人自身也为"日本型经济体制"感到自豪。因此,本应随着日本经济形态的变化及时进行变革的"日本型经济体制"却得到了进一步加强。与此同时,日本与世界,特别是与美国的贸易摩擦开始加剧。日本为缓解与各国的贸易摩擦及维持其引以为豪的"日本型经济体制"不得不加快其金融自由化的进程。[③] 在这一背景下,1985年9月的"广场协议"后美元对日元的汇率由1∶240很快下衰,但日元升值造成的短期萧条很快就被克服,出现了从1986年12月至1991年4月的"平成景气",也就是泡沫经济时期。

1991年泡沫经济的破灭使日本国民财富产生巨大的损失。由于日本股票和房地产的市值总值的下降,造成日本经济1330万亿日元的资

---

① 橋本寿朗『戦後日本経済』岩波書店1996年、第36頁。

② 李公绰:《战后日本的经济起飞》,长沙:湖南人民出版社1988年,第96页。

③ 王厚双、邓晓馨:《日本"三位一体联动"应对国际贸易摩擦的经验与启示研究》,《东北亚论坛》2008年第2期,第99页。

产损失[①]，也开始了被称为"失去的10年"的经济萧条。在20世纪90年代，日本经济平均每年仅增长1%，1993年、1998年与1999年甚至出现了负增长。此时日本和世界开始对"日本型经济体制"进行再认识，"日本经济体制改革论"的声音也越来越高。经济自由化、放松规制、经济体制改革，成了这一时期的主流思潮。随着日本经济体制的改革，日本政府与金融业的关系、银企关系、企业间关系、企业内制度等开始发生变化。这就意味着由这些子系统构成的"日本型经济体制"开始走向瓦解。传统型日本经济体制的特点之一就是对外压具有强抗冲击性。因此传统型日本经济体制的解体，也就预示着日本经济将很难像第二次"石油危机"时代那样独善其身了。日本经济将成为世界经济的一员，与世界经济同呼吸共命运。在1991—2001年的十年期间，每当日本经济稍有起色的时候，就会受到突发事件的影响，使日本经济再次跌入低谷。例如，在日本经济刚有起色的1997年爆发的亚洲金融危机，不但使日本经济在1998年出现了负增长，而且使本来就脆弱的日本银行系统再次受到冲击，到2001年，主要银行的不良资产达到了26.8万亿日元。[②] 再如，2001年初，美国以高科技股为主的纳斯达克股市暴跌和同年的"9·11"事件的爆发，使日本股市先是跌破13 000点然后又跌破10 000点大关，使日本经济历经多年萧条之后，再次陷入衰退，出现了21世纪的第一个负增长。2002年日本在世界经济走势良好的影响下，终于从泡沫经济的阴影下走出，虽然依然是低速增长，但实现了日本战后最长的持续增长，其持续增长时间已超过了"伊奘诺景气"。可是受此次美国次贷危机的影响，日本经济从2008年的第二季度就开始持续出现负增长。随着世界性经济危机的深化，日本经济将走向何处？我们将拭目以待。

从以上对日本战后经济波动的描述中不难看到，以20世纪70年代中期为分界点，虽然80年代的日本经济绩效与此前形成了巨大的反差，

---

① 金森久雄、香西泰、大守隆『日本経済読本』(第16版)東洋経済新聞社2004年、第50頁。
② 同上、第20頁。

但日本经济依然具有对外部冲击的强抗压性。而进入 90 年代的日本，其绩效进一步下降，对外部冲击的强抗压性逐渐消失的同时，对世界经济的依赖性也在加大，开始出现在世界经济中随波逐流、越来越不可能独善其身的现象。

2. 日本经济的后发展性与传统型日本经济体制

以 20 世纪 70 年代中叶为分水岭，在相同制度模式支持下为什么会出现如此强烈的绩效差异呢？对此，应该从经济形态与经济体制的关系来探究其本质。

（一）后发展经济形态是日本“发展导向型经济体制”成功的前提

所谓后发展经济，就是现代经济增长起步时间较晚、不具有原生性的现代经济制度形态并且与欧美工业化国家相比在向工业化经济转变之前或过渡之中处于相对或绝对落后状态的一种广义的经济类型。[①] 从对后发展经济的定义可以看出，日本与欧美工业化国家相比，除了经济水平落后外，其本质区别在于现代经济制度的非原生性。这就决定了后发展国家中国家现代化面临的致命障碍是市场缺陷。市场缺陷的本质是市场制度的缺乏。而依靠经济的自然演进逐渐实现制度的供给与完备，则需要相当长的时间。[②] 这就造成了日本在向工业化经济迈进的过程中制度缺失的障碍。对于一直具有“产业优先、促进增长”政策倾向的日本政府，当仁不让地承担起了国家发展目标制定者和经济制度安排者的角色。日本政府利用政府的力量强制实行市场制度的供给，以增进市场并动用一切可以调动的资源支持经济的增长，在短时间内实现了工业化。也只有在后发展经济条件下，日本政府才具有强大的资源优势，从而可以利用这些资源优势根据本国国情为全民设计了一个经济发展的

① 莽景石：《后发展经济的观点：一个核心概念的解析——日本经济发展的历史过程的案例分析》，《日本学刊》2001 年第 5 期，第 14 页。

② 李赶顺：《现代日本型市场经济体制及其经济政策——历史的合理性与局限性》，北京：中国审计出版社，2001 年，第 7 页。

蓝图。并通过特定的制度安排，充分调动社会资源，引导企业按政府的发展目标，实现发展规划。正如冈崎哲二所指出的那样，日本经济体制是在政府、产业、各个企业之间保持信息顺畅沟通的基础上，政府的指令和民间的信息汇集为一体的“指令性计划经济体制”。① “指令性计划经济体制”与战后日本政府强烈的“赶超”冲动相结合，以战时形成的统制经济为基础，通过战后改革中消除的旧财阀对企业的控制，形成了日本特有的金融制度、企业制度、福利制度和劳动制度等，从而逐渐确立了“发展导向经济体制”。换言之，也只有在后发展经济形态下，“发展导向经济体制”才可能支持日本经济的高速增长。

日本政府把发展经济和获得社会稳定作为其宏观政策的两大目标。为此以日本“多元化官僚体制”为制度保障设计了“发展导向型经济体制”。日本政府通过“主管部门”（日语称为“元局”）和行业协会构成的“多元化官僚体制”，了解企业的信息，传达政府的指令，使政府管理层和民间企业实现了沟通。使日本政府对“宏观经济”和“微观经济”的“管理”形成一个有机的整体。可见，日本的“多元化官僚制”是日本“发展导向型经济体制”形成的基础。但毕竟，企业的目标是追求利润的最大化。因此，要真正使“发展导向型经济体制”实现良好运转，政府必须实现对企业的控制。对于市场经济的日本，不可能像“计划经济”那样直接对企业生产进行干预，那么要实现对企业的控制，使企业按照国家的发展目标来组织生产，最有效的方法之一就是调整古典股份公司的治理结构，使之形成适合日本经济发展的日本型企业治理结构，再通过主银行对企业的金融命脉进行控制，从而实现国家的整体发展目标。所以，日本政府并不积极发展资本市场和进行金融自由化，而是积极推行在政府“护送舰队式”管理模式下的以主银行制为中心的间接金融体制。

政府除自己设立政府系银行和建立邮政储蓄外还通过如下方式实现对企业的控制。（1）日本政府为强化主银行对企业的控制，极力弱化

① 寺西重郎『日本の経済システム』岩波書店、2003 年、第 253 頁。

股东的控制权。在政府支持下形成的法人间相互持股，正是导致日本企业股东权利弱化，形成“内部经营者支配”企业治理机制的关键；(2) 在日本中央银行为商业银行提供资金保障的前提下，通过鼓励商业银行“超贷”，实现了对银行的控制，从而使“窗口指导”成为可能；(3) 大藏省通过握有是否允许银行开设分店等权利进一步控制银行。

由于日本中央银行缺乏独立性，所以通过上述手段实质上实现了日本政府通过主银行制对大企业的控制。可见日本型金融制度的形成与发展导向型经济体制是分不开的，也正是日本型金融制度和日本型企业治理结构使经理人在稳定获得资金的同时，可以在没有股东压力的情况下，进行有利于企业再生产的内部留存和制定有利于企业长期发展的战略，使日本企业的国际竞争力不断提高，从而形成了日本经济竞争力的核心，并推动了日本经济的高速增长。从这点也可以说明日本政府成功地实现了“产业优先，促进增长”的制度安排。

日本政府的发展导向政策决定了政府不可能把宝贵的资金用于福利开支。为了维持稳定，日本政府采取了“全体就业”的政策，把社会保障的功能私有化。但把责任推给企业的同时，政府就不得不努力支持企业的生存，并鼓励企业实现对员工的激励机制。不流动的劳动市场、养老金制度、企业内部的年功序列的工资制度和晋升制度，都使员工为中途离职而付出高额代价，形成了使员工与企业共命运的激励机制。这一机制的形成又使得企业对外部的压力具有了强大的抵抗力。从而使日本经济即使在恶劣的世界经济环境下，也能通过内部的调整，实现优于其他各国的经济绩效。因此可以说，不管是由法人间相互持股所造成的“内部经营者支配”“年功序列”等企业内部制度，企业系列制、集团化等企业间制度以及主银行制等的金融制度，还是劳动制度都是与政府的发展导向分不开的。这些制度形成的实质可以理解为政府为控制企业，使企业按照国家的目标制定企业发展战略所作的制度安排。以全体就业为基石的日本民间型保障体制更是日本政府在战后强烈“赶超”冲动下的制度选择。但政府之所以有能力“管理”市场，“诱导”企业，进行上述制度安排，最终确立“发展导向型经济体制”，其根本原因在于当时日本落后的后发展经济形态，也就是说在日本后发展经济形态的条件下产生并与日本后发展经济形态相适应的“发展导向经济体制”促进并支持了日本经济的高速增长。

（二）“发展导向型经济体制”与开放模式下的工业化经济的矛盾

日本型经济体系中的各个子系统是一个相互协调、辅助的整体，它解决了 20 世纪 50 年代资金的缺乏、60 年代劳动力的短缺和 70 年代的能源危机，使日本经济得到了迅猛发展。但当日本完成了从后发展经济向工业化经济转型后，在单向开放（进口封闭，出口开放）的经济模式下形成的“发展导向型经济体制”，在开放的条件和新的经济形态下，其制度优势就失去了其存在的基础，必然产生制度疲劳。如，随着日本工业化经济的实现，日本与其他国家的贸易摩擦加剧，在世界贸易自由化和金融自由化的压力下，日本政府选择了金融自由化，而金融自由化又弱化了日本银行对各商业银行的控制权。根据在东京证券市场上市的制造企业的银行贷款和总负债的比例，从 1974 年的 90％以上，下降到了 1991 年的 50％以下[①]，可以看出，随着日本企业经济实力的增强，出现了企业脱离银行的趋势。主银行制在企业中的地位不断下降，丧失了对企业的监控权，从而导致了日本企业监管制度的缺失。在这种情况下，必然造成整体经济秩序失控的局面，各种“代理问题”相继出现。再如，奥野正宽指出，以“保证雇佣”为基础形成的日本经济体系对外部的压力具有强大的抵抗力。但同时也积累了日本企业结构性生产能力过剩的问题。这一问题随着时间的推移必将造成经济的衰退。日本型经济体制是由各个子制度环环相扣、相互协调而形成的一个整体，所以一旦某个薄弱环节出现问题必将导致连锁反应的出现。当日本在 20 世纪 70 年代中期完成从后发展经济向工业化经济转型的那一刻起，就注定了为了

① 青木昌彦、ロナルド・ドーア編、NTTデータ通信システム科学研究所訳『国際・学際研究システムとしての日本企業』NTT 出版、1995 年、第 374 頁。

实现这一目标而设计的日本型经济体系的终结。当国际经济秩序发生变化，当日本不再是一个封闭的经济体，当新技术改变世界，技术和组织的变革造成产业变革的时候，当日益弱化的监控和膨胀的财富效应使泡沫经济达到一定程度后，日本政府一旦放弃对银行的"护送舰队式"管理模式，虚体经济的某个环节的危机就会像多米诺骨牌一样，使日本经济陷入低迷，这就不难理解日本从战后恢复到70年代的经济辉煌和日本泡沫经济的形成和破灭了。

在日本经济从战后恢复到实现赶超的过程中，当1975年前后日本经济实现了"质"的转变，即完成了从后发展经济向工业化经济的飞跃时，日本作为发展导向型国家就应该成为历史。但20世纪70年代中叶国际、国内的突发事件使日本"发展导向型经济体制"得到了强化，从而使本应适时进行变革的经济体制，在面临着体制运行环境的重大变化时却开始处于超时效运行状态。特别是进入20世纪90年代后，"发展导向型经济体制"已经成为一种导致日本经济停滞、生产率下降的制度性因素，成了制约日本经济进一步发展的制度瓶颈。

3. 危机与日本经济体制

那么既然"发展导向型经济体制"并不适合工业化经济的发展，那么当日本经济完成了从后发展经济向工业化经济的飞跃后，其经济体制为什么没有适时发生变化呢？这可以从制度变迁的成因来寻找问题的答案。因为经济体制的变革实质就是制度的变迁。按照制度变迁的成因划分可以分为需求诱导型和供给主导型。虽然从1974年经济绩效就开始发生逆转，但其逆转的原因被"尼克松冲击"、第一次"石油危机"等危机掩盖。而如上所述，"发展导向型经济体制"具有对危机的强抗冲击性。因此，20世纪70年代中期并不存在能引起制度变迁的制度供给和制度需求的动力，而为了应对危机，反而强化了本应进行变革的"发展导向型经济体制"。

（一）危机对“发展导向型经济体制”的强化作用

以“石油危机”为例，根据宏观经济学理论，由于石油危机造成的石油价格提高，会引起生产函数曲线向下移动，从而导致劳动需求曲线向下移动，使完全雇佣GNP下降。因此石油危机会引起生产成本增加、商品销售价格提升、销售量下降，厂家则会减少产量，造成工人失业、收入降低，需求进一步下降，生产进一步下降的恶性循环。但由于日本的“发展导向经济体制”，使日本通过体制的优势，先于其他西方先进国家战胜“石油危机”，从而在产品竞争上获得优于“石油危机”前的竞争力，使日本产品获得了更大的市场占有率，进而使日本企业竞争力和国家竞争力得到了大幅度的提升。

首先，日本的“发展导向经济体制”，可以使日本政府通过产业政策来为企业指明发展的方向。60年代日本政府是通过支持重化学工业来促进日本实现高速增长的，即通过大量廉价石油的进口，以支持日本出口。但“第一次石油危机”，使石油价格上涨了4倍，对于资源贫乏和市场狭窄的日本来说，原材料的廉价优势已经消失，只有通过产业结构的升级，发展节能产业及对节能产品的开发，实现产品从“重大长厚”向节能的“短小轻薄”转型，才是日本企业的出路。企业按照政府的统一指挥共同努力，不但克服了“石油危机”，而且还实现了产品竞争力的飞跃，日本汽车产业就是一个很好的例子。

其次，终身雇佣制度及企业内工会，使员工在“保证雇佣”的条件下，易于接受实际工资的下降和恶劣的工作环境，并与厂方协力通过提高产品质量和技术革新来降低生产成本。就拿每100辆汽车中的质量缺陷个数来看，日本企业的平均值是52.1个，北美企业平均值为78.4个①，以德法为主的欧洲企业平均值为76.4个。可见，日本产品质量高于美国和欧洲企业。“发展导向经济体制”的子体制——“日本型经营”在使日本企业降低生产成本的同时，为企业实现了人力资源的内部储备。而

① 王保林：《日本的企业改革与终身雇佣制的新动向》，《现代日本经济》2008年第1期。

且由于没有大量裁减员工，保证了市场的需求，所以能更快地摆脱经济危机的影响，比其他资本主义国家保持更强劲的发展势头。

再次，企业之间的相互持股，主银行制度，可以降低资金成本。而企业之间的系列化，可以使企业和供应商同甘苦共命运，供应商会尽量降低零部件供应价格，以共渡难关。这样不但保证了上游企业可以降低生产成本，又保证了下游企业有订单，从而不至于出现大批破产的企业。企业不破产，员工就不会大量失业，就会降低陷入上述恶性循环的概率。

最后，虽然企业面临财务危机，但“护送舰队式”行政，使银行依然可以按照政府的意图为企业提供充足的资金以进行技术研发，为实现产品的升级换代和产业升级提供了技术的支持和保障。正如馆龙一郎在其《明治维新以来的日本金融制度改革》一文中对日本金融制度的概括：“战后日本金融机构经营业务的原则是保证银行不倒闭，银行承担了一部分本应由企业承担的风险，而中央银行和政府则承担了一部分银行的风险。在此基础上，银行才能够积极投资于企业难以单独承受的高风险回报的新兴产业领域和技术部门。”[①]日本正是通过以上各子系统的相互作用，使日本经济顺利渡过了石油冲击的难关，更为重要的是，日本很好地利用“石油危机”，实现了产业结构的升级，使其产品在世界市场上具有了强大的竞争力。

正如奥野正宽所指出的，日本选择了“日本型所得政策”，即“三方两损”政策，使以“保证雇佣”为原则的日本型企业制度得到确立。员工主权型为主轴的“准统治体制”的“功”，使企业对外部的压力具有强大的抵抗力。不仅在发达国家中最早克服了第一、第二次“石油危机”，而且克服了“广场协议”后日元升值所造成的经济不景气。[②] 在 20 世纪 70 年代中期，还有一个历史背景强化了日本“发展导向型经济体制”，这就是日本自由化的进程表，特别是“时间表”预定了 1976 年制造业领域基本都要实现对外资的开放。日本政府担心外资的进入，导致日本企业会被外

① 徐梅：《日本的规制改革》，北京：中国经济出版社 2003 年，第 130 页。

② 村松岐夫、奥野正寛『平成バブルの研究』東洋経済新報社、2002 年，第 13 頁。

国资本控制，因此大力鼓励企业间相互持股，从而使企业间相互持股的行为得到了加强。

经济的发展本应促进经济体制的变迁，实现工业化转型后的日本本应会产生相应的群体为获得经济形态变化而引发的获利机会而寻求制度的变革，从而出现对新制度的需求，使日本的制度变迁适应经济形态的变化，开始从"供给主导型"向"需求诱导性"制度变迁进行转换。但危机打破了这一进程。为抵抗危机，反而强化了本应退出历史舞台的"发展导向型经济体制"。危机对制度的强化使本身就具有的路径依赖性及成熟制度的自我"锁定"和自我"强化"的制度特性得到了放大。可见，某些历史的偶然却在制度变迁中发挥了决定性的作用。

（二）危机启动对传统型日本经济体制的改革

经济形态与经济体制的矛盾很好地解释了日本 70 年代经济绩效的逆转，但对泡沫经济破灭后竟然经历了长达 10 年的经济停滞，后又出现了长期的低速增长等非正常经济周期的解释就显得有些差强人意了。但如果把日本从 80 年代中叶逐渐从封闭到开放的经济模式变化及经济体制变革的因素考虑进去，就能更接近于真实了。不管是馆龙一郎所指出的"银行替企业承担风险"还是奥野正宽所指出的"日本企业具有的对外部冲击的抗压性"，其成立的前提都是日本具有一个对世界封闭的市场。正如高柏所指出的，布雷顿森林体系支持下的固定汇率和对资本流动的严格控制，使日本政府可以采用扩张性的货币政策促进经济增长的同时，又用紧缩的财政政策来控制通货膨胀这一政策组合，避免了面对国际金融政策上的蒙代尔-弗莱明三元悖论，得以在不受其他国家金融政策影响的条件下追求经济的高速增长。① 在 20 世纪 70 年代中期以后，尤其以 1983 年 11 月美国总统里根访日为契机，日本金融市场的自由化、国际化步骤开始加速。1984 年 5 月，大藏省发表了《金融自由化与日元国际化的现状与展望》的报告，提出了逐步进行金融自由化和国际

① 高柏：《日本经济的悖论——繁荣与停滞的制度性根源》，北京：商务印书馆 2004 年，第21 页。

化的步骤，标志着金融自由化的正式启动。同年日本取消外汇实需原则和日元兑换限制，意味着日本与世界金融成为一体的开始。日本的泡沫经济及其破灭，不仅使日本经济遭受沉重的打击，并遗留下了大量的不良资产，而且使日本乃至世界开始对"日本型经济体制"进行反思。新制度经济学指出意识形态对一种制度的形成具有重大的影响。随着反思的深化，开始了对"日本型经济体制"的改革。如1996年大藏省发表了要引入"金融大爆炸"式的改革，1997年秋，一个城市银行的破产和四大证券公司之一的证券公司被吊销了执照及长期信用银行陷入债务问题的曝光标志着"护送舰队式"金融行政的结束。[①]

再根据系统论原理，一种社会经济体制之所以能形成并存续下去，是因为构成该体制的各种制度之间存在着制度互补性。日本型市场经济体制正是一种具有较强的互补性结构的体制，才得以在战后日本经济的赶超战略中充分发挥了其体制功能，实现了战后日本赶超的战略目标。[②] 寺西重郎也指出，日本高速发展时期的经济体制是由相互支持的子系统所组成(见表1-9)。[③] 由此可见，当日本型经济体制的某个子系统开始变革或瓦解时，其整个经济体制的绩效就会下降，直至形成新的子系统间出现新的互补性均衡后，在新体制的支持和保障下，日本经济绩效才会逐渐上升。在新旧体制的过渡期，日本经济很难表现出良好的绩效。而过渡期的日本经济体制，由于传统型经济体制已经开始瓦解，因此改革中过渡期的经济体制失去了日本传统型经济体制具有对外部冲击的强抗压性优势，使日本经济对世界经济产生了严重的依赖性，在世界经济一体化和金融自由化的背景下世界经济的走向将左右日本经济的绩效。

---

① 青木昌彦『比較制度分析に向けて』滝沢弘和、谷口和弘译、NTT出版、2003年、第374頁。

② 李赶顺:《现代日本型市场经济体制及其经济政策——历史的合理性与局限性》,北京:中国审计出版社2001年,第32页。

③ 寺西重郎『日本の経済システム』岩波書店、2003年、第4頁。

**表 1－9　日本经济高速增长时期的体制**

| 体制类型 | 子体制 | | |
|---|---|---|---|
| | 政府与市场的作用分担 | 民间部门的经济体制 | 政府与民间的接口 |
| 经济高速增长时期的日本经济体制 | 以规制为中心的政府介入 | 日本型企业体制与以银行为中心的金融体制 | 各产业利害关系的调节体制 |

资料来源：寺西重郎『日本の経済システム』岩波書店、2003 年、第 4 頁。

失去体制保护的日本，其经济就完全暴露于世界经济的洗礼之中了。只要世界经济出现一些异常，都会在日本经济中得到放大的反应。日本经济与世界经济产生了强联动性（见图 1－2）。经济的波动与对外贸易发生了强相关性的联系。泡沫经济之后的所谓"失去的十年"的 20 世纪 90 年代，在日本经济每一次试图脱离低迷的关头，都在世界经济意外事件的影响下，再一次衰落。因此，正如上文所描述的，只要世界经济有所波动，就会打断日本经济本身正常的经济周期。而 2002 年后日本经济之所以能实现如此长时间的持续增长，是因为有旺盛的世界市场作后盾。2002 年起，在世界经济繁荣的背景下，日本经济逐渐复苏并实现了战后最长的一次经济增长，而从 2008 年第二季度开始的经济下滑，其直接原因正是受美国次贷危机造成的世界性经济危机的影响就是强联动性很好的例子。

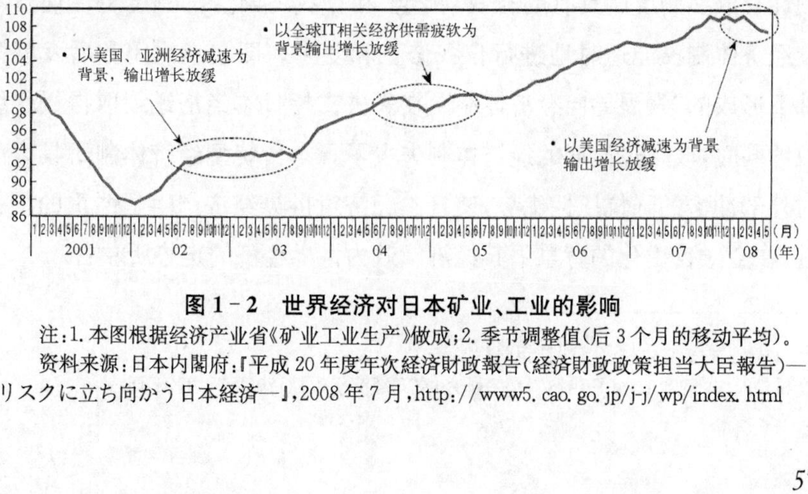


**图 1－2　世界经济对日本矿业、工业的影响**

注：1. 本图根据经济产业省《矿业工业生产》做成；2. 季节调整值（后 3 个月的移动平均）。

资料来源：日本内閣府：『平成 20 年度年次経済財政報告（経済財政政策担当大臣報告）—リスクに立ち向かう日本経済—』，2008 年 7 月，http://www5.cao.go.jp/j-j/wp/index.html

美国次贷危机给日本经济造成的影响，导致日本企业面临资金困难、企业裁员的消息也充斥了日本各大媒体。这更证明了日本受世界经济冲击的脆弱性。正如《朝日新闻》所报道的，在离 2009 年新年还有 10 天的日子里，被突然解雇的和解除派遣合同的职员正面临失业和流浪街头的困境。在今天 3 个劳动者中就有 1 个非正式员工的日本，企业可以很轻易地解雇非正式员工。此次企业解雇员工的速度也是从来没有经历过的。① 这在一定程度上是否意味着日本经济的冬天才刚刚开始呢？

一国的经济制度，是指在长期经济活动中形成的为保证个人或组织在此经济体中开展经济活动的法律化或非法律化的行为方式及主体间的关系模式。② 而日本传统型经济制度正是以各种法律化的条文或非法律化的行为惯例为基础，由终身雇佣制、年功序列、企业内工会等构建的日本独特的企业内部制度，通过相互持股和长期采购形成的集团制和系列化的企业间关系，以主银行制为中心的银企关系，和“护送舰队行政”为基础的政企关系等各个经济主体的有机构成。

基于此，可以认为，以 20 世纪 70 年代中叶为分界点，日本经济形态发生了本质的变化，即完成了从后发展经济向工业化经济的转型。而 80 年代中叶的金融自由化，打破了日本对内封闭、对外开放的经济模式，从半封闭(单向开放)走向了开放。经济形态和经济模式的改变必然要求产生新的制度模式与之相适应。但由于偶然事件的影响、制度的路径依赖性及成熟制度所具有的自我“锁定”和自我“强化”的制度特性使日本型经济体制没能适时地进行自我修正和变革。即在半封闭和后发展条件下形成的“发展导向经济体制”，在失去支持日本经济继续取得极优绩效的同时，改革过渡期的经济体制失去了日本传统型经济体制所具有的对外部冲击的强抗压性优势，使日本经济对世界经济产生了严重的依赖性，在金融自由化的背景下其经济绩效为世界经济的走势所左右。

---

① 「政治があまりに遠い」『朝日新聞』2008 - 12 - 20.

② 村松岐夫、奥野正寛『平成バブルの研究』東洋経済新報社、2002 年，第 31 頁。

日本经济绩效变化的三个阶段恰巧是日本传统型经济体制形成、强化和变革的三个时期。这在一定程度上也验证了新制度经济学制度是重要的经济增长的源泉，一个国家的基础制度决定了它的经济绩效的观点。“发展导向型经济体制”与日本的后发展经济形态相适应，因此日本经济表现出了极优的绩效。而当日本实现从后发展经济向工业化经济转型后，经济形态的变化使其与原有经济体制产生了矛盾，但作为突发性的危机却掩盖了这一矛盾，并强化了这一本应改革的经济体制。各种危机实际上就是一种偶然性，这恰好证实了诺斯所指出的偶然性在制度变迁中可以发挥决定性作用的观点。而当日本经历了泡沫经济破灭和长时间的萧条后，具有了制度变迁的动力，但在传统制度瓦解而新制度还没有最终被确立的过渡期，这样的绩效表现也属正常。日本经济所表现的增长性衰退，正是对战后日本经济体制制度变迁的客观评价。

支撑日本完成从后发展经济向工业化经济转型的日本传统型经济体制本应在 20 世纪 70 年代中叶适时地退出历史舞台，但“尼克松冲击”、第一次“石油危机”等危机强化了“日本传统型经济体制”。在 70 年代中叶到日本泡沫经济崩溃的 20 多年时间里，“日本传统型经济体制”支撑日本成功抵抗外部危机的同时，也使日本经济绩效发生了逆转，并直接导致了日本泡沫经济的产生和破灭。日本泡沫经济的破灭，标志着日本传统型经济体制解体的开始，并迫使日本经济不得不在世界经济中随波逐流。泡沫经济崩溃后的所谓“失去的 10 年”“失去的 20 年”，一定程度上可以看作是一种经济体制变革和治理结构调整的阵痛。以中国为中心的新兴经济体的强势崛起，为日本经济走出“萧条”创造了巨大商机和市场动力。经过 20 多年的政治经济制度调整，日本社会虽然依然面临着“老龄化”社会等种种复杂课题，但其内部经济结构已经日趋合理，全球性产业链布局已经全面形成，未来的日本企业或许会以一种更加精准、凝练和成熟的姿态展现在世界面前。

## 三、日本灾害治理的紧急对策体制

在长期与各种自然灾害斗争中，日本通过不断完善《防灾对策基本法》及相关法律，形成了系统推进灾害危机管理的紧急对策体制。该体制通过计划性预防机制、多渠道预警机制、协调性决策机制、专业救援与互助自救相结合的紧急救援机制，附之以应急对策机关、专门防灾机关、专业救灾队伍等系统性组织体系，有效减少了灾区人员伤亡和财产损失，确保了重大灾害面前的社会秩序稳定。日本完善的防灾法律制度体系虽然为紧急应对各种灾害危机提供了强有力的制度支撑，但是日本现行灾害危机管理的紧急对策体制依然面临着诸多现实困境。

危机管理的紧急对策体制是一个国家或地区为应对各种公共安全危机，通过危机预防、危机预警、危机应对和危机救助等危机管理行动而采取的紧急对策相关的制度体系。基于不同国家经济发展阶段、社会组织结构、法制建设程度、科学技术水平和基础设施建设等方面的差异，其进行危机管理的紧急对策体制亦有所不同。近年国内关于日本灾害危机管理相关的研究，如王德迅著《日本危机管理研究》①，从日本构建危机管理的实际背景出发，结合具体案例，解析了日本危机管理的理念、法律原则、组织结构和处理危机事件的决策机制。姚国章著《日本突发公共事件应急管理体系解析》②，系统整理了日本对突发公共事件应急管理相关的法律、法规，探讨了各行政主体及其分工情况，并详细介绍了日本应急组织体系、灾害应对过程、灾害救援机构、应急教育、应急宣传与动员等现实情况。顾林生通过《日本大城市防灾应急管理体系及其政府能力建设》③，论述了东京应对危机事态和危机管理模式，并比较了东京、纽

① 王德迅：《日本危机管理研究》，《世界经济与政治》2004 年第 3 期。

② 姚国章：《日本突发公共事件应急管理体系解析》，《电子政务》2007 年第 7 期。

③ 顾林生：《日本大城市防灾应急管理体系及其政府能力建设——以东京的城市危机管理体系为例》，《城市与减灾》2004 年第 6 期。

约、新加坡和北京在危机管理机制建设方面的差异。伍国春在《日本社区防灾减灾体制与应急能力建设模式》①中，结合阪神地震之后日本加强地方自救和社区抗灾能力建设的实际情况，分析了城市社区防灾减灾的组织形式和实际开展情况。

上述论文主要侧重日本灾害危机管理的制度解析和应急能力建设，对于日本灾害危机管理的紧急对策机制及其制度支撑等则较少涉及。联系日本政府及社会各界紧急应对东日本大震灾的灾害危机管理实际，通过透视日本灾害危机管理的危机预防机制、危机预警机制、危机应对机制和危机救助机制，可以清楚阐明日本紧急应对灾害危机的行动机理和制度体系，进而探讨有效推进灾害危机管理的制度逻辑和现实困境。

### 1. 紧急对策体制的制度演进

面对突然发生的地震、海啸、台风、洪水、火山爆发等重大自然灾害，人们事先采取的预防措施如何，防灾组织是否到位，防灾行动是否得力，灾害救助是否及时等，直接关系着受灾地区的人员伤亡情况和财产损失程度。在与各种重大自然灾害的斗争过程中，日本在灾害危机管理方面积累了丰富的经验和教训，形成了比较成熟的紧急对策体制。战后，日本灾害危机管理的紧急应对体制主要经历了三个发展阶段。

第一，紧急对策制度的体系化。战前，日本虽然经常遭受各种重大自然灾害的侵袭，但是，由于日本政府全力投入殖民侵略之中，一直未能建立起系统的灾害危机管理制度。1946 年 12 月，日本南海地区发生 8 级地震，导致 1443 人死亡和失踪，日本政府当时紧急出台了《灾害救助法》，明确规定了灾害救助的适用标准、救助种类、经费支出方式以及国库负担比例等。此后，伴随着日本经济的高速增长，日本政府日益重视灾害危机管理问题。1959 年 9 月，"伊势湾台风"重创日本，造成 5098 人遇难，经济损失高达 7000 亿日元。为了建立综合性灾害预防和应急救

---

① 伍国春：《日本社区防灾减灾体制与应急能力建设模式》，《城市与减灾》2010 年第 2 期。

助制度,1961 年,日本制定《灾害对策基本法》,通过国家、地方政府及其他公共机关共同组成的防灾体制,指导防灾计划、应急对策和灾后重建,力图实现综合防灾、计划防灾,维持社会秩序,确保公共福祉。根据《灾害对策基本法》和其他防灾相关法律,日本政府还扩充和建立了多个防灾救灾行政机关和研究机构,包括气象厅、消防厅、防灾局、东京大学地震研究所、京都大学防灾研究所、地震防灾减灾研究中心等,重点资助了一批关于防灾、减灾、救助相关的重大攻关课题,在防灾科技方面也取得了许多先进科研成果。①

第二,紧急对策机能的健全化。1995 年阪神大地震之后,鉴于日本政府在紧急应对中反应严重迟缓等问题,为弥补灾害危机管理过程中的各种制度性缺陷,日本全面修改《灾害对策基本法》,放宽应急对策机关设置和人员配置限制,强化应急对策机关的临时处置能力,扩大地方自治团体行政机关、自卫队、警察署等机构的灾害危机管理权力,借此提高政府应对紧急事态的灵活性。此后,日本又陆续出台了《地震防灾对策特别措施法》《大灾难灾民权利保护法》《密集城市街区减灾促进法》和《灾民生活重建援助法》等系列灾害危机管理相关的法律制度。

第三,紧急对策系统的协调化。2011 年“3・11”东日本大震灾后,日本总结大地震、海啸及核泄漏事故处置中的经验教训,进一步完善了灾害危机管理中紧急对策相关的法律制度,扩大了中央和地方都道府县对救助生活物资的支援、分配和物价干预的权限,中央政府可以代替灾区地方政府或其他地方政府协调接收灾民工作。加强地方公共团体之间的相互援助职能,加大受灾地区的安全保护措施,支援老人和残疾人紧急避险,合理安置受灾居民,简化灾害复兴事务手续,加强受灾地区的车辆放置管理,确保紧急车辆通行安全。

现行日本灾害危机管理的制度体系由共计 51 部法律组成,其中包

---

① 西川智「日本の防災行政システムの進展と今日の課題」『国際交通安全学会誌』Vol. 32、No. 2,第 6 頁。

括7部灾害对策基本法，18部灾害预防关系法，3部灾害应急处理法，23部灾害恢复、振兴和财政金融措施关系法。这些法律以《灾害对策基本法》为核心，内容涉及灾害预防、应急处理、灾害救助和灾后重建等多个方面。日本灾害危机管理的紧急对策体制正是基于上述法律制度，通过规范日本中央政府和地方政府、公共机构等防灾主体的责任、权限、对策和行动，确立了紧急应对各种灾害危机的组织体系、行动机制、应对措施和应对方法，为日本有效开展灾害危机管理，提高整体防灾赈灾能力提供了有力的制度保证。

2. 紧急对策体制的行动机制

灾害危机管理的紧急对策体制分为危机发生前的预防体制、危机发生时的紧急预警体制、危机发生后的紧急应对体制和紧急救助体制。四种体制虽然作用时间、作用机理、作用形式各自不同，但缺一不可，唯有紧密配合，才能有效实现灾害危机管理。如果没有灾害危机发生前的设备、人才、技术储备，缺乏周密的灾害预防计划和组织行动规划，那么一旦发生重大自然灾害或公共安全危机，则即使有高效运转的政府或组织机构，仓促之下，也很难有效开展各项紧急救援工作。

鉴于重大灾害或公共安全事件的突发性、紧急性、威胁性、高度不确定性以及灾害信息的有限性等特点，为了有效应对可能发生的重大灾害，危机管理机构应该提前编制灾害预防计划，部署能够迅速行动的决策系统和组织体系，建立多渠道的灾害预警系统和信息传输系统。一俟出现灾害危机险情，迅速组织政府、公共机构、专业救援队伍与当地居民共同开展救援和自救。

第一，危机预防机制。

危机预防是危机管理措施中的最高境界，即所谓“有备无患”，“防患于未然”。防止灾害发生，尽量减少灾害损失，是各国危机管理中的基本出发点。日本的灾害危机管理从有效保证灾害发生时的紧急应对出发，要求各级灾害对策机关必须制定各自的具体防灾计划。日本的灾害预防计划包括“防灾基本计划”“防灾业务计划”“区域防灾计划”以及“指定区域防灾计划”。各种防灾计划成为日本政府及都道府县等地方机关依法防灾救灾的行动指南。

中央防灾会议负责制定防灾基本计划。防灾基本计划是防灾领域的最高计划，主要目的在于确立全国性综合防灾的长期规划，规范各种防灾业务计划及地方防灾计划标准，统筹日本全国的防灾减灾及灾害重建工作。中央防灾会议根据现实灾害情况以及灾害应急对策的执行效果，并结合最新防灾科学的研究成果，每年都要对防灾基本计划进行重新探讨，必要时加以一定的修正。中央防灾会议制定或修改防灾基本计划后，必须立刻报告总理大臣，并通知各相关指定行政机关、都道府县知事、指定公共机关，并向全国公布其概要内容。①

根据防灾基本计划的要求，各级行政机关和公共机构基于各自的职责范围和业务内容，负责制定各自的防灾业务计划，以确保在灾害发生时的行政、电力、煤气、通信、运输等各项应急机能的正常发挥。计划内容主要涉及在发生重大灾害时各行政机关和公共机关应该采取的紧急应对预案。在执行防灾业务计划时，各行政机关和公共机构应接受灾害对策本部的指示，成立内部紧急对策组织，指导各职能部门做好防灾救助准备，并迅速采取防灾措施，收集和反馈灾害相关信息，制定防灾减灾的具体行动计划。

都道府县和市町村等地方公共团体要结合本地特点和可能发生的灾害情况，制定本地区相关的区域防灾计划。区域防灾计划包括本地区临时防灾机关的设置及其职责，以及灾害预防、预警避难、防灾演练、现场调查、灾情搜集、灾害救助、卫生防疫等具体对策，并做好灾害发生所必需的人力、设施、设备、物资及资金准备，以保证在灾害发生时立即组织人力物力从事救援工作。

与防灾基本计划一样，根据实际执行情况和灾害风险等，相关机构

① 青木信夫：《日本东京的防灾规划》，《城市环境设计》2008 年第 4 期。

每年要调整或修改区域防灾计划。但是,在调整区域防灾计划时,都道府县必须事先与总理大臣协商,市町村则必须与都道府县知事协商,确保既不与防灾基本计划相冲突,也不能妨碍防灾业务计划的执行。都道府县之间或市町村之间的区域防灾计划,由都道府县防灾会议协议会或市町村防灾会议协议会协商制定。为保证区域防灾计划的顺利执行,在必要时,都道府县防灾会议的会长或都道府县防灾会议协议会的代表人可以对管辖该区域的相关公共机关、公共事业机构及其人员提出要求、劝告或指示,还可以要求其提供相关资料、报告和计划执行状况。

第二,危机预警机制。

对于突发自然灾害或公共安全危机,如果不能及时发布灾害预警信息,准确公布灾害变化情况,就难以指导灾区居民进行紧急避险,减少次生灾害,还可能导致谣言泛滥,造成社会恐慌心理。在发生重大自然灾害或公共安全危机时,如何及时将灾害信息迅速传送给相关政府机构和相关机构,如何利用公共媒体和各种现代传输渠道及时公告各种灾害相关信息,是考验政府危机管理能力和紧急对策水平的一个重要标准。

谣言止于信息公开和透明。为了更好应对各种地震灾害,日本政府不断加强地震和海啸预警系统建设。1999年4月,日本新建地震和海啸预警技术支撑系统,极大提高了地震和海啸的预警能力。日本气象厅在全国设置了3000多个地震检测点,构建了严密的监测网络,24小时监测潮位与海啸动态。180个地震监测装置将地震数据传到6个计算中心,经过地震海啸数据库的模拟对照后,可以直接生成海啸预警数据,并立即自动向全国电视网发布。在地震或海啸发生时,气象厅可以瞬时计算出地震的震中、规模、发生海啸可能性,并立即发出海啸警报和预报。

根据日本气象业务法规定,一旦出现地震、海啸警报,气象厅必须立刻通过地上通信、空中卫星线路、气象资料电传网和防灾信息网等通信渠道,上传中央政府、警察机构、自卫队、地方政府、通信公司、电视媒体、海上保安厅和各级消防机构,并由相关机构迅速向各类学校、居民家庭、医院和海上船舶传递。地震发生后,气象厅根据各地观测到的地震信息，一般能够在2—3秒内发出第一次播报，然后在5—10秒钟内进行第二次播报，30—60秒内进行最后一次播报。在播发地震预报的同时，气象台还会发布海啸警戒警报。当地震震级和海啸基本情况得到最后确认之后，气象厅还会播发地震震级、海啸注意事项或警报解除信息。

2004年，日本设立了全国瞬时警报系统J-ALERT。日本政府（内阁官房、气象厅、消防厅）利用通信卫星可以直接向全国市町村传送紧急灾害信息，并自动启动无线防灾系统、有线广播电视系统、紧急短信系统等，即时向日本居民发布有关导弹、航空、恐怖事件等警报和海啸、地震等紧急灾情信息。人们还可以利用各种传输媒介，如广播、电视、互联网络、手机等直接获得可靠资讯，以使每一个居民都能及时了解应对突发危机的信息和方法，从而有效减少灾害损失。

日本《放送法》规定，当自然灾害即将或已经发生时，NHK作为"指定公共机关"，必须及时发布各种防灾信息。各类广播电视机构必须为防止灾害发生或减轻受灾程度做相应报道。日本政府通过广播、电视和卫星数据传输系统等播发地震相关警报。都道府县及市町村长官必要时可以要求NHK播放防灾信息。3月11日大地震发生后，NHK的8个电视、广播频率立刻发出紧急地震信息，东京等各地电视台紧急中断各类节目，代之以日本广播协会NHK播送的早期地震警报。在其后的3天时间里，其他民间卫星电视频道、地方电视网、无线网络、推特、视频网站、雅虎、谷歌等也都相继投入灾害信息报道、安全信息提示等救灾业务。地震信息发出后，日本的消防、警察、交通、媒体、医院、学校等相关机构则立刻做好了应急出动准备。一些订阅了特殊预报服务的人通过手机短信和电子邮件及时收到了地震警报。电视警报出现后1分钟，第一次强烈震动撼动了东京地区，高层建筑开始摇晃，数百万人迅速开始紧急避难。

第三，紧急应对机制。

当重大灾害发生时，在尽量充分掌握灾害信息及变化情况的基础上，应及时成立灾害对策机构，统一协调灾区各专业防灾机关和公共机构，根据现场灾害情况和防灾救援计划，立刻组织灾害救助工作。经过多次自然灾害和公共安全危机事件的考验，日本确立了由紧急对策机构与专门防灾机关、综合防灾会议共同组织的指挥决策系统。[①] 从紧急对策机构组建到专业防灾机构的紧急行动，从中央防灾担当大臣到地方公共机关的防灾专员，从中央防灾会议到地方各级防灾会议，各级机构防灾人员既各负其责，又密切配合，推进灾害危机管理工作有序开展。

根据《防灾对策基本法》及相关法律，在遭遇重大自然灾害或公共安全事件时，日本政府可以设立“紧急灾害对策本部”“非常灾害对策本部”和地方“现场对策本部”，紧急应对各类突发灾害或公共危机，全权处理灾害预防和灾害救助等各种具体事务。灾害对策本部具有统筹全局、统领指挥的权限和职责。

在发生非常灾害时，根据灾害规模及其他情况，总理大臣可以在内阁府设立“非常灾害对策本部”，并立刻对本部名称、所辖区域、设置地点及期间向社会公布。非常灾害对策本部由防灾担当大臣为本部长，组织实施各项灾害应急对策。当发生极端异常的重大非常灾难时，经内阁研究，总理大臣可以在内阁府设立“紧急灾害对策本部”。总理大臣担任紧急灾害对策本部长，成员包括全体内阁阁僚、内阁危机管理监以及总理大臣任命的其他人员。紧急灾害对策本部负责全面实施灾害应急对策。

地方“灾害对策本部”是都道府县或市町村开展本地灾害救助工作的指挥部，它在与地方防灾会议紧密联系的基础上，全权推动灾害预防及灾害应急对策。灾害对策本部在组织一线抢救工作的同时，必须及时收集灾害信息，并呈报上级灾害对策机关。为确保迅速且有效地执行灾害应对计划，各级行政机关和公共机关必须密切配合灾害对策机关的救援工作，并响应受灾地区都道府县知事等要求，派遣合适人员参与救灾活动。

日本内阁设有“防灾担当大臣”，专门负责防灾相关事务，包括编制

① 王德迅：《日本的防灾体制与防灾赈灾工作》，《亚非纵横》2004 年第 3 期。

防灾计划，协调中央到地方各项防灾政策，寻求各种灾害的应对策略，收集、传播各种防灾信息和组织执行各项紧急措施，并担任国家“非常灾害对策本部长”和“紧急灾害对策本部”副本部长（本部长由内阁总理大臣担任）。内阁官房设立“内阁危机管理监”一职，专门负责内阁官房中的危机管理事务，辅助内阁官房长官及内阁官房副长官，处理对国民生命、身体或财产造成重大危害或可能产生危害的紧急事态及预防事宜。

为确保防灾工作的有效进行，日本设立了“中央防灾会议”和“地方防灾会议”，统筹全国或地方的灾害预防、灾害救助和灾后重建工作。“中央防灾会议”作为日本内阁的政策委员会之一，由总理大臣担任会长，成员包括各内阁成员、指定公共机关首长和知名专家。中央防灾会议负责制定和推进防灾基本计划，在发生非常灾害时，制定和实施紧急措施计划，接受内阁总理大臣和防灾担当大臣的咨询，审议各类有关防灾的重要事项等。为确保防灾工作科学而有序地开展，中央防灾会议下设多个专门委员会，分别就具体事项展开调查。中央防灾会议有权要求相关行政机关、地方行政机关、地方公共团体及其他执行机关、指定公共机关的长官或其他相关人员提供资料、陈述意见或进行其他必要的合作。同时可以对地方防灾会议或地方防灾会议协议会进行必要的指导或劝告。

都道府县防灾会议由都道府县知事出任会长，成员由指定地方行政机关、警备区自卫队、教育委员会、警察机关、市町村、消防机关以及指定公共机关、指定公共事业分支机构的长官或指定人员组成。地方防灾会议负责制定和执行各区域内的防灾计划，收集灾害相关资料，并就灾害应急对策和灾后重建等事宜，与都道府县相关单位进行联络和协调。市町村防灾会议由市町村长出任会长，成员比照都道府县防灾会议的组织形式予以聘任。

第四，紧急救助机制。

在灾害危机管理的紧急应对过程中，最紧迫的任务在于采取紧急救助行动，尽量减少人员伤亡和财产损失。这里一方面需要有装备精良和训练有素的专业救援队伍，同时又需要大量机动的救援辅助人员、医疗救护人员、志愿者，要努力实现专业救助与群众自救、志愿援助相结合，当地紧急救助和外来支援救助相结合。日本直接承担灾害救助任务的主要是消防员、警察、自卫队员和医疗救护人员以及当地群众和志愿者。

经过长期灾害危机管理和救灾工作的实践，日本培养了一只训练有素、装备精良的灾害救援队伍。日本的消防厅、消防署以及消防队等机构是负责火灾、地震、台风、水灾等灾害救援和医疗急救的专门机关。发生紧急灾害时，消防厅作为专门从事灾害救助的业务机构，负责派遣紧急消防援助队参与救援，并及时收集、整理、发布灾害信息，保持与日本内阁、相关省厅及地方自治团体的联络和沟通。消防救助队员除了参加救助活动外，平时还组织各种消防演练、消防培训和消防检查。日本的消防人员分为专职消防队员和地方公务员兼职消防团员两种。目前，日本全国有各种消防机关 807 个，消防队员 16 万人，消防团员 90 万人。

日本警察队伍是一支执行灾害危机管理任务的重要力量。当发生重大灾害或者存在灾害危险时，当地警察负责迅速收集灾害相关信息，劝导和指挥居民避难，开展紧急救助活动，寻找失踪人员，确认遗体身份，并组织灾民自救，确保交通畅通，维持社会治安等工作。为了吸取阪神大地震时的经验教训，1995 年 6 月，日本在警察系统中成立了“广域紧急救援队”，以确保在发生重大紧急灾难时，能够实现跨区域的紧急救助。广域紧急救援队由从事救助的警备部队、确保紧急交通畅通的交通部队和从事检验和提供安全信息的刑事部队组成，全国共 4700 人。

作为执行“专守防卫”的日本自卫队，同样肩负着灾害危机处理和救援义务。在发生重大灾害等紧急状态时，都道府县知事或灾害对策本部可以向防卫大臣或其指定的代理人提出书面申请，或通过电话等通信手段直接提出自卫队派遣申请。防卫大臣或自卫队长官根据申请内容和实际需要，可以向灾区派遣灾害救援部队，参与灾害救援活动。当发生 5 级以上地震等紧急灾害情况时，即使尚未接到地方派遣要求，自卫队长官也可以派遣自卫队进行信息收集和开展救援活动。自卫队提供的灾害救援范围一般比较广泛,包括搜寻和营救伤员、防洪抗险、预防疫病蔓延、供应饮用水和食品、运输人员和物资等。此外,基于防灾派遣相关计划,自卫队经常对自卫队员开展防灾教育,积极参与国家和地方公共团体组织的灾害救助训练和防水、防火训练,增强相互之间防灾救灾的协调能力。日本自卫队总人数为 24 万人,平均每年派遣自卫队员参与各种救灾活动达 500—800 人次左右。阪神大地震时期,自卫队共派遣人数达 225 万人次。"3·11"东日本大地震时期,当年派遣自卫队救助人员超过 1000 万人次。①

当重大公共安全危机发生后,及时开展周边居民之间的互助自救对于挽救生命、减少灾害损失来说十分重要。因为大地震发生之后,受灾地区常常是通信系统中断,交通运输停滞,中央政府或地方救援队伍有时很难快速到达灾区。在 1995 年的阪神大地震中,大多数生还者是被当地民众而非后来赶到的专业救援人员从废墟中救出的。因此,对普通居民来说,掌握必要防灾避难知识,做好防灾自救准备非常重要。日本政府鼓励建立各种志愿者组织,并从宣传、提供训练场所和培训条件等方面提供支持。现在,日本各地社区成立了许多"灾害管理志愿者"组织,这些志愿者组织平时进行抢险救灾演练,遇到自然灾害时则积极投入救灾活动。

此外,日本各地还成立了许多群众自发组织的防灾救灾团体,如消防团、水防团、防火俱乐部等。这些自发的群众性组织,以"自己的家园自己守护"为基本理念,经常性地进行各种防灾训练,普及防灾知识,检查安全隐患,保管与维修防灾器材。一旦发生灾情,他们可以立即投入初期救灾、疏散居民、抢救伤员、收集和传递信息等工作,这对防止灾情扩大和二次灾害发生起到了不可或缺的作用。

---

① 防災情報新聞『自衛隊の災害派遣—後方支援リスクと災害派遣「二次災害リスク」』、2015 年 7 月 8 日。http://www.bosaijoho.jp/topnews/item_7040.html

### 3. 紧急对策体制的制度基础

从日本应对各种重大灾害的危机管理水平看，从灾害发生前的危机预防，灾害发生时的危机预警，到灾害发生后的紧急应对和紧急救助，日本已经形成了一套成熟的灾害紧急应对机制。在重大灾害紧急应对过程中，日本之所以能够有效预防灾害、减少灾害损失，有效防止和减少次生灾害，有序推动灾后恢复和重建，得益于日本政府及社会各界不断完善危机管理相关的法律制度建设，严格执行紧急对策中的主体责任制度，长期坚持的防灾教育演练，不断强化城市建设标准等具体措施。

第一，主体责任明确的法律定位。

根据《防灾对策基本法》，日本政府负有“保护国土及国民生命、身体及财产免于灾害”的使命。在发生灾害或存在灾害危险时，政府机构必须动员其全部组织和机能，谋求一切防灾措施，尽量避免、减少灾害或阻止灾害蔓延。在制定和实施灾害预防、灾害救助和灾后重建基本计划时，政府有责任积极组织地方公共团体、指定公共机关、指定地方公共机关实施防灾事务，指导和监督地方公共团体制定和实施区域防灾计划，并负责对其加以综合性调整，以确保灾害费用负担的合理化。都道府县和市町村等地方公共团体则有义务制定和实施本地区的灾害应对计划。

对于突发重大灾害，防灾责任主体包括国家、地方政府、指定公共机关、指定地方公共机关。所谓指定公共机关，主要指独立行政法人、日本银行、日本红十字会、NHK 及其他公共机关和经营电力、煤气、运输、通信及其他公益事业法人。指定地方公共机关则指地方独立行政法人、港务局、土地改良区及其他公共设施管理者，在都道府县经营电力、煤气、运输、通信及其他公益事业的法人。

各级地方政府或公共机关首长及其他有实施灾害预防责任的人员为灾害预防责任人。灾害预防责任人负责建立健全灾害预防体制，设立灾害应对组织，依法开展各种防灾演练活动，准备必要的设施、设备和物质储备，并努力消除可能影响未来灾害救助的各种阻碍。灾害预防责任人必须加强对预防灾害的组织管理，特别是完善灾害预测、预报以及迅速传达灾情的组织建设工作，以保证防灾相关事务或业务得以迅速且稳妥地实施。

对于一般的区域性灾害，当地的市町村长官作为受灾地区的第一责任人，全权组织现场救助活动。对于非常灾害、重大紧急灾害，除由“非常灾害对策本部”和“紧急灾害对策本部”统一组织协调之外，现场对策本部长作为受灾地区的第一责任人直接指挥现场救援活动。公共机关根据受灾情况，必须采取相应救灾措施，或者请求、指示都道府县和市町村的相关机构采取对应措施。在灾害救助过程中，市町村长必须及时向都道府县知事通报信息，都道府县知事、公共机关代表人、行政机关首长必须及时向总理大臣报告受害状况以及所采取的应对措施。

在发生灾害或可能发生灾害时，为了避免灾害发生或防止灾害扩大，灾害对策机关必须及时采取灾害防御措施或救助行动，包括发布、传达灾害警报，进行紧急避难的劝告或指示，为受灾者提供必要的避难所、饮食、水、生活必需品，掩埋尸体和进行搜救活动，同时要预防犯罪，实现交通管制，维护灾区的社会秩序。依据《灾害对策基本法》，在发生重大灾害期间，对于拒绝执行都道府县长官的行动命令、协助命令或保管命令者，处 6 月以下徒刑或 30 万以下罚金。对于不服从都道府县公安委员会的限制或禁止车辆司机，处 3 个月以下徒刑或 20 万以下罚金。

第二，严格执行城市防震建设标准。

建设防灾型街区和防灾型城市是日本落实防灾计划，缩小重大灾害损失的一个重要手段。根据防灾计划，都道府县或市町村在修建道路、公园等城市基础设施时，必须同时建立具有医院、行政、福利、避难、储备等机能的公共设施和公益设施，以保证在受灾时发挥最低限度的城市机能。地方自治团体行政机关、消防署、警察署、学校、医院、公园等为指定防灾据点。在日常情况下，人们可以在城市中安心生活学习。遭遇非常灾害时，可以有效实现防灾避难。日本的各级学校，尤其是中小学已经成为突发自然灾害时的法定紧急避难场所。① 日本大部分学校都设有专门储备防灾物资的仓库，储存了足够紧急避险用的淡水、食品、燃料等，以备不测。在日本各社区发出的防灾通知中，总要标出小学、中学、高中所在的位置，清楚告诉人们发生灾害时的逃生路线和避难所。

为了避免地下管线在地震中损坏，日本的电缆线路一律采用空中架线。虽然城市中电线杆林立，不利于市容环境建设，但是，日本政府和各地方公共团体仍然坚持将城市安全建设置于重要位置，以确保城市的防灾救助功能。

日本是最早制定建筑耐震标准的国家，在建筑的耐震基准、耐震设计、技术等方面一直处于世界前列。1950 年，日本制定《建筑基准法》，对建筑物的用地、建筑设备、结构和用途设置了最低标准。依据《建筑基准法》，一个建筑工程在获得政府部门开工许可后，除了要上交设计图纸、施工图纸外，还必须提交建筑抗震报告书，而且只有一级以上的建筑师才有资格编制抗震报告书。1995 年，阪神地震发生后，日本政府连续 3 次修改《建筑基准法》，把各类建筑物的抗震基准提高到最高水准。按照现行建筑基准法，商务楼必须能够抵抗 8 级地震不倒，有效使用期限必须超过 100 年。② 2006 年，著名一级建设师姉齿秀次因为伪造防耐震强度而被捕入狱。

日本地震研究机构或企业不断推出新型材料或技术，以提高现有建筑物的防震性能。为了抵御地震的破坏，日本高层建筑普遍采用了一种地基地震隔绝技术，即在建筑物底部安装弹性橡胶垫，或者通过摩擦滑动承重缓冲装置来抵御地震。日本政府十分强调加强建筑物的抗震性能，专业技术人员定期免费对民宅进行抗震加固和等级评定，对于现存的不符合抗震结构的房屋，在进行房屋防震加固时，政府会酌情给予居民适当的补贴鼓励。在“3・11”东日本大地震中，东京市一些高楼虽然

① 姜乃力等：《日本城市防灾减灾的经验与启示》，《世界地理研究》第 13 卷第 4 期。

②《日本建筑彰显超强抗震能力》，《中国建设报》，2011 年 3 月 19 日。http://www.chinajsb.cn/old/content/2011-03/19/content_23953.htm

像轮船似的大幅摇晃，甚至墙体开裂，玻璃碎裂，但整栋建筑之所以屹立不倒，应该说，这直接得益于日本政府严格执行的建筑物超强抗震标准，日本建筑物的超强抗震能力亦令世人惊叹。

第三，全民性防灾教育与防灾演练。

日本之所以能够顺利推动减灾防灾工作，还得益于日本居民的强烈防灾意识和日常防灾习惯。然而，这种防灾意识和防灾习惯并非与生俱来，而是依靠日积月累的生活培养。在系统防灾对策法、严密防灾组织体系之上，日本政府通过国民教育体系和日常防灾演练，有效提高了普通群众的防灾意识，培育了国民应对灾害的生活习惯。

日本各级地方公共团体一般通过编印小册子，或通过广播、电视、报刊、杂志、互联网等媒体为公众提供各种应急教育。从幼儿园开始，到小学、中学，各级教育机构都注意向学生灌输防灾知识。各都道府县教育委员会一般都编有《危机管理和应对手册》、《应急教育指导资料》等教材，用于指导中小学开展灾害预防教育。日本各类学校除了进行天然灾害应急教育外，还对学生开展预防各类人为犯罪伤害、火灾等安全教育。无数次地震、海啸、火山等自然灾害的现实打击，广播电视中不时传送的灾害情报，地动山摇的地震惊恐，祖祖辈辈防灾赈灾的言传身教，使饱受灾害煎熬的日本国民时刻准备应对不期而至的各种磨难。①

对于突发自然灾害和公共安全来说，不仅需要具备防灾知识，还必须掌握防灾自救的基本生存技能。防灾演练不仅能锻炼各单位的防灾减灾的实战能力，而且能及时发现和纠正现行防灾体制中存在的问题与不足，还可以增强民众的防灾意识和防灾理念。因此，国家及地方自治团体每年都要举行各种形式的防灾演练。一些大企业、机关则经常举行各种形式的防震、防火演习。

日本国民在日常生活习惯方面一般都严格遵守防灾规定，他们一方面按照国家标准，加强自住房屋的抗震性能，检查室内家具的安全性和

① 林家彬：《日本防灾减灾体系考察报告》，《城市发展研究》第 9 卷 2002 年第 3 期。

稳固性，同时还在家里储备必要的应急食品、用品和药品。为促进公众参与防灾救灾活动，1996 年，日本政府规定每年 1 月 17 日为“灾害和志愿者日”，1 月 15 日至 21 日为“灾害管理志愿者周”，努力唤起人们积极参与抗灾救助的互助精神。在阪神大地震中，日本各地志愿者达到 130 万人。因此，1995 年被称为“志愿者元年”。

### 4. 紧急对策体制的现实困境

无论任何国家或机构，不管建立怎样严密的灾害对策体制，都无法绝对避免重大灾害发生，也无法完全消除重大灾害所造成的损失。人类认识世界能力的提高，科学技术的进步只能为我们提供有效应对重大自然灾害和积极进行危机管理的手段和方法，却不足以改变灾害和危机本身。事实上，当重大灾害发生时，一般都伴随着信息渠道中断、道路交通毁坏、物质供应缺失和公共机构严重受损等现象发生。一方面现场灾区损失严重，人力不足，亟待救援；另一方面政府和外围救援机构缺乏准确受灾信息，无法有效配置救援人员和各种物资。根据内阁府调查，东日本大地震时，约有半数居民收到了海啸警报和避难信息，其中约 56％的居民是通过防灾无线系统获得的，而通过 J－ALERT 自动启动系统传输到市町村防灾信息比例为 59.9％。①

2011 年 3 月 11 日，东日本大地震不仅引起巨大海啸，还直接导致了福岛核电站泄漏事故，造成严重环境污染，并引发了产业供应链大规模中断，能源供应不足等一系列次生灾害，直接经济损失高达 16.9 万亿日元。福岛核电站泄漏事故后，日本一度关闭所有核能发电厂，导致日本电力供应严重不足，使日本工业生产和输出急剧下降 7％和 8％，并引发了 31 年来日本首次贸易赤字。对于核电利用问题以及由此可能引起的核泄漏等问题，未来将如何加以妥善对应，对于日本来说还将是一个长

① 吉村茂浩「東日本大震災における災害情報伝達手段の課題と対策」『消防科学と情報』2013 年(夏季)No.113、第 8—11 頁。

期的课题。

根据日本地震研究机构调查，近30年内，日本可能发生南海海沟地震、东京直下地震，而且发生M8.4级以上地震的可能性为40%。一旦首都圈发生直下式地震，必然引起首都圈大规模停电，甚至可能导致日本中央防灾指挥系统陷入瘫痪。从整体防灾能力来说，日本配置了国际一流的救助设备、灾害探测和警报系统，拥有大批防灾经验丰富的技术人才和国际一流的科研队伍。日本政府机构、自卫队、警察、医院、消防机关以及NGO、个人志愿者等一般具有较高的防灾意识和防灾能力。然而，一旦遭遇上述重大灾害，日本政府可能难以迅速组织大规模救灾力量。日本潜在的防灾能力与现实紧急应对之间依然存在着巨大偏差。因此，如何进一步健全现行防灾应急对策体制，以应对未来可能发生的更大自然灾害，成为摆在日本政府面前的重大课题。

在市场经济条件下，突发的重大自然灾害不仅直接造成人员伤亡和财产损失，而且容易诱发各种社会经济矛盾，而国家财政的日益窘迫直接影响了日本政府的灾害对策能力。“3·11”大地震后，日本政府的防灾预算额连续2年超过4.5万亿日元，2013年更高达5.58万亿日元。① 根据东日本大震灾对道路、港湾、住宅等社会基础设施的损害情况，预计恢复重建费用需要16万亿—25万亿日元，而这些仅仅靠地方公共团体根本难以负担。与此同时，截至2014年，日本国债总额已经高达千亿日元，超过GDP的2倍，这对于长达20年入不敷出的日本财政来说，无异于雪上加霜。对于受灾地区来说，限于地方财力和产业基础，一旦失去了国家财力的强力支持，则无力独自承担灾后恢复和重建工作，因而容易导致救灾迟缓或次生灾害发生。

综上所述，我们可以看到，灾害危机管理是人类社会必须认真面对的一个永久课题。日本处理重大灾害和危机的经验和教训为国际社会

---

① 内閣府『平成26年版防災白書』付属資料、日経印刷、2014年、附—24页。http://www.bousai.go.jp/kaigirep/hakusho/

提供了有益参考。从灾害发生前的计划性危机预防，到灾害发生时的多渠道及时预警；从灾害发生后的紧急对策机构与专业防灾机关的统一决策，到消防员、警察、自卫队员、医疗救护人员的紧急救助以及当地居民的互助自救，日本实现了灾害危机管理的快速化、专业化和有序化，有效减少了灾害伤亡人数和财产损失。日本政府依法严格落实防灾主体责任，注重灾害预防，强化城市防震建设，地方自治机构长期开展的全民性防灾教育、制度化防灾演练等，大大提高了日本社会的危机管理能力。尽管如此，东日本大震灾后的沉重财政负担和挥之不去的核辐射威胁，日本周边潜在的大规模地震灾害风险，入不敷出的窘迫财政和巨额国债负担，长期低迷的日本经济，现行的灾害危机管理制度和日本社会的防灾抗灾能力依然面临着严峻考验。

# 第二章　高速增长后的规制变革与经济转型

自1955年以后，日本经济进入高速增长通道。经过十几年的高速增长，到1968年，日本经济超过英法德等西欧国家，跃居世界第二经济大国。此后，经过70年代两次石油危机的冲击，日本的产业结构从过去的“重厚长大”转向“轻薄短小”，向节能型、技术密集型和高附加值型结构转化；淘汰高耗能、高污染的产业，节能减排，特别是要减少对石油的依赖，从源头上解决公害和环境问题。与此同时，为了全面推进产业结构调整和经济转型，日本政府对长期占据国民经济主导地位的国有企业和战略产业进行治理改革。自明治维新以来一直由政府直接垄断的国有电信和国有铁道成为此次改革的首要目标。

## 一、规制与规制改革

“规制”一词源于日语，其原义来自于英文“Regulation”或“Regulatory Constraint”，含义为有规定的管理或有法规条例的制约。我国学者虽然分别使用“管制”“规制”“监管”等词汇，但对于其对应的英语词汇和日语词汇是没有争议的。为方便行文起见，若无特殊说明，本书在同一内涵层次上使用规制、管制和监管等词。

对于规制的研究,由于人们的出发点和立论角度不同而结论各异,本来无可厚非。然而,现实的规制研究中出现了严重的规制研究泛化现象。从经济学角度讲,似乎所有政府干预和政府行为都变成了政府规制①;从法学角度看,似乎所有的经济法、市场规则法都变成了市场规制法②。对规制定义进行广义的扩张性研究,本来不无道理,但是,如果无限扩展规制的内涵和外延,则不仅无助于真正的规制研究,还可能造成理论上的误区和实践上的困惑。结合规制自身的发展过程看,目前的规制研究泛化现象已经远远超出了规制本身的实践范围。这一方面说明目前的规制研究存在着规制概念的认识误区,同时也反映了某些研究者对国内外规制实践的关注不足。事实上,规制经济学之所以独立成为体系,是源自于施蒂格勒等的实证分析,它是在批判公共利益规制理论的过程中逐步确立的规制理论体系。从规制实践角度看,规制的产生和发展一直围绕着政府对铁路、电力、电信等特定产业展开。因此,规制研究必须以现实的规制实践为对象,不能凭主观想象,泛化规制研究。尽管一些学者在研究实践中也是紧紧围绕上述特定领域展开的,但在其直接的规制定义中却始终未能深入揭示规制本身的内涵和外延。基于此,笔者试图在前人研究的基础上,对规制概念进行全方位探讨,以期对规制研究有所裨益。

### 1. 规制的含义

关于规制的含义,国内外学者观点有所不同。施蒂格勒等美国经济学家十分注重实证分析的研究方法,拉丰和梯若尔等新规制经济学家则充分利用了数学模型的分析技巧。虽然他们在规制研究方面都取得了巨大成就,然而,与对规制进行准确而清晰的定义相比,他们似乎更加重视规制的现实价值和实际操作。施蒂格勒认为:“经济管制理论的中心

---

① 曾国安:《管制、政府管制与经济管制》,《经济评论》2004 年第 1 期。

② 于雷:《市场规制法律问题研究》,北京大学出版社 2003 年,第 1 页。

任务是解释谁从管制得益、谁因管制受损，管制会采取什么形式，以及管制对资源配置的影响。”①拉丰认为，由于存在信息约束、交易约束和行政或政治约束，使规制者不能实施他所偏好的政策（不管是什么政策）。②

卡恩在《规制经济学：原理与制度》主张，政府规制是“对产业结构及其经济绩效的主要方面的直接的政府规定，比如进入控制、价格决定、服务条件及质量的规定，以及在合理条件下服务所有客户时应尽义务的规定”③。米尼克认为，“规制是针对私人行为的公共行政政策，它是从公共利益出发制定的规则”④。塞尔兹尼克认为，规制是“公共机构针对社会共同体认为重要的活动所施加的持续且集中的控制”⑤。根据《新帕尔格雷夫经济学大辞典》的解释，规制是政府为控制企业的价格、销售和生产决策而采取的各种行动，政府公开宣布这些行动是要努力制止不充分重视“社会利益”的私人决策。规制的法律基础由允许政府授予或规定公司服务权利的各种法规组成。⑥ 上述观点更多趋向于内涵的归纳性解释，因而缺乏外延性的规范。

金泽良雄认为，从广义角度看，政府规制是指“在市场经济体制下，政府以矫正和改善市场机制内在的问题而干预经济主体（主要是企业）活动的行为”。政府规制的目的是为了维护正常的市场经济秩序，提高资源配置效率，增进社会福利水平。植草益将政府对经济的干预活动归纳为八类，抛开宏观调控的内容外，他把规制分为间接规制和直接规制，

---

① 施蒂格勒著，潘振民译：《产业组织与政府管制》，上海人民出版社 1996 年，第 210 页。

② 让·雅克·拉丰、让·梯若尔著，石磊、王永钦译：《政府采购与规制中的激励理论》，上海人民出版社 2004 年，第 1 页。

③ Alfred E. Kahn. *The Economics of Regulation: Principles and Institutions*, The MIT Press. 1988.

④ Mitnick. B. M. *The Political Economy of Regulation*. New York: Columbia University Press. 1980.

⑤ Philip Selznick. Focusing organizational research on regulation. In R. Noll (ed.), *Regulatory Policy and the Social Sciences*, University of California Press, Berkeley. 1985.

⑥ 斯蒂芬·布雷耶尔（Stephen Breyer）、保罗·W·麦卡沃伊（Paul W. MacAvoy）：“管制与放松管制”，参见《新帕尔格雷夫经济学大辞典》第四卷，中译本，北京：经济科学出版社，1996 年，第 136 页。

而直接规制又分为经济性规制和社会性规制。从狭义视角看，植草益认为，“经济性规制就是指在自然垄断和存在信息偏在的领域，主要为了防止发生资源配置低效和确保利用者的公平利用，政府机关用法律权限，通过许可和认可等手段，对企业的进入和退出、价格、服务的数量和质量、投资、财务会计等有关行为加以规制”。[①] 我国经济学者更多地参照和引用了上述概念。植草益的分析虽然清晰透彻，但缺乏对规制的整体把握和本质属性的揭示。

余晖主张，“规制是指政府的许多行政机构，以治理市场失灵为已任，以法律为根据，以大量颁布法律、法规、规章、命令及裁决为手段，对微观经济主体（主要是企业）的不完全是公正的市场交易行为进行直接的控制或干预”。[②] 该定义从政府经济职能角度加以分析，虽然较为全面、详细，但是“不完全是公正的市场交易行为”的约束，既给人以内涵模糊的感觉，又难以涵盖所有的规制活动，而且“以治理市场失灵为已任”的立足点则可能造成对规制内涵的不当约束。

于立认为，规制是政府对私人经济活动所进行的某种直接的、行政性的规定和限制。[③] 王俊豪主张，“管制”是“指具有法律地位的、相对独立的管制者（机构），依照一定的法规对被管者（主要是企业）所采取的一系列行政管理与监督行为”。他认为，政府管制构成的主要要素包括：(1) 管制的主体（管制者）是政府行政机关（简称政府），通过立法或其他形式，管制者被授予管制权。(2) 管制的客体（被管制者）是各种经济主体（主要是企业）。(3) 管制的主要依据和手段是各种法规（或制度），明确规定限制被管制者的什么决策，如何限制，以及被管制者违反法规将受到的制裁等等。[④] 该定义依然是过于笼统和含糊，既没有揭示被规制企业的特定范围，也没有指出规制行为与其他行政管理或监督行为的区

① 植草益著，朱绍文等译：《微观规制经济学》，北京：中国发展出版社 1992 年，第 19 页。
② 余晖：《政府与企业：从宏观管理到微观管理》，福州：福建人民出版社 1997 年，第 1 页。
③ 于立、肖兴志：《规制理论发展综述》，载《财经问题研究》2001 年第 1 期。
④ 王俊豪：《管制经济学在中国的发展前景》，载《光明日报》2007 年 8 月 13 日。

别。根据上述定义和分析,我们完全可以将物价局或工商行政管理局等的政府行为列入规制之中。事实上,在王俊豪所有的论著中都只是针对电力、电信、铁路等特殊行业的政府直接管理行为进行论述的。①

谢地主张,规制“是政府为实现某种公共政策目标,对微观经济主体进行的规范和制约,主要通过规制部门对特定产业和微观经济活动主体的进入、退出、价格、投资及环境、安全、生命、健康等行为进行的监督和管理来实现”。② 陈富良认为:“政府规制是指政府部门,有时也包括一般的社会公共机构和组织,依据有关的法规,通过许可和认可等手段,对企业的垄断和竞争、进入和退出、价格、服务的数量和质量、投资、财务会计等有关活动及外部性行为施加直接影响的行为。”③上述两个定义大同小异,二者都立足于政府与企业关系的视角,基本沿袭了植草益的定义内涵。前者的定义强调特定产业领域和微观经济主体的具体行为,并涵盖了社会性规制的内容;后者的定义则强调“直接影响的行为”。两者都是通过具体列举形式突出了规制的内涵,因而缺乏对规制定义的本质性阐释,而且对于列举之外的经济活动与政府活动,令人无所适从。

与上述定义不同,史普博分别从经济、法学、政治学角度进行了考察和分析,他认为“传统经济学意义上的管制定义忽视了行政程序的作用”,在政治学的管制定义里,虽然公共政策和管制的行政政策方面得到了强调,但又忽略了市场因素。因此,史普博试图“将行政决策的模型与市场机制的模型统一起来”,“将管制视为消费者、企业和管制机构互相结盟并讨价还价的过程”④。基于此种理念,他认为“管制是行政机构制定并执行的直接干预市场机制或间接改变企业和消费者供需决策的一般规则或特殊行为”⑤。从政策过程角度看,“管制的过程是由被管制市

① 王俊豪:《政府规制经济学导论》,商务印书馆 2003 年,第 1 页。
② 谢地:《政府规制经济学》,高等教育出版社 2003 年,第 3 页。
③ 陈富良:《企业行为与政府规制》,上海三联书店 2001 年,第 5 页。
④ 史普博:《管制与市场》,上海人民出版社 1999 年,第 3 页。
⑤ 史普博:《管制与市场》,上海人民出版社 1999 年,第 45 页。

场中的消费者和企业、消费者偏好和企业技术，可利用的战略以及规则组合来界定的一种博弈”。“管制学研究的是管制存在下的管制过程及其作为其结果的市场均衡。”①史普博应用博弈理论从规制机构、消费者、企业之间的关系角度清楚阐述了规制的运行机制及其实质，给人以清晰明了的分析思路和研究视角。然而，过分强调博弈过程的定义方法导致其忽视了对规制概念自身内涵和外延的系统阐释，因而也难以清晰揭示规制的本质属性和基本特征，在规制实践中，使人难以明确区别规制与基于其他行政法规、行政措施等政府行为之间的差异。

2. 规制的产生和发展

规制并非从来就有，而是市场经济发展到一定历史阶段的产物。规制的主体是政府，规制的对象主要是企业，对此学术界基本没有争议。但是，对于规制的内容、范围、规制方式等，依据学者各自的理解和研究视角，则分歧较大。为更好揭示规制的本质含义，在此对规制产生和发展的历史进行简单追述。

一般来说，在自由资本主义的发展时期，直接的政府规制较少。正如亚当·斯密所说，政府只是充当市场的“守夜人”。企业经营什么，如何经营，完全是个人的私事。政府是市场秩序的维护者和仲裁者。为了维护自由竞争的市场秩序，政府逐渐制定了一系列相关的法律法规，在市场、企业、消费者之间也逐渐形成了人们自愿遵守的交易规则和习惯，但这些都不能称为规制。

随着资本主义的不断发展，私人垄断资本的出现成为必然。在美国，联邦政府和各州政府开始加大反垄断的关注力度。人们的基本理念是，相对于垄断者的市场能力来说，消费者是被动的、脆弱的。19 世纪 70、80 年代，美国铁路在经历了广泛的价格战之后，消费者要求铁路取消价格歧视，加强政府干预；铁路经营者也积极寻求政府支持，希望稳定价

① 史普博：《管制与市场》，上海人民出版社 1999 年，第 47 页。

格。各界的积极活动最后终于促成了1887年州际商业法的出台，并成立了州际商务委员会(ICC)，由ICC对铁路价格等实行政府规制。政府不再仅仅停留于充当“守夜人”的角色，开始直接管制私人的经营行为。早期的规制主要集中在电力、铁路、电话等公用事业部门。到19世纪末，美国许多州都颁布了反垄断法。1890年，美国联邦政府颁布谢尔曼法，从而正式确立了美国的反垄断规制体制。

19世纪末，随着自由资本主义经济的迅速发展和殖民扩张，英美等资本主义国家进入国家垄断资本主义阶段，政府权力开始大量渗透到经济生活之中。美国制定了一系列规制经济的法律法规，并成立了许多相关规制机构。日本及英、法等国在加强国家经济干预的同时，在铁路、电力、电信等自然垄断领域，大力兴办国有企业，或推行国有化政策。1930年经济危机全面爆发之后，资本主义国家普遍放弃其一贯奉行的自由主义竞争政策，加强国家对经济运行的全面干预。特别是二战后，英法等欧洲国家大力推行国有化政策，使国家垄断资本主义经济形式达到顶点。此时，国家对经济的干预形式多种多样，其中既包括间接的宏观调控，也包括直接的市场准入规制、价格规制等经济规制，而其中的国有企业模式可以理解为是政府对自由市场活动进行规制的最极端形式。

20世纪70年代以后，欧美等国掀起了民营化和规制缓和的潮流，铁路、电信、煤气等传统垄断行业或者实行民营化改革，或者缓和政府规制，引进市场竞争机制。“30年代的管制浪潮起源于大萧条带给人们的对自由放任经济理念的动摇，而70年代的规制缓和则发生在严重的滞胀时期——高通胀和高失业——这导致人们对政府能否对经济施加积极影响的能力产生了怀疑。尽管该假设带有推测性且未得到验证(如何验证也是不可知的)，但它既有趣又合理。”①

在研究20世纪70年代以来的规制改革问题时，必须看到一个基本的经济常识，即英国、日本之所以大规模地进行民营化改革，很大程度上

① 维斯库斯等著，陈甬军译:《反垄断与管制经济学》，北京:机械工业出版社2004年，第176页。

是出于缓解财政压力的原因。国家垄断资本主义时期形成的政府治理体制和经济干预政策，一方面严重制约了国有企业经济效益的发挥，另一方面也造成了政府财政的重大危机，赤字财政和过分国债依赖的政府治理模式难以为继。70年代以后，全球经济发展变缓，再加上石油危机的冲击，传统意义上的政府治理模式和经济干预手段受到挑战，改革政府管理体制和财政体制，缓和经济规制，实施国有企业民营化，成为解决政府财政危机和振兴经济的必要手段。因此，该潮流不仅席卷了欧美等发达国家，也波及其他资本主义国家和发展中国家，进而形成了世界性民营化和规制改革的洪流。

欧美等国政府在缓和经济规制的同时，逐渐加强了对企业的社会性规制。由于经济活动等负面外部性问题日益突出，企业经营过程中产生大量空气污染、水污染以及有毒废物等问题的出现，严重影响了人类的生存环境和身心健康。随着经济发展和收入水平的不断提高，人们对生活质量要求也越来越高，对生命越来越珍惜，人类生存价值观和生活观的转变对加强社会性管制提出了越来越多的要求。70年代以后，美国建立了大量社会性规制机构，如美国环保署(EPA)、联邦公路运输安全委员会(NHTSA)、消费品安全委员会(CPSC)、职业安全与健康委员会(OSHA)和核管制委员会(NRC)等。与此相同，其他发达国家也相应制定了社会性规制政策，并成立了众多的社会性规制机构。

从规制产生和发展的过程可知，规制包括反垄断规制、经济性规制、社会性规制以及国有化规制。在理论研究中，狭义的规制则仅指经济性规制和社会性规制。在实践过程中，由于各种规制的出发点、立足点和公共目标不同，因而规制的具体运用形式和手段也不尽相同。

作为政府的规制手段，反垄断是规制行为的起点，而国有化则是规制行为的终点。反垄断规制是以自由竞争市场的存在为基础，其目标在于防止出现威胁市场自由竞争的市场过分集中行为，以维护消费者的利益、促进公平有效的市场竞争。经济规制成立的前提是由于某些产业或行业存在自然垄断性，市场集中不仅不可避免，而且适当地垄断经营有利于社会整体经济效益的提高。因此,经济性规制往往是在政府默许特定产业市场垄断的前提下,依靠行政手段对垄断性市场采取的补救措施。通过对特定产业中企业行为的规范和约束,可以尽量避免因产业垄断造成负面效应,保护正常的市场秩序和社会公共利益。从研究的侧重看,“反垄断强调市场结构,而规制重视企业行为”。①

社会性规制则是在现代经济条件下,基于公共安全、环境保护、健康生活等社会公共利益发展的客观要求,对一定行业和领域的企业行为进行的人为规范和约束,旨在消除企业行为的负面外部性,确保人类生存环境的健康性、安全性和舒适性。植草益认为,“社会性规制是以确保国民生命、安全、防止灾害、防止公害和保护环境为目的的规制,都是与对付经济活动中发生的外部性(特别是‘外部不经济’、提供‘公共性物品、准公共性物品’)有关的政策”②。国有化规制则可以理解为政府对特定领域或产业的全面干预和控制,它往往以政府为直接垄断某一产业经营为基本特征,如民营化以前的日本电信、英国电信等。在历史发展过程中,各国政府基于不同的公共管理理念和政策目标,确立了适合本国特点的产业规制模式。随着 20 世纪 80 年代以后信息技术巨大进步和经济飞速发展,各国政府开始全面调整和改革原来的规制体制,以适应时代的发展要求。(参见表 2-1)

**表 2-1　规制的类型、适用范围、基本理念及其特点**

| 规制模式 | 规制领域 | 规制理念 | 规制特点 |
|---|---|---|---|
| 反垄断规制 | 自由竞争领域 | 促进竞争和效率 | 事前规制 |
| 经济性规制 | 自然垄断领域 | 限制滥用垄断权力 | 事前规制或事后规制 |
| 社会性规制 | 特定领域 | 消除负面外在性 | 禁止性、指标性规制 |
| 国有化规制 | 战略性领域 | 国家垄断 | 全面规制 |

① 于立:《规制经济学学科定位中的几个问题》,《产业经济研究》2004 年第 4 期。

② 植草益著,朱绍文等译:《微观规制经济学》,中国发展出版社 1992 年。

3. 规制的外延与内涵

对于政府规制，人们曾经从产业经济学、新制度经济学、政治学、公共管理、行政学、法学等诸多领域和不同角度进行了有益的探索和研究。激励规制理论作为一种基于现实效益出发的规制研究，为人们认识规制、把握规制和更好地利用规制提供了有效的思维空间。尽管如此，为了充分理解各种现实规制问题，消除人们在规制研究中的种种误区，确立合理、科学的规制研究框架和理论体系，有必要对规制含义做出进一步阐释。

从本质上看，规制是一种政府管理行为，因此，规制定义应该且必须揭示该政府管理行为的特殊性，即必须揭示该政府管理行为的特定目的、对象、手段、方法，以区别于其他政府管理行为。无论该规制活动是否代表某些利益集体的利益，无论政府规制行为是否最终达到了预期目标，或实证主义学者对规制的实际效果如何进行事后论证，政府规制的实施毕竟是当时的政府在当时的制度环境条件下针对特定产业或企业所能够采取的理性管理活动。因此，对于规制的定义，应该更多地从管理学、特别是公共管理的角度着手，力争揭示规制行为本身的内在涵义，即为什么规制，规制什么，怎样规制。与此同时，必须注意将规制行为与其他政府行为、法律行为相区别，不能将市场规则、宏观调控等其他经济活动或手段全部视为规制。

所谓市场规则是指为维持正常的市场竞争秩序而制定的法律、法规以及约定俗成的习惯等市场运行规范。它具有规范性、指导性、平等性和普遍性等特点。政府部门通过认可、制定、实施市场规则，可以指导人们如何进行市场交易，保护市场秩序，在规则面前人人平等。如政府制定的商标法、工商管理法、专利法或民间的信誉、信用等都具有规范市场交易行为的规则特点。规则具有普遍性的特点，它不针对具体的人或企业，而规制则只针对特定的企业和经济行为。规则强调市场的保护性，它是通过事前的指导和事后违法制裁而实施的，而规制则强调约束和规范性,它通过直接施加作为或不作为来实现。规则既可能是由政府制定的,也可能是市场经济发展过程中约定俗成的习惯,它在很大程度上是依靠法律和道德的共同作用来维持的。规制是针对特定产业发展的实践而依法产生的,没有这些规制时,该企业可以在法律范围内自由从事经营行为,但某些行为一旦成为规制对象之后,则必须依法执行,否则可能受到法律的制裁。规制只能由政府等公共机构加以实施,通过调整产业组织结构和约束企业经营行为来实现规制目的。

宏观调控是指政府根据经济整体运行情况,为实现一定的政策目标,运用财政、税收、金融等经济手段对市场经济的整体运行进行的调整和控制。如在通货膨胀时期,通过压缩财政和信贷投入、提高利率、税率等手段抑制经济过热;当经济出现萎缩时,通过扩大财政支出、调低贷款利率减轻税率等手段刺激经济复苏。宏观调控和规制都是由政府实施的经济干预手段。但是,宏观调控是针对全局性的经济波动而采取的临时性调控措置,它以遵守市场规则为前提,依靠财税、金融等经济手段,按照市场规律间接调整经济走向,因而具有临时性、多变性等特点,而规制则只针对特定行业或企业,是基于特定产业所具有的自然垄断性、外部性等特点而依法采取的限制性活动。它通过发放许可证、定价、限价、企业拆分、甚至国有化(或民营化)等直接行政手段干预具体企业的经营活动和行为。随着经济形势的变化,规制虽然也可能做出相应的调整,但其本身具有长期性、稳定性的特点。

基于上述分析,笔者认为,所谓规制,是指在市场经济条件下,政府等公共机构基于一定的公共利益目标和法律法规,针对某些自然垄断性产业或特定经济领域的产业组织结构和经济行为直接采取的限制性规范和活动。

首先,规制存在的基础是市场经济体制,是市场经济发展到一定阶段的产物。规制本身并不消灭市场,相反,规制的实施往往要依赖于市场机制的作用。如价格规制中的最高上限制度,政府只是规定最高限价,在该限价以下,由市场加以调节,并借助市场机制的作用,刺激消费者提高生产效率，并最终实现规制的根本目的。可以说，政府直接管理时代行政即规制，完全计划经济时代计划即规制，但这些都并非真正意义上的市场规制。

其次，规制的行为主体是政府及其他公共机构，其规制对象是微观经济主体及其之间的关系。在规制实践过程中，政府等公共机构作为规制行为的主体，其自身的行为内容和活动方式等虽然受到一定程度的制约，但是基于其特定的法律地位和权力，它始终处于规制活动的上位。与此相反，作为规制调整对象的企业及其经营者，虽然也可能通过各种利益表达方式提出自己的主张和要求，甚至在某种程度上俘获规制者，但这并不能改变其被规制的地位和角色。

第三，规制依据一定的公共利益目标和法律法规而成立。保护公共利益的立法和行政理念是规制存在的前提和基础，正是基于公共利益的基本理念，国家才通过立法等手段确立了约束性规制框架。由于公共利益的目标是一种人为的价值判断，不同行为主体可能出现不同的价值取向，因此，"如果想要列一张表，能够尝试列举作为规制正当化理由的公益目标，可以断定，任何这样的尝试都是徒劳的，因为'公共利益'的内涵将随着时间、地点及特定社会所追求的具体价值而改变"。[①] 在此，追求公共利益目标本身并不意味着任何规制活动在任何情况下都必然基于所有人的立场，都必然对整个社会有益。刘莘认为，虽然"公益是指社会的一般福祉"，但是'以公益为目的'系指以公益为取向而言。直接给予社会一般大众利益的行为当然属于行政，但有些行为虽直接给予特定对象利益，但若其最终目的仍在为社会一般福祉，则仍属于行政"。[②] 判断公共利益的价值取向，只能从增进公共福祉和确保社会公平等价值判断出发，根据具体现实情况而加以确定。

---

① 安东尼·奥格斯（Anthony I. ogus）：《规制：法律形式与经济学理论》，北京：中国人民大学出版社2008年。

② 刘莘：《公共利益概念辨》，中评网，2004年7月9日。http://www.china-review.com/sao.asp?id=3571

正是由于对规制的公共利益目标的价值取向存在理解上的差异，从而为被规制对象提供了巨大的俘获冲动。被规制者往往以公共利益的名义，通过各种利益表达方式提出自己的主张和要求，以求制定出有利于个人利益的规制内容，进而争取全面俘获规制者。然而，规制的俘获与否并不能从根本上改变规制立法的“公共利益目标”，否则，只能问责于产生规制的制度体制的公正性和国家政权的性质。从规制实践角度看，规制改革的根本原因是技术、环境、生产力水平等外生因素的变化。在任何社会条件下，出于理性经济人的考虑，企业永远具备俘获规制者的动机；与此同时，民主政体基础上的制度运行机制和市场经济基础上的激烈竞争环境将制约或削弱俘获行为及其效果。

第四，规制主要是针对自然垄断性产业或特定经济领域的产业组织结构或经济行为进行约束。在某些具有明显自然垄断性特征的产业部门，由于存在着规模经济、范围经济和成本弱加性等特点，从社会经济效益的角度出发，实行国家垄断或者默许私人垄断，但为了消除和抑制滥用垄断权力或侵蚀消费者利益的负面效应，由公共机构依法实行产业规制。如在规制实践过程中，各国政府普遍对铁道、电信、电力、自来水、煤气等产业实行规制。但是，对于一般产业，如食品、服装、电器、机械、建筑等产业部门，则既不会直接干预企业的经营或市场定价，也不会人为设定准入门槛，政府主要是通过制定行业规范和市场交易规则，依法维护公正的市场竞争秩序。

规制机构的规制活动主要针对产业组织结构和经济行为展开。一方面它通过制定反垄断规制，对企业之间的并购、卡特尔、托拉斯等影响产业组织格局的企业活动进行约束，另一方面又通过公开制定指标、标准、结构、方法、程序等手段，对微观经济主体的价格、质量、服务等经济行为进行直接干预。如各国制定的电信最高销售限价、对于主导性电信运营商附加普遍服务义务、有限进入许可等，通过具体的强制性约束行为，以实现保护消费者、维护市场竞争秩序等公共政策目的。因此，规制也不同于通过市场手段间接干预经济运行的宏观调控等政策性干预措施。

4. 规制的主要特征

结合上述规制含义，笔者认为，规制具有以下主要特征：

第一，强制约束性。规制是针对具体产业发展问题而由政府机关主动采取的约束行为，它通过调整产业组织结构或对企业经营行为的约束来实现规制目标。当不存在这些规制时，市场主体可以在法律许可范围内自由从事经营行为；当实行这些规制时，原来的合法经营行为可能变成了规制对象。比如价格，其本身是自由市场竞争的灵魂，当不存在规制时，经营者可以自由定价。当政府决定对个别产业实施政府定价或最高限价时，作为市场主体基本权利的自由定价行为受到来自政府的人为制约，不管其规制目的来自于个别集团利益，还是来自国民整体利益，该规制都是由政府直接加以实施的，是对自由市场行为的一种直接的约束和规范，具有高度权威性和强制性。

第二，制度依赖性。任何规制都不是独立存在的，规制作用的大小和规制的价值取向依赖于一定的政治经济体制。当经济规制作为一种政府活动而在一个特定国家或地区出现时，如在民主代议制的制度条件下，经济规制必然反映政府或国家利益，进一步说，在一定程度上反映当时的公共利益。尽管规制可能在事实上为某些利益集团所利用，但是，从理性角度看，该规制是合乎当时的体制逻辑的。规制所产生的利益偏向瑕疵并非规制的本质，而是政治经济制度及其运行机制所使然，在一定程度上可以说是代议制政体的必然成本。追本溯源，我们只能探究该规制存在的政治经济体制的合法性及合理性。“网络型公用事业提出了所有制和规制的特殊问题，而这些问题的解决又受到国家制度禀赋的约束。公用事业的公共政策不可避免地会表现出很深的社会政治、文化特征，而适应政治、文化因素的变化而发展的制度也是如此。如何规制、组织，甚至拥有这些公用事业，可能会随着时间、环境的变化而变化。”①

第三，有效理性。市场经济基础上的现代民主政体并不能保证社会整体的公平与合理，但它的存在客观上形成了基本的权力制衡，在立法、司法、行政制衡之外，舆论、选举、政治家之间的利益纷争等活动客观形成了一种相互制约的制衡机制。在这种制衡机制下，即使如施蒂格勒所指出的那样，政府规制完全被俘获，那也是制度导致的必然成本。客观上看，一般的政府规制都具有一定程度的公正性和合理性，经济规制的实施为消费者带来了一定的利益，社会性规制的推行确保了人类生存环境的改善。

但是，这并不意味着名义上代表公共利益的规制必然完全服务于公共利益，规制的制定者即使是出于公共利益需要，可是由于受到技术、知识、信息、资源以及环境变化等因素的影响和限制，也不可能预测到所有可能出现的制度性瑕疵。规制一旦形成之后，必然带来一定的制度性路径依赖。在市场博弈过程中，为了自身利益最大化，每个博弈者都会尽可能地充分利用自身所掌握的信息优势和资源优势。随着博弈参与者日益熟悉博弈规则，处于信息和资源最大化的企业，或者最佳利用现行规制中的博弈规则规避了市场风险的博弈主体将成为现存规制体制的最大受益者。因此，依靠有限理性制定的公共规制可能转变为不合理规制，进而在一定时期内使规制成为个别利益者的服务规制，即所谓的规制者被俘获。

第四，规制机构的约束性。从历史发展角度看，政府规制有一个形成、发展并逐步完善的过程。虽然由于具体国情等差异，各国的规制体制不尽相同，但政府、企业、消费者之间构成了一种相互制约和促进的互动博弈关系。在存在市场垄断的条件下，由于垄断企业与消费者之间存在着严重的信息不对称，垄断企业可能凭借其垄断地位和信息优势使消

① 戴维·M·纽伯里著，何玉梅译：《网络型产业的重组与规制》，北京：人民邮电出版社 2002年，第4页。

费者处于不利的境地。因此，国家通过加强规制，依法向垄断企业强制索取必要信息，增加垄断企业经营活动的透明度，以尽量缩小双方的信息不对称。所以说，任何国家或社会的规制都存在着一定的信息约束，因而其规制效用也是有限的。

史普博虽然用博弈理论重新解释了管制过程，他认为"政府对市场的管制涉及管制机构、消费者、企业之间直接或间接的互动关系"[①]，这种互动关系构成了各国现存的规制体制。但是，对于该博弈的参加者，史普博没有将政府以及政府规制纳入博弈主体之中，而是认为"管制过程的参与人主要是受管制市场中的消费者和企业"。虽然他也承认"将管制机构或管制官僚成员作为寻求特殊目标的参与者有其有利的一面"，但他还是将"管制机构当作博弈的仲裁者或规则制定者而非参与者来对待"。[②] 在他看来，政府管制是作为外生的博弈规则（如法律规定和行政政策）而存在的。

政府在凭借自身的强制力或各种资源优势直接对经济活动进行干预，即实施规制时，已经超越了原来意义上的"守夜人"角色，而转化成为追求自身价值目标的一方博弈者。在规制的实践过程中，由于特定历史条件下的政治经济制度制约和路径依赖，规制机构往往很难成为超脱于企业和消费者利益之外的真正仲裁者，甚至他们自身也可能成为特定利益或制度的代言人。因此，各国规制实践都十分注意规制机构建设和对规制者行为加以严格约束。所以，在研究规制问题时，应该将规制者或规制本身作为博弈的一方，直接纳入到博弈参与者之中。因为政府、企业和消费者的三方互动，才真正构成了现实的政府规制体系。

第五，成本效益性。诺斯认为，"国家的存在是经济增长的关键，然而国家又是人为衰退的根源"。在市场经济体制下，政府与市场、消费者与企业、垄断与竞争等构成相互矛盾、相互依赖的博弈关系，任何一

---

① 史普博：《管制与市场》，上海：上海人民出版社 1999 年，第 85 页。

② 史普博：《管制与市场》，上海：上海人民出版社 1999 年，第 46 页。

方的疲弱或退出都可能带来不可预想的灾难。如同全面计划经济体制的幻想与残酷现实的背离一样，政府的全面主导扼杀了人们的自主性和能动性，结果造成了整个社会的贫困。1930年的世界性经济危机，起源于"自由竞争条件下"博弈双方势力和地位的严重失调，而危机过后逐渐形成的政府干预体制正是为了消除市场机制下各个博弈主体之间的力量失衡问题。政府规制是对自由竞争市场的内在性主体介入，作为博弈方之一而介入的政府，通过其特定的强制性措施，一定程度上削弱了市场主体之间的信息不对称性，客观上确保了公共利益的实现。但是，政府的主体性介入并非零成本的廉价作为，人们既要支付政府规制成本，同时还必须承担规制失误或失败所造成的恶果，而且在博弈过程中规制者还可能被某些利益集团左右。即使是最聪明和最富数学证明能力的学者也无法完全论证规制与非规制的实践效果，因为历史无法完全复制和重复，而技术和经济社会环境的变化又会不断推翻以前的经验论证的条件。执政者只能依据自己的判断制定规制、执行规制和改革规制。

基于上述分析可知，规制是指在市场经济条件下，政府等公共机构基于一定的公共利益目标和法律法规，针对某些自然垄断性产业或特定经济领域的产业组织结构和经济行为直接采取的限制性规范和活动。从本质上看，规制是一种政府管理行为，但它又不同于市场监管、宏观调控等一般政府干预活动。规制不仅具有一定的强制约束性和制度依赖性，而且规制行为具有有限理性、成本效益性和对规制主体的约束性等特征，借此区别于普通行政行为和一般市场规范行为。因此，在规制研究过程中，必须合理设定具体规制的内涵和外延，努力摒弃规制研究泛化现象，以期能够用科学的规制理论指导到规制实践。

5. 从规制缓和到规制改革

规制的全称是"公共规制"。日本政府的解释是："公共规制一般是指国家及地方公共团体为实现特定政策目的而对企业和国民活动进行的干预和介入。"①规制可分为经济性规制和社会性规制两大类,其手段包括许可、认可、行政指导、价格支持等多种形式。关于规制缓和或改革的目的,日本政府文件中列举的理由是:提高国民生活质量,使消费者享受自由经济社会的发展成果;按照市场原理,促进产业结构的转变;在制度层面上协调国际关系;减轻行政事务和国民负担,确保行政运营的公开性和透明性。②

规制缓和是从铃木内阁推行行政改革开始的,90年代后作为"平成改革"的主要内容继续推进,直到把"缓和"升格为"改革"。

1981年3月,第二届临时行政调查会成立后(1983年3月解散,简称"二届临调"),就政府机构改革、国有企业民营化及规制缓和等问题,先后向政府提交了五份咨询报告。随后,政府于1982年12月成立第一届临时行政改革推进审议会(1986年6月解散,简称"一届行革审")。根据二届临调和一届行革审的建议,政府每年都提出行政、财政改革方案,并制定或修改了若干项规制缓和的法律。1987年4月,第二届临时行政改革推进审议会成立后(1990年4月解散,简称"二届行革审"),于1988年12月提出"关于公共规制的缓和"咨询报告,竹下内阁采纳了报告并制定"规制缓和推进纲要"。1990年10月,第三届临时行政改革推进审议会成立(1993年10月解散,简称"三届行革审")。1994年1月,细川内阁成立了行政改革推进本部。7月,村山内阁做出"今后规制缓和的推进"决定,计划在五年内缓和对1228个项目的规制。12月,成立行政改革委员会,规制缓和开始进入具体实施阶段。同年,日本政府首次发表《规制缓和白皮书》。1996年11月,桥本内阁设立了统筹改革的最高决策机构——行政改革会议,12月制定"行政改革日程表",翌年3月修改规制缓和推进计划,规制缓和进一步加速。1998年1月,规制缓和委员会成立并取代行政改革委员会后,制定了推进规制缓和三年计划。

① 総務省『規制緩和と推進現状』大蔵省印刷局、1996年、第23頁。

② 同上、第28—29頁。

截至1998年的规制缓和涉及住宅、土地、通讯、流通、金融保险等广泛领域，收到了一定的效果。新的粮食法颁布后，大米的销售由许可制变成登录制，国民不必在指定的米店，而是在普通超市也可以购买了。大规模零售店铺法的修改，放宽了商业、流通业的准入限制，中型百货公司、超市、连锁店的增加以及同业间竞争的加剧，方便了消费者。电业准入标准的放宽及弹性电费的实施，通讯业打破国有垄断后形成的竞争机制，交通线路及运费规制的放宽，不但给消费者提供了更多的选择机会，而且带来了实惠。例如，国民可以根据不同的价格和服务，选择不同航空公司的航班或电话公司，而在规制缓和以前的行业垄断、价格划一时期，国民是没有这种选择的自由的。

1999年4月，规制缓和委员会改称规制改革委员会，虽然只是两字之差，但却反映出制度设计者的煞费苦心。当时日本正是银行危机、失业率上升、地方经济发展停滞的时期，鉴于前期的规制缓和工作告一段落，政策的重点开始转移，即不但要缓和或废除某些公共规制，还要建立一种能够支持创业、增加就业的机制，对符合这一方向的民间发展计划，政府将超越现有的制度限制，通过财政补贴和减税等措施予以扶持。小泉内阁成立后，进一步明确了“规制改革”的方针。2001年4月设立的综合规制改革会议，对新时期经济、社会领域的规制改革提出了许多具体实施建议。2004年后，该会议被规制改革、民间开放推进会议取代。

在小泉内阁推行的规制改革中，事前规制向事后确认的行政管理转变是一项重要举措。为了防止垄断、促进竞争，1999年废除了《禁止垄断法》中关于萧条卡特尔、合理化卡特尔适用除外的规定。2002年，提高了违反《禁止垄断法》罚金的数额，并把公正交易委员会划归总理府直接领导。

另一项重要举措是，基于把医疗、福利、教育等一并放入经济社会规制总框架下的考虑，从2003年起在全国推行“结构改革特区”试点。同年4月9日颁布的《结构改革特别区域法》第1条规定：制定法律的目的是通过设立结构改革特别区域，“推进教育、物流、研究开发、农业、社会福利等领域的经济社会结构改革，增强地方活力，提高国民生活，促进国民经济发展”。第2条规定：所谓结构改革特区，“是地方公共团体为发挥地区活力而自发设定的区域”。2007年，日本政府在《结构改革特别区域基本方针》中进一步强调，推行特区制度的基本理念是：“从‘规制必须全国统一’的思考方法转到‘同意适合地区特点的规制’上来，通过符合地区实际的规制改革，找到‘由官到民’‘由国家到地方’的加快规制改革的突破口。”文件还规定，地方经济的再生必须坚持“互补”“自立”“共生”“综合性”和“透明性”五项原则。

这项改革在实施过程中体现了如下特点。其一，关于特区的种类和方式，政府不作参照性提示，完全靠地方公共团体和民间根据本地区的特点设计并提出方案。其二，地方公共团体要对有关事业的运营负全责。其三，根据先行试点的成功经验，向全国推广规制的特例。①

截至2007年11月22日，日本政府已经对全国结构改革特区进行了15次审查，“认定”962件，待批特区420件；对地域再生项目进行了8次审查，认定953件。962个特区的都道府县分布情况是：北海道最多，为104件。超过30件的有长野(70件)、东京都(43件)、兵库(37件)、茨城(36件)。不到10件的有德岛(6件)、佐贺(6件)、冲绳(5件)。其他府县为10—30件。开设特区的主体部门分布情况是：市町村单独740件，市町村合作21件，县单独136件，县市町村78件，县际合作2件，其他7件。特区的领域分布是：国际物流22件，产学合作40件，产业活性化64件，IT产业68件，农业111件，城乡交流91件，教育191件，幼保85件，生活福利256件，特色城镇28件，环保节能17件，国际观光交流8件。953个地域再生项目的都道府县分布情况是：北海道、岩手、长野、爱知超过30件，东京都、香川县不到10件，其他为10—30件。立项主体为市町村583件，县市町村315件，县独立41件，其他为横向合作。这些项目一般都结合了当地的资源、地理和人文条件，体现了自己的特色。

① 橋本寿朗、長谷川信、宮島英昭「現代日本経済済」有斐閣、2006年、第405頁。

### 6. 金融体制改革

1986年,英国撒切尔政府以修改证券制度为重点,推行了俗称"大爆炸"的金融改革。1996年桥本龙太郎上台后,也效仿英国推行了"日本版金融大爆炸"。这一改革至2002年基本结束,由此日本的金融体制发生了重大变革。

战后日本的金融规制主要表现在对资金准入的规制、对证券市场的规制和对金融机构分业经营的规制三个方面。① 至1993年,已先后实行了外汇兑换自由、缓和公司发行债券限制、自由利率、允许证券公司销售国债等制度改革,但分业限制、禁止混业或兼业的制度尚未从根本上打破,严厉的金融市场准入限制依旧,金融商品开发落后,无法满足信息时代消费者的多样化、简捷化要求。1996年11月,桥本第二次组阁后推行雄心勃勃的六大改革计划,金融改革是重点之一。桥本在金融改革咨询书中指出,改革的目的是"使我国的金融市场成为与纽约、伦敦并驾齐驱的国际金融市场","为此,不仅要按照市场原理使金融行政朝着透明的方向转变,而且必须对市场本身进行结构改革"。桥本提出的改革三原则是:其一,通过市场准入、商品和价格的自由化,建立按市场原理运行的自由的市场(Free);其二,制定明确、公开的规则,保护投资者,建立透明而值得信赖的市场(Fair);其三,完备适应全球化的法律制度、会计制度和监督体制,建立国际上最先进的市场。②

桥本的改革方案出台后,外汇审议会、金融制度调查会、证券交易审议会、保险审议会等各种政府咨询机构分头行动,研究各领域的改革实施方案,并于1997年6月汇总成报告书。以此为根据,政府制定了实施改革的有关法案,并在1998年获得国会通过。

经过1996年以来的金融体制改革,日本的金融制度发生了以下变

---

① 橋本寿朗、長谷川信、宮島英昭『現代日本経済済』有斐閣、2006年、第405頁。

② 三橋規弘等『日本経済入門』日本経済新聞社、2006年、第270頁。

化。1998 年 4 月修改外汇法后，普通银行已可以办理个人外汇储蓄业务。同年 11 月修改证券法，允许成立网上交易证券公司。1993 年允许银行、证券、信托以子公司方式混业经营时对其经营领域尚有严格限制，比如银行的窗口销售限于住宅贷款及生命保险，改革后原则上已取消分业限制，2000 年银行、证券公司等金融机构已可以办理生命保险、个人养老保险业务。以 1999 年批准瑞穗集团成立为开端，解除了战后以来一直实行的金融持股公司限制。2003 年起允许开展证券中介业务，银行及便利店均可办理股票预购业务。此外，银行法修改后，跨行代理业务禁令也被取消。

改革给日本金融业带来的变化是多方面的。

第一，金融行政的变化。截至 1998 年 6 月，大藏省是金融管理和监督的主管行政部门。1998 年 6 月，成立由总理府管辖的金融监督厅，大藏省民间金融业务检查与监督的管理业务移交该厅，证券交易等监督委员会也划归总理府领导，大藏省下的金融管理机构只保留了金融企划局，负责金融制度的调查与修改。2001 年 1 月省厅机构大改革后，大藏省更名财务省，金融企划局被取消，金融管理业务全部移交给金融厅。由此，金融行政被直接置于首相的领导之下。

第二，金融组织的变化。金融改革引起的金融业并购和重组，改写了战后形成的日本金融地图。由于制度改革和清理不良债权是同时进行的，金融机构在进行整顿的过程中，普遍增强了风险意识和提高自有资本构成的紧迫性，一些经营绩效较差的金融机构不得不寻求合作伙伴，走合并或被兼并的道路。金融持股公司禁令的解除，则为金融机构的重组提供了制度上的可能。结果，世纪之交日本金融组织的变动令人眼花缭乱，2002 年 3 月朝日银行加入大和银团后，城市银行的大合并、大重组基本完成，形成了三菱东京、三井住友、UFJ（日本联合）、瑞穗和里索纳等“四大加一小”五个银团，各银团开展的综合业务中，包罗了储蓄、贷款、信托、投资、证券等内容。2005 年 10 月，由于 UFJ 加入三菱东京银团，又使日本的银行资本更加集中，形成了“三大一小”的新格局。与此同时，保险业的重组也在进行，2004 年 1 月，明治生命和安田生命两大保险公司合并，成立明治安田生命保险相互公司。

第三，制度改革促进了市场竞争和活力，金融服务走向多样化。以往，一个企业从成立到上市需要 20 年以上时间，但是随着制度上的规制放宽，IT 部门等一批风险创新型企业获准上市并迅速发展。与此同时，与大批金融机构的破产相对照，一批新的金融机构却应运而生，其中最抢眼的当属电子银行。例如，2000 年 10 月，三井住友银行和某连锁便利店公司共同出资，成立了日本网上银行。该银行原则上不设窗口服务的营业部，而是利用互联网、电话以及便利店、邮储银行等设施为顾客服务，由于具有存款利息高，手续费便宜、利用方便等优点，已经开拓出自己的市场。面向市场化的金融体制改革通过加剧竞争，提高了金融服务效率，丰富了金融商品的品种，给消费者带来了实惠，同时也加大了市场风险，“活力门”事件就是在这种政策环境下发生的。因此，对金融改革成效的评价，还需要以长期、综合的观点进行耐心观察。

## 二、电信规制改革的国际比较

在电信、电力、铁路等传统自然垄断性产业领域，各国曾不同程度地采取了私人垄断或国家垄断型经营模式，与此相适应，各国政府制定了严格的产业规制。电信产业规制是指基于电信产业所具有的自然垄断性、网络性等特点，由电信监管机构对电信产业的组织结构、企业行为等直接实施的约束和限制性活动。自电信服务出现以来，电信经营经历了一个竞争、垄断、分割、竞争的变化过程，因此，各国的电信产业规制也经历了一个不断调整和完善的过程。

### 1. 电信规制改革的轨迹

美国于 1934 年颁布电信法，在默认电信产业私人垄断经营的同时，制定了严格的电信产业规制，以保护消费者利益，抑制电信企业滥用电信垄断权力。与此不同，日本、英国等绝大多数国家则采取了电信国有化政策。二战后，为了提高电信事业的经营效益，消除由行政机关直接控制电信事业所带来的种种弊端，日本和英国等采取了公有企业的经营模式。在继续保持国有的条件下，引入企业化管理模式，试图借此有效调整电信经营中的企业性与公共性的矛盾。“投资者与消费者之间的紧张关系可以通过国有化来回避，政府具有为沉没资本筹资而无须保证未来投资回报的强制力量，也可以尝试另外一种办法，通过规制，用消费者的政治力量来调节私有制问题，无论采取何种方式，网络型公用事业都必须按照政府规定的条件来运营。”①

20 世纪 70 年代以后，在发达资本主义国家，由于国有企业或私营垄断企业的长期经营效益低下，以及垄断者凭借垄断地位对消费者利益和公共利益的肆意侵蚀，招致社会各界广泛批评。人们强烈要求打破传统的产业垄断，解除或放松产业规制。以美国、英国、日本为首，发达资本主义国家掀起了民营化和规制改革的潮流。以 90 年代中期为界，发达国家的电信规制改革可以分为国内通信自由化阶段和国际通信自由化两个阶段。

第一个阶段电信规制改革的主要任务是打破传统的电信垄断，引入竞争机制。其主要标志是美国的 AT&T 分割、英国电信的民营化和日本电信电话公社民营化。第一阶段电信规制改革的主要目标在于通过推进国内通信自由化，形成竞争性电信市场。“石油危机后的大变革与其说是私有化，不如说是自由化或重组。如果能将规制限制在具有自然垄断性的基础网络上，而在服务供应上引入竞争，那么效率和创新是能够得到激励的。”②

20 世纪 90 年代中期以后，电信规制改革进入第二阶段。该阶段主

---

① 戴维·M·纽伯里：《网络型产业的重组与规制》，何玉梅译，北京：人民邮电出版社 2002 年，第 3 页。

② 戴维·M·纽伯里：《网络型产业的重组与规制》，何玉梅译，北京：人民邮电出版社 2002 年，第 5 页。

要任务是适应信息时代产业融合的发展要求，全面开放电信网络市场，推动国内和国际通信自由化，进一步加强电信市场竞争，建立起真正适合信息时代产业发展的电信规制体制。主要标志是美国通过 1996 年电信法、英国通过 2003 年新通信法和 1999 年以后日本全面修订电信事业法。1996 年，美国颁布新电信法。新电信法将竞争作为制定产业规制的基本理念，全面否定了电信市场的自然垄断性，使电信法从规制垄断产业转变为规制竞争产业，从法律上拆除了市场分割的樊篱，将竞争引入到所有电信市场，彻底改变了美国电信市场的结构。“美国规制政策的演化路径既不是圆圈也不是钟摆，而是有方向性的螺旋式发展过程。1996 年电信法就是规制、放松规制、再规制的一个很好例子。”①

2. 行为规制的趋同性

电信企业行为规制是指各国政府基于一定的政策目标，针对电信互联互通、服务费用、普遍服务、消费者保护等具体企业行为进行的规范和制约。在各国政府对电信产业的规制实践过程中，基于立法者和规制者的目标差异，各国对电信企业的行为规制内容也不尽相同。总体看来，确保电信网络的互联互通和普遍服务，通过价格规制确保消费者利益构成各国电信产业规制不可缺少的内容，而且其规制具体内容越来越具有一致性趋向。

1996 年美国电信法要求，电信运营企业必须保证和促进互联互通。无论在网络的任何接续点，在位本地电信公司必须向其他电信公司提供互联。互联价格、条件、期限必须公正、合理而且是非歧视性的。互联收费的费率，应该以成本为基础，根据业务流量，双方可以在互相补偿的基础上决定收费。每一个提供洲际电信服务的电信公司都必须在平等和非歧视的基础上承担普遍服务义务。电信公司对普遍服务所承担的义务应该是具体的、可以预见的。普遍服务应该坚持为教育、公共健康或

① 张磊：《产业融合与互联网规制》，上海：上海财经大学出版社 2001 年，第 3 页。

公共安全所必需的原则，电话接入服务必须保持在公众可以接收的价格水平上。在价格规制上，现有的本地电信公司有义务按批发价向电信业务转售商提供电信批发业务，转售商可按零售价格向最终消费者销售这些业务。本地电信公司不得对电信业务的转售制造障碍，不得附加不合理的条件和增加歧视性的规定。法律赋予各电信企业在自愿谈判基础上达成互联协议的权利，但是，自愿达成的谈判协议必须得到州规制当局的批准方能生效。

在英国，2003 年通信法继承了 1984 年电信法关于接入和互联互通义务的原则规定。任何公共电子通信网络的运营商，必须与要求与之接续的其他运营商进行互联互通的谈判。互联互通运行的条件和信息必须向公众公开，不得对任何运营商进行歧视。在普遍服务方面，英国的通信运营商必须遵守欧盟官方文件公布的技术标准，公共电话运营商必须确保公共电话网络的适当和有效运行，并提供应急电话服务和紧急救助服务。电信监管机构要求，即使在用户拖欠付费时，也必须保证用户能够接收电话和呼叫急救电话，而且还应该继续对低消费用户提供补贴价格，对于不同地区的网络接续、线路租用和通话服务等适用相同的资费①。在价格规制方面，英国采取价格上限规制模式，通过规范服务质量相关条款，细化电信业务分组，加强对资费成本的监控，确保资费反映成本。② 为保证竞争公平公正，对于不涉及互联互通争端的反竞争行为，通信法强调适用竞争法原则，并通过有效的监督机制，对企业的竞争行为进行事后性监督。③

日本在充分吸收英、美等国电信规制改革经验的基础上，《电信事业法》明确规定了普遍接续原则，即所有电信企业都负有保证互联互通的义务。为确保互联互通的正常运行，日本邮政省及后来的总务省经过多

① 张昕竹：《美国、英国和新西兰电信自由化改革的比较》，1999 年。http://iqte.cass.cn/iqteweb_old/rcrc/rcwp04.html

② 曾剑秋、钟伏初：《从‘电信法’到‘通信法’》，《当代通信》2006 年第 10 期。

③ Ian Lloyd，David Mello：《通信法》，曾剑秋译，北京：中国邮电大学出版社 2006 年。

次调整，最终模仿英、美等国接续费用模式，确定了长期增量成本方式。对于普遍服务，基础电信服务运营商必须确保基础电信服务的稳定供应，即任何国民在任何地方，只要支付一定的费用，都可以享受电话服务。为保证普遍服务的顺利提供，2001年，日本建立了普遍服务基金制度。在价格规制方面，日本逐渐形成了现行的以基础电信服务、指定电信服务和特定电信服务等公共电信服务为规制对象的价格规制体系。对于基础电信服务的价格，考虑其事业运营的特殊重要性和现实垄断地位及能力，实行事前申报制。对于指定电信服务，考虑其对于保障电信服务供给和消费者利益的特殊重要性，指定电信服务的价格及其他条件必须由契约条款决定，并于实施前申报总务大臣。对于特定电信服务的价格，与英美等国相同，实行价格上限规制。从事特定电信服务的电信企业在制定自己的服务价格时，必须以该价格指数为价格上限，不得超过该价格标准。

纵观各国电信产业规制改革的过程，不难发现，在电信企业的行为规制方面，随着电信产业规制改革实践的不断深入，发达国家的电信行为规制日渐趋同。从互联互通的法定义务规定到长期增量成本结算办法，从普遍服务的垄断性厂商负担到普遍服务基金制度的建立，从价格规制的公正报酬率模式到价格上限模式，无论是规制内容还是规制方法，美、英、日等发达国家基本采取了相同的规制模式，并在维护电信服务的正常运营、保护消费者利益方面起到了积极作用。

3. 产业组织规制的非对称性

在电信规制改革的过程中，基于电信企业经营管理体制的差异，各国的电信产业组织政策则有所区别。美国电信法全面贯彻竞争性的立法精神，其电信产业组织的规制程度最弱，因而美国电信企业之间的竞争程度最高。然而，基于贝尔系统的特殊地位和本地电信市场的自然垄断性，美国电信法和 FCC 对于可能造成市场垄断的电信企业和经营领域，仍然实施了一定程度的非对称规制措施。与此不同，英国和日本两国的电信市场虽然已经引入了竞争机制，但是，由于 BT 和 NTT 等传统国有电信企业依然具有强大的市场支配能力，因此，两国政府在确保稳定提供基础电信服务和促进有效电信竞争的前提下，对于主导性电信企业也实行了严格的非对称规制。

1996 年美国电信法打破了电信市场、无线市场、有限电视网络和互联网市场的樊篱，从此，各种电信、电视、网络厂商可以相互进入原来被人为分割的媒介市场。但是，为确保本地电信市场的开放，避免在位本地垄断性公司滥用垄断特权，新电信法依然确立了一定程度的非对称规制。对于非贝尔系统的本地电话公司来说，在满足一定条件时，可以进入长途电话市场。而各地方贝尔公司则只能进入不在其垄断范围内的其他地区的长途电话市场。当其试图进入在其垄断地区内的长途电信市场时，必须在获得批准后三年内，以一个独立子公司的名义进行。但是，在其垄断地区内，本地电话公司可以进入其他服务市场，如商业性移动电话服务等。本地电话公司进入视频服务市场时，只能将本地电话公司作为一个有线电视公司来运营，或者将电信公司作为一个无线电缆公司来运营，或者按联邦通信委员会的指令，将电信公司作为一个公开视频服务公司来对待。

在英国，按照 2002 年欧盟规制框架要求，2003 年通信法对于处于支配地位的主导运营商，特别是批发市场的主导运营商，附加以确保公正有效接入的义务，其中包括如非歧视、透明性、价格控制和会计分离等条件，以限制其滥用垄断地位，阻碍竞争发展。判断主导性电信运营商的标准是看其是否具有市场支配能力，即主要考察运营商的市场影响能力、业务收入与市场规模的对比关系、对最终用户接续手段的控制能力、运营商的融资能力及在有关市场提供产品与服务的经验等。2003 年通信法规定，对于具有重大市场支配力量的运营商，以 25%的市场份额为临界点，监管部门保持上下浮动的权利。在认定过程和程序上，要求监管部门必须恪守公正和谨慎的原则。一旦运营商被认定为具有重大市场支配力量，其网间结算政策将受到影响。

与美英不同，日本基于电信市场中固定运营商和移动运营商的市场比例份额，推行非对称规制。在特定区域内，对于拥有的固定电话线路数超过所有固定电话线路数1/2的第一类指定电信设备的企业，在与其他电信企业的电信设备接续时，负有制定有关接续费用、技术条件以及其他接续条件的接续条款的义务，并且必须报经总务大臣认可。在一定区域内，对于拥有的移动通信末端设备超过该区域总数1/4的第二类指定电信设备的企业，在与其他电信企业的电信设备接续时，其负有制定有关接续费用和接续条件条款的义务，并在实施该条款之前呈报总务大臣。非依据申报的接续条款，不得缔结或变更与第二类指定电信设备接续相关的协定。对于与第一类指定电信设备或第二类指定电信设备进行的接续，考虑拥有第一类指定电信设备和第二类电信设备的电信企业的市场份额及其可能的市场支配力或影响力，法律对接续条款的相关事项进行了具体规范，并提出了内容恰当明确、公开透明、平等非歧视等原则。

4. 监管体制的路径依赖性

基于通信自由化和国际电信竞争的发展需要，各国电信规制的内容和方法日趋一致。但是，由于特定的政治经济制度和政策决定模式的差异，各国的电信监管体制和运营机制却存在较大差异，而且具有相当程度的制度依赖性。欧美等发达国大都设立了独立的电信规制机构，而日本由于受到特定历史传统和制度环境的影响和制约，则一直未能建立起独立的电信监管机构。

美国电信产业一直采用私人垄断形式，为防止AT&T等垄断企业滥用垄断权力，1934年美国颁布第一部电信法，并成立了独立的电信监管机构联邦通信委员会(FCC)。在美国的电信发展史上，FCC作为独立规制机构，一直采取事后性规制模式。美国的FCC不仅具有企业行为规制方面的监督权，而且可以根据促进竞争和保护消费者利益的基本理念，基于自己的独立价值判断，直接批准或否决关于电信企业之间的重组或兼并方案，而无须经过政府或国会的审批。与之相对，对于涉及电信产业的振兴和发展等政策问题，则完全由美国联邦政府负责制定和执行。1993 年，在克林顿政府主导下，美国推出了 NII 计划，全力推进美国的信息产业发展。1996 年，美国通过新电信法，全面开放电信市场，废除电信领域的业务限制，并进一步强化了 FCC 的规制权力。

在英国，为适应信息时代通信产业发展的客观要求，英国政府整合电信产业规制局 OFTEL、独立电视委员会 ITC、广播标准委员会 BSC、无线规制局 RA 和无线通信局 RCA 五家规制机构，组成了全能通信监管机构 OFCOM。OFCOM 作为唯一融合性的通信规制机构，负责行使对通信市场的监管权力。新电信法确立的电信产业规制侧重对消费者利益的保护，强调规制的透明性、广泛性，要求其所有决定必须有理有据，迅速及时①。按照欧盟框架指令的要求，2003 年通信法规定了电信争议解决机制，即不同运营商之间争议的解决规则和解决程序。对于电信运营商、设备提供商等提交的有关通信问题的争议，除非 OFCOM 认为有其他方式可以快速、有效地解决外，OFCOM 必须就是否受理有关争议做出决定，并将其决定通知争议各方，而且决定必须公开，但公开以适度和不损害企业商业秘密为限度。

在电信规制的实践过程中，日本政府长期坚持政府主导型的规制方法，总务省既承担电信产业振兴职能，同时又负责电信产业监管。但是，总务省并非独立的电信规制机构，对于涉及电信产业组织结构调整和 NTT 组织形式等问题，总务省仅仅具有提议权，真正决定此类事项的权力属于自民党和国会。在电信事业法之外，日本还存在一部独立的 NTT 法，该法直接规定着 NTT 的组织和经营模式，而对 NTT 法的修订及对 NTT 组织形式的调整，则往往演变为日本政界各党派和利益集团之间的争斗。从日本电信立法和执法实践看，由于总务省身兼振兴和规制两种不同职能，往往导致规制优先而振兴滞后、振兴无方而规制有策

① Ian Lloyd, David Mello:《通信法》，曾剑秋译，北京：中国邮电大学出版社 2006 年。

的现象发生。此外,日本至今仍然推行的是职能分割式的信息通信管理体制,即总务省分管电信基础设施建设和电信产业规制,经济产业省分管电信设备生产和软件系统的开发。这种业务内容分割、规制与振兴职能合一的管理体制,既难以适应产业融合发展的需要,又容易造成产业发展过程中的多重规制。日本政府曾经几次试图从根本上改革现行规制体制,但是,由于受到来自各方面的巨大压力,至今未能得出具体结论。

5. 电信规制改革的发展趋势

20 世纪 90 年代中期以后,由于信息通信技术获得长足发展和迅猛普及,移动通信、卫星通信、光纤通信、软件技术、交换技术等数字技术的创新,极大弱化和改变了电信产业的自然垄断属性。微电子技术、计算机技术与通信技术的融合,突破了广播电视网、互联网与电信网之间难以跨越的鸿沟,技术进步所驱动的生产成本、产品结构、市场结构的变化,引起了电信市场竞争模式和生产关系的变革,从而促进了信息产业领域综合服务的发展和人类生产生活方式的转变。因此,适应信息时代生产力发展的客观要求,继续推进电信规制改革成为各国政府必须面对的共同课题。①

如果说电信规制的目的在于反对垄断和确保基础电信服务的公共性,那么顺应时代发展要求,推动电信规制改革的目的则在于打破传统的电信垄断,引入竞争机制,以使电信产业释放更大的发展潜力,从而更好地满足人们的生活和社会发展需要。然而,即使是信息技术飞速发展的今天,电信产业作为网络型产业,仍然在一定程度上具有规模经济、范围经济等自然垄断性特点,在基础电信设施和本地通信方面依然存在着一定程度的瓶颈约束。从促进经济效益和确保公共性角度出发,仍然需要对基础电信业务继续加以适当的规制。因此,"对于非自然垄断产业,

① 让·雅克·拉丰,让·泰勒尔:《电信竞争》,胡汉辉等译,北京:人民邮电出版社 2001 年。

应以反垄断政策为主，而对于自然垄断产业，则应以规制政策为主。这样，既可获取自然垄断产业的规模经济(广义)，又不至于引发严重的垄断弊端(如减产提价)，力争基本上解决产业政策中的‘两难抉择’。但这种‘双赢’能否成为现实，则取决于能否设计出有效的规制政策”①。

今天，电信规制改革的方法和趋势既不是重返国有化，也不是全方位的民营化，而是从促进市场发育和鼓励竞争角度出发，大力推进电信基础网络的垂直分离(上下分离)和水平分割(地域分离)。所谓垂直分离，是指对形成瓶颈垄断的基础设施进行机能分离，最大限度地开放可竞争性经营领域，将瓶颈垄断规制控制在最小限度内，并对最小限度内的瓶颈垄断设施实行无差别的开放性经营，降低接续费用，这是消除瓶颈垄断弊端的最佳思路。所谓水平分割，是指通过对一个国家或地区内的垄断性企业实施区域性分割。通过水平分割可以消除企业的全国性垄断，形成区域性的市场竞争结构，以建立合理的产业组织格局。正如戴维·M·纽伯里所说：“国有网络型公用事业和受服务成本规制的纵向一体化私人网络型公用事业之间在效率上的差异可能非常小。区分绩效的关键创新之处在于将竞争引入基于网络提供的服务。方法是纵向分离或使网络接入自由化。”②

在垄断经营的电话时代，事前性、裁量型、制裁型规制构成电信规制的主体。进入信息时代以后，事后性、规则型、激励型规制将逐渐成为电信规制的发展方向和主流。从规制手段来看，电信规制改革正在由原来的按媒介形式规制转向按事业机能规制，从固有领域的事前规制转向根据一般竞争法的事后规制，从强调运营商的利益转向重视内容规制和消费者利益保护。从信息时代产业融合的发展趋势看，应该进一步缓和电信产业规制，开放电信市场，消除人为设置的产业间制度壁垒，鼓励电信运营商开展综合性电信服务，促进三网融合环境下的电信市场扩张。对

---

① 于立：《规制经济学的学科定位与理论应用》，大连：东北财经大学出版社，第15页。

② 戴维·M·纽伯里：《网络型产业的重组与规制》，何玉梅译，北京：人民邮电出版社2002年，第5页。

于电信市场已经发育成熟的领域，通过制定公平的市场竞争规则，努力营造充分竞争的市场格局，使电信规制逐渐转变为一般性规则。对于技术发展不成熟且存在着巨大不确定性的产业领域，可以采用事后性规制模式，以促进企业技术创新和发挥企业活力。

## 三、日本信息产业管理体制改革及其条件约束

自20世纪80年代日本电信电话公社民营化以来，围绕进入信息时代后的信息产业管理体制问题，日本各界一直争论不已。被日本政府称为继“明治维新”“战后改革”以来最大变革的中央省厅改革，虽然将原来的22个省厅变成了12个，但在信息产业管理体制上，却基本延续了原来的管理框架。这里试图结合世界各国信息产业管理体制状况，阐明日本信息产业管理体制改革的历史轨迹，进而探讨日本现行管理体制中存在的问题及其制约因素。

### 1. 信息产业管理的英美模式

关于信息产业，目前国内外学术界还没有统一的定义。广义信息产业是指一切与信息生产、流通、利用有关的产业，不仅包括信息服务业和信息技术产业，而且包括科研、教育、出版、新闻、广告、金融等各部门；狭义信息产业是指从事信息技术的研究、开发与应用，信息设备与器件的制造，以及为经济发展和社会公众的要求提供信息服务的综合性生产活动和基础结构。[①] 这里探讨的信息产业管理体制，主要指政府对电信、邮政、广播电视等信息传播领域进行管理的机构及其运行机制。

信息产业管理体制的改革大体经历了四个阶段：即邮政电信统一型，邮政电信分离型，信息和通信融合型，信息通信与广播电视融合型。由于国情的差异，信息产业管理体制的沿革过程和运作模式也不尽相

① 陶长琪主编：《信息经济学》，北京：经济科学出版社，2001年，第291页。

同。美国采用的是独立委员会制的管理模式，而英国则是以政府部门形式存在的。

1. 独立委员会制——美国的联邦通信委员会体制[①]

从信息产业的经营模式看，主要有私人垄断经营和政府垄断经营。美国一直实行私人垄断经营。在美国电信发展史上，曾经出现过激烈的竞争，最后才逐渐形成了以贝尔电话为首的全美垄断公司和地方独立系公司。为了保持正常的通信秩序，1934 年，美国颁布通信法，并依法成立了电信管制机构——美国联邦通信委员会(Federal Communications Commission，简称 FCC)。1996 年，为适应信息时代下通信和信息融合的发展趋势，美国又对 1934 年颁布的通信法进行了大幅度修改。

作为美国的电信管制机构，美国联邦通信委员会(FCC)是全球通信行业中最早成立的独立管制机构，根据《1934 年通信法》，FCC 对无线电、有线电视、电报和电话等通信业务实行一元化管制，以消除美国通信产业所存在的政出多门、相互分割现象。相对全球其他电信管制机构而言，FCC 具有较高的地位和权威性。FCC 实行委员会制管理，由总统提名并经国会批准，产生 5 位委员，组成最高领导集团。FCC 是相对独立于政府的管制机构，直接对国会负责，其核心成员必须保持独立性，不介入股市和商业活动。

2. 政府独立机构体制——英国的电信管理厅和电信管理局

与美国不同，大多数国家实行了电信和邮政的国家直接管理。其中有些国家由政府机关直接经营各项事业，如中国过去的邮电部；有些国家则实行政策管理与实务运营分离，即由政府部门负责信息产业的政策制定和管理，而由专门的运营公司，即国有企业实行垄断性经营，如英国的邮电公社。20 世纪 80 年代以后，随着民营化改革的不断推进，各国对信息产业管理体制进行了不同程度的改革和调整。

英国最初是由邮电部直接管理和经营电信业务。1969 年建立邮电

① 王俊豪：《美国联邦通信委员会及其运行机制》，北京：经济管理出版社，2003 年。

公社，开始实行在邮电部管理下的公社式经营。1981 年，邮政和电信分离。1984 年通过新电信法，开始实行电信民营化改革，并组建电信管理厅(OFTEL)。自此，英国电信公社改称英国电信公司(BT)，并允许第二家公司(Mercury Communications)进入电信领域。1990 年以后，在英国贸易产业省的主导下，开始引入竞争机制。

2003 年，英国议会通过了新通信法(Communications Act)，从而取代了 1984 年电信法，该法律参照欧盟的管制框架对英国的电信监管体制进行了重大革新。依据新通信法组建的电信管理局(OFCOM)对原有的五家管制机构(电信管制局 OFTEL、独立电视委员会 ITC、广播标准委员会 BSC、无线管制局 RA 和无线通信局 RCA)进行重组，彻底打破了以往信息领域中存在的各种壁垒，成为英国唯一的通信管制机构。电信管理局作为一个独立机构，通过发放牌照等获得的收入维持运转，在财务上保证了独立性。

2. 日本信息产业管理体制变动的轨迹

明治维新后，日本信息产业管理体制一直延续了政府主管部门负责的特点，但根据其管理方式的变化情况，仍可分为以下四个阶段：

1. 政府独立部门管理体制(1952 年以前)——实务运营与政策管理的统一。1868 年，明治政府决定实行电信国营。最初的通信事务由民部省管理，后转归工部省。1885 年，废除工部省，组建递信省，负责邮政和电信事业。1943 年废除递信省，在运输通信省下设立通信院。1945 年重建递信省。1949 年递信省再被废除，分别组建电信省和邮政省。1952 年以前，电信邮政事业一直是由政府部门管理运营的。

2. 邮政省与电信电话公社并行管理体制(1952—1985 年)——实务运营与政策管理分离。1952 年 7 月 31 日，《日本电信电话公社法》生效，根据该法律，日本政府废除电信省，成立了日本电信电话公社。1953 年 8 月 1 日，日本国会通过了《公众电信法》和《有线电信法》。根据上述法律，日本电信电话公社作为公有企业进行运营，其人事任免、预算、经营方针等重要事项由国会或政府决定，电信政策的制定和业务监管则归邮政省统一负责。

电信电话公社设立时，电信业务规模较小，其社会重要性无法和邮政业务抗衡，故只在邮政省内部设立了电信管理官室，其职权是对电信电话公社、日本国际电信电话株式会社及广播电视等电信业务实行政策管理和监督，并且后来的电信管理官又都是由电信电话公社派出的人员担任①。由于电信电话公社和日本国际电信电话株式会社对电信业务的垄断经营，其本身原属旧电信省管辖，故邮政省对电信政策管理官由电信电话公社派遣的惯例一直采取了默许的态度。

随着电信事业快速发展和信息时代的到来，围绕电信政策管理权限问题，电信电话公社与邮政省之间的矛盾升级。1979 年，为实现电信事业的统一管理，邮政省撤销电信管理官室，设立电信政策局，任命邮政省人事局长出身的守住有信任局长。电信政策局的主要任务是监督电信电话公社和日本国际电信电话株式会社，并制定相应的通信政策。自此，由电信电话公社派遣干部负责电信行政的惯例被打破。然而，电信电话公社和日本国际电信电话株式会社依据公众电信法及自己的垄断地位，依然按照过去的管理模式自行其是。80 年代以后，为了更好实现对电信政策的有效管理，邮政省加快了电信电话公社的民营化改革。

3. 邮政省与通商产业省分割管理体制(1985—2001 年)——二元的政策管理。1985 年，电信电话公社民营化以后，通信政策始由邮政省负责。邮政省下设通信政策局、电信局、广播电视局，分别负责通信产业政策制定、电信企业监督管理和规制、广播电视政策和管理等事务。依据新制定的《日本电信电话株式会社法》和《电信事业法》，日本电信电话株式会社开始作为主要运营商发挥其电信服务功能。与此同时，从鼓励市

① 直江重彦:《NTT 民营化与产业政策问题》(NTT 民営化と産業政策の課題)，日本中央大学综合政策学部，Discussion Paper NO. 10 1994 - 12 - 2.

场竞争和通信自由化的角度出发，邮政省推行“管理下的竞争”[①]模式，对新进入的运营商(NCC)，为保护其正常运营和不至于被日本电信电话株式会社挤垮，依据电信事业法规定，在价格规制、普遍服务、互联互接等方面，对日本电信电话株式会社实行非对称规制，由此导致日本电信电话株式会社与邮政省之间的冲突。

随着信息时代的到来，通信网和计算机网络之间开始融合，于是围绕信息产业的管理权，特别是增值网络(VAN)[②]权限问题，邮政省与通产省之间展开了激烈的角逐，最后以保持原有管理格局，默认邮政省对通信和信息网络的管理权限为条件达成妥协，形成了信息产业管理领域分而治之的格局。即通信网和以此为依托的计算机网络建设由邮政省负责，通信设备、电子计算机制造和研究开发等仍由通产省负责。

4. 现行管理体制——分割管理依旧，信息战略与信息行政管理脱节。现行的日本信息通信管理体制是由多家机构共同管理的。2001 年中央省厅改革后，邮政省并入总务省，通商产业省改为经济产业省。但是，原来的信息产业管理格局被基本延续下来，即信息通信网络和通信末端设备由总务省管理，电子产品硬件和软件的生产开发由经济产业省管理。其他各省厅也都在各自省厅权限范围内负责自己的高速信息通信网络建设和开发工作。行政信息化由总务省负责，医疗和社会福利的信息化由厚生劳动省负责，交通信息化由国土交通省和警察厅负责，产业整体信息化则由经济产业省负责，而教育信息化则由文部科学省加以实施。

在此期间，为迅速振兴日本信息产业，2000 年 7 月 7 日，日本内阁设立 IT 战略本部，对日本 IT 产业发展战略加以统一规划。11 月 29 日，日本议会通过了 IT 基本法。在 IT 战略本部的统一指挥下，2001 年 1 月，

① 鈴木興太郎、南部鶴彦『日本の電気通信：競争と規制の経済学』日本経済新聞社、1993 年。
② 即增值网络，Value-Added Network 的缩写，是指企业把通信处理装置与电信公司的专用网络相连接，然后使用通信处理程序不同的计算机来提供含有附加价值的通信服务。包括电信公司利用自己的通信网络来提供含有附加价值的通信服务。

日本内阁制定了E-japan战略，在其重点计划中明确指出，到2005年建成世界最高水准的高速信息通信网络。截至2005年，日本已经基本实现了其预定目标。2006年，日本政府又提出了新IT战略，即U-japan战略，目标是建立无论何时、何地、何人都能普遍享受的高速信息通信网络。但是，该IT战略本部只是基于振兴目的而成立的战略性决策机构，虽然其成员包括内阁总理大臣、各省厅大臣、企业家以及专家学者等，但其本身并不具有行政职能，因而战略的制定与执行之间往往出现一定程度的脱节。

### 3. 日本信息产业管理体制改革的各种动议

关于日本信息产业管理体制改革问题，相关政策咨询机构曾经多次提出诸如建立信息通信省、信息通信厅及通信广播委员会等建议。1997年，桥本内阁进行改革时，在行政改革会议的中间报告中，曾建议设置独立的通信广播委员会，作为负责通信广播等领域的规制机关，负责电波监理等业务，而对于相关通信广播产业的振兴职能则由产业省负责实施。针对行政改革会议的中间报告，自民党通信委员会和邮政省强烈反对，并相应提出了设立运输通信省、信息产业省及信息通信省等几种意见。结果桥本改革后，信息产业仍然实行分割管理。

2004年1月16日，在经济财政咨询会议上，小泉首相曾表明了如下看法，“从原来的通产省和邮政省时开始，通产省负责产业和经济，邮政负责通信与信息，如此纵向分割，产业界怨声载道”，“圈绳占地，各自为政，危害极大”①。麻生总务大臣也认为，应该整合总务省的信息通信政策局和经济产业省的商务信息政策局等信息通信部门，建立行政一元化的信息通信省。

2006年1月20日，总务大臣竹中平臧组织了“通信与广播经营方式

① 経済財政諮問会議会議議事要旨、2004年1月16日。http://www.keizai-shimon.go.jp/minutes/2004/0116/shimon-s.pdf

恳谈会”，开始探讨通信和广播融合条件下的信息产业管理体制问题。然而，2007 年 1 月 15 日，对总务省提出的成立信息通信省的建议，经济产业省表示：“与其变更管理机构，不如解决个别行政问题。退一百步说，即便是存在组织问题，也不需要建立一个庞大的省厅，而应实行规制和振兴职能分离。”①经济产业省的态度基本反映了经团联等经济团体的立场，后者认为，应该组建独立于政治和政府之外的行政委员会来行使其职能②。

池田信夫认为，行业融合的趋势不可逆转，分散的管理体制难以适应，因此，应成立综合性监管机构，建立面向整个通信业的新型监管框架。监管机构的独立则有助于打破垄断，引入竞争，开放市场，实现电信自由化。从近年来全球电信管制机构的变化看，综合性独立监管机构是各国改革的大势所趋。但他同时认为，不应该成立独立的信息产业省，“日本已经不是发展中国家，所以不需要所谓振兴信息通信的职能，重要的是在保持电波政策等领域最小限度规制的前提下，像美国的联邦通信委员会那样成立独立行政委员会”。③ 根据经济合作发展组织（OECD）的统计，其 30 个成员国中，没有将通信和广播电视实行独立行政委员会制的只有日本、土耳其和波兰。

与此同时，中村伊知哉认为，美国的联邦通信委员会体制与美国的市场体制是对应而存在的，而日本则不存在美国式的制度基础和竞争基础。联邦通信委员会是美国总统制基础上议会和政府保持权力平衡的产物，单纯采取该种模式是毫无道理的。从发展趋势角度讲，应该实行管理一体化，特别是应该将总务省的通信广播电视管理和经济产业省的

① 日本経済産業省事務次官記者会見、2007 年 1 月 15 日。http://www.meti.go.jp/speeches/data_ej/ej070115j.html

② 社団法人経済団体連合会「IT 分野の競争政策と「新通信法（競争促進法）」の骨子－IT 革命推進に向けた情報通信法制の再構築に関する第二次提言－」，2001 年 12 月 18 日。http://www.keidanren.or.jp/japanese/policy/2001/061/honbun.html

③ 池田信夫「「情報通信省」はよみがえるか」no. 41 経済産業研究所 2004 年 1 月 21 日。https://www.rieti.go.jp/users/it/column/column040121.html

设备生产管理进行统一，与此同时还要进一步强化内阁官房 IT 战略本部的职能。中村指出："在现存国家行政组织基础上，通过转变职能可以适应现实对管理体制改革的要求，从组织论角度看，建立一体化组织，将通信和广播电视管理与设备管理进行整合虽然是必要的，但是现实条件下，不必采用美国式的细分方案和韩国式的统一方案。"①

### 4. 日本信息产业管理体制改革的趋势及其条件约束

任何组织管理形式都有一定局限性，没有绝对完美无缺的组织管理体系。A. D. 钱德勒（Alfred D. Chandler）认为，"组织应该服从战略"。然而，在信息产业管理体制问题上，日本却正好相反，即战略服从了组织。现行日本信息产业管理体制，既不同于独立于政府之外美国独立委员会制，也不同于英国政府独立机构的统一负责制，而是传统产业结构模式下管理职能自然延伸的结果。比如电子设备生产，历史上归属通商产业省负责，因此中央省厅改革后自然归属经济产业省；而通信事务等原由邮政省负责，那么不管通信内容和形式如何变化，邮政省自然会无限延伸其归属权。但是，进入信息时代以后，由于通信与电子计算机技术的融合趋向，设备生产、利用和技术开发等必然要求统一管理，因此，通产省和邮政省之间的争权斗争自然也就不可避免。

日本的信息产业管理体制应如何改革？受哪些条件的约束？下面拟从信息产业发展的特点和现状、信息产业管理的运行机制及改革的决策机制三个角度进行分析。

首先，由于其信息产业自身具有的规模经济性、外在性、发展不确定性等特点，再加上各国国家具体国情的差异，很难说哪一种管理模式具有绝对的优越性。但是，产业融合已经成为不可逆转的趋势，因此，管理机构必须不失时机地推动和促进产业融合发展，以适应产业融合发展的

---

① 中村伊知哉、菊池尚人「情報通信行政組織の再構築」『国际公共政策研究』第 7 卷第 2 号，2003 年 3 月。http://web.media.mit.edu/~ichiya/ronbun/soshiki.doc

需要。历史上各国基本上是采取邮政电信一体化的管理体制，但是随着时代的发展，邮政与电信逐渐实现了分离。在信息技术发展过程中，对于通信、计算机、广播电视三个产业，多数国家曾经分别予以立法规制，因而原来的运营商只是在某一领域从事经营活动。随着电子计算机技术的飞速发展，电话、电脑与电视出现了三网合一的趋向，各运营商为保证自己的竞争优势，纷纷要求开放各种网络限制，从事多领域的融合性经营活动。

20世纪90年代，随着泡沫经济的崩溃，日本经济长期处于萧条之中，因而被称为“失去的10年”。与美国经济景气相比较，其中最为明显的是日本在信息技术方面的落后。2000年以后，日本又开始重复过去的追赶模式，大力推行国家IT战略。经过几年追赶，在IT的基础设施建设方面，日本已经开始处于世界领先地位，但在软件开发等领域，形势仍然不容乐观，其中表现最为突出的是日本IT业界的从属性产业结构。例如在网络广告的销售中，流入雅虎（yahoo）、谷歌（google）、微软（microsoft）等美国企业的比例正在逐年增加，不具有核心搜索引擎的日本IT企业不得不向上述三个企业支付广告费用。另外，日本电子产品和汽车等虽然创造了世界一流，但手机却难以打开国际市场。据美国IDC统计，2006年第一季度，诺基亚、摩托罗拉、三星三家手机生产占据世界市场的65%，而日本所有企业手机厂商生产总和仍不及居于第三位的三星一家。因此，安倍内阁提出要进一步开拓IT市场，提高日本手机市场的国际竞争力。

从运行机制角度看，由于日本现行的信息产业管理体制是按照管理对象进行职能分割，因而存在着管理职能重叠、组织运作缺乏协调等问题。比如在信息和通信产业之间的数据通信服务和附加值通信网建立问题上，邮政省和通产省之间曾经进行了长时间的博弈，被称为增值网络（VAN）权限争夺战争。通产省和邮政省分别向政府提出了自己的增值网络（VAN）法案，并形成尖锐对立。邮政省认为，随着电报产业的夕阳化和电话事业发展速度的减缓，未来的数据服务和图像通信将急速扩大，增值网络事业应该成为邮政省管辖下的主导产业。通产省则以美国自由开展增值网络业务为依据，强烈批评邮政省提出的增值网络事业法案的规制模式。

在推动信息化建设过程中，许多信息化政策可能会横跨内阁府、总务省、经济产业省、文化厅等多个部门，但是，由于缺乏一个统一的协调机构，各个省厅往往各行其是。例如关于网络安全建设问题，在2004年的预算中，总务省提出了关于确保行政信息化和网络安全的推进方案，而经济产业省则提出了关于确保电子交易和计算机等信息设备安全的推进方案，警察厅也推出关于防止病毒侵害和欺诈、不当接续等技术犯罪的方案，而防卫厅则提出自己的关于防御网络恐怖攻击方案。几个省分别提出自己的信息通信安全对策，但其间存在着严重的职能重叠问题。

为迅速推动日本的信息产业发展，日本政府内阁官房中设立了IT战略推进本部，但该机构只是一种战略性规划组织，而不是具体的政策制定机构和权力机关，而且其事务局成员全部来自各省厅，因而根本无法彻底打破省厅之间纵向分割的弊端，在具体政策问题上各省厅依然各自为政。

此外，设计日本未来的信息管理体制问题，不得不考虑作为信息产业基础的电信产业组织结构问题。民营化以来，围绕着公正竞争秩序的建立和日本电信电话株式会社的存在方式问题，一直斗争不断，并且很难说已经建立起了合理的产业组织结构。由于《电信事业法》与《日本电信电话株式会社法》并存，一方面日本电信电话株式会社接受《电信事业法》的约束，另一方面又同时作为特殊公司而独立存在，日本电信电话株式会社的特殊地位和强大影响力有时甚至凌驾于主管政府机关之上。在邮政省强力主导下，新进入的电信运营商虽然得到很大发展，但由于受到日本电信电话株式会社与邮政省、新进入电信运营商之间长期争斗、邮政省自身存废、管理职能纵向分割等问题的影响，一定程度上造成了日本信息产业发展的滞后局面，同时也凸显了进行信息产业管理体制改革的必要性。然而，如果在没有合理市场竞争环境的产业组织结构下，一味削弱行政管理职能，而实行事后规制的行政委员会制，则可能导致市场秩序的扭曲和对消费者利益的伤害。

第三，信息产业管理体制改革，从本质上来说是一种行政管理体制的变革，因此必须按照游戏规则通过政治手段加以解决。战后日本在美国占领体制下，颁布了日本国宪法，建立了议会内阁制政体，并逐渐形成了日本所特有的政治政策机制，即利益集团决策机制。企业家、官僚和政治家以利益集团为中心，构成稳定的铁三角，以维护本利益集团的既得权益为主线，各利益集团之间经过不断博弈，结成一个按照不同领域划分势力范围的，以企业家、官僚、族议员为代表的稳固社会化组织体系。青木昌彦将其称为“分割性多元主义”或“官僚多元主义”①。

这种“官僚制多元主义”社会组织体系具有很强的社会稳定功能，在追赶型经济发展中十分有效。它能够实现内部资源和信息的共享，规避外部风险，形成稳定的政策表达方法和渠道，制定出维护本集团利益的国家政策，并通过官僚主导的国家干预体制予以落实。

但是这种体制又形成了极大的封闭性和保守性，不利于社会整体制度创新，因而难以适应信息时代发展的要求。从1996年桥本龙太郎内阁开始，到小渊内阁和森喜朗内阁，日本进行了所谓近代以来的第三次改革，中央省厅缩减为12个，但对信息产业管理体制，却没有任何创新，只是按照原来的管理权限，原封不动地加以合并和顺延。本来，中央省厅改革的理由之一是适应信息时代的发展要求，调整工业化时代延续下来的政府管理体制及其运行机制，但在现存的政治体制和利益集团格局的制约下，改革只是做了形式上的调整，而未能实现真正意义上的根本变革。

① 青木昌彦：《超越官僚制多元主义》，日本经济产业研究所，2001年5月29日。http://www.rieti.go.jp/cn/columns/a01_0001.html

总之，信息产业的发展呼唤统一管理，解决信息产业管理中存在的分割管理、职能重叠、缺乏协调及产业组织不合理等问题，将是下一步日本信息管理体制改革的艰巨任务，但是，从日本现行的政治决策机制看，实现上述目标谈何容易。

# 第三章　稳定增长期的体制转型与国有企业民营化

在日本的资本主义经济发展史上，明治维新废除了封建制度，建立资本主义的生产关系。二战后的改革，调整了资本占有关系，建立了"赶超型""官主导""组织化"的市场经济体制。财政投融资作为日本的"第二财政"，扮演了落实政府规划和宏观调整的基本职能。但是，当日本经济进入发达国的成熟阶段后，这种具有浓厚发展中国家性质的经济社会体制①失去了以往的活力而展现出"制度疲劳"状态。因此，20 世纪 90 年代泡沫经济崩溃后，改革现行经济体制势在必行。"改革"与"不良债权""泡沫崩溃"一样，成为世纪之交日本社会使用频率最高的"关键词"，被称为"近代以来的第三次经济体制改革"就是在这种背景下展开的。

## 一、财政投融资与经济体制改革

在美国占领体制下，战后日本颁布了民主宪法，建立了议会民主制政体，并逐渐形成了自民党一党长期执政的政治局面。在经济上，经过战后的恢复重建和 1950、1960 年代的高速增长，1968 年日本一跃而成为

① 中谷巌『日本経済の歴史的転換』東洋経済新聞社、1996 年、第 307 頁。

世界第二经济大国。1970年代，日本企业界在较快摆脱了石油危机的影响后，迅速实现了由“重大厚长”型向“轻小薄短”型增长方式的转变。在经济发展过程中，日本企业界不但积蓄了强大的经济实力，逐渐确立了以终身雇佣、年功序列、主银行制等为基本特征的企业经营模式。由此，日本社会形成了一个稳定的政治经济均衡格局，青木昌彦将其称为“分割性多元主义”或“官僚多元主义”①。

在这种“分割性多元主义”的均衡格局中，按照不同的利益关系，日本社会构建了一个个被分割的利益集团，企业家、政治家和官僚结成了以利益集团为中心的铁三角。各利益集团之间经过不断博弈，以维护本利益集团的既得权益为主线，企业、官厅、族议员等按照不同领域组成了一个势力均衡的社会组织体系。这种“分割性多元主义”社会组织体系具有很强的社会稳定功能，在追赶型经济的发展过程中，该社会组织体系能够实现内部资源和信息的共享，规避外部风险。企业家、政治家、官僚等以本利益集团利益为基点，形成稳定的政策表达渠道和方法，制定出维护本集团利益的国家政策，并通过官僚主导的国家干预体制予以落实。在政策制定过程中，不管学者之间的理论论争如何激烈，也不管政治家们的演说如何精彩，抑或议会斗争如何尖锐，作为其政策过程的最后结果，往往是以具体形式和手段来表达和实现某些利益集团的利益，因而也往往会偏离政策目的的初衷。

### 1. 财政投融资的设立背景

1953年，日本政府在编制年度财政预算时，首次推出了财政投融资计划，此后经过不断发展，财政投融资规模不断扩大，以致于被称为日本政府的“第二财政”。在战后日本经济发展中，财政投融资所起的重要作用倍受瞩目。在日本，财政投融资简称“财投”，远藤湘吉为其所下的定

① 青木昌彦:《仕切られた多元主義を越えて》，http://www.rieti.go.jp/jp/columns/a01_0001.html

义是:"所谓财政投融资,简而言之,就是财政机构的资金和政府掌握下的资金按照一定计划所进行的出资和融资。"①大内兵卫、内藤胜认为,财政投融资是"以财政上形成的资金进行的投资或融资活动"。② 关于财政投融资的性质,日本学者指出,它属于国家干预国民经济的"政策金融"③,作为日本政府的"第二预算",实际上构成了"战后日本财政制度的骨骼",是"建立国家垄断资本主义的一大支柱。"④

在我国,"财政投融资"一词的使用不太广泛,学者们更多地采用了"政策性金融"的表述方法,而财政信用、政策金融等概念也往往被在同一意义上使用。王朝才认为,财政投融资是"以政府信用为基础筹集资金,以实施政府政策且形成固定资产为目的,采取投资(出资、入股等)或融资方式将资金投入企业、单位和个人的政府金融活动,它是政府财政活动的重要组成部分"⑤。何振一、阎坤认为,"所谓财政政策性投融资(财政投融资)是财政为了强化宏观调控功能,以信用为手段,以实现特定政策目的、直接或间接有偿筹集资金和使用资金的活动"⑥。林涛舟则认为,"财政投融资是指以政府财政为依托筹集资金,以实现政府意图和国家有关政策为目的,实行有偿投入的财政性金融信用活动"⑦。对于财政投融资的性质,晓华指出,"财政投融资是具有财政性质的金融投资,它既具有财政投资的某些性质,也具有金融投资的某些性质,是'中介'于财政投资和金融投资之间的一种新型的宏观调控国民经济的国家投资方式"⑧。

---

① 遠藤湘吉『財政投融資』岩波書店、1974 年,第 2 頁。

② 大内兵衛、内藤勝『日本財政図説』岩波書店、1965 年、第 116 頁。

③ 小宮隆太郎、奥野正寛、鈴興太郎等『日本の産業政策』東京大学出版会、1991 年、第 122 頁。

④ 宮本憲一『社会資本主義』有斐閣、1969 年,第 367 頁。

⑤ 王朝才:《关于财政投融资的几个问题》,《财政研究》1995 年第 2 期,第 44 页。

⑥ 何振一、阎坤:《建立中国式财政政策性投融资体系的研究》,《财贸经济》1999 年 9 月,第 12 页。

⑦ 林涛舟:《建立和完善我国财政投融资体系的构想》,《财政研究资料》1997 年第 19 期,第 19 页。

⑧ 晓华:《实行财政投融资协调价格、金融、财政配套改革》,《财政研究》1994 年第 4 期,第 31 页。

上述引论似可表明，中日两国学者对财政投融资概念及其内容的理解并无大异。第一，财政投融资有别于纯粹的财政支出。财政资金的同类开支和收入之间未必是一种等量或近似等量的关系，多数情况下，如行政费、补助金等，一般是只支不收，而税收则体现了财政收入的单项性侧面。相比之下，财政投融资是一种可回收的出资或有息贷款，其基本要求是在保证原资不致流失的前提下，尽可能实现贷出、回收资金的良性循环，即财政投融资属于融资行为，这就与财政意义上的支付行为有着本质性的区别。

第二，财政投融资有别于一般意义上的商业银行贷款。商业银行的运营是根据市场经济原理中的资本收益核算原则选择融资对象、开展融资活动的，即所谓“利润第一主义”。相比之下，财政投融资固然也重视对原资的保护，但毋宁说是把政策上的需要摆在首位，为此不惜风险投资，相比于商业银行，它明显具有低息、长期贷款的特点。

第三，财政投融资的对象是由国家经济政策规定的。各国政府在制定财政投融资规划时，一般都会设定明确的经济政策目标，主要用于支持和扶植基础产业、特定新兴产业，并对社会基础设施的建设以及对中小企业进行扶助。

第四，财政投融资是由政府部门掌握，并在政府部门的“计划性”安排下使用的。与一般的国家财政预算不同，在日本，直至 1973 年，被称为“第二预算”的年度财政投融资计划无须通过国会的审议批准，而只是作为国会审议国家年度财政预算时的参考资料。我国在建立财政投融资制度之前，由于长期实行计划经济体制，主导财政投资、拨款、贷款及商业融资的是政府，因而导致财政与金融界限不甚清楚，与日本进行横向比较较为困难。但在实行财政金融改革、实现财政与金融分开以后，财政投融资制度也建立起来，与日本的做法相同，后者的主导权是由政府掌握的。

日本财政投融资制度的历史渊源可以上溯至明治初期。日本学界一般将明治政府创办官营企业纳入财政投融资的范围，亦即所有由政府组织的、旨在发展有关产业或设施的投资活动，都被视为政府财政投融资活动。当时，日本政府为迅速发展资本主义经济，出资改造和新建了一批官营企业，后因经营不善和财政紧张，除铁路、通信、军工部门外，全部廉价处理给民间。日俄战争后，随着国家垄断资本主义的加强，以兴建八幡制铁所和铁路国有化为代表，官营事业再度扩大。20 世纪 20 年代末至日本战败的 1945 年，为了应付经济危机和旷日持久的对外侵略战争，由国家出资并直接经营了一大批国策公司或公团，财政投融资规模达到空前程度。

战后初期，由于推行民主化改革，财政金融制度发生重大变化，同时也出现了旧制度废除后新制度不能及时承接的脱节现象。例如，20 世纪 40 年代后半期劝业、兴业、北海道拓殖等银行被勒令停业期间，办理长期贷款业务的金融机构不复存在，而对百废待兴的日本经济来说，长期信用的供给是刻不容缓的。基于这种情况，财政投融资方式才被重新搬了出来。1946 年 8 月，兴业银行复兴金融部成立，开始政府融资业务。翌年 1 月，复兴金融部从兴业银行中分离，独立为复兴金融公库，由此揭开了战后开展财政投融资的序幕。在 1947—1948 年推行倾斜生产方式政策期间，复兴金融公库承担了民间设备投资贷款的 70%左右，有力地支持了战后经济重建。但是，复兴金融公库开展的财政投融资，存在着财政、金融界限不清、原资保护不力等制度和管理上的诸多问题，以致成为助长通货膨胀长期化的直接原因，因此在 1949 年推行道奇计划时被列入重点整顿对象，停止了贷款业务。

复兴金融公库的贷款业务停止后，长期资金的供给又出现空白，某种程度弥补这种空白状态的是同时设立的美国对日物资援助回头资金，但这一援助收入远不能满足经济复兴的巨大资金需求，并且它只是特定情况下的一种临时性收入，援助一旦结束，这笔收入即告枯竭。为了从根本上保证财政投融资的资金来源，并使其运营制度化，进入 50 年代后，随着美国占领当局放宽占领限制，日本政府获得“根据国情”修改“占领立法”若干权限，有关财政投融资的法律法规纷纷出台，开发银行等一批政府系统的财政金融机构随之建立起来。到 1953 年，日本政府在编制年度财政预算时首次推出财政投融资计划，财政投融资开始作为一项制度加以推行。

2. 财政投融资制度的运行机制

日本的财政投融资计划是由大藏省理财局组织实施的。1973 年以前，年度计划只是作为参考资料提交给国会，无须经国会批准。后来因财政投融资规模逐渐增大，国会于 1973 年通过了《长期运用特别措施法》①，规定资金运用部资金和简易保险资金中，期限超过 5 年的长期资金运用必须列入财政投融资计划，提交国会审议。故 1973 年以后，财政投融资预算被列入国会审议范围。其操作程序是：每年 8 月 31 日以前，由各省厅向大藏省提出自己下一年的财政投融资计划。9 到 12 月，大藏省会同有关省厅反复论证调整，然后提交资金运用审议会讨论。12 月末，将包括“财政投融资资金计划”“财政投融资原资推算”“财政投融资用途分类”三部分内容的财政投融资计划与年度财政预算案一起提交国会审议。

与民间金融机构的业务操作不同，日本财政投融资的资金筹措和资金运用是由不同的政府部门实施的，即筹资和融资责任分开，原资的筹措和管理主要依赖资金运用部资金、简易保险资金、产业投资特别会计、政府保证债和政府保证借款四部分；资金的运用则交由开发银行等政府专门金融机构实施。

资金运用部的前身是原大藏省储蓄存款部，该部成立于 1878 年，其主要职能是管理国民邮政储蓄和国库盈余金。1951 年 4 月，《资金运用部资金法》颁布，由此储蓄存款部改为资金运用部，由大藏省理财局第一课负责管理。法律还明文规定，资金运用部资金的管理使用权归大藏大臣。对

① 该法全名为《关于资金运用部资金及简易保险资金、邮政年金累积金的特别措施法》，1973 年 3 月通过。

此,日本学者指出,资金运用部"事实上是以大藏大臣为首长的一种国营银行或国营金融机构"①。到目前为止,资金运用部所提供的资金已占到日本财政投融资的80%,成为财政投融资的最主要来源。其中,邮政储蓄所占的比例最高,1970年为52.5%,1995年为55.5%。其次是福利保险和国民养老金委托存款,其比例1970年为34.6%,1990年为32.3%。

简易生命保险是以低收入者为对象于1916年设立的,目的在于生命保险的普及化,以增进国民生活的安定和福利。作为财政投融资原资,简易生命保险现已成为仅次于邮政存款和养老资金的第三大资金来源。

产业投资特别会计是根据1953年8月的《产业投资特别会计法》设立的,当时的目的是重建经济、开发产业及振兴贸易。它承接了美国对日援助物资特别会计资产2294亿日元,并获得了1953年发行的特别减税国债的收入,以此为本金而开始运营。后来又从一般会计、紧要物资特别会计、特殊物资特别会计、经济援助特别会计和剩余农产品资本融通特别会计等处吸收资金,其中依靠一般会计收入的比例日趋上升,1970年占到50.5%左右,到1980年占到65.7%。然而,产业投资特别会计在整个财政投融资中所占的比重却日趋下降,1990年其份额仅占0.8%。

政府保证债和政府保证借款,是指国营公共事业、公团等政府相关机构在发行债券或从民间金融机构筹集长期资金时,其本金和利息的偿还由政府进行担保的借款。政府保证的限度列入一般会计总则,经由国会讨论通过。之所以将其列入财政投融资系列之中,是因为各机构的借款虽然是民间资金,但最终要由政府偿本付息。特别是政府保证债,其发行数额、发行条件等均由政府和银团共同商定,是专门以财政为依据的资金,所以应该作为财政投融资的资金来源之一。作为政府保证债,战后曾被占领军当局明令禁止。1953年,政府实施财政投融资计划以后,作为公共信用,政府保证债再度予以发行。此后,随着日本经济的高速增长和投资需求的不断扩大,其发行数额逐年增加,1966年占到财政

① 遠藤湘吉『財政投融資』岩波書店、1974年、第23頁。

投融资总额的29.4%。石油危机以后，政府保证债开始有所减少。（参见表3-1）

表3-1　日本财政投融资原资构成比例(单位：%)

| 年度 | 资金运用部 | | | 简易生命保险 | 产业投资特别会计 | 政府保证债、政府保证借款 | 一般会计 |
|---|---|---|---|---|---|---|---|
| | 邮政储蓄 | 年金资金 | 回收金等 | | | | |
| 1953 | 24.0 | 4.8 | 22.9 | 6.0 | 11.3 | 11.4 | 14.1 |
| 1955 | 27.5 | 10.5 | 13.3 | 11.4 | 17.3 | 3.7 | 3.7 |
| 1960 | 24.1 | 14.7 | 16.8 | 19.2 | 6.4 | 18.9 | — |
| 1965 | 26.2 | 20.8 | 19.9 | 19.9 | 2.4 | 24.6 | — |
| 1970 | 37.4 | 27.0 | 9.1 | 10.7 | 2.7 | 13.1 | — |
| 1975 | 44.3 | 18.7 | 23.4 | 8.9 | 0.6 | 4.1 | — |
| 1980 | 40.9 | 20.1 | 25.0 | 7.3 | 0.1 | 6.8 | — |
| 1985 | 29.7 | 18.1 | 32.5 | 8.8 | 0.1 | 10.8 | — |
| 1990 | 12.2 | 18.0 | 48.7 | 16.0 | 0.2 | 5.0 | — |
| 1991 | 37.8 | 15.7 | 29.8 | 12.7 | 0.1 | 3.8 | — |
| 1992 | 29.1 | 16.3 | 38.1 | 12.5 | 0.1 | 3.7 | — |
| 1993 | 22.2 | 15.4 | 42.9 | 15.1 | 0.1 | 4.3 | — |
| 1994 | 20.9 | 15.0 | 40.1 | 18.1 | 0.1 | 5.7 | — |
| 1995 | 93.1 | | | | 0.1 | 6.7 | — |

资料来源：宮脇淳『財政投融資の改革』東洋経済新報社、1997年4月第6版、第134頁。

上述财政投融资是由政府指定的金融机构运作并开展其经营活动的。这些金融机构的成立都有各自的法律依据，其负责人由政府任命，接受政府的监督和审查。它们一般不能接受存款，也不能直接从民间借款，其公开发行的债券由政府担保还本付息。如下表所示，为了更好地实施财政投融资，日本政府还设立了种类繁多的公共性金融机构，主要包括特别会计、公库、事业团、地方公共团体、特殊公司及银行等。（参见表3-2、表3-3）

**表 3-2 日本财政投融资相关政府金融机构与企业**

| 种类 | 名称 |
|---|---|
| 特别会计 | 都市开发资金融通、国立医院、特定国有财产整备、国立学校、国营土地改良事业、国有林业事业、邮政事业、机场整备、邮政储蓄 |
| 公社 | 日本国有铁道公社,日本电信电话公社,日本烟草专卖公社 |
| 公库 | 住宅金融公库、国民金融公库、中小企业金融公库、中小企业信用保障公库、环境卫生金融公库、农林渔业金融、公营企业金融公库、北海道东北开发公库、冲绳振兴开发公库、日本开发银行、日本进出口银行 |
| 公团、事业团 | 住宅.都市整备公团、年金福利事业团、环境事业团、船舶整备公团、帝都高速交通营团、社会福利.医疗事业团.地域振兴整备事业团、日本私学振兴财团、日本育英会、中小企业事业团、农用地整备公团、森林开发公团、生物特定产业技术研究推进机构、日本道路公团、首都高速道路公团、阪神高速道路公团、本州四国联络桥公团、日本铁道建设公团、新东京国际空港公团、铁道整备基金、日本国有铁道清算事业团、水资源开发公团、信息处理振兴事业协会、基础技术研究促进中心、石油公团、海外经济协助基金、简易保险福利事业团。 |
| 特殊公司 | 商工组合中央公库、东京湾横断道路股份公司、关西国际机场股份公司、民间都市开发推进机构、电力开发股份公司 |
| 地方单位 | 都道府县的公共企业、公共事业等机构 |

**表 3-3 日本财政投融资机构融资额变化情况(单位:亿日元)**

| 年代 | 1953 | 1965 | 1975 | 1985 | 1990 | 1993 | 1994 | 1995 | 1996 | 1997 | 1998 |
|---|---|---|---|---|---|---|---|---|---|---|---|
| 总额 | 3074 | 17764 | 105610 | 204984 | 358139 | 524577 | 503237 | 421886 | 459356 | 513571 | 499592 |
| 特别会计 | 46 | 263 | 1757 | 4315 | 41327 | 58804 | 58656 | 59295 | 58281 | 82549 | 85852 |
| 公社 | 314 | 2064 | 11250 | 13860 | —— | —— | —— | —— | —— | —— | —— |
| 公库等 | 1197 | 7605 | 46643 | 101572 | 150397 | 222439 | 230484 | 146282 | 188780 | 208878 | 209268 |
| 公团等 | 15 | 3516 | 24422 | 45724 | 119825 | 156541 | 140229 | 116294 | 119696 | 132830 | 125472 |
| 特殊公司 | 210 | 552 | 1056 | 1748 | 3729 | 7130 | 3913 | 3725 | 3391 | 3314 | 2988 |
| 地方公共团体 | 1292 | 3764 | 20482 | 37765 | 42861 | 79663 | 69955 | 96290 | 89205 | 86000 | 76000 |

资料来源:武田隆夫等編『日本財政要覧』東京大学出版会、1987 年、第 104、105 页。
贾康、阎坤著:《转轨中的财政制度变革》,上海远东出版社,1999 年,291 页。

上表所列的政府金融机构，具体负责财政投融资资金的运用，它们利用原资资金和自有资金，按照法律所规定的业务范畴进行融资活动。其投资对象主要是一些基础行业和涉及国计民生的基础设施，以及一些私人企业无法经营或不愿经营的重要产业和部门。随着经济发展阶段的变化，其财政投融资的对象及资金比例也有所调整。1953 年，财政投融资设立之初，对主干产业的投资比例达 29.1%，住宅和生活环境整备两项之和只占到 13%；但是到 1986 年，前者的比例减至 2.9%，后者却已跃至 43.1%。下表清楚地反映了日本政府财政投融资方向的变化轨迹，即随着经济的发展，越来越重视社会经济生活整体质量的提高。

**表 3－4　日本财政投融资用途明细表（单位：亿日元、%）**

| 项目 | 总额 | 住宅 | 生活环境 | 厚生福利 | 文教 | 中小企业 | 农林渔业 | 国土保护 | 道路 | 运输通信 | 地域开发 | 基干产业 | 经贸合作 |
|---|---|---|---|---|---|---|---|---|---|---|---|---|---|
| 1953 | 3288 | 170 | 250 | 52 | 145 | 256 | 360 | 454 | 118 | 366 | 118 | 939 | — |
| 1955 | 2998 | 415 | 230 | 64 | 136 | 244 | 266 | 231 | 110 | 366 | 255 | 471 | 210 |
| 1960 | 6251 | 789 | 569 | 109 | 214 | 784 | 439 | 401 | 272 | 915 | 436 | 838 | 485 |
| 1965 | 17765 | 2552 | 2036 | 585 | 472 | 2285 | 1035 | 686 | 1415 | 2467 | 1138 | 1575 | 1519 |
| 1970 | 35799 | 6896 | 4168 | 1017 | 790 | 5523 | 1785 | 560 | 3078 | 4723 | 1431 | 2028 | 3800 |
| 1975 | 93100 | 19966 | 15573 | 3133 | 2752 | 14505 | 3795 | 1100 | 7444 | 11849 | 3059 | 2764 | 7160 |
| 1980 | 181799 | 47619 | 25717 | 6280 | 8089 | 34004 | 8859 | 3120 | 10314 | 17437 | 4694 | 5473 | 10193 |
| 1985 | 208580 | 52893 | 32809 | 5957 | 7453 | 37644 | 8906 | 4728 | 18264 | 17634 | 5112 | 6033 | 11147 |
| 1990 | 345724 | 83659 | 42220 | 8519 | 5541 | 43378 | 8760 | 3285 | 27001 | 23041 | 6825 | 7965 | 16030 |
| 1995 | 481901 | 141927 | 66115 | 16113 | 8172 | 61619 | 11819 | 5104 | 31254 | 18511 | 10508 | 12324 | 18935 |
| 1998 | 499592 | 130366 | 64128 | 14748 | 7600 | 61407 | 8840 | 5484 | 33272 | 6337 | 10515 | 8855 | 15040 |

资料来源：武田隆夫等編『日本財政要覧』東京大学出版会、1987 年、第 101 頁。

### 3. 财政投融资的运营效果

1949 年以后，随着统制经济的结束，日本恢复了市场经济体制。在经济短缺、资金绝对不足的时代，日本政府一方面坚持了“小财政主义”，另一方面在基本尊重市场自行调节机制的前提下，部分地扮演了资金供给者的角色，通过财政投融资措施，优先支持发展了重点产业。数字表明，1949 年日本中央财政一般会计支出在国民生产总值中所占的比重高达 20.7%，1953 年以后大体稳定在 12%—15%左右，这一比重即使与同期的欧美诸国相比也处于低水平。然而，在奉行“小财政主义”的背后，日本政府又推行着“大财投主义”。财政投融资与中央一般财政开支之比 40 年代后半期为 20%左右，50 年代为 30%左右，60、70 年代为 40%以上，80 年代以后达到一般财政支出的一半以上。显然，“大财投”是战后日本政府积极干预国民经济的重要手段。这也从一个方面启示我们，在研究战后日本政府的资金供给政策时，相对于财政政策，更应该把财投作为重点研究对象。

财政投融资对国民经济的发展和稳定具有一定的调控作用。从长期趋势看，财政投融资的额度在不断增加，但其增长幅度并不相同。观察结果表明，这种变化与经济周期的变化及国民生产总值的变化有一定程度的对应关系。1953—1977 年，财投基本保持了两位数的增长率，同期国民生产总值也相应保持了两位数增长(1954 年、1958 年除外)；1978 年以后，财投增长率放慢，除个别年份外，基本保持了一位数增长，同期国民生产的增长也放慢速度，保持了一位数增长。另一值得注意的现象是，一般情况下，当财投发生大幅度变动时，国民生产总值并不是立刻发生相应变化，而是表现出一定的迟滞性间隔，即财投增量后，经济增长加速是间隔一个时期后才出现的。反之，财投减量导致经济增长减速的效果也是迟滞一个时期后才发生的。这种现象已从战后日本的几次经济周期性循环中得到验证。这也说明财投一定程度上起到了人为促进或抑制国民经济增长的效果。对此，日本学者也曾指出：“与其说财政金融操作是根据景气变动变化的，毋宁说景气变动正是通过财政金融操作的变化而推进或延缓经济增长的结果。”①

① 武田隆夫、林健久编：《现代日本的财政金融》第一卷，东京大学出版会，1982 年，第 9 页。

表 3－5　日本国民生产总值增长率与财政投融资增长率对照表(%)

| 年代 | 国民生产总值 | 财政投融资 | 年代 | 国民生产总值 | 财政投融资 | 年代 | 国民生产总值 | 财政投融资 |
|---|---|---|---|---|---|---|---|---|
| 1953 | — | — | 1968 | 18.5 | 13.0 | 1983 | 4.6 | 2.0 |
| 1954 | 3.9 | －12.6 | 1969 | 18.6 | 14.0 | 1984 | 6.9 | 1.9 |
| 1955 | 13.3 | 14.1 | 1970 | 15.8 | 16.3 | 1985 | 6.5 | －1.2 |
| 1956 | 12.3 | 8.6 | 1971 | 10.2 | 19.6 | 1986 | 4.7 | 6.2 |
| 1957 | 13.0 | 17.4 | 1972 | 16.4 | 31.6 | 1987 | 5.0 | 22.2 |
| 1958 | 4.8 | 1.6 | 1973 | 20.9 | 28.3 | 1988 | 6.8 | 9.4 |
| 1959 | 15.5 | 27.2 | 1974 | 18.4 | 14.4 | 1989 | 7.3 | 9.0 |
| 1960 | 19.1 | 13.9 | 1975 | 10.2 | 17.5 | 1990 | 7.7 | 7.1 |
| 1961 | 22.5 | 27.5 | 1976 | 12.4 | 14.1 | 1991 | 5.6 | 6.5 |
| 1962 | 9.1 | 17.0 | 1977 | 11.0 | 18.1 | 1992 | 2.2 | 10.9 |
| 1963 | 18.2 | 22.6 | 1978 | 9.9 | 18.7 | 1993 | 0.9 | 12.2 |
| 1964 | 15.9 | 20.8 | 1979 | 8.0 | 13.1 | 1994 | 0.4 | 4.6 |
| 1965 | 13.5 | 20.9 | 1980 | 8.9 | 8.0 | 1995 | 2.1 | 0.7 |
| 1966 | 17.6 | 25.1 | 1981 | 6.1 | 7.2 | 1996 | 2.8 | 1.9 |
| 1967 | 17.0 | 17.8 | 1982 | 5.0 | 4.1 | 1997 | 3.1 | 4.5 |

资料来源：林健久、今井勝人編『日本財政要覧』東京大学出版会、1994 年。
大蔵省編『財政金融統計月報》、1997 年。

财政投融资对民间金融机构的融资活动也具有一定的示范和诱导作用。据《经济白皮书》所载，50 时代中期向重点产业贷款时，已普遍实行协调融资方式，出现了城市银行追随政府开发银行向特定企业贷款的情况，二者所提供的融资大体保持 1∶1 的比例。之所以如此，是因为财投本身能准确地向民间展示政府的产业扶持重点，而政府支持的事业可给人以一种安全感，这种心理效果在具有浓厚“官强民弱”观念的日本是不难理解的。即使从经营者的角度来考虑，通过通产省和开发银行双重审查而获得财投资金的企业，对商业银行也是具有魅力的，因为它意味着政府方面已代行完成了极为烦琐的融资审查，从而节省了若干必不可少的费用。对企业来说，一旦获得政府融资，那将使自己在进一步争取商业银行贷款的交涉中处于有利地位，有些企业之所以“自豪地在本公司文件袋上印上‘日本开发银行客户’字样”①，无非是借以宣示自身的实力和可信度，进而通过这种广告效应，期待获得更多的民间贷款。池尾和人称财政投融资的这种作用为“引水”的作用，即“政府向特定产业或事业的投资活动诱导，引起民间金融机构向该领域投资的大量增加”。②

日本财政投融资的主要对象是随着国民经济的发展调整的，如果说50年代前期是以重点产业中的大企业为重点，那么50年代中期以后则变成了大企业与中小企业并重，其后则越来越把社会基础设施的改善置于重点。1953年，财政投融资设立之初，对基干产业的投资比例占到29.1%，而住宅、环境、道路三项之和只占到16.7%，中小企业占7.9%；到1980年，对基干产业的投融资比例已经减少到3.0%，而住宅、环境、道路之和却占到46.0%，中小企业占到18.7%，远远超过其他投融资对象所占比重。到1992年，财政投融资对住宅、环境、道路建设投资之和为56.9%，中小企业又占到15.0%，对基干产业的投融资比例仅保持在3.0%。

#### 4. 中曾根内阁的民营化改革

在高速增长阶段后期，日本政府仍然沿用传统的政府主导的经济调节方式。为了维持庞大的公共基础设施建设和经济景气，日本政府通过大举国债，加大财政投入，结果导致严重的财政危机。大平正芳内阁为了摆脱财政对国债的过分依赖，试图导入一般消费税，结果导致国民群起反对。1979年10月的总选举中，自民党议席大减。对于执政党来说，只有在不增税条件下，解决财政危机，才能确保政权稳定。为此，1970年代末，在全球性自由主义潮流下，日本政府推出了三公社民营化的改革政策。

---

① 橋本寿朗「高度経済成長期における日本政府・業界団体・企業：機械工業振興臨時措置法を事例として」、『社会科学研究』第45巻第4号、1994年。

② 岩田一政、深尾光洋編『財政投融資の経済分析』日本経済新聞社、1998年第一版、第43頁。

三公社民营化是实现所谓“不增税条件下解决财政危机”的最好办法。首先，国铁已成为日本政府财政的巨大负担。从1964年开始，国铁的经营赤字与日俱增。进入80年代，国铁每年亏损额达1兆日元以上。到1985年，总负债额为38兆日元。其次，三公社都是巨型企业，特别是国铁和电电公社，分别拥有20多万职工。企业的国有性质，一方面使经营者和劳动者缺乏危机意识，消极怠工；另一方面，由于政府和国会对其经营的直接干预，严重影响了企业的经营自主性。而对三公社进行民营化改革，将其推向市场，不仅可以堵住国铁巨额亏损的漏洞，而且可以通过股票上市一定程度上缓解财政危机，同时还可以获得税收收入。对于民间企业来说，通过民营化和规制缓和，可以开辟新的投资领域和发展契机。

为推动三公社民营化，日本政府设立了第二次临时行政调查会①（以下简称临调）。作为民营化的组织和推动机构，第二次临调经由国会成立。在临调设置法案中，附以“政府应尊重其报告”的条款。因此。临调与其他形式的200余个审议会明显区别开来，置于最高权威咨询机构的地位。

原经团联会长土光敏夫在就任第二临调会长时，为了避免像第一次临调空走过场的命运，提出了“报告必须得到实际执行；不能通过增税来实现财政重建；最大限度发挥民间活力，对特殊法人进行整理或民营化”等附加任职条件，并且得到了铃木善幸首相的承诺。中曾根继任首相之后，重申遵守上述政府承诺，从而保证了后来民营化改革等一系列改革的顺利推动和运行。日本政府之所以对其进行郑重承诺，源于80年代以后的现实压力，即民间企业界的活力无限、业绩骄人和国有企业的经营恶化、严重亏损，二者形成鲜明对比。加之日本政府迫于财政危机压力，其市场干预能力受到严重制约，财界主导日本社会的趋向更加明显。

① 1964年，日本曾组织第一次行政调查会。1981年组织的行政调查会被称为第二次行政调查会，简称临调。

1981 年 1 月，石川岛播磨重工的名誉会长真藤恒由民间企业入主日本电信电话公社，从一个侧面显示了民间企业的巨大影响力。

三公社民营化改革时，不仅有临调和后来的行政改革推进委员会，在自民党内部、国会、运输省、邮政省以及三公社内部，都各自设立了调查和研究组织，新闻媒体也给予了充分的关注。可以说，随着临调路线的深入，全国形成了一个推动改革前进的运作氛围。临调提出三公社民营化的基本报告以后，各党派虽然反映不一，但总体上形成了支持民营化改革的推进态势。

中曾根首相为了组织一个“实力内阁”和“工作内阁”，要求每位阁僚必须保证“认真推进行政、财政改革”和“遵守临调报告”，否则不予任命。中曾根将党内的实力派人物和下届政府首脑的候补者尽量安排在内阁和党的枢要位置，实现了政府和党的一体化推进机制。为保证改革的顺利推动，中曾根内阁几次调整运输大臣，而且将阻碍民营化的总裁以下 8 个理事全部解职，以此推动国铁再建监理委员会的工作。1982 年 12 月 7 日，内阁设立“国铁再建推进本部”，中曾根自任本部长。可以说，中曾根内阁是执行临调路线的内阁，在其执政期间，形成了财界与政界联合的基本格局，并切实地实现了三公社民营化。

在三公社民营化过程中，对于日本电信电话公社，经过 1985 年的民营化改革和 1999 年的 NTT 重组，虽然一定程度上实现了电信自由化和规制缓和，新型企业大量进入电信领域，但 NTT 组织垄断问题却一直未能取得实质上的进展，电信领域未能形成合理组织结构下的电信竞争格局。与此相反，按照临调和国铁再建监理委员会的建议，日本国有铁道实现了分割民营化。1987 年 4 月 1 日，JR 七公司宣告成立。长期以来困扰国铁发展的巨额亏损和工人运动问题，随着民营化而化解。在清算事业团继承主要债务的基础上，铁道领域逐渐形成了公平竞争的均衡局面。

对于民营化来说，政府既是民营化的推动主体，同时也是民营化改革的对象。对于政府来说，民营化本身并不是目的，而只是转变经济体制和调整经济结构的必要手段。民营化是一个通过政治经济博弈打破现存社会均衡格局，建立新型均衡的过程。现行制度本身是参与主体经过长期博弈而达成的均衡，它一经达成，便具有很强的稳定性，并形成一定的路径依赖。在民营化政策的制定和推动过程中，由于民营化的推进战略不同，其结果也可能大相径庭。作为积极推动三公社民营化的财界、政界来说，可以说基本上实现了各自的最初目标，即通过民营化改革，开放国家控制的垄断市场，消除工会运动威胁，解决政府财政危机。然而，从民营化的最终目的即提高社会总体效益角度讲，则三公社民营化未必实现了最优组合，即未能通过民营化真正建立起新的社会经济结构博弈均衡。

三公社民营化只是解决了一个改革起点的问题，而并没有从根本上调整日本的经济结构和政府干预经济的运作方式。日本政府本应继续全方位推动民营化改革，根本性调整政府与市场、政府与企业的关系，进而改革现存经济组织结构。但是，后来的日本政府却未能继续推动民营化改革进程。

### 5. 桥本龙太郎时期的行政变革

在 80 年代的自由主义改革运动中，按照临时行政调查会的行政改革路线，日本实现了日本国有铁道、日本电信电话公社和日本专卖公社的民营化。进入 90 年代以后，由于经济泡沫崩溃和日本政局动荡，日本政府疲于应对萧条不振的日本经济，一直难以提出行之有效的经济重振方案。严格说来，20 世纪 80 年代铃木、中曾根内阁时期已经揭开了第三次经济体制改革的序幕，其标志性成果是在经济自由化的国际大潮下推行了规制缓和和国有企业民营化。但是，平成景气的繁荣反而延滞了改革的进程，以致在进入 90 年代以后，日本政府必须同时面对经济重振和改革深化的两大课题。由于 1993 年宫泽内阁垮台后自民党长期执政的时代结束，政局不稳成为常态，甚至出现一年内政府三次更迭的现象，导致世纪之交的经济体制改革走走停停，经历了一个曲折的过程。

1991年11月，宫泽内阁成立，这是自民党单独执政的最后一个政权。面对经济急剧滑坡，自民党权钱交易丑闻屡屡曝光的两大棘手难题，宫泽内阁无暇顾及改革，而是把恢复景气作为政策重点，大幅度降低存款利率，大规模投入公共资金，推行扩张性财政政策。在党务运营方面，宫泽无力控制党内“造反”局面，自民党出现分裂并终因“内乱”失掉了政权。此后，日本政治进入大分化、大重组时期。1993年8月，细川护熙为首的党联合内阁成立后，“变革”的调门高昂，还曾一度提出了设立“国民福利税”方案，但方案刚一公布就遭到反对，被迫在“一天半后收回”①，结果改革雷声大雨点小，最后不了了之。

1994年6月羽田内阁短命而终后，社会党和自民党这对战后以来的“老冤家”结亲，组成了以社会党党首村山富市为首的新内阁。村山内阁的经济政策是试图在改革和恢复景气的二者间寻求平衡，然而1995年1月发生的阪神大地震完全打乱了既定计划，村山内阁成了“救灾内阁”。具有讽刺意味的是，一贯反对消费税的社会党竟在自己执政期间把现行的消费税率由3%提高到5%，党的“气节”受到了质疑。

1996年1月，桥本龙太郎出任首相，组成三党联合内阁。在施政演说中，桥本基于“从本国的经济近况看，个人消费和设备投资正在恢复，生产方面也出现好的征兆，经济的恢复开始呈现出摆脱缓慢的原地踏步状态的种种迹象”②的乐观判断，声称本届政府的使命就是“变革”与“创造”，为此要把20世纪最后的五年分成三个阶段，以一年时间实现经济的真正复苏，以三年时间推行经济结构改革，之后开始调整和完善21世纪型的社会经济基础。

1996年11月，自民党在战后首次实行的小选区制选举中获胜，桥本连任并第二次组阁。由于社会党退出联合政权，桥本觉得可以大干一场了。在桥本内阁提出的财政改革、金融改革、经济结构改革、社会保障改

① 金子貞吉『戦後日本経済の総点検』学文社、1996年、第296頁。

② 『読売新聞』1996年1月23日。

革、行政改革和教育改革等“六大改革”方案中，经济体制改革的内容占了四项。

与以往在部分领域渐进式推进的改革形成对照，桥本内阁的经济体制改革是激进式的一揽子改革。但是，这种休克疗法式的改革超出了社会的承受能力，遇到了包括自民党乃至桥本派内部等各种既得利益集团的强力抵抗，刚刚出现转机的经济也被一闷棍打了下去，加上东亚发生货币金融危机，经济状况再次急转直下。1997 年 11 月，桥本内阁在党内的压力下，暂时冻结财政改革计划，并极不情愿地推出紧急经济对策，扩大了公共投资并实行减税。由此，桥本内阁陷入推进改革和恢复景气两面作战的困境。

桥本内阁试图全面改革日本经济、政治体制，并提出了“六大改革”方案。1997 年 12 月，“行政改革会议”在其最终报告中指出，特殊法人等存在着经营责任不明确、事业运营的非效率性和非透明性、组织和业务的自我膨胀、经营自律性的欠缺等严重问题。从一定意义上说，桥本改革是中曾根时期行政改革路线的继续，虽然其改革最后以失败而告终，但是桥本改革时期确立的特殊法人改革路线却逐渐得以实施。2000 年 12 月 1 日，日本政府公布“行政改革大纲”，将特殊法人改革列为改革现行政府管理体制的首要任务。大纲提出，改革不能仅仅停留于特殊法人组织形式的变更，而要对特殊法人所经营的公共事业从根本性加以调整，在综合研究特殊法人所经营的各项具体公共事业的基础上，废除特殊法人或对其实行民营化。

1998 年 7 月，“好人”小渊惠三组阁。小渊内阁虽然原则上继承桥本政府的改革路线，但在处理不良债权等问题上采取了更加务实和稳健的措施。在景气对策上，为了制止经济下滑，完全放弃了桥本内阁制定的财政重建计划，接连抛出大规模减税和扩大财政投资措施，为刺激景气恢复而投入的公共资金创造了历届政府纪录。在强力的景气刺激政策下，连续两年负增长的日本经济出现了回升。

## 6. 小泉纯一郎时期的结构改革

经过森喜朗内阁整整一年的过渡后,"怪人"小泉纯一郎上台并立即刮起第二轮改革的旋风。2001 年 5 月 7 日,小泉在第 151 次国会上发表施政演说时宣称:"基于没有结构改革就没有日本的再生和发展的信念,通过推行经济、财政、行政、社会、政治领域的改革,断然推行可称为'新世纪维新'的改革。"他还表示,"没有结构改革就没有景气恢复",而"结构改革无禁区"。为此,他将以"不怕痛苦,不畏触及既得利益,不为老经验束缚"的"三不"精神领导改革。小泉承诺说,政府的经济政策将"由需求追加型向不良债权处理和资本市场结构改革"转变,在两三年内解决不良债权问题,最终"建立适应 21 世纪环境的竞争性经济体系"。此外,为推行财政结构改革,年度国债发行要控制在 30 万亿日元以内,同时抓紧邮政事业民营化研究,尽快提出改革方案。

6 月 26 日,小泉领导的内阁经济财政咨询会议发表《今后经济财政运营及经济社会结构改革的基本方针》,其中阐述的政策见解是:十年的经济停滞降低了日本经济社会原有的实力,悲观情绪正在蔓延。改变这种状况并开辟新的经济增长道路需依靠"知识和智慧"。"知识和智慧将通过技术革新和创造性的破坏,使人力和资本由效率低下部门向高效率、高社会需求的增长部门移动,从而带动经济增长。""为使资源的移动通过市场和竞争实现,必须消除抑制市场发展和增长的障碍。"只有通过这种痛苦的"创造性的破坏"过程,才能建立一个尊重市场规则和社会正义,与自然共生,且人人安居乐业,开放而对世界有魅力的社会,最终实现"新世纪维新"的目标。

这份文件把经济结构改革计划细化为七个方面。

第一,民营化与规制缓和。在"民间能做的尽量交给民间做"的原则下,彻底改变公共金融机构的职能,发挥民间金融机构的作用并扩大其收益机会,同时大力推进民营化,改造特殊法人,削减特殊法人的补助金,把竞争原理和民间经营管理方法引进医疗、护理、福利及教育等以往主要由公共部门承担的领域，探讨国营邮政事业及部分国立大学的民营化问题，进一步放宽电气、通讯和能源等领域的政府管制。

第二，支援挑战者计划。为发挥个人和企业的潜力，在制度层面上促进间接金融向直接金融供给方式的转变，通过税收等制度改革，使政策倾斜面由以往的支持储蓄转向支持股票投资，以期构建一个“韧性社会系统”。同时加强市场监督功能，保证市场在公平、公正和公开的原则下，按照自由竞争的原理运行。

第三，加强保险机能计划。在公共和个人共同分担的前提下，建立“简明易懂而又值得信赖的社会保障制度”，加强医疗管理水平，提高医疗质量。

第四，知识资产倍增计划。推进教育改革，以生命科学、信息技术、环境、超精密技术材料等四大领域为战略重点，推进人才大国和科学技术创造立国目标的实现。

第五，生活维新计划。建立尊重个性、男女共同参与、能够舒适地劳动和生活的社会基础，建设一个国民生活安全而又安心的社会。

第六，地方自立的活性化计划。本着“行政服务权限面对当地居民”的基本原则，中央政府将通过修改国库补助金制度和地方交付税制度提高地方行政和财政权限，同时要求地方政府承担起地区产业发展、国民生活及社会保障服务的责任。

第七，财政改革计划。建立简洁、高效的政府，严格控制国债发行，逐步实现财政收支平衡目标，在资源分配上将采取弹性的重点分配办法。由于国民对改革的支持以及小泉个人的风格和魄力，小泉内阁成为执政期长达五年半的长期政权，这也为小泉政府推行其改革计划提供了时间上的保证。从结果上评价，可以说小泉内阁是改革承诺兑现率较高的政府。

小泉纯一郎上台后，立刻提出了特殊法人民营化的口号。为了全面推进特殊法人改革，小泉内阁特设行政改革相，任命石原伸晃担任行政改革大臣，专门负责推进各特殊法人等改革问题。2001 年 7 月，国会通过《特殊法人等改革基本法》。该法规定，基于中央省厅改革的成果，为明确国家的基本责任，合理整理特殊法人，成立特殊法人等改革推进本部，对特殊法人进行集中整理。法律规定，自特殊法人等改革基本法施行之日起到 2006 年 3 月 31 日，为特殊法人集中改革期间。特殊法人改革推进本部必须在一年之内制定“特殊法人等合理化整理计划”，并提出相关特殊法人的废止、整理缩小或合理化、转变形态等实施意见，制定民营化或独立法人化等具体措施。鉴于目前特殊法人经营的各项事业所造成的国民负担和垄断地位，特殊法人改革推进本部认为，应该从事业目的和现实情况出发，综合考虑民间经营的可能性、各项事业对国民生活的影响程度和经营效益等，结合国内外社会、经济形势的变化情况，对特殊法人的组织形式、事业内容等进行根本性改革。在特殊法人合理化推进本部的会议上，小泉明确指示，特殊法人改革必须以民营化为前提。2001 年 12 月 19 日，日本政府通过《特殊法人等合理化整理计划》。计划要求根据经济形势，在全面考察的基础上，对各特殊法人的事业内容及组织形式分别进行规划。根据该计划，现存 163 个特殊法人及认可法人中，除 45 个共济行会外，118 个法人中，18 个废除，45 个实施民营化，38 个法人转变为独立法人。

在小泉执政的五年多时间里，国民支持率高达 80%以上，为日本内阁制度建立以来所仅见。小泉博得如此“人气”的一个重要原因，在于他善于迎合国民厌烦派阀政治的心理及“小政府”要求，摆出了一副“宁可搞垮自民党也要改革”的“国民改革家”姿态。小泉上台时，提出了“民间能办的事业交给民间”的原则，并承诺推行道路、邮政民营化改革。但是，由于各种利益集团的顽强抵抗，改革异常艰难，最终结果与最初的设想相比已大打折扣。

小泉在任期间，利用中央行政机构大改革的机会，急剧扩大了总理府的权力，同时挑选有关内阁成员组成经济财政咨询会议，这一组织是小泉执政期间经济改革和经济政策的最高决策机构，委员长由小泉亲自担任，实际负责人则是庆应大学教授、以民间人士身份入阁的竹中平藏。

为了推行邮政民营化改革，经济财政咨询会议先后举行了 20 余次学习研讨会，邀请许多专家学者就邮政民营化改革问题做专题报告，邮政改革的设想和计划也在此基础上形成了。2003 年 9 月，小泉在第 157 次国会施政演说中再次强调“民间能做的让给民间”的原则，宣称为了建立简洁、高效的政府，要把邮政事业、财政投融资和特殊法人的改革捆绑在一起，探讨新的改革方案，其中邮政事业要在 2005 年实现民营化。

2005 年 7 月 5 日，第 162 次国会众议院大会就小泉内阁提出的邮政民营化六法案进行表决，结果赞成 233 票，反对 228 票，法案以 5 票之差的微弱多数通过。自民党议员中，37 人投了反对票，14 人弃权。这一结果让小泉火冒三丈，于是发出狠话，在接下来的参议院表决中，如果自民党议员再出现类似情况，必将按照党的纪律严惩不贷。

8 月 8 日，参议院大会表决，结果赞成 108 票，反对 125 票，法案被否决。这次投票中，自民党议员 22 人投了反对票，8 人弃权。根据日本法律，法案只有在参、众两院都获得通过时方为有效，若出现众议院通过、参议院否决的情况，还可以举行第二次众议院表决，若法案以 2/3 票数通过，则以众议院的表决为准，通过法案。法律的又一条规定是，首相有权在认为必要时解散议会，重新举行全国大选。

法案被参议院否决后，小泉不顾部分内阁成员和党内的强烈反对意见，立即解散了众议院，他要通过重新选举，由国民决定是否应该进行邮政民营化改革。在接下来的第 44 次众议院议员选举中，“哀兵”小泉领导的自民党获得 296 席，在选举中大胜，加上合作的公明党等，执政党席位达到 327 席，超过了 2/3 所必要的 320 席。10 月 11 日，第 163 次特别国会众议院大会以 338 票赞成，138 票反对，超过 2/3 的绝对多数票通过法案。10 月 14 日，参议院也进行了与法案成立与否无关的表决，结果以 134∶100 通过法案。在众、参两院进行第二次表决时，绵贯民辅、亀井静香和平沼纠夫等自民党腕级政治家仍然投了反对票。事后，小泉为首的自民党对“造反”的本党议员进行了处分：绵贯民辅、亀井静香和野吕田芳成等 10 人被除名，平沼纠夫、堀内光雄和野田圣子等 27 人被劝退，三人党员资格被停止一年，14 人一年内不得在党内任职，高村正彦等 23 人被警告处分。依靠超高“民气”和大选后的执政优势，小泉内阁全力推动了特殊法人改革、道路公团改革和邮政民营化改革。

## 二、电信产业的经营转型与治理变革

1980 年以后，电信产业迎来大发展时代。电信产业作为信息产业的前沿领域和重要支撑，首先迎来了产业格局的大调整和产业规制的大变革。从电信产业发展和管理模式变化角度看，日本电信产业治理经历了三个时期。1985 年以前为电信事业时期，即电信领域作为政府和公共事业而存在，不允许私人从事电信服务。1985 年，日本修改电信产业相关法律，实行电信电话公社民营化和通信自由化改革，引入竞争机制。此后大量新兴企业进入电信领域，从前的电信事业开始转变为电信产业。

### 1. 电信事业的管理模式与政府规制

明治初期，日本政府投资兴建电报事业，后来又继续兴建电话事业，这些业务一直由政府直接负责运营和管理。对于电报电话事业经营方式问题，日本国内一直存在着国营论和民营论的争论。在电信初创的明治时代，围绕国营与民营等问题，工部省与太政官、大藏大臣间存在严重分歧。在产业界，以涩沢荣一、益田孝、大仓喜八郎等大财阀为代表的企业人士积极宣传电话民营方案。但是，西南战争以后，随着日本政府的财政好转和电报重要性的充分认识，日本政府决定坚持国营，民营和国营的长期争论随之结束。1889 年，日本颁布《电信电话线私设条规》，最终确立了电信国营方针。但是，为了适应旺盛的民间电话发展需要，克服电信事业发展中存在的资金不足等问题，日本政府在坚持国营形式的前提下，开始大量吸收民间资本进入。1910—1914 年，民间资本占 30%，1925—1929 年，民间资本占到 60%。

1948 年 9 月，按照盟军总司令部的意思，日本政府决定对递信省的电信和邮政实行业务分割。1949 年 6 月 1 日，电信省和邮政省分别宣告成立。电信省和邮政省虽然成为形式上的两个部级机构，但主管大臣却一直是身兼二任。1949 年 7 月 12 日，作为总理大臣的咨询机关，日本政府成立了“电信电话复兴审议会”。专门审议电信电话事业的经营形式问题。1950 年 3 月 31 日，审议会向总理大臣提交了“关于电信电话恢复、复兴及改善的电信电话复兴审议会的报告”，认为“日本电信电话事业自创始以来，一直为国家经营。由此，必然伴随导致来自官僚机构的各种制约，其经营活动常常缺乏效率，其发展总是要落后于社会需求”。①

按照电信电话复兴审议会的报告精神，4 月 23 日，日本众议院做出了《关于向国有企业转变的决议》：“电信事业虽然具有高度公共性的一面，但其本质最终仍然属于企业”；“本事业依然采取国营形式，必然导致其结果。在企业经营的会计核算及人事管理等方面，一直原则上采用一般行政机关的管理规则，致使企业的经营活力受到巨大制约，从而对事业健康发展造成诸多障碍。”②

1951 年 8 月 14 日，日本政府政令咨询委员会提出了《关于行政制度改革的报告》。报告认为：“在国营及公营事业中，电信事业以将来向民营转换为前提，可以暂时采取国有企业形式。”③基于此，1952 年，日本内阁制定了日本电信电话公社法案及施行法案、国际电信电话股份公司法案等基础方案。7 月 31 日，法案经过众、参两院的修改和协调，最后获得通过。8 月 1 日，日本电信电话公社宣告成立。行政性电信事业完成了向公共企业性电信企业的转变。自此，电信领域打破了一直由政府直接控制的管理模式，实行政企分开。

日本电信电话公社法体现了公共性与企业性的统一。与公众电信事业法一样，该法第一条直接阐明了设立公社的目的：即“通过确立合理且有效率的公众电信事业经营体制，促进公众电信设备的整备及扩充，

① 日本电信电话公社『電信電話事業史』第一卷、1959 年、第 239—241 頁。
② 1950 年 4 月 23 日『衆議院議事録』。
③ 日本电信电话公社『電信電話事業史』第一卷、1959 年、第 243—244 页。

确保电信为国民提供便利，以增进公共福利为目的，特此设立日本电信电话公社”。关于如何通过日本电信电话公社实现“增进公共福利”的目的，法律从三个途径进行了具体阐述，即确立合理且有效率的公众电信事业经营体制，整备和扩充公众电信设备，确保国民便利。这里将“合理且有效率的公众电信事业经营体制”放在了首要位置，其本意在于强调建立电信电话公社的首要目的在于发挥公社的企业性。自日本建立电信事业以来，政府一直对电信事业实行直接管理，其管理体制和运行机制也都是按照行政管理机构设置的。其间虽然民营化改革的呼声不绝于耳，但始终未能提升到政府的议事日程。战后，经过长期的调查研究和论证，最后还是选择了公社模式，试图通过提高企业的自主性和机动性来提高电信事业经营效益，从根本上解决原来政府直接经营管理的弊端，从而最终保证公共性的落实。因此，公社法具有明显的追求企业经营效益的特征。

日本电信电话公社法直接规定了公社的各项业务规则。“公社从事公众电信业务及其附带业务和其他为实现第一条规定的目的的必要业务。”作为电电公社的主业，即公众电信法所规定的公众电信业务，包括电报、电话、专用电话、公共电话和传真等各种通信服务业务。而其附带业务，包括天气预报服务和报时等服务内容。所谓“为实现第一条规定的目的的必要业务”，主要指在经营主业过程中，充分利用自身积蓄的技术力量而开发的业务，比如接受电信设备制造商的委托，出售电话机等通信器材的业务等。

此外，在不影响主业顺利开展的同时，还可以接受邮政大臣的委托业务及其他委托业务，主要包括电信设备的设置和保存，电信用机械、器具及其他物品的采购、保管、修理、加工及检查，电信技术相关的实用性研究和基础研究，电信业务从业者的培训等。在此需要说明的是，电电公社本身没有电信设备制造权，其开发的研究成果只能通过民间通信器材厂商生产，然后再由电信电话公社进行采购。因此，在电电公社的周围，逐渐形成了庞大的“电电家族集团”。电电公社成立以后，在其主营业务之外，按照日本政府及法律规定，电电公社开始不断扩展其投资空间，先后对通信广播卫星机构、日本船舶通信股份公司、日本汽车电话服务股份公司和新日本汽车电话服务股份公司等多家公司进行投资。

日本电信电话公社法明确规定了公社的运转模式和管理人员的产生办法以及权利和义务。电电公社法通过第二章经营委员会和第三章干部与职员的规定，直接体现了电电公社作为公有企业的本质特征。“经营委员会是决定公社业务运营等重要事项的机关”，其重要事项包括预算、决算、事业计划、资金计划、资金借贷、债券发行以及经营委员会认为必要的事项。经营委员会由5人委员和2人特别委员组成。关于委员的选任，必须在获得众、参两院同意的基础上，由内阁予以任命。任期4年，可以连任。其中特别委员由公社总裁和副总裁担任。

公社设总裁、副总裁各1人，理事5—10人，监事2人。总裁和副总裁在经营委员会同意的基础上，由内阁任命，任期4年，可以再任。理事由总裁任命，任期2年，可以再任。监事由经营委员会任命，任期3年，可以再任。监事负责监督公社业务，并将监察结果报告经营委员会。电电公社法规定，经营委员会委员实行无薪酬工作制，对于差旅费和业务执行的相关费用实行实报实销。经营委员会委员一定程度上具有名誉职位的特点，因而能够担任此职的一般为功成名就的企业界人士、刚刚退职的官僚或有政府关系的知识阶层。一方面经营委员负责企业的重大决策权，其一举一动可能深刻影响企业的直接经济效益；另一方面经营委员实行“无薪工作制”，企业经营效益好坏与委员个人没有任何直接联系，因而难以形成合理的责任机制和激励机制。

依据法律，经营委员的任免必须获得两院同意，并由内阁任命。公社的主要事务和权限的国会或内阁决定制，使经营委员会也难以自主发挥企业的最高决策权。在编制预算草案、资金计划时，经营委员会在考虑公社自身发展的同时，不得不像其他政治家一样，必须分析各种政治因素和国会通过的可能性、现实性，从而使公社运营过多地掺入了非经济因素。庞大的“电电公社家族”的选票优势，也极大刺激了政治家们介入电信事业的欲望。电电公社往往成为各派政治势力激烈角逐的战场，进而也严重影响了公社企业性的发挥。

在日本电信电话公社法体制下，电电公社的财务也受到政府的严格约束。电电公社作为政府全额出资的国有企业，“政府认为必要时，在预算规定的金额范围内，可以向公社追加投资”。1952年公社成立时，经过核算，资本金为182.37亿日元。到1985年3月，当其作为公有企业而将结束生命时，其资本金合计仅为188.47亿日元。32年间，虽然电信事业取得了巨大发展，电电公社也成为日本最大的企业之一，但其资产增值仅为6.1亿日元。即使这6.1亿日元，实际上也是伴随着冲绳归还本土而继承的原琉球电信电话公社的资产。也就是说，在32年中，政府从未进行过一次再投资。

关于公社的预算，主要包括预算总则、收入支出预算、继续费及债务负担行为等。在公社法第四十条中，明确规定了预算的弹性：“在公社的预算中，为使该事业能够进行企业化经营，赋予其具有必要弹性，以适应迅速增加的需求、经济形势变动及其他不能预测事态。”电电公社具有适应环境变化调整经营活动的弹性规定，构成电电公社作为公有企业的最大特色。但是，现实经营过程中，由于预算弹性条款被置于严格制约之下，因而只能保持在一个名义上的层次。

对于预算的编制，法律规定，首先由电电公社编制每事业年度的预算草案，并添附该事业年度的事业计划、资金计划及其他预算参考资料，一并呈交邮政大臣。邮政大臣在接到公社的预算草案后，必须与大藏大臣协商，并进行必要的调整，其后必须经由内阁讨论决定。经过内阁决定的公社预算案与国家的整体预算案最终一起提交国会讨论。经过国会讨论通过的预算，再经由内阁通知电电公社。未接到预算通过通知，电电公社不得实施该预算。由于上述程序的严格规定，预算的弹性最后也变得毫无弹性了。

此外，对于公社的长期贷款、短期贷款以及电电公社的债券额度，必须以预算形式经国会审议决定。在现金的使用过程中，电电公社必须将业务相关的现金寄存在国库。第五十三条还严格限制电电公社通过自己的裁量挪用预算资金,不得在预算规定目的以外使用预算资金。在其“但书”中,虽然规定在预算实施上必要且适当情况下,可以不受业务划分的限制,转作他用,但必须得到邮政大臣的认可。

关于公社职员的工资支付,公社法规定,由公社制定相关工资准则。第三十条规定“职员的薪金,应符合其职务内容和责任,且必须考虑职员所发挥的效能”。与此同时,“还必须考虑国家公务员及民间事业从业者的薪酬及其他情况”。基于此工资准则,公社实行工资总额制,即每个事业年度的工资支出不得超过国会议决的该年度预算规定的工资总额。但是,在经济形势变动及其他不可预测的情况下,在特别必要时,经过邮政大臣认可,在国会议决金额的范围内,可以临时支付工资。虽然法律规定在效率提高或经费节减时可以支付特别薪金,但是根据预算规定,必须经邮政大臣认可。工资总额制的规定,不但使电电公社的管理层基本丧失了自主决策能力,同时也严重削弱了工人的劳动积极性。

2. 电信民营化改革

日本电信电话公社作为超大型国有企业,其经营活动长期受到来自政府、国会等方面的干涉和制约。在日本式民主选举体制下,政治家一般利用手中的权力,积极维护自身利益集团的利益,以保证自己未来的选票数量。电电公社拥有职工 30 万人,再加上众多的关联企业,形成了一个庞大的利益集团“电电家族”。从 1953—1976 年间,电电公社建设投资达 13.6 万亿日元,从事通信器材、电线和建筑工程等的大型企业成为电电公社的主要供货厂商。仅从日本电力、富士通、冲电力工业、日立制造所采购的电信器材就占到 60%左右。因此有所谓“电电公社打个喷嚏,通信器材厂家就感冒”的说法。

如同日本各省厅官员退休前后到相关企业就职的“干部派遣”制一样,电电公社的许多干部在退休前被分配到相关企业中去担当主要负责人,从而进一步增强了电电家族在企业界乃至政治界的巨大影响力。根据井上照幸对约1700家上市企业的《有价证券报告书》的统计，由电电公社出身，后到其他相关企业任职的，其中49家上市企业中共计152人。这些人的转职去向大体分为通信器材企业、电线企业和建设工程企业。这些企业所承揽的电电公社的工程往往超过自身的承受能力，然后他们通过分包形式再下包给其下级企业。除此之外，还有大量负责人向非上市企业的派遣，如日比谷综合设备21名负责人中10人，新兴通信建设18名负责人中的12人，都是电电公社出身。[①] 日本电信事业的规制体制决定了电电公社自身难以根本转型的经营模式。

作为公有企业，公社的经营当局可以凭借维护公共性等理由，依靠公有企业的特殊地位，通过发放强制性债券、贷款、收取初装费等形式，无限制地筹集巨额资金，而无须过多考虑负债和经营效益问题。另一方面，预算、决算、事业计划和资金借贷等的政府和国会议决制，使经营当局本身缺乏必要的经营自治权，经营者不得不倾加更多的注意力于国家的政治运营，致使公社利益与许多非经营因素紧密联系，进而影响企业的正常运营和效益提高。对于公社及电电家族的相关利益集团来说，无限制的扩大企业规模、增加订单、加大采购，可以不断增强自身的说话权，扩大电电家族的影响，同时还会为经营者自己的未来走向奠定基础。因此，在日本电信电话公社法所规定的“增进公共福利”目的掩盖下，电电公社最后只能演变成为维护电电公社干部及其相关利益集团利益的工具。

但是，民营经济的迅猛发展和国际竞争力的增强，客观要求电信产业进行民营化改革和通信自由化。经过20世纪50、60年代的高速增长及70年代的经济转型之后，日本一跃成为世界第二经济大国。80年代，日本企业在钢铁、汽车、造船、精密仪器和电子产品方面异军突起，成为世界制造业的重要生产基地和出口基地。与欧美等国经济发展缓慢的不景气形成鲜明对照。一时间，日本式经营模式、日本式生产方式等成

---

① 井上照幸『電電民営化過程の研究』エルコ出版、2000年、第306頁。

为世界流行语。日本企业在大力开拓国际市场的同时，日本产业界对国内政治、经济政策的影响力也日益提升。积聚了雄厚经济实力的日本大企业集团积极探寻新的经济增长点和生存空间，而电子计算机和通信技术的飞速发展为人们展示了广阔的发展空间。因此，打破电信产业传统的垄断体制，实现通信自由化，引入竞争机制，成为日本产业界进入信息通信产业的必然要求。

1968 年，电电公社开始提供数据通信服务，但经营赤字较大，而且与民间企业形成了激励竞争的市场格局。通信技术和计算机技术的迅速发展，为通信自由化和电电公社民营化改革创造了客观技术条件。随着电脑技术和通信事业的发展，电信附加值业务（VAN）等数据通信业务激增，经济界强烈要求 NTT 开发通信网络，实行通信自由化。原 KDDI 常务木下龙一说："电电公社民营化的提出，最初是从开放通信线路开始的"，"根据当时的有线电气通信法，不允许向电电公社以外的人提供电信线路，从而保证了电电公社的垄断权。及至发展到电脑通信时代，这种人为设置的障碍成为众矢之的，如国有铁道的通信网和电电公社的电话网不能相互接入。"

1982 年 11 月，中曾根就任首相以后，基本继承了铃木内阁时期的行政改革路线，坚决贯彻执行"临调基本报告"。中曾根认为，必须组织一个"工作内阁"，以保证政府整体改革推动的步调和力量。在组阁时，中曾根要求每一个阁僚候选人必须事先承诺全面协助行政改革，否则不予任命。与此同时，他将党内的实力派人物尽量安排在内阁的枢要位置。在其执政的 5 年时间里，竹下登、安倍晋太郎和后藤田正晴等一直被委以重任。中曾根内阁通过稳定的阁僚体制，确保了政府和党内步伐的一致性。1983 年 5 月，议会通过《临时行政改革推进审议会设置法案》。7 月 4 日，作为临调的后继组织，成立了临时行政改革推进审议会，由土光敏夫担任会长。9 月 20 日，议会又通过《设置行政财政改革特别委员会法》，开始具体落实改革事宜。

为使行政改革得以顺利进行，中曾根采取了全方位推动战略，并积极利用新闻媒体等宣传和鼓动作用。首先,在内阁设立临时行政调查会、临时行政改革推进审议会和行政改革推进委员会等直接推动机构,并聘请经济界、知识界、新闻界和劳动界等多方面人士参与,借以调动各方面的影响力量,并削弱反对者的声音。在自民党内部、国会、运输省以及公社内部,也相应成立了各自的调查和研究机构,积极探索三公社经营合理化和改革方案。为了鼓舞士气和制造声势,每次临调等会议后,都召开相应的新闻发布会,加以宣传报道。在此次改革中,中曾根首相深刻体察了国民希望改革三公社等国有企业的强烈愿望,并充分利用了新闻媒体对顺利推动改革的积极作用。此外,以庆应大学教授加藤宽等为首的学者、专家和新闻人物,组成了一个由民间人士发起的改革推进组织,积极探索民营化改革方案,并形成了强大的社会推动力量。

在电电公社内部,以真藤恒总裁为首的经营者阶层和工会,对电电公社的经营状况充满危机感,因而具有强烈的改革热情。他们一方面密切配合临调的各项工作,一方面自己着手研究具体的电电公社改革方案。1982 年 2 月,电电公社整理出三套改革方案:即现行公社改善方案、特殊公司化方案与民营公司化方案。三方案的共同之点是尽量避免采取像美国 ATT 改革那样的企业分割方式。从本质上看,不管是保持原来的公社形态不变,还是整体采用特殊公司形式或民营化形式,无论如何,不必改变《公众电气通信法》的基本内容,其真实用意在于排斥通信领域引入竞争机制。

作为电电公社的工会组织,全电通一直积极倡导电电公社改革。1980 年,在山口大会上,全电通提出了关于电电改革的六点意见:即将电电变成共同出资的民主的特殊公司、确立企业的经营自主权、放松政府制约、确立公平竞争条件、保障基本劳动权特别是罢工权、确保电信事业的公共性。但是,全电通反对民营化方案,更强烈反对对电电公社实施分割。从临调方案的制定,直到最后改革进入立法阶段,公社当局和全电通之间一直保持与高层的频繁接触。

1983 年 8 月,经过与邮政省、电电公社的协商,桥本龙太郎"行财政"

调查会会长提出了11条改革方案，被称为“桥本私案”，交由自民党内部协商。在公社民营化和引入竞争机制方面，桥本方案与临调报告基本一致，其最大区别是没有明确提出电电公社分割，而以十年后“再议”来加以变通。在桥本方案获得执政党内部通过以后，邮政省开始着手制定相关民营化改革方案。邮政省的民营化方案与临调基本报告方案的主要区别表现在：首先，临调主张5年以内分割电电公社，而邮政省则未提分割事宜，而是将电电公社作为一个公司，实行民营化。但是，在法案的附则中，规定5年以后根据公司的运行情况将重新研究经营方式问题。其次，临调主张在基础线路领域引入市场竞争机制，而邮政省则坚持整个电信事业引入市场竞争，实现全面的通信自由化。①

3. NTT法体制下的电信产业规制

1985年4月1日，日本电信电话公社正式改组为日本电信电话股份公司，简称NTT。NTT的成立，虽然结束了长达100年的民营化争论，但民营化的真正实现并没有随着法律颁布和公司成立而宣告结束。在后来NTT的发展变化过程中，围绕NTT的组织形式和完全民营化问题一直争论不休。应该说，1985年电电公社民营化改革，虽然结束了一个国有化的时代，但却未能建立起稳定的产业组织结构和合理的电信产业规制体系，而电信领域技术革新的迅猛发展和产业规模的急剧扩大，也注定了民营化时期电信产业规制体系的过渡性特点。

1985年4月1日实施的日本电信电话股份公司法，由23条正文和12条附则组成，且未进行分章规定，其篇幅也远小于原来的日本电信电话公社法。从整体内容来看，一定程度上反映了民营化和通信自由化的时代特点。其后，随着日本通信自由化和规制缓和的推动，NTT法经过多次修改，其规制体系和具体内容发生了很大变动。在此，仅以1984年

---

① 情報通信総合研究所编『通信自由化10年の歩みと展望』信息通信综合研究所出版、1996年、第42頁。

民营化改革时的法律蓝本为中心进行探讨。

从法理角度讲,作为拥有全日本基础电信网络和雄厚技术力量的日本最大电信运营商,一方面,作为普通公司,NTT 必须接受商法、电信法等法律调整,自由参与电信市场竞争;另一方面,作为特殊公司,还必须接受 NTT 法的调整,履行 NTT 法所赋予的普遍服务、价格、事业计划和技术等方面的特殊规制,并单独承担一定程度的公共性服务职能。

第一,NTT 法第二条规定了公司的责任和义务。NTT 在经营法律规定的业务时,"必须时刻考虑经营活动的合理性和效率性,通过以适当条件向国民公平提供不可欠缺的电话服务,来确保实现该服务在日本全国普遍且稳定供给,与此同时,鉴于电信在今后社会经济发展中所应该发挥的重要作用,应该通过推进电信技术相关的实用化研究和基础研究以及成果普及,致力于日本电信的创造性发展,以资增进公共福祉"。

与民营化前的公社法相比较,NTT 法虽然规制理念不尽相同,但在关于努力实现经营的合理性和效率性、确保提供普遍公平的电信服务、增加公共福利方面,却是基本一致的。另外,NTT 法体现了电信技术发展的时代要求,消除了原来关于"促进公众电信设备整备和扩充,确保电信为国民提供便利"的条款,而代之以"推进电信技术相关的实用化研究和基础研究以及成果普及",并着眼于电信事业在未来发展中的重要作用,试图通过日本电信事业的创造性进步,推动日本社会经济的整体发展。基于此,日本电信电话股份公司投入巨资的研究开发成果,必须无偿向社会公开。

通过第二条关于责任和义务的规定可以看出,虽然公社制废除后,NTT 实行了公司制管理,但绝对不能把 NTT 理解为一个普通的股份公司。与此相反,NTT 主要是作为一个特殊公司,其更大层面上承担着促进日本电信事业发展和社会进步的重要责任和义务。这不仅体现在 NTT 法关于基本责任和义务的规定上,而且体现在对 NTT 具体的事业内容和财务等规制上。

第二,民营化后的 NTT 和其他股份公司一样,可以公开发行公司股票。公司股票必须采取记名形式，政府、地方公共团体、日本国民或日本国法人都可以持有股票。但 NTT 法同时规定，“政府平时必须保有公司发行股票总数的三分之一以上的股票”，“公司职员、股东或执行业务官员的半数以上、资本或出资半数以上、或议决权超过半数的外国人或外国法人”不能持股。公司在发行新股、可转换公司债券或附新股认购权的公司债券时，必须获得邮政大臣的认可。在处分政府持有的公司股票时，必须以预算形式向国会提出，在国会通过的限度范围内进行。

第三，NTT 作为民营化后的特殊公司，它直接继承了原来公社时期遗留下来的全部电信线路和设备，因此，在其完全实现民营化之前，必然要承受一定意义上的法定义务和责任。由于 NTT 在日本电信领域的绝对优势和特定法律地位，它在受到各种规制的同时，也同样享受了一定程度的特殊保护。在公社时期，每次发行债券必须经过邮政大臣认可，其发行额度必须以预算形式经国会批准。民营化以后，NTT 作为股份公司，可以根据董事会决定，通过发行债券等形式筹集经营资金，而且无须经邮政大臣批准。此外，与其他普通法人相比，NTT 发行额度可以超越商法（明治三十二年法律第 48 号）第 297 条的规定限制（以资本金和资本准备金合计额或纯资产额为限）。NTT 法规定，债券发行限度“依据资本和准备金总额或依据最终借贷对照表，但不得超过公司现存纯资产额中最小额的四倍”。借此，NTT 可以获得其他民间公司所无法得到的发展资金。当然，NTT 在享受资本运作方面宽松待遇的同时，政府取消了原来对公社债券、债务的担保以及在财政投融资、借入政府资金及暂时使用国库资金等方面的保护措施。

相对于原来的日本电信电话公社法，NTT 法反映了民营化与规制缓和的基本精神，对 NTT 事业规制较为宽松，明显减少了来自国会、政府（邮政省或大藏省）干预力度。在公社法的相关规定中，有 16 处涉及国会权力，29 处涉及邮政大臣权力，8 处涉及大藏大臣权力。而 NTT 法则只有 1 处涉及国会权力，18 处涉及邮政大臣权力，3 处涉及大藏大臣权力。但是，从整体内容上看，邮政省的权力有所增强，许多原来属于国会的权力改由邮政省行使。

第四，NTT 法继续延续了公社时期经营国内业务的限制模式。NTT 法第一条规定："日本电信电话股份公司（以下称公司）是以经营国内电信事业为目的的股份公司"；"公司经营前款业务外，可以经营与此附带业务及经邮政大臣认可的其他为实现公司目的所必需的业务。"与此同时，《国际电信电话股份公司法》规定："国际电信电话股份公司是以经营国际公众电信电话业务为目的的股份公司。"与民营化前的经营模式相同，依旧实行国内、国际相分离的经营格局。

然而，与 NTT 法同时颁布的《电信事业法》，作为规范整个电信产业结构和企业行为的基本法，其中既没有国际、国内的业务划分，也没有地域、固定、移动、卫星和国际等业务的分离标准。作为民营化和规制缓和产物而同时颁布施行的电信事业法和日本电信电话股份公司法，其规制体系之所以存在如此差异，表明立法者有意限制 NTT 经营业务的扩展，借以实现电信产业细分化的发展格局。在日本邮政省的实际执行过程中，为了培育新兴的电信运营商进入电信市场，促进市场竞争机制的建立，邮政省事实上执行了市场细分化的准入规制。但是，这种国内、国际电信市场人为分割的体制，不仅背离了通信自由化的基本理念，也不符合提供国际、国内无缝通信服务的客观发展需要，而且严重阻碍了日本电信产业的全面发展。

第五，相对于原来的公社法，国会和政府对 NTT 的规制程度虽然有所缓和，但仍保持了一定的干预空间。邮政省作为主管省厅，不仅仅行使事后性的监督权，而且拥有事前性的人事任免决定权。对于 NTT 的组织形式，NTT 法未做详细约束，因此，应该参照商法相关规定执行。与公社法设立第二章经营委员会、第三章干部与职员的规制模式相比，在 NTT 法体制下，NTT 拥有较大经营管理自主权。但是，第九条规定"公司董事及监事的选任及解任的决议，不经邮政大臣的认可，不能发生效力"，从而确立了邮政大臣对 NTT 人事的最终决定权。此外，NTT 法还明确规定"公司由邮政大臣按照该法律规定进行监督。邮政大臣认为存在法律实施的必要时，可以对公司下达业务相关的监督命令”（第十五条）。“邮政大臣为实施该法律，在必要限度内，可以要求公司提供业务相关报告”（第十六条）。为进一步加强对NTT的监察监督，NTT法还设立了监事条款：“公司监事必须在三人以上。邮政大臣认为实施该法律必要时，可以指名监事，使其监察特定事项，并呈报监察结果。监察官基于监察结果，认为必要时，可以向邮政大臣提出建议。”（参见表3－6）

**表3－6　民营化前后邮政大臣权力事项的变化表**

| 时代 | 电电公社时代 | NTT时代（1998年前） |
| --- | --- | --- |
| 事业计划 | 国会决定预算 | 邮政大臣事业计划认可 |
| 价格与财务 | 价格法定 | 邮政大臣认可主要价格 |
| 人事 | 总裁、副总裁由内阁任命；经营委员需国会同意，内阁任命；理事由总裁任命，监事由经营委员会任命 | 邮政大臣认可董事、监事的选任、解任 |
| 投资 | 法律范围内邮政大臣认可 | 无 |
| 股票 | 无 | 邮政大臣认可新股发行、重要财产处分、利益处分、法定条款变更、合并解散的决议 |

在业务规制方面，NTT法基于规制缓和的基本理念，在一定程度上放松了对公司经营活动的约束。在NTT法中，除了第五条规定在处分公司股份时，必须以预算形式由国会决定外，其他地方没有出现国会的字样，从而摆脱了企业经营的国会多数决定制。对于邮政省对NTT经营活动的管理权限，NTT法规定，对于NTT公司条款的变更、利益处分、合并及解散等决议，必须经过邮政大臣的认可。公司在让渡电信干线及准干线性重要电信设备或提供担保时，必须获得邮政大臣的认可。在每个营业年度开始之前，NTT必须确定该营业年度的事业计划，并报邮政大臣的认可。在营业年度结束三个月以内，必须向邮政大臣提出该营业年度的借贷对照表、损益计划书及其营业报告书。但是，对于NTT向邮政大臣提交的事业计划内容和形式，法律没有明确规定。只是在

NTT 法施行规则第八条中，要求同时添加收支计划书和资金计划书。因此，邮政省在审查添附资料时，具有很大的行政裁量空间。

除此之外，第十七条规定，对涉及股票发行、公司条款变更、利益处分、合并及解散等决议、事业计划、干线及设备让渡等经营活动的认可，邮政大臣必须与大藏大臣协商。但法律没有规定协商原则和方式以及协商不成的处理等内容。由于日本实行议会内阁制政体，各大臣直接对内阁总理负责，因此大臣之间协商制的实质意义是内阁决定制。（参见表 3－7）

**表 3－7　电信事业法与 NTT 法的规制情况**

| 类型 | 第一种电信企业 | | 第二种电信企业 | | 法律 |
|---|---|---|---|---|---|
| | NTT | NCC① | 特别第二种 | 一般第二种 | |
| 人事 | 认可 | — | — | — | NTT 法 |
| 事业计划 | 认可 | — | — | — | |
| 研究开发 | 义务 | — | — | — | |
| 普遍服务 | 义务 | — | — | — | |
| 进入 | 许可 | 许可 | 登记 | 申报 | 电信法 |
| 退出 | 许可 | 许可 | 申报 | 申报 | |
| 价格 | 认可 | 认可 | 申报 | — | |

伴随着 NTT 的成立和电信自由化的推动，1985 年 4 月 1 日，NTT、KDD② 开始作为第一种电信企业运转。自电信事业出现以来的国家电信垄断格局被打破，日本电信市场开始进入全面竞争的新时代。1985 年民营化之初，在第一种电信企业领域，只有 NTT 和 KDD 两家，而一般第二种电信企业也仅有 83 家，共计 85 家。此后，在长途、国际、移动、卫

① 1985 年，日本通信自由化以后新成立的第一种电信企业称为 New Common Carrier，简称 NCC。

② KDD 是国际电信电话股份公司的简称。1952 年日本电信电话公社成立后，剥离国际电信业务，1953 年专门成立国际电信电话股份公司。2000 年，经过兼并重组，变为现在的 KDDI。

星、市话以及各种电信增值服务方面，大量的新兴电信企业进入通信领域，电信市场不断扩大，电信服务方式日益多样化，电信服务价格也不断下降。到1997年，日本电信市场初步形成了政府管理下的细分化市场竞争格局。

对于NTT来说，一方面，由于民营化和通信自由化的实行，NTT获得了一定程度的经营自主权，可以自由进行电信服务领域的投资，而且摆脱了工资总额制的束缚。但是，现行的电信事业法和NTT法对NTT实行非对称性规制，NTT必须承担普遍服务、电信技术基础研究、实用研究及开发普及等义务。另一方面，NTT经营国内电信业务的法定性规定，严格限制了NTT作为大企业集团发挥技术和资源等综合优势，提供无缝服务的可能性。作为主管省厅的邮政省，为顺利贯彻推进通信自由化政策，致力于建立公正的市场竞争秩序，在积极鼓励新兴企业进入电信市场的同时，在价格等方面给予了一定的政策保护，以保证新进入电信企业可以开展与NTT的有效竞争。

电电公社时代，公社按照营业、利用、建设、维护、服务等职能进行组织划分，从本部到各地的电信局、电信部也组成相应组织形式，业务运营按照职能系列，由上到下进行传达，形成了职能型管理模式。公社总部下设11个电信局，再下基本以县为单位设立49个电信部，然后下设电话局，约计1300个，再加上冲绳县和都市管理部等下设的管辖局，共计1700个。电电公社的经营体制具有一定程度上的准行政特点，在当时电话安装供不应求的客观情况下，该组织模式有利于集中力量统一配置资源，迅速解决电话安装延误问题，但是这种组织形式不利于开展多样化信息通信服务。

1985年4月1日，随着电电公社变成NTT，其内部组织结构也进行了相应调整。11月29日，NTT引入事业部制，在社长之下设立事业本部和事业部。1991年，根据高度通信服务发展要求，进一步调整事业部结构，并增设电报事业本部、打包通信事业本部、图像通信事业本部、移动通信事业本部。1988年7月，分离数据业务，组成NTT数据。1992

年，调整事业部制，实施长途、市话彻底分离的组织改革。7 月，成立 NTT 移动通信网股份公司，将汽车电话、手机、船舶电话、飞机公众电话及无线传呼业务划归 NTT 移动。1993 年，为了保证及时开发和提供各种服务，以原来的高度网络化推进本部为中心，将硬件、软件开发、改良、维持管理等及客户开发系统、设备投资等进行合并，设立生产服务本部，与原来的营业本部、法人营业本部、研究开发本部一起构成四本部经营体制。1995 年，适应高度信息化社会发展的需要，增设多媒体推进本部。

在地方公司与总部的关系上，民营化以后，首先，在总社之下按照地域设立 11 个总支社，实行地域事业部责任制，其下基本以县为单位，设立 69 个支社(其中大城市设立个数较多)。1989 年 4 月 1 日，继续调整组织结构，将原来的“11 总支社 69 支社制”变为“48 支社体制”，电话局变为支店或营业所，市外电话局和电话号码咨询指导局变成信息指导中心，其后又进一步压缩编制，减少中间环节和支店数量，而且不再使用自 1903 年以来一直延续的电话局名称。其基本出发点就是要彻底消除原来公社时期的政府色彩，同时标志着由原来的以电话为主体的经营体制向综合性通信服务体制转化。

1985 年电电民营化以后，NTT 充分利用长期积蓄的技术、人才和经营资源等优势，积极开发多种经营，扩大经营领域。经过 10 年的建设，NTT 逐渐形成了拥有子公司、关联企业 131 家，销售额超过 6 万亿日元的企业集团。NTT 集团主要包括电信关联企业、电信工程和不动产等 48 家，集团辅助企业 35 家，资源扩展企业 15 家，信息化发展企业 33 家。其中除 NTT 数据、NTT 移动从公正竞争的立场出发，分别予以独立外，其他都规模较小。131 家公司共计拥有职员 5 万人。1995 年 4 月，随着 NTT 数据的上市，NTT 获得了 470 亿日元的收入。

然而，民营化以后，由于市场竞争机制的引入，大量新兴电信企业的进入，自 1987 年起，NTT 的营业收益和经常收益开始下降。NTT 经过长期的创收努力和合理化运动，直到 1996 年才开始实现增收增益。1985 年民营化之初，公司拥有职工 313600 人，到 1994 年底，共拥有职工

194700 人，减少 118900 人，将近三分之一。但是，NTT 职工的平均年龄却在逐年上升。

民营化的基本标志是政府出售所持股票和企业上市，民营化实施以后，日本政府和 NTT 在进行组织改造的同时，积极酝酿股票出售事宜。到 1998 年决定 NTT 重组之前，日本政府共三次公开出售 NTT 股票，由此，日本政府获得了 10 万亿日元以上的收入。电电公社成立时，作为政府全额出资的公有企业，其基本金为 188 亿日元。1985 年 4 月 1 日，NTT 宣布成立，政府持有全部股份，合计资本金为 7800 亿日元。1987 年 1 月，第一次出售 195 万股，其股票价格为 119.7 万日元。NTT 股票迅速高涨，4 月达到每股 318 万日元。第二次出售之后股票价格逐渐回落，到 1988 年 10 月第三次出售时，股价降为 190 万日元。于是政府改变原定计划，减少出售 45 万，第三次共计出售 150 万股。其后股票价格一直低迷，特别是在里库路特事件影响下，股票价格更加不振。于是政府放弃原定 1989 年进行第四次出售股票计划。1990 年 3 月，电信审议会提出关于 NTT 分割分离的报告之后，股票跌至 110 万日元。此后，股票出售问题被无限延期，而且股票价格的大幅下降直接影响了 NTT 改革的进程。

4. 信息时代的 NTT 重组

民营化后确立的 NTT 经营模式和电信产业组织结构，不过是各利益集团之间相互妥协的产物。中曾根内阁领导下的民营化改革，虽然实现了日本电信电话公社的民营化，但并没有完全执行临调的"分割民营化"方案。民营化后的 NTT，继承了日本电信电话公社的全部财产和设备，拥有全部通信干线、本地固定电话网络、强大研究队伍和技术力量。NTT 作为唯一一个综合电信运营商，其经营范围横跨固定、移动、卫星、网络等多个服务领域，但不得经营国际电信业务。由于 NTT 控制着基础电信线路设备和本地通话市场，所有电信运营商必须通过接入 NTT 电话网络，才能最终实现自己提供的日常电信服务。与新进入电信市场的电信运营商比较,NTT是名副其实的市场大佬。

按照邮政省的市场细分化指导精神,所有新兴电信企业都必须按照单一经营领域分别进入。因此,势单力薄的NCC(新兴电信运营商)难以与NTT开展实质上的市场竞争。在现实的市场竞争中,NCC往往处处受到NTT的制约。因此,他们强烈要求继续深化民营化改革,分割NTT。在“管理下的竞争”规制体系下,日本政府特别是邮政省一方面采取传统的护送船队方式对NCC加以保护和扶持,一方面则积极推动NTT的分割运动。因此,继续深化日本电信改革,分割NTT,建立公平竞争的市场秩序,成为民营化后日本政府的重要课题。

1985年的电电公社民营化改革,被称为日本的“第一次信息通信产业革命”。《电信事业法》和《日本电信电话股份公司法》,确定了日本电信产业组织的基本框架。民营化以后,日本政府批准三家国内长途运营商、三家国际电信运营商、两家卫星通信运营商、两家移动通信运营商和数家经营本地业务的公司进入第一类电信产业领域。到1990年,包括NTT在内,全日本第一类电信运营商达到59家。截至1995年2月,共有97家新兴运营商(New Common Carriers,简称NCC)进入第一种电信企业领域。此后,日本政府进一步放宽进入渠道,特别是随着移动通信和互联网的迅猛发展,除了本地固定电信市场仍然由NTT独家垄断之外,在其他电信服务市场上,逐渐形成了三家或三家以上电信运营商相互竞争的市场格局。通信自由化和民营化改革,促进了日本电信市场的发展,电信服务价格显著下降,电信服务内容日益多样化,服务质量和水平都得到相应提高。

进入90年代以后,随着电子计算机技术、网络技术等信息技术的迅速发展和普及,电话网、电子计算机网、有线电视网开始三网融合,传统电信产业中占据主体的语音服务逐渐被语音、图像、数据相结合的信息服务代替。1985年日本电信电话公社民营化以后,围绕完全民营化和改革NTT的问题,日本各界继续进行了长期的论争。1996年,美国新电信法公布,WTO关于基础电信协议谈判也接近尾声,全球通信自由化的潮流势不可挡。在美国,曾经在1984年被分割的贝尔地域公司又重新开始了合并活动,BT和MCI等跨国企业开始探讨业务协助和酝酿合并,AT&T、沃达丰、法国电信、德国电信等分别提出自己的国际竞争战略。在邮政省和NTT进行长期分割与否争吵的过程中,国际电信巨鳄展开了全球规模的电信兼并和重组。迫于国际电信市场的严峻形势,日本政府及企业界产生了极大的危机感,并开始积极行动。1996年10月,桥本首相指示,必须尽快解决NTT问题。在日本政府的积极推动下,邮政省与NTT组成联络会议,专门研究NTT重组问题。1996年12月6日,关于NTT的重组问题,邮政省与NTT最终达成协议。①

根据协议,NTT作为纯粹控股公司,下设长途通信公司和两个地域通信公司。长途公司经营跨县通信业务,作为民间公司,可以从事国际通信。地域公司主要从事县内通信业务,作为特殊公司,负有该地域内确保普遍服务的义务。关于地域通信营业范围,东日本电信电话股份公司包括北海道、东北、关东、东京和信越;西日本电信电话股份公司包括东海、北陆、关西、中国、四国、九州和冲绳。长途公司和地域公司应确保公正有效竞争之条件。控股公司持有地域公司的全部股份,同时作为特殊公司,负责推进基础研究开发。此外控股公司保有长途公司全部股票。在研究开发方面,对于基础性研究开发,由控股公司全面负责;长途公司、地域公司也可以进行与事业紧密相连的应用性研究开发。NTT应该瞄准国际通信开发,积极致力于海外通信事业的进入与投资,建成适应国际化信息流通需要的跨国企业。

为顺利实施重组,邮政省进行了广泛的调查、咨询和征求意见活动,并负责起草了相关法律草案。经过政府和执政党内协调,1997年6月,日本国会通过电信事业法、NTT法、KDD法等修正案,由此,长达15年的NTT分割之争暂时告一段落。6月20日,日本政府正式公布了修改后的相关法律。法律规定,该法自颁布之日起,在不超过二年六个月的

① 宮津纯一郎『NTT改革』NTT出版株式会社、2003年、第107頁。

时间内予以实施。据此,1999年,NTT最终实行了分割重组。

对于NTT以外的电信运营商来说,形式上的分割并没有解决NTT集团之间的内部补助。在东、西NTT地域公司的电话费用通知单中,同时附加着NTT通信公司的通话费用。KDDI社长奥山雄材认为,“此次重组,经过15年的讨论,虽然暂时以东、西地域公司和长途公司形式进行了分割分离,但控股公司通过事实上的集团一体化运营,使NTT的市场支配能力反而有所增强,整备公正竞争条件的目的并没有实现”。在控股公司下,“NTT通信公司的人均利润率高居榜首,难以形成公正的竞争条件,因此,应该实行营业、资本、人事等彻底分离和完全分离”。[①]

以NTT分割重组为标志的日本“第二次信息通信革命”,虽然实现了对NTT的分割分离,但是,形式上的分割并没有改变日本现存的不合理电信产业组织结构,而且有悖于信息时代产业融合的发展趋向。从形式上看,分割NTT一定程度上满足了新兴电信运营商和邮政省长期以来强烈要求分割NTT的夙愿。然而,从分割形式和内容角度看,NTT重组一方面暂时平息了长达十五年的分割争论,同时借助实施基础电信服务、普遍服务等公共性职能问题,确保了地域公司的稳定经营。通过分割,NTT既保证了集团公司存在的经营优势,又赋予了NTT DoCoMo、NTT通信公司等极大的灵活性。然而,重组未能充分考虑信息时代产业融合发展和无缝电信服务的发展趋向,将从事长途和国际业务的NTT通信公司从母公司中分离,一定程度上重复了美国已经放弃的1984年分割AT&T的老路,势必人为阻碍无缝服务和增加经营成本。在日本“第二次信息通信革命”中,邮政省仅仅得到了一个分割之“名”,而NTT则得到了控股公司下继续维持集团经营之“实”。[②] 在2001年的中央省厅改革中,在分割重组问题上一直受到打压的邮政省也

① 津山惠子『NTT&KDDI——どうなる通信業界』日本実業出版社、2001年、第42頁。
② 津山惠子『NTT&KDDI——どうなる通信業界』日本実業出版社、2001年、第42頁。

被并入了总务省。其后，邮政省出身的电信政策官员仍然一直关注着NTT组织形式的变革问题，并不断提出和推动NTT相关的改革方案。

5. NTT法规制下的电信产业治理

现行的NTT规制体系虽然在很大程度上继承了民营化后形成的规制模式，但自1997年以后，经过电信事业法和NTT法的多次修改，从规制思想到规制内容都已经发生有很大变化。

第一，NTT法继续以法律形式确立了日本电信市场主导运营商的法律地位和存在形式。法律第一条、第二条明确规定了股份公司和地域公司各自的职能和业务内容，从而奠定了NTT法的基础性组织结构。NTT作为控股公司拥有NTT东日本和NTT西日本全部股票，行使股东权利，对地域公司进行必要的指导、斡旋及其他援助，推进电信技术的基础性研究，经营上述业务的附带业务及经总务大臣认可的必要业务。NTT东日本和NTT西日本以经营地域电信事业为目的，经营各自区域内电信业务及其附带业务；经总务大臣认可，为实现地域公司目的，可以在规定区域外从事地域通信业务。

第二，NTT法继续贯彻了对基础电信服务的公共性职能的保证机制。相对于1984年公布的NTT法，现行NTT法继续保持了追求电信事业公共性的立法精神。法律第三条规定，“公司及地域公司经营各自事业时，应该经常考虑经营合理性和效率性，在努力确保国民不可欠缺的电话服务在日本全国的普遍、适当、公平且稳定提供的同时，鉴于在今后社会经济发展中电信所应该发挥作用的重要性，通过推进电信技术相关研究及其成果普及，服务于我国电信的创造性发展，借此有利于增进公共福祉”。这里通过对NTT控股公司和东、西NTT地域公司从事电信服务活动的原则性规定，确立了经营合理性与效率性、普遍服务、公平稳定的服务原则以及增进公共福利等公共性原则。与重组前的规定相比较，其重要差别在于，重组后的上述各项原则仅仅立足于NTT控股公司、NTT东日本和NTT西日本，对于已经完全独立的NTT DoCoMo、

NTT 通信、NTT 数据等公司，则不承担上述约束义务，它们虽然与 NTT 控股公司保持着股份之间的密切联系，但仅仅是受商法约束的法人之间的责任义务关系。

为了保证控股公司和地域公司切实实现电信服务的公共性，在电信事业法中设立专节“基础电信服务支援机关”，具体规定了基础电信服务的支援问题。电信事业法第一百零七条规定，当提供基础电信服务所需费用超过相应收益时，由支援机关负责填补其超过部分的费用，从而客观上保证了偏远地区和人烟稀少地区普遍服务的实现。NTT 改组后，NTT 东日本和 NTT 西日本都承担着普遍服务的义务，但 NTT 东日本存在盈利，而西日本公司则出现了亏损。为此，日本政府作为临时性措施，允许利用东日本公司的收入补亏西日本公司，时限为 3 年。

第三，现行的 NTT 法一定程度上具有推动通信自由化和促进市场竞争的职能。控股公司的确立，对于一贯反对分割的 NTT 来说，既维持了 NTT 作为集团公司的整体性，又面对日益激烈的全球电信竞争，便于发挥集团作战优势，制定全方位的国际发展战略。在纯粹控股公司的旗帜下，通过对地域公司和其他竞争性公司的分割分离，一方面保证了基础电信服务的恰当、公平和稳定的供应，保持了庞大的研究队伍和雄厚的技术力量，避免了由于分割可能造成的技术力量分散和技术水平下降等问题的出现。另一方面，从总体上增强了 NTT 自身的经营自主性。

现行 NTT 法废除了关于 NTT 只能经营国内电信业务的法律规定，对于控股公司和地域公司只做出了原则性业务规定，对于 NTT 集团公司所属的其他公司则没有任何限制性规定。控股公司按照商法法人规制模式，通过控制股份虽然掌握了地域公司及其他公司的实际控制权，但它只是以股东代表的身份行使该权利，不再需要统筹内部各公司之间的赤字和补助问题。NTT DoCoMo、NTT 通信及 NTT 数据等集团公司成员转化为普通的股份公司，实行完全独立的会计制度，不再受到原来法定经营业务和经营范围等方面制约，也不再进行大规模的内部补助，它们可以自由进入和退出国内和国际市场，灵活开展国际竞争。与此同时,适应使 NTT 真正走向市场的发展需要,现行法废除了原法第七条“公司可以超越商法第 297 条规定限制,筹集公司债券”的特权。

与历史上的日本电信电话公社、重组前的 NTT 相比,虽然地域公司依然在市话领域占据绝对优势,但是在其他电信市场领域,已经基本形成了几家公司相互竞争的市场格局。与原来的 NTT 法继承电电公社垄断性和公共性的立法精神不同的是,除通过 NTT 保证提供基础电信服务等公共性职能外,随着日本普遍服务基金制度的确立,其他公司也开始在一定程度上提供普遍服务基金。但是,作为特殊公司法,NTT 法毕竟是特定条件和历史阶段的产物,随着电信市场竞争性的日益增强和自然垄断性减弱,继续对 NTT 加以改革或废除 NTT 法将势在必行。

第四,作为特殊公司法的 NTT 法,其存在的特殊性除上面提到的维护普遍服务和提供恰当、公平、稳定的基础电信服务等公共性外,保持基础电信设施的国有性和主导电信运营商的国家控制的立法精神也蕴含在 NTT 法的条文之中,这里包括资本规制、人事规制、事业监督等相关内容。

作为政府控股的特殊公司,NTT 法第四条规定,“政府平时必须保有相对于公司发行股票总数三分之一以上的股票。公司发行股票或进行股票交付必须经总务大臣认可”。“NTT 控股公司必须拥有地域公司的全部股票”,地域公司发行新股票、转让社债、募集新股预约权时,必须获得总务大臣的认可。

对于电信领域的外资进入,日本政府则一直持审慎态度。1984 年公布的 NTT 法禁止外国人或外国法人持股。1992 年,缓和外资规制,外资持有 NTT 股份的合计比例为不超过五分之一。与此同时,外国人不得担任公司董事和监事。1997 年 2 月,迫于全球电信自由化形势,日本政府签署 WTO 基础电信服务协议,并废除了外资对第一种电信企业进入的限制。2001 年,修改 NTT 法,对外资持股控制由五分之一放松到三分之一。但是,按照总务省令规定,外资对股份控制的议决权,合计不能超过三分之一。与此同时,法律规定总务大臣对 NTT 股份的议决权不得低于三分之一，从而确保了日本政府对基础电信服务和基础网络的战略性控制。由此说明，即使是在通信全面自由化的条件下，日本政府通过NTT法的形式，继续保持了政府对主导电信运营商的绝对控制，而没有按照WTO基础电信协议所规定的基本原则精神，政府退出直接的电信经营领域。

按照NTT法的规制，总务省代表日本政府行使对NTT的监督管理权力，总务大臣对NTT享有巨大的监督和裁量权力。NTT法规定："公司的董事及监事的选任及解任的决议，非经总务大臣认可，不发生效力。"为此，总务省组织了一个专门委员会，专门负责对公司领导层进行审查、考核。在每事业年度开始之前，NTT及NTT东日本、NTT西日本必须向总务大臣提出该年度的事业计划，并经总务大臣认可后执行；年度终了后三个月以内，必须向总务大臣提交该年度的借贷对照表、损益计算书及事业报告书。当总务大臣认为实施该法律特别必要时，可以向NTT或地域公司专门指派监事，命令其就特定事项进行监察，并报告监察结果。此外，总务大臣可以对NTT及其地域公司的相关业务下达监督命令，在实施该法律必要的限度内，总务大臣可以要求公司或地域公司就相关业务提交报告。

为了保证政府NTT监管权力的正确行使，NTT法对总务大臣的权力做出了一定限制性规定。对于政府所持有NTT股票处分，法律规定实行国会议决制，即在出售政府持有的NTT股票时，必须以预算形式提出，由国会决定出售的数额和范围。此外，对于涉及股票发行和交换、NTT及地域公司章程变更、合并、分割、剩余金处理、重要设备让渡等重要事项，实行总务大臣与财务大臣协商制度。法律虽然规定了协商机制，但却没有直接确定协商原则和方法，在内阁负责制的体制下，事实上继续维持了首相决策体制。

为了确保公平竞争，针对NTT集团公司内部各公司之间的关系，总务省规定，地域公司与长途通信公司之间不能相互兼任董事，不进行留籍调派人员。控股公司与地域公司不与长途通信公司共同采购原材料。

地域公司与其他各公司、NCC之间相互接续的方式和条件应一视同仁，不得歧视。控股公司与地域公司向NTT通信公司提供有关研究成果信息的公开条件，应与其他电信企业之间的条件相同。(参见表3-8)

**表3-8 NTT重组后的主要规制**

| 规制类型 | NTT控股公司 | NTT东日本、NTT西日本 |
|---|---|---|
| 目的 | 拥有NTT东日本、NTT西日本全部股份，确保两地域公司合理且稳定提供电信服务，进行电信技术基础研究 | 经营地域电信事业 |
| 经营内容 | 行使对NTT东日本、NTT西日本的股东权利，向NTT东日本、NTT西日本提供帮助、斡旋及其他援助，开展电信基础技术研究 | 经营地域内部电信服务和总务大臣认可的其他关联资源服务 |
| 股票 | 政府持有三分之一以上，外资不得超过三分之一 | 控股公司拥有全部股票 |
| 责任义务 | 普遍服务，技术研究及成果普及 | |
| 管理层任免 | 总务大臣认可 | |
| 章程变更 | 总务大臣认可 | |
| 事业计划 | 总务大臣认可(附加收支计划书、资金计划书) | |

NTT民营化是日本两次民营化过程中历时最长的一场国有企业改革。日本信息通信产业的发展始终与NTT的组织形式变革紧密相关。建立合理的产业组织结构，促进电信企业之间的公正竞争，是日本电信民营化的根本目标。而能否对NTT准确定位，不仅关系着能否真正建立公正有效的电信竞争秩序，而且直接影响着日本信息通信产业的发展。

以NTT为中心的日本电信改革，通过6次NTT股票公开上市，一定程度上实现了产权变革。但是，基于基础电信资源的战略价值及其所承担的公共性职能，现行法律仍然对NTT附加了一定的产权规制，日本政府仍然控制者1/3以上的NTT股份。

在规制性制度创新方面，经过不断调整和改革，日本政府对电信企业的行为规制已经全面缓和，并且最大限度地实现了国际接轨。在互联互通、价格、普遍服务等方面，日本电信企业全面借鉴了国际普遍采用的规制模式。但是，在结构性制度创新方面，第一次电信民营化以后，NTT全面继承了日本电信电话公社的全部资源，其组织形式虽然有所变化，但未能实现真正意义上的结构性制度创新。NTT 作为日本唯一一个经营市话、长途、移动、网络及增值服务的综合性电信运营商，与按照不同领域分别进入的新兴电信运营商 NCC 之间展开了“管理下的竞争”。尽管如此，基于促进新兴电信企业发展的政策立场出发，在电信价格认可、服务内容、服务方式等方面，日本电信政策当局在对新兴电信企业给予保护的同时，对 NTT 实行了过度“管理”，结果直接影响了 NTT 经营活力的发挥，同时也严重束缚了新兴电信企业的创新能力。

1999 年，日本政府对 NTT 实施了包括集团控股、地域分割、业务分离三个层次的重组。这虽然一定程度上实现了邮政省及新兴电信企业长期要求拆分 NTT 的夙愿。但是，地域分割和业务分离在一定程度上重复了美国已经放弃的 1984 年 AT&T 分割模式。特别是长途与本地通信的业务分离，有悖于产业融合发展的时代趋向，人为阻碍了无缝信息服务的实现。重组后形成的 NTT 集团控股模式继续维持了 NTT 的整体经营实力，客观上维护了 NTT 在国际电信竞争中的强大集团优势，但建立公正有效市场竞争秩序的基本改革理念再一次被抛弃。

NTT 法和 NTT 集团公司的存在，一方面确保了基础电信服务的提供，为 NTT 开展国际电信竞争提供了强大的组织基础，但另一方面也抑制了 NTT 整体活力的发挥，削弱了电信市场的竞争，影响了公平竞争秩序的建立进程。NTT 作为日本最大的综合性电信服务运营商，不仅拥有占据绝对优势的电信基础网络，拥有雄厚的技术资源和庞大的产业关联组织，而且成为日本未来基础网络建设的主导力量。

2005 年 11 月，NTT 集团公布了“推进 NTT 集团中期经营战略”行动计划，试图通过推进集团各企业之间多种形式的密切合作，开展固定、移动的一体化服务。该计划的实施，可能重新确立 NTT 一统天下的绝对垄断地位，进而进一步破坏电信市场的竞争秩序。总务省电信政策管理局认为，在全面调整事业规制的同时，必须对NTT东西地域公司的瓶颈设备实行彻底的职能分离，借此缓和对NTT地域公司业务范围的各种规制。然而，总务省方案遭到了自民党内部通信族议员的强烈反对。因此，围绕NTT未来的组织形式和电信市场结构问题，日本各界仍将继续演绎各种形式的斗争。而对NTT经营方式的处理妥当与否，日本电信市场结构如何，直接影响着日本电信产业的发展水平和未来走向。

## 三、国有铁道的民营化改革与治理转型

在战后日本民营化改革历史上，国有铁道改革可谓轰轰烈烈，影响深远。日本国有铁道民营化是在日本已经建成经济大国且正在跃跃欲试地迈向“政治大国”“国际国家”的过程上开展的政治、经济改革。在战后日本企业的发展历程中，与丰田、松下、佳能等民间企业所创造的日本经济奇迹和辉煌不同，由日本政府直接控制下的日本国有铁道不仅没有继续创造历史上的丰功伟绩，而且经营绩效每况愈下，并日益成为日本政府的巨大财政包袱。因此，彻底打破历经八十多年的国有铁道经营模式，实现制度创新、管理创新成为摆在当时日本政府面前的棘手问题。

### 1. 日本国有铁道的经营模式

作为近代国家实现工业化的重要手段和主要标志，铁路被后发国家政府高度重视。1906年，日本实行铁路国有化政策，自此开始，铁路事业一直由日本政府直营。截至1945年，日本铁道基本覆盖全国，总运营里程达25600多公里，其中20056公里由国家运营，5543公里由私人运营。二战后，在GHQ的指令下，铁路事业虽然开始以公社形式独立经营，但日本政府和国会保持着较大程度的行政干预权力。

1949年6月，在美国占领军的授意下，日本政府通过《日本国有铁道法》，成立了日本国有铁道公社。面临战后经济恢复和重建的繁重运输任务，日本国有铁道发挥了重要桥梁和纽带作用。作为执行公共职能的

公共企业，政府通过对国有铁道的控制和利用，有力确保了战后初期倾斜性生产方式的落实，为战后日本经济的迅速恢复和发展做出了巨大贡献。20世纪50年代以后，随着日本经济实力的逐渐加强，国有铁道的运输能力开始不能满足经济发展的客观要求。于是，日本政府逐渐加大国有铁道的投资力度。1956—1965年，日本国铁主要干线基本实现了复线化和电气化，普通快车的运行里程也提高了三倍。

民营化前，日本铁道分为国铁、私铁和城市公营铁道。国有铁道承担城际干线运输、城内运输及货物运输。私铁主要承担城市内部及城郊运输，城市公营铁道则主要经营地铁。其中，国有铁道占全国铁道营运里程的73%，客运周转量的63%，货运周转量的99%，构成日本交通运输的核心力量。1964年，日本建成世界上第一条高速铁道，即东海道新干线(东京至新大阪，全长515.4公里)。东海新干线属于客运专线，采用电气化、标准轨距的双线铁道，它代表了当时世界一流的高速铁道技术。新干线的成功运营，直接刺激了日本铁道建设的大发展。1971年，日本国会审议并通过了《全国铁道新干线建设法》，决定在日本客运中全面推行新干线建设。

日本国有铁道建设主要以政府财政投资为主，包括财政预算拨款和财政投融资。其中财政预算拨款部分主要来自国家一般税收收入中用于交通运输建设的部分和与交通运输有关的特定税收入。日本高速铁道的建设资金则主要来源于各种贷款、自有或自筹资金，但是，在国家财政投资贷款、发行债券及其他融资方面，政府也给予了大力支持。以东海道新干线为例，其工程建设费用约为3300亿日元，建设资金的筹措采用完全自筹的方式，主要包括三个方面资金：包括自有资金、大藏省的低息贷款以及由政府担保债券筹集资金，共占30%以上。日本国有铁道发行的铁道债券，占50%以上，由日本政府担保而从世界银行获得的低息贷款为288亿日元，约占10%。

然而，新干线等高速铁路的投入运营和先进技术的不断采用，却未能为日本国有铁道带来骄人的业绩。随着日本经济的迅速腾飞，日本国有铁道经营状况却每况愈下。1964 年，日本国有铁道出现第一次亏损，此后经营赤字直线上升。到 1980 年，年经营赤字已高达 1 万亿日元以上。截至 1987 年民营化前，其累计亏损额为 15.5 万亿日元。如果加上累积的长期债务，国有铁道债务达 37.5 万亿日元。面对庞大的经营赤字，仅仅依靠国铁自身的力量已经无力支撑。

自 1964 年国铁出现赤字开始，日本政府及国铁当局曾经提出过一系列国铁财政再建，试图扭转被动局面。1969 年，国铁提出“国铁再建十年计划”。1972 年，日本内阁提出“日本国有铁道财政再建对策”。1975 年，国铁向日本政府提出“日本国有铁道再建对策要纲”。1977 年，又提出“关于日本国有铁道再建”方案。为改善国铁财政状况，减轻国铁债务负担，1975 年，日本政府决定暂时搁置 2.54 万亿日元的过去债务，并撤销 5604 亿日元的公积金储备，以增强其资金活力。1979 年，再次提出“国铁再建基本构想”①。然而，上述计划的提出及实施并没有根本改变国铁赤字上升的强劲势头。1979 年 12 月，日本国会通过《日本国有铁道经营再建促进特别措施法》，决定从 1980 年开始，推行“国铁再建综合五年计划”。国铁在政府的支持下，虽然多次力图重建财政，但最终还是没有摆脱亏损的境地。因而，改革国铁已经不可能再像过去那样修修补补，而必须对其进行根本性变革。只有通过民营化和制约缓和，消除来自国会和政府对其经营方式、经营范围等诸多方面的干预和限制，使其以真正企业形式加入市场竞争，才可能从根本上改变国铁的命运。

2. 国有铁道的治理机制

战后，日本政府从维护铁道事业的公共性和企业性的角度出发，作为公共企业形式，1949 年，组建了日本国有铁道，原来由政府掌握的铁道资源都统一划归日本国有铁道。它与日本电信电话公社、烟草专卖公社共称“三公社”。《日本国有铁道法》第二条规定：“日本国有铁道是公法

---

① 日本国土交通省『運輸白書』1964—1987 年。

上的法人，它不是受民法、商法调整的一般公司。”所谓公法上的法人，就意味着国铁虽然具有法人资格，能够独立进行经营活动，但其行为要受到来自国会、政府等“公共”代表机关的制约。为了实现公法上的法人使命，日本国会制定了多个法令来规范国铁的经营行为。因此，国铁必须遵守《日本国有铁道法》《国有铁道运费法》《铁道铺设法》《全国新干线铁道整备法》《日本铁道建设公团法》《铁道营业法》《公共企业等劳动关系法》等专有法律。一系列的特殊法律规制，明确规定了国铁的行为路径和结构框架，进而也构成了对国铁经营活动的极大限制，使国铁难以真正发挥其所谓的企业性。另一方面，也正是基于这些法律，为政府和议会干预国铁内部事务提供了法律依据，使国铁不仅仅是作为一个企业存在，其经营行为必然带有许多政治性色彩。

在人事方面，国铁实行理事会制，理事会由 11—17 名理事组成，重大事项必须由理事会决定。法律规定，总裁由内阁任命，总裁代表国铁对外从事经营活动。副总裁、理事会成员必须获得运输大臣的认可。监察委员会由 3—5 人组成，负责国铁的监督检查工作，监察委员由运输大臣直接任命。在财务方面，国铁的预算、决算都必须报经内阁，最后由国会决定。在执行预算时，必须制定详细年度执行计划，按季度向运输大臣、大藏大臣和会计监察院报告。当大藏大臣考虑国家财政状况认为预算不能完全实行时，国铁必须予以变更。预算资金的挪用和节余流转都必须事先获得运输大臣的同意。由于国会、政府的过多干预和约束，导致国铁严重政企不分，责权失衡。管理层由于担心承担责任或招致政界的责难，只能相互推诿，得过且过，缺乏积极工作意识和责任感。

在业务经营方面，日本国有铁道的业务范围、投资领域、经营费用、经营方法和经营计划的开展等都必须依法进行。国铁的预决算、发展规划、资源调配、收费及重大人事安排等，都必须征得政府和国会的同意。运输大臣享有法定的监督权。直到 1984 年，全国仍然实行统一费率，而且提高票价必须经运输大臣批准。由于上述种种制约的存在，作为企业形式运营的国铁很难真正发挥其企业功能。营业范围和营业方式等方面的限制，使国铁不能开展和铁道服务相关的服务产业，进而难以像私营铁路那样开展多种经营，借此提高企业的整体经济效益。因此，国铁运行的制度模式导致企业缺乏基本的经营自主权，导致企业经营效益严重低下。

在劳动条件方面，日本国有铁道作为一个公共企业，其管理人员和一般职员都属于公务员性质，其行为适用公务员法等特别法律条款。因此，国铁职工仅具有与其他企业相同的结社权、集体交涉权，但不享有争议权、罢工权。依据法律，工人的工资总额度由预算规定，工资变动必须经运输大臣批准。与此相同，运费调整也必须上报政府批准。工资和运费等的报批制度，使管理者根本无法灵活采取激励手段，反而导致企业职工毫无劳动积极性。因此，国铁职工中广泛存在着消极怠工现象。

国铁的管理体制，与其说是一个具有独立法人资格的企业，不如说是一个典型的层级制行政机构。在战后经济复兴期和高速增长时期，基于国铁在陆上运输中的垄断地位，这种层级制管理模式和组织结构在资源配置方面显示了较大优势。全国的统一调度和指挥确保了倾斜性生产方式实施和重点建设项目。但是，随着日本经济的全面复苏和快速发展，加之日本运输市场竞争的日趋激烈，这种全国集中统一的管理模式越来越难以适应市场变化。由于日本各地区经营条件差异较大，加之统一经营的法定性要求，国铁总部只能从全局出发，制定总体性的各地盈亏补偿机制，而不能根据各地具体经营状况制定不同的经营目标。加之国铁内部缺乏绩效激励机制，从而难以调动各级管理者的工作积极性。

从日本铁道发展历史角度看，铁路经营一方面作为公共企业存在诸多问题，另一方面，铁道企业本身面临的巨大竞争压力是导致其经营困境的重要原因。

第一，日本国有铁道的经营环境发生了巨大变化。随着日本经济的迅速发展，在国铁建设和运营取得巨大成绩的同时，作为交通手段，汽车、轮船、飞机等事业也获得了长足的进步。交通工具的多样化从根本上改变了原来由国铁一统天下的垄断局面。1965 年，国铁客运人数占 45.5%，货运量占 30.3%。虽然铁道运输份额已有所减少，但仍然继续维持着巨大的经营优势。然而,到 1987 年,国铁客运量已经锐减至 22.0%,货运量更降至 4.5%,铁道运输的优势已完全丧失。与此相反,汽车客运量却占到 58.2%,货运量占到 50.2%,抢占了原来国铁的大部分地盘。应该说,这是国铁 1964 年以后亏损逐年增加的一个最重要因素。当然,国铁本身确实存在着由于经营不善而人为丧失市场份额的现象。1975—1985 年,私铁客货运变化不大,为 15.3%—15.5%,而国铁却由 30.3%下降到 23%。由此可见,上述变化的差异并非仅仅是由于交通结构变化所导致,其根本原因在于国铁管理体制和经营机制。

与国铁经营状况相对,民铁作为一般民营企业,只须接受民商法等普通法律规制,而不受众多特定法律的约束。民铁经营目标十分明确,即企业效益和经营利润。当然,为保证企业利润的实现,民营运输企业可能也会执行一定的社会公共职能,但这不仅不会与其经营目的相冲突,而且企业往往是从提高企业的社会认知度角度出发去落实公共服务职能。因此,民铁十分重视服务质量管理,努力提高职工的业务水平。在民铁服务中,很少会看到国铁经营中经常出现的那种无视顾客、态度傲慢、人浮于事的现象。民铁经营者还特别重视企业内部管理,尽量压缩经营成本。1985 年,国铁资本费用占运费收入的 53.8%,而大型民铁只占 27.7%。在大城市圈中,民铁的运费价格明显低于国铁。民铁作为一般民间企业,它不受经营范围、经营方式以及收费标准、工资标准等方面的制约,可以根据具体情况决定自己的经营方式和经营内容。

第二,日本国有铁道存在严重的赤字路线问题。二战结束以前,为满足战争的需要,日本国有铁道曾经受破坏性使用,而且当时的铁道建设投入很少。战后,为适应经济发展的需要,日本政府对国有铁道进行了大规模投资建设和线路改造。起初,国铁建设资金主要来自政府出资和国铁自身资金积累。从 1965 年开始,建设资金大量来源于银行借贷。1964 年国铁出现经营亏损以后,大规模投资建设浪潮非但没有停止,而且日益增大。面对各种其他交通工具日趋激烈的竞争,国铁本身已经穷于应付,而继续大量投资于赤字线路,则无异于雪上加霜。银行借贷的日益增大,使国铁利息支付额越来越多，从而极大增加了国铁的债务负担。

根据《日本国有铁道法》和《铁道铺设法》，建设新的铁道线路必须经铁道建设审议会审议，由运输大臣批准。在铁道建设审议会中，起决定性作用的是包括运输省次官在内的11名国会议员。这些政治要员出于自身政治目的的考虑，在国铁建设项目方面往往掺入很多的政治因素。因此，在国铁发展历史上，建设了多条赤字线路。1964年，由政府和国铁共同出资成立了铁道建设公团，专门负责铁道建设。铁道建设公团建设的铁道一旦竣工后，由国铁免费加以使用，国铁只负责日常的机车管理和维护。1968年9月，国铁咨询委员会建议"废除83条赤字路线"，共计2950.6公里，结果遭到当地人民的强烈反对。截止1972年，仅有11条(116公里)的线路被停运，另外在83条线路之外的4条(19公里)线路被停运，共计135公里。与此同时，日本铁道建设公团新建地方铁道9条(128公里)，基本与废弃铁道的距离持平。1972年7月，田中角荣就任总理大臣之后，积极推行"日本列岛改造计划"，因此，赤字路线废弃计划被迫搁浅，而且开始新建多条线路。自铁道建设公团建立到1974年，铁道建设公团共建33条(711.6公里)线路，其中如美幸线、白糠线等20条线路(392.1公里)为赤字线路，占55.1%。1974年以前所建的1500公里线路中，每年营业收入仅为150亿日元，而上述线路的日常运营费用却高达500亿日元以上。因此，国铁当局每年必须用经营收入来弥补地方赤字线路的亏空。

之所以出现上述如赤字路线建设等问题，一方面，由于国铁当局本身并不具有完全的经营自主权，涉及铁道线路建设和其他重大投资项目都是由运输大臣决定的，而赤字线路建设往往可以满足当地出身的议员、官员以及涉及铁道修建投资的部分议员、官员的要求。另一方面，由于国会、政府与国铁之间存在着特定的权力利益关系，从而致使国铁管理层难以专心于企业本身的经营。为使企业预算、计划、投资等获得批准，国铁管理层必然要经常周旋于政治家之间，再加上管理者自身利益的需要，使企业的重大决策常常伴有浓厚的政治色彩。

第三，日本国有铁道经营体制本身也存在严重问题。无论是从企业职工人数角度，还是从企业规模角度，国铁都堪称巨型企业。庞大的企业规模致使企业日趋管理僵化。到 1985 年，国铁几经裁减人员，但仍然拥有职工 27.7 万，并控制着全日本 80%以上的铁道线路，营运里程达 21000 公里，基层站级单位达 2000 多个。此外，国铁还管理着许多学校、医院、车辆工厂，国铁机构遍布全日本。一般地说，一个企业采取规模经营，可以降低成本，提高经营效益。但国铁在国会和政府的严密控制之下，庞大的企业规模和多层次的管理模式，非但没有促进其发展，反而演变为影响国铁经营效益的重要因素。全国运费统一，虽然保证了运费负担的公平，但造成国铁经营绩效与各地实际情况的严重脱节，使国铁不能根据具体环境而采取灵活运营方式。比如，在大都市圈，国铁运费比私铁高出近 2 倍，导致国铁根本无力和民铁竞争。与之相对，在大城市圈的经营过程中，国铁员工通过繁忙运输、紧张劳动所创造的利润，却不能用以奖励一线企业职工，而是统一用来弥补边远地区赤字线路的亏空，造成职工干多干少一个样的消极劳动心理。庞大的企业规模使国铁占据全国铁道垄断地位，而强大的垄断地位又淡化了企业的竞争意识，使经营者无须重视成本核算，而且还养成了过分依赖国家或外部措施解决国铁问题的心理，进而直接影响了企业整体能力的提高。

同时，企业的国有性质和职工的公务员身份，使国铁职工长期养成了傲慢、涣散的工作作风，并造成了极端对立的劳资关系。为争取罢工权利，国铁内部各工会频繁开展各种形式的斗争。与此同时，出于政治倾向的差异，各工会之间也不断进行争斗，互相拆台。为争夺工会会员，甚至采取一些不正当的手段，结果导致人心涣散，职工关系恶化。由于国铁内部经常发生一些无视乘客利益的罢工或不合理的斗争形式，再加上国铁职工的消极怠工，岗位纪律意识松懈，国铁服务质量低下，国铁声誉受到严重影响，这也严重影响了企业的经营效益。

人事费开支过大也是造成国铁亏损的一个重要原因。1980 年，国铁共有职工 41.4 万人，人事费支出 18587 亿日元，占运输收入的 72.3%。

1985年职工被压缩到32.6万人，人事费支出为23024亿日元，占运输收入的69.5%。民营化以后的1992年，职工总数为19.1万人，而人事费支出占运输收入的比例则降为32.3%。从上述数字可以发现，民营化前，庞大的人事费支出耗费了国铁收入的绝大部分。从1980—1985年，国铁职工人员减少8万人，而这期间的人事费用却有所增加，造成这种现象的根本原因在于国铁存在着巨大的养老金和退休金支出。战后，在政府的统一部署下，一大批"满铁"归国人员被编入国铁队伍，从而极大增加了国铁的人员负担，并造成年龄结构的严重不合理。1970年以后，国铁出现大批职工临界退休年龄，每年有高达1.9万—2.3万人，这也直接导致了80年代减人不减费的经营困境。应该说，上述问题很大程度上是由于国铁的公有企业定位所导致的。

### 3. 国有铁道民营化改革

对于日本政府来说，推动民营化改革的基本出发点在于通过民营化改革，提高企业效益，减少政府补贴，增加财政收入。从20世纪70年代中期开始，日本经济逐渐进入低速增长阶段。1964—1973年，日本国内生产总值年平均增长为9.35%。1974—1983年，年平均增长变为3.48%。在经济增长逐步放缓的过程中，为适应石油危机以后经济发展的客观要求，日本政府加大了对产业结构调整的力度，推动以重化学工业为主的产业模式向知识集约型产业模式转变。为此，日本政府制定政策，大力扶持低耗节能型新兴工业产业，并着力整治环境污染和社会公害问题，提高社会公共福利，振兴公益事业。而上述政策的推行，必然要求日本政府进一步加大财政开支，结果造成日益严重的财政赤字。1965年，日本国家公债积累额为0.2万亿日元，占国内生产总值的0.6%。到1975年，已达15万亿日元，占国内生产总值的9.8%。至1985年，政府公债额更高达134.4万亿日元，占国内生产总值的41.5%①。沉重的债务负担使日本

---

① 財務省ホームページ：http://www.mof.go.jp/jouhou/kokusai/siryou/hakkou01.pdf

政府面临严重的财政危机，因此，重新调整政府的经济管理体制，改革现行财政支出结构等问题被提到重要议事日程。为此，1981年，作为行政和财政改革的咨询机构，日本政府组建了“第二届”临时行政调查会。

依据《日本国有铁道法》，国铁实行独立核算。但是，国铁为日本政府全额出资的公共企业，政府在认为必要时，可以在国家预算范围内向国铁追加投资。为维持国铁正常运转，国家每年要拿出巨额补助予以扶持。对于国铁自身来说，企业所肩负的公共职能是其向国家屡屡伸手的重要依据。而预算、决算的国会议决制则变成了国铁向国家要钱的有效途径。通过大规模的政府资金投入，一方面确保了国铁的正常运营和铁道事业的顺利发展，同时也保证了国家中长期经济发展计划的落实。但是，与此同时，由于政府资金源源不断的大量注入，客观上增加了国铁对政府投资的过分依赖，减弱了作为企业的盈利动机。

解决财政赤字问题，首先必须压缩财政开支。构成日本政府财政支出的一项重要内容就是对三公社、四现业及其他特殊法人的财政补助。仅1985年，政府用于国铁一家的补助金就达6001亿日元，占当年政府公债发行额的5.1%。从1970—1985年，政府共给予国铁的补助金约为7万亿日元，而这15年中政府的公债积累额增加132万亿日元，其中国铁补助金占5.3%。不仅如此，由于国铁亏损额逐年剧增，到1987年民营化前，累计债务额已高达37.5万亿日元。国铁自身根本无力解决这些积累债务，如果听任其继续经营下去，债务只会继续高速增长。作为国有企业存在的国铁，无论其债务多少，最终收拾残局者只能是政府和国民。因此，日本政府必须采取坚决措施，彻底改革国铁的经营体制。对于日本政府来说，对国铁进行民营化改革，通过放松政府规制，扩大业务经营范围，促使其提高经营效益，不仅可以尽量减少国铁的财政赤字，而且还可能增加国家税收收入。此外，通过民营化改革，将国铁推向市场，通过出卖国铁土地和股票等还可以获得相应的财政收入，进而增加政府的财政收入，抑制财政赤字的继续增长。正是在这个意义上，日本政府在80年代采取了坚决措施，对国铁实行了分割民营化。

国铁自身的严重亏损，政府措施的无能为力，再加上内部管理阶层责任意识淡漠，人浮于事，导致国铁体制最终难以为继。国铁与民铁经营不仅形成强烈反差，而且鉴于国铁具有的国有性和公共性特点，日本国民对其赋予了更高的服务期望，由此反而加剧了社会各界对国铁的不满情绪。社会舆论针对国铁经营中的不良现象大加渲染，整个日本社会形成了强烈地要求变革国铁体制的巨大舆论力量。政府作为公有企业国铁的事实所有者，不仅不能从国铁经营中获得税收收入，反而每年要为此支付巨额的财政补贴。如果听任国铁问题继续，则意味着政府的财政包袱只会越来越大。在内外交困的背景下，日本政府不得不下决心从根本上改变国有铁道的经营体制。

经过各界热烈讨论和激烈斗争，日本政府最后基本上采纳了临调的国铁分割民营化方案。第二次临时行政调查会解散后，为具体推动国有铁道民营化进程，1983 年由政府组织成立了国有铁道再建监理委员会，专门负责国铁再建工作。国铁再建监理委员会作为行政委员会，虽然具有执行各项国铁再建政策的权力，但该权能受到了来自运输省等行政机关的抵制。1983 年 6 月 10 日，监理委员会正式宣布成立，监理委员会由 5 人组成，其中住友电工会长龟井正夫担任委员长，此外还有东京女子大学校长隅谷三喜男、日本开发银行总裁吉濑维哉、庆应大学教授加藤宽及原运输省次官住田正二。根据监理委员会设置法第一条规定，监理委员会必须贯彻“临调报告”的国铁再建方针。因此，委员会一开始就将“分割民营化”作为基本政策目标。

当时，无论是国铁内部、在野党还是自民党内部，反对分割民营化的力量仍然十分强大。为顺利推进分割民营化方案，监理委员会首先开始制造有利于民营化的舆论环境。1984 年 6 月 21 日，国铁仁杉岩总裁在记者俱乐部发表讲话，表明基本赞成分割民营化。但是，迫于国铁内部工会等的压力，仁杉岩总裁后来又开始反对分割民营化，并导致最后被迫辞职。监理委员会在两年多时间里，在充分听取国铁、政府机关、交通问题专家、私有铁道管理者、地方团体和工会等意见的基础上，经过 130

多次的集中审议，最终形成了长达150页的国铁再建报告。1985年7月26日，监理委员会向中曾根首相提交报告《国铁改革意见——为了开拓铁道的未来》。

报告认为："国铁已经处于破产状态，改革绝对不允许再有一刻犹豫。"对于导致国铁经营破产的原因，与第二次临调认识相同，主要在于"公社体制下庞大组织的全国一元化运营所致"。因此，已经不能在现行体制基础上重建国铁，必须将国铁进行分割民营化。报告还对分割民营化的人员分流问题（新公司成立后，约93000名职工难以安排）和长期债务问题（国铁长期债务25.4万亿日元，加上其他建设相关费用共计37.3万亿日元）提出了具体解决方案。

针对国铁分割民营化问题，各个政治派别之间展开了激烈斗争。自民党、新自由俱乐部、民社党、公明党等，虽然赞成和支持国铁分割民营化，但是，对于具体分割方案却意见不一，特别是对是否对本州铁道进行分割问题争议较大。此外，公明党提出了五分割方案，而自民党政调会副会长三塚博则提出了四岛分割方案。在政府推动国铁民营化的过程中，由于田中角荣的突然病倒，使自民党内反对国铁民营化和试图维护国铁现状的政治势力失去了政治屏障。1985年6月24日，迫于压力，国铁总裁仁杉提出辞呈。于是，中曾根首相启用新总裁，并更换了6名维持派高级干部，为国铁改革铺平了道路。

1985年7月30日，内阁会议决定，最大限度尊重"国铁改革意见"，为此，首先成立"国铁改革关联阁僚会议"，以协调各项改革事宜。7月31日，运输省成立国铁改革推进本部，全面调整国铁改革推进体制，在与国铁密切协调的基础上具体落实国铁改革相关政策。国铁当局也进一步扩充"再建实施推进本部"功能，调整内部协调体制。8月7日，为顺利实施国铁职员的再就业政策，成立雇佣对策本部，日本内阁总理大臣担任本部长，责令政府各机关全力支持并切实保证国铁职员的再就业。

在国铁再建监理委员会提出国铁改革意见之后，政府内部和国铁之间进行了广泛的协商和探讨。为顺利推进国铁改革，首先开始着手处理改革相关事项及法案准备工作。1985 年 10 月 11 日，日本内阁确立《国铁改革基本方针》，即通过确立效率性经营体制，实现人员的合理化，在考虑必要雇佣对策、长期债务处理等措施的基础上，实施分割民营化。为了在 1987 年 4 月 1 日前实现国铁民营化，必须在 104 届国会时提出各项相关法律草案。

作为国铁改革的重大问题之一，是如何处理改革后大量国铁职员的再就业问题。12 月 13 日，日本内阁通过《国铁剩余人员雇佣对策基本方针》，要求政府、地方公共团体、一般产业界及相关企业确保对离职国铁人员的再就业。基本方针对于接受行业的雇佣计划、新经营体制实行前后的退职、再就业促进对策等问题提出了具体的实施方案。伴随着国铁改革的实施，将可能产生约 6.1 万人的国铁离职人员。根据政府制定的基本方针，1986 年 9 月 12 日，日本内阁制定《国铁等职员再就业计划》，确定了各行业应该保证的再就业目标人数：其中政府为 13000 人，特殊法人等为 5500 人，地方公共团体 11500 人，一般产业界 10000 人，关联企业 21000 人。

与再就业问题困难度相当，债务处理问题也成为国铁改革的最棘手问题之一。1986 年 1 月 28 日，日本政府制定《国铁长期债务等处理方案》。为了确保国铁事业重建，在妥善处理国铁的巨额长期债务和年金负担，应以国铁负担为前提。与此同时，还必须将日本铁道建设公团及本州四国联络桥公团建设的铁道设施相关的资本费用一并处理。对于国铁的巨额长期债务，在不影响新建公司健康经营的前提下，由旅客公司继承。其剩余部分暂时归清算事业团。对于债务偿还，首先以出售国铁用地的收入抵偿，不足部分最后由国家处理。

1986 年通过的国铁特别措施法，作为国铁过渡期的紧急措施手段，主要规定了减轻国铁长期债务负担和促进退职等办法。在政府通过资金运用部贷给国铁的资金债务中，对已经采取搁置措施的 5 万亿日元特定债务，由财政一般会计继承。通过一般会计形式，将同额资金无息贷给国铁，并延长一般会计贷给国铁的一定无息债务的偿还期限等。为配合国铁推行的动员自愿离职人员的活动，对于提出申请并经过认定的职员，在 1986 年离职时，对其支付的薪酬、抚养津贴及调整津贴等的总额相当于 10 个月额度的特别补贴。

在 107 次国会中，参、众两院中共同设置了"日本国有铁道改革委员会"，对国铁改革议案进行集中审议，并最后通过了国铁改革 8 项法案。《日本国有铁道改革法》是关于国铁改革的基本法律，作为国铁改革相关的基本事项，它明确规定了国铁改革的必要性、意义以及国铁事业的分割民营化方法。通过设立三岛基金和新干线铁道保有机构，确保了旅客铁道公司的稳定运营和经营基础。该法律还规定了国铁及铁道建设公团的资产和债务的继承方法、向国铁清算事业团进行债务移转、清算事业团的处理责任、职员再就业的促进措施等基本方针等。与《日本国有铁道改革法》配套的其他 7 部法律分布为《旅客铁道公司及日本货物公司法》《新干线铁道保有机构法》《日本国有铁道清算事业团法》《日本国有铁道自愿离职职员及促进日本国有铁道清算事业团职员再就业特别措施法》《铁道事业法》《日本国有铁道改革法等施行法》《地方税法及国有资产等所在市町村交付金及纳付金相关法律的部分修改法》。

### 4. JR 集团的治理变革与绩效

日本国有铁道的民营化改革是伴随着组织结构调整、资产重组、人员安置、债务处理和经营方式调整等问题展开的。通过分割民营化，日本国有铁道转变为 6 家客运股份公司和 1 家全国统一货运股份公司，各公司仍然使用统一的 JR 标志，即：北海道旅客铁道股份公司（JR 北海道）、东日本旅客铁道股份公司（JR 东日本）、东海旅客铁道股份公司（JR 东海）、西日本旅客铁道股份公司（JR 西日本）、四国旅客铁道股份公司（JR 四国）、九州旅客铁道股份公司（JR 九州）、日本货物铁道股份公司（JR 货物）。国铁民营化并不是一蹴而就的，7 个股份公司成立仅仅是真正民营化的开始。基于原国有铁道在国民经济中所具有的特殊地位和公共性，日本政府采取了稳步推进策略。改革后的 JR 集团作为特殊法人，由法律直接规定其组织形式和运转方式，政府完全持有 7 家公司的全部股份。为保证改革的顺利进行，国家对 JR 集体采取了一系列特殊措施，如剥离部分债务由国铁清算机构负担，10 年内减半征收固定资产税，国家负担退休职工年金等，以确保民营化后的 JR 各公司正常运转。

通过国铁分割民营化，在日本本州，成立了 JR 东日本、JR 西日本、JR 东海三家公司，初步形成了 JR 集团与普通民营铁路公平竞争的市场组织结构。考虑到北海道、四国、九州三公司旅客流量较少，独立经营可能面临巨额经营赤字等客观情况，在三公司独立运营的同时，设立了“经营稳定基金”，共计 1.27 万亿日元，以该基金的利息收益来补充三公司经营收入的不足，努力改善三公司的经营现状。此外，考虑到飞机和公共交通对铁道旅客运输的巨大冲击，为了避免由于分割民营化可能造成服务分割和服务水平降低等现象出现，对于跨区域的旅客服务，继续提供全国统一的服务形式和计费模式。在全国的任何车站，都可以购买其他公司的车票。

在日本国铁分割时，6 家客运公司的划分既要充分考虑地理差异性，又必须认真分析市场运营和经营效益状况。首先，基于各地大都市区的旅客流量较大情况，考虑到旅客出行方便等客观因素，本州三公司的分界点均未设在旅客通行量较大的地区。国铁分割后，各公司管内的旅客运输量达到 95%，只有小部分列车跨区运行。其次，为确保各公司的经营结构合理，分割时充分考虑了传统线路和新干线各区段线路的营利结构，以实现财务平衡为标准，并配以内部适当的交叉补贴。由于东海道新干线横跨本州三个公司，考虑到 JR 东海的运营收入情况，最后将东海道全线划归其所有，而东海道新干线的运营收入占到该公司全部收入的 80%。

日本铁道改革采取了以“地域公司为主、网运分离为辅”的混合模式，而没有采取整体“网运分离”的运营模式，这主要是考虑了日本的基本国情和各地地理条件差异。日本沿海地区人口密度大，而且城市相对集中，如果实行基础线路设施和运营管理完全分离，则不仅不能降低经营成本，而且也不利于实现线路的充分利用和安全运营。因此，在实行分割民营化的同时，JR 集团采取了客运公司网运合一的运营模式（新干线除外)。与此相反,对于全国性运营的货运公司则采用了网运分离的方式,这主要是基于货物全国流动的特点和收支平衡的考虑。

民营化以后,国铁首先分为7个JR公司,企业规模明显缩小。通过法律调整,JR各公司作为特殊法人,虽然仍受到一定程度的公共规制,但相对于民营化前的规制程度和规制范围,已经在很大程度上减轻。各个公司在经营业务和日常管理方面拥有了充分的经营自主权。JR集团的组织结构分为总公司、分公司和现场部门三个层次,撤销了原来国铁的"铁路管理局"。总公司向分公司下放一定的人事、财政和事物管理权限,明确规定了现场部门的管理职责,从而极大调动了基层部门和一般劳动者的积极性。在企业决策方面,JR各公司注重基层分权和坚持效率原则,尽量减少烦琐的行政审批程序,缩短信息流程,努力提高决策质量和效率。

分割民营化后的JR集团各公司作为特殊法人,虽然还要接受来自政府一定程度的监督,但基本上按照股份公司运营模式进行管理。以JR东日本为例,为尽力打破国铁管理层的管理思维惯式,任命原三井造船会长山下勇为JR东日本会长,原运输省事务次官住田正二为社长,原国铁常务理事山之内秀一郎为副社长。三人分别出身于民间管理人员、法律行政人员、国铁技术人员,由他们共同构成JR东日本公司的核心领导层。鉴于当时从管理层到一般职工对JR的未来发展缺乏信心的现实情况,经营管理层确立了明确的经营目标,并将该目标下达每一个一线职工,以唤起每名职工的改革意识。与此同时,努力培养干部职工的纳税意识和盈利意识,强调"顾客第一,现场第一"主义,并积极构建适应市场竞争的公司管理框架和文化氛围。到1993年7月,JR东日本已形成有子公司、关连公司102个的大企业集团,它们主要经营从JR东日本分离出去的客运以外的业务或新开发业务。

日本国有铁道民营化前,作为国家出资的公共企业法人,所有重要事项都必须经国会或政府审议批准。伴随着民营化改革的推进,日本政府取消了对铁道企业具体经营活动的诸多限制。国家不再限定公司的业务经营范围,JR集团在企业运营方面拥有了充分的经营自主权。然而,基于铁道运输的公共性等特点，在涉及铁道建设、市场准入、运费等重大事项方面仍由运输大臣（国土交通大臣）许可或认可。国铁改革法规定，政府代表国家对JR各公司实行管理的是运输大臣，重大事情由运输大臣（国土交通大臣）负责。根据《旅客铁道股份公司及日本货物铁道股份公司法》和相关法律，政府不但通过清算事业团持有JR集团公司100%的股份，同时还拥有对JR各公司的经营行为保持一定的规制权力。

新铁道事业法规定，经营铁道事业必须获得运输大臣（国土交通大臣）许可。运输大臣（国土交通大臣）根据对事业计划的经营稳妥性、安全性以及企业运营能力的审查，决定是否发放经营许可。对于事业机会变更、工程改造、铁道路线的使用等都必须获得运输大臣（国土交通大臣）的认可。铁道运营许可一般包括铁路线路和经营类别。运输大臣（国土交通大臣）可以就铁道企业的业务范围，即旅客运输或货物运输进行限定，对于特殊线路可以规定相应期限。

对于旅客运输的运费，必须经运输大臣（国土交通大臣）认可审查。运输大臣（国土交通大臣）的认可原则是：在考虑经营效率的前提下，可以在合理成本基础上附加适当利润。1997年以后，日本在公共事业领域引入价格上限制，即由运输大臣（国土交通大臣）认可运价的适当范围，在其上限之内的价格调整只须事先提出申报。在合理运营成本的基础上，允许JR各公司附加一定的利润，但服务价格不得造成消费者的负担困难。2001年以后，通过修改铁道事业法，明确规定运费价格实行在综合成本方式基础上实行上限价格制度。法律禁止对不特定旅客和货主给予歧视性待遇，禁止铁道企业之间的恶性竞争。铁道企业只要获得了运价及新干线特快票价的上限价格的认可，对既有线路的特快票价、卧铺、对号座席及各种票价的折扣优惠，仅提出申报即可，对站台票价、退票费等均已无限制。应该说，实行价格上限制，在一定程度上缓和了对铁道运价的规制。

根据《旅客股份公司及日本货运股份公司法》规定，JR集团各公司在公开发行股票、发行公司债券、发行新股预约权、进行超过一年以上的融资时,必须获得国土交通大臣的认可。公司代表董事、执行董事、监事的任命或解聘必须经国土交通大臣的认可。公司事业计划、重要财产转让、公司章程变更等也必须获得国土交通大臣的认可。国土交通大臣根据法律执行监督职能,在认为必要时,可以就公司业务下达监督命令。当然,2001年以后,随着JR东日本、JR西日本、JR东海三公司股票出售和法律调整,本州三公司已经实现了完全民营化,上述规制目前仅仅适用于JR北海道、JR四国、JR九州以及JR货运公司。(参见表3-9)

**表3-9　民营化前后的铁道规制**

| 项目 | 国铁 | JR |
|---|---|---|
| 事业范围 | 限定 | 原则自由(新事业由运输大臣认可) |
| 投资 | 投资范围的决定由运输大臣认可 | 无 |
| 预算 | 国会议决 | 事业计划认可 |
| 贷款 | 运输大臣认可 | 长期贷款、公司债发行运输大臣认可 |
| 管理人事 | 总裁:内阁任命<br>监察委员:运输大臣任命<br>其他:运输大臣认可 | 股东大会决定,董事长、监事经运输大臣认可 |
| 工资 | 法定工资原则<br>总额工资制 | 劳资交涉 |
| 运费 | 国会议决 | 运输大臣认可 |

总之,国铁民营化推行至今,经营绩效较为显著。公社制下全国统一经营所造成的种种弊端基本得以消除。通过国有铁道民营化,JR集团一定程度上实现了产权制度创新。通过制度变革等措施,JR各公司充分利用各自的资源优势,拓展经营空间,努力提高本企业的经济效益,取得了不少的成果。但是,必须看到,国铁民营化是以政府承担巨额债务负担为前提的,日本国民最终以税金形式承担了民营化改革的所有成本。而且铁道事业在其未来的发展过程中,还会受到来自汽车、轮船、航空等优势方式的激烈挑战,其生存空间还可能进一步缩小。因此,民营

化后的JR各企业，在努力提高各项服务质量的同时，如何进一步增强企业竞争能力，如何顺应信息时代高速铁路发展的时代要求，积极探索国际化发展之路，将成为21世纪JR集团发展的关键所在。

## 四、道路公团民营化与公共事业治理转型

在日本政府直接管理的诸多公共服务事业中，规模最大的是专门负责高速道路建设和运营的日本道路建设四公团。相较于日本电信电话公社、日本国有铁路、日本邮政三家巨型国有企业，日本道路建设四公团虽然在员工人数、企业规模等方面相对较小，但其动用的公共资金总量和经营负债却高居榜首。道路四公团是日本名副其实的耗钱大户。在战后日本公共事业的发展过程中，邮政事业作为公共资金的入口，由邮政储蓄和简易保险筹集巨额资金通过大藏省资金运用部之手投资于公共事业建设。日本道路建设四公团则是最大的公共投资出口。小泉内阁时期所倡导的结构改革，其主要着眼点在于根本解决日本公共投资的入口和出口问题。通过公共事业的民营化改革，试图彻底打破政官商勾结的利益集团体系。

### 1. 公共道路建设的轨迹与特征

战后，随着日本经济的逐渐复苏，公路运输与经济发展之间的矛盾日益突出。截至1955年，客车数量已经达到战前的9倍。然而此时的日本公路建设速度却远不能满足时代要求。伴随着高速增长时代的到来，日本主要交通干道拥挤不堪。道路交通成为严重影响货物运输和经济发展的瓶颈。为适应经济快速发展的客观要求，1950年，日本制定《国土综合开发法》。国土综合开发法从国土的综合开发、利用和保护出发，要求合理配置产业布局，提高社会整体福利。1952年，日本全面修改道路建设相关法律，并制定了《道路建设特别措施法》，扩大收费道路的路线建设。各种收费道路建设和管理由政府和都道府县负责，其建设资金通过资金运用部特别

会计借入，并利用向道路利用者收取的费用来偿还各种借款。1953年，日本制定《道路建设资金等临时措施法》，把汽油税作为道路建设特定资金，用于道路建设和开发。1954年，日本开始实施第一个道路建设五年计划。到1957年，各种道路建设投资达到3086亿日元。

1956年，沃特金斯(Ralf J. Watkins)博士调查团考察了名古屋到神户的道路建设情况，并批评“日本道路之差令人难以相信，作为工业国家，像这样完全无视道路网建设的国家绝无仅有”[①]。沃特金斯对日本道路建设的尖锐批评，极大地刺激了正处于经济快速增长时期的日本政府和国民神经。以此为契机，日本政府制定了第二个道路建设五年计划。4月，设立日本道路公团，全面负责日本国家主要干线道路建设和管理。其后日本又于1959年、1962年、1970年设立首都高速公路公团、阪神高速公路公团和本洲四国联络桥公团，分别负责各相关区域的高速道路建设和运营。1970年，为建设和管理经营地方收费道路，日本制定了地方道路公社法，并相继成立了地方道路建设公社。由此，日本逐步确立了由国家、都道府县、地方市町村等共同建设收费道路的建设管理体系。

在日本政府和社会各界的全力推动下，原来制定的五年道路建设计划大都提前完成。1958年开始执行的第2个五年计划于1960年完成，共投入建设资金5252亿日元。截至2002年，日本政府共执行12个道路建设五年计划。1998年开始执行第12个道路建设五年计划，其计划投资规模为78万亿日元。然而，鉴于泡沫经济崩溃后日趋紧张的公共建设资金现状，最终道路建设投资额为65万亿日元。但与1958年开始的第2个五年计划相比，道路建设投资规模扩大了124.84倍。根据日本总务省统计，1958年日本社会总投资为3.08万亿日元，1998年为140.37万亿日元，同期日本社会总资本增长仅为43倍。扣除物价因素，社会总投资增长仅为14.96倍。可见，日本在道路建设方面的投资远远大于社会总资本的投入水平。(参见表3-10)

---

① 道路交通問題研究会:《道路交通政策史概観》。http://www.taikasha.com/doko/chapt21.txt。

**表 3 - 10　日本道路建设五年计划实际投资推移(亿日元)**

| 五年计划年度 | 1954—1957 | 1958—1960 | 1961—1963 | 1964—1966 | 1967—1969 | 1970—1972 | 1973—1977 | 1978—1982 | 1983—1987 | 1988—1992 | 1993—1997 | 1998—2002 |
|---|---|---|---|---|---|---|---|---|---|---|---|---|
| 一般道路 | 1821 | 3222 | 7222 | 12441 | 17956 | 31080 | 77578 | 129479 | 159265 | 226376 | 286274 | 317290 |
| 收费道路 | 146 | 510 | 2255 | 4432 | 7535 | 13179 | 39608 | 66145 | 97403 | 142387 | 177036 | 134312 |
| 地方道路 | 1119 | 1521 | 3045 | 5023 | 9127 | 17863 | 46939 | 92314 | 112527 | 181643 | 254762 | 204078 |
| 合计 | 3086 | 5252 | 12522 | 21896 | 34618 | 62235 | 164125 | 287938 | 369194 | 550406 | 718072 | 655680 |

资料来源：日本国土交通省道路局：http://www. mlit. go. jp/road/ir/ir-data/jroad04/10 - 03. html2008 - 1 - 31。

在日本政府大量资金支持下，随着道路建设计划的不断推行，日本交通情况大为改观。1982年，日本建成高速公路3000公里。1991年，高速道路达到5000公里。到2002年末，日本建成高速公路7278公里，一般国道约5.4万公里，都道府县道约13万公里，市町村道约97万公里，各种道路合计达到120万公里。至此，日本全国74%的地区都可以在1个小时内到达。2001年，日本高速公路引入ETC系统和ITS(高速公路交通系统)，极大提高了高速公路的利用效率。

长期的道路建设和发展过程中，日本逐渐形成了一套完备的一般公路和高速公路建设、管理和维护体系。根据《道路法》规定，道路管理机构被赋予较为广泛的道路管理权，包括路线确定、变更、建设、重建、养护维修、禁止通行、道路占用许可等。高速公路和指定国道由国土交通省管理，未指定部分由都道府县管理。县道由各县管理，市以下公路由市町村管理。根据《道路法》和其他有关法规，上述"道路管理权"可以委托有关单位执行，受托单位可以代理执行道路管理机构的部分职能，如公路收费等。《日本道路公团法》规定了道路公团的组织运营、业务范围、财务会计等执行办法。《道路建设特别措施法》确立了各种收费道路的收费标准及收费期限、管理费用等公路收费制度。此外《道路建设特别会计法》《国土开发干线汽车道路建设法》《道路维修法》等相关法律的贯彻和执行，推动了日本道路建设的顺利进行和有效管理。

日本道路公团主要负责全国道路干线及一般收费道路建设。《日本道路公团法》规定，日本道路公团作为特殊法人，通过对收费道路的建设、改建、维护、修缮等业务，实现有效的综合经营管理，促进道路建设和交通事业的发展。日本道路公团的主要业务包括：负责收费道路建设、改造、维护、修复及其他管理，并对上述道路进行相关灾后重建工作。建设和管理收费停车场、高速公路服务区、加油站及其他设施，还包括与高速公路相关设施，如长途汽车总站、货物保管设施、灾害后的道路恢复工作，与工程相关的调查、测量、设计、试验研究等。

日本道路公团作为公共企业，其组织形式虽然与其他特殊法人相似，但是，日本道路公团是日本最大利用公共资金的特殊法人，其资金全部由政府提供。国家给予免征法人税及政府担保债券等特权。因此，日本道路公团业务活动的基本目标、经营目标、经营范围、发展计划、预算、资金计划、收费标准等都必须受到国会或政府监督和管理。根据《日本道路公团法》，日本道路公团设总裁和监事由建设大臣任命，副总裁和理事可由总裁任命，但必须经建设大臣认可。公团管理人员和职员属于公务员性质，监事代表政府监督公团的业务，认为有必要时，则向总裁或建设大臣提出意见。

日本道路公团按照事业年度编制财务计划。每年的业务计划、资金计划及预算编制好后，在财政年度执行前必须得到建设大臣的批准，每年 7 月 31 日前必须完成决算。公团的当年赢利首先用于弥补上一年亏损。在存在剩余赢利时，作为储备金。经建设大臣批准后，公团可以进行长期或短期借款，或者发行道路债券，短期债券必须一年返还。公团每年度制定长期债务和道路债券的偿还计划，并由建设大臣批准。当经营资金不足以偿还贷款时，经建设大臣批准，可以调整借款期限，但必须在一年内偿还。政府可以向公团发放长期或短期贷款，也可认购道路债券。按照有关法律，政府对道路债券给予担保。以 2000 年为例，日本道路公团收入 19277 亿日元，其中收费 19143 亿日元，占业务收入的 99.3%。总支出 9445 亿日元，包括管理费 3689 亿日元，利息 5756 亿日元，余下的 9293 亿日元作为偿还基金还贷和还债。当年的年度负债率为 65%。在预算范围内，政府对公团的灾害修复工程给予补助。公团要接受建设大臣的监督，必要时建设大臣可发布业务监督的相关命令，并有权要求公团报告其业务和财产状况，有权对账目、资产等进行检查。

### 2. 道路公团的经费来源与经营问题

通过多个五年道路建设计划的实施，日本的道路状况获得极大改观。高速公路和主要干线的顺利建设，逐渐满足了日本经济高速增长时期对道路等基础设施建设的客观要求。但是，长期依靠政府大量投资而进行的道路建设模式导致了严重的路径依赖。在战后高速增长时期，日本形成了依靠扩大公共投资进行基础设施建设的政府运营机制。两次石油危机虽然对这种公共投资体制提出了极大的挑战，但由于日本很快摆脱了石油危机的困境，成功实现了从大工业时代的粗放型经营向集约型经营的转变，并创造了 80 年代日本式奇迹，因此，日本政府继续执行了扩大公共投资的路线。中曾根内阁时期，日本虽然推动了电电公社、日本国铁、日本专卖的民营化改革，但当时未将道路公团列入改革对象，而且道路建设规模仍在不断扩大。

日本道路建设资金一般由中央政府和地方自治体共同负担。道路建设资金的主要来源包括国家财政经费、地方财政经费、财政投融资和高速公路收费等。中央财政经费主要来自于汽油税、石油煤气税、汽车重量税和一般财政支出；地方财政资金主要包括地方道路税、石油煤气税、轻油交易税、汽车所得税、汽车重量税中的地方分成部分以及其他有关税收收入、地方补助、地方债券等。财政投融资主要用于收费道路建设，它通过政府担保形式，以未来道路收费来偿还借款的本金和利息。（参见表 3－11）

**表 3－11　日本道路建设特定资金来源依据**

| | 税种 | 道路建设资金依据 | 法定税率 | 暂定税率 |
|---|---|---|---|---|
| 中央政府 | 汽油税 | 道路建设资金等特例法第 3 条第 1 款 | 汽油税法第 9 条 | 租税特别措施法第 89 条第 2 款 |
| | 石油煤气税 | | 石油煤气税法第 10 条 | 未设定暂定税率 |
| | 汽车重量税 | 汽车重量税法 | 第 7 条第 1 款 | 租税特别措施法第 90 条之 11 第 1 款 |
| 地方自治体 | 地方道路税 | 地方道路税法 | 第 4 条 | 租税特别措施法第 89 条第 2 款 |
| | 地方道路转让税 | 地方道路转让税法 | | |

续表

| | 税种 | 道路建设资金依据 | 法定税率 | 暂定税率 |
|---|---|---|---|---|
| 地方自治体 | 石油煤气转让税 | 石油煤气转让税法 | 第10条 | 未设定暂定税率 |
| | 汽车重量转让税 | 汽车重量转让税法 | 第7条第1款 | 租税特别措施法第90条之11第1款 |
| | 汽车交易税 | 地方税法 | 第699条之8 | 地方税法附则第32条第2款 |
| | 轻油交易税 | 地方税法 | 第700条之7 | 地方税法附则第32条之2第2款 |

**表3-12　日本道路建设特别资金与其他资金变化情况**

| 年度 | 国费(亿日元) | | | 地方费(亿日元) | | |
|---|---|---|---|---|---|---|
| | 特定资金 | 其他资金 | 合计 | 特定资金 | 其他资金 | 合计 |
| 1955 | 260 | 2 | 261 | 77 | 266 | 343 |
| 1960 | 964 | 28 | 992 | 361 | 567 | 928 |
| 1965 | 2528 | 546 | 3074 | 1115 | 1637 | 2751 |
| 1970 | 5189 | 712 | 5901 | 3230 | 4266 | 7496 |
| 1975 | 10004 | 410 | 10413 | 6053 | 6286 | 12339 |
| 1980 | 18683 | 697 | 19379 | 11375 | 14874 | 26249 |
| 1985 | 20966 | 49 | 21014 | 13444 | 20628 | 34072 |
| 1990 | 25639 | 1583 | 27222 | 20325 | 35575 | 55900 |
| 1995 | 30658 | 12815 | 43472 | 24813 | 53488 | 78300 |
| 2000 | 35159 | 7693 | 42852 | 22647 | 42657 | 65305 |
| 2005 | 36234 | 1556 | 37790 | 22420 | 21974 | 44394 |

资料来源：日本国土交通省：《財源構成の推移》http://www.mlit.go.jp/road/ir/ir-funds/pdf/data3.pdf。

从日本道路建设资金投入情况看，自1955年起，基本上是逐年增加。但是，到90年代中期以后，随着泡沫经济崩溃后经济形势日趋低迷，为了缓解日益紧张的财政赤字压力，道路建设投资虽然逐渐减少，但仍然保持着较大投资规模。2005年,政府投资于道路建设资金为3.8万亿日元,地方投资为4.4万亿日元。相对于其他公共事业投资,道路建设仍然占据重要地位。(参见表3-12)

除中央和地方财政投入资金以外,财政投融资是日本道路建设资金的重要支柱之一。财政投融资主要包括大藏省资金运用部资金、简易保险资金、产业投资特别会计、政府担保债券及借款。财政投融资是由日本政府创立的一种特殊投资体制,作为有偿使用的资金,到时需还本付息,它以国家信用为基础,由大藏省资金运用部操纵其使用权。以1991年为例,财政投融资占日本道路公团投资总额的49.68%,收费收入占39.87%。1995年以后,随着特殊法人改革的不断深化,财政投融资规模开始逐渐减小。小泉内阁时期,随着道路公团民营化政策的迅速推动,政府开始大力压缩财政投融资规模。到2004年,日本财政投融资降为15667亿日元,为全部道路建设资金的16.25%。在日本120万公里的道路中,高速公路虽然仅占不到1%,但其在国民经济发展中的重要作用却十分明显。1998—2002年的五年计划中,总预算资本为78万亿日元,其中27%为高速公路建设费用。

为了缓解部分赤字路线的建设和偿还压力,1972年,日本实施全国高速公路收支一体化的统一核算制。在统一核算制的财务模式下,道路公团的经营问题被巧妙地包装起来,东名、名神等高效益路线收入因而被大量用于弥补赤字地方线路的亏空,因而导致收费一直居高不下。由于缺乏对高速公路经营绩效的具体评价机制,在统一核算制的掩盖下,赤字道路建设得以继续推进。在现在通行的40条线路中,只有5条收回了全部投资,27条线路的赤字在不断增大。从经营效益看,如果按照每100日元收入所需要的费用进行评估(费用/收入×100),则60年代为24.2,70年代为98.1,80年代为130.4,90年代则为332.1。① 由此可

① 麻生良文研究会道路公团研究班,伊東達朗等『日本の高速道路運営を問う』。http://www.clb.law.mita.keio.ac.jp/aso-seminar/kousokudouro2002.pdf

见，随着高速道路建设的不同开展，其经营效益每况愈下。

在高速公路初建时期，日本财政难以独立支撑庞大的道路建设，因此，只能依靠借款形式来满足主要城市区域及重要路段高速公路的建设需求。按照建设之初的设想，高速公路建设实行偿还主义建设方式，即由受益者负担建设费用，通过向国外车辆收费来偿还全部建设费用及利息，一旦贷款清算完毕，则开始免费通行。日本第一条高速公路"名神高速"和后来的"东名高速"是依靠世界银行贷款建设的。日本道路公团设立后，迫于战后国家财政紧张和国债发行的限制，道路公团开始利用邮政储蓄等财政投融资资金，加大高速公路建设的投资力度。随着高速道路建设的迅速扩大，道路公团利用财政投融资的资金规模也日益膨胀。然而，不管是世界银行贷款还是财政投融资资金，最后都必须依靠高速公路的运营收费来偿还本金和利息。在规定的偿还年限内，一定运营收入不足以支付贷款，则难以落实原来的偿还主义路线，因而必然带来严重的债务问题。事实上，在道路四公团建设的道路中，有些道路不要说偿还本金，其营运收入甚至不足以支付日常管理费用。到 2002 年，道路四公团合计债务高达 40 万亿日元，日本道路公团已经变成了名副其实的第二国铁。即使上述债务不再增加，如果以年利 0.4%计算，以 50 年为偿还期限，最后将要偿还 120 万亿日元。

在庞大的道路建设投资刺激下，日本道路四公团周围聚集并形成了稳定的关联采购企业群，并为未来"官员退路"和"干部派遣"提供了无数机会。自民党和日本政府依靠道路建设体制，垄断了整个日本高速公路的建设和管理市场，进而形成了高速公路建设队伍及其关联企业组成的庞大道路家族，并进而形成了影响政局和选票的重要力量。著名政治家田中角荣、金丸信、竹下登、古贺诚等都是"道路族议员"。自民党为了巩固自己的统治地位，长期以来非常重视"道路族"影响，而"道路族"出于自身利益考虑，则长期依附于执政党。另一方面，道路集团成为自民党获取政治资金的重要渠道。道路公团每年的建设投入资金为 1.2 万亿日元左右，道路计划颁布后，政治家往往想方设法使相关后援会所属建设公司中标。作为回报，建设公司每年拿出300亿—600亿日元作为政治捐款。一旦道路建设减少，将直接影响政治资金来源。屋山太郎指出："对于政治家来说，道路是确确实实的资金来源，而且只有执政党才能拥有，这与意识形态与政治理念没有丝毫关系，这里只是一个金钱的世界。"①

在道路公团运营过程中，由于存在着来自国会、自民党、政府、建设省（国土交通省）、大藏省等的过多干预，使道路公团只需依照政府指令执行建设计划和事业计划，而无须去关心建设计划的可行性和效益性。因此，日本的道路建设计划具有严重的政治色彩和利益集团势力倾向，最终导致日本道路建设的无限扩张。经济高速增长时期，日本政府在"国土均衡发展"的旗帜下，展开了全国性的道路网建设。在高速道路建设过程中，由于道路建设计划的政治决定性和"道路族"势力的积极推动，一些新建高速公路建设计划缺乏严格的效益评估，结果出现大量的赤字路线。此外，在道路建设和运营过程中，由于多次修改建设计划，因此使最初设计与实际绩效难以直接进行对比，从而一定程度上掩盖了收费道路的建设和经营问题，计划设定的30年偿还期限后来被延长至50年。

### 3. 道路公团民营化过程

90年代泡沫经济崩溃以后，随着日本经济形势变化和道路建设压力的缓解，道路建设投资本身日益演变为影响经济发展和造成财政紧张的重要因素。然而，日本高速公路建设管理体制的变革，不仅涉及各利益集团经济利益的重大调整，而且可能直接动摇各政治势力的后援基础。因此，以"道路族"为首的相关组织和政治势力对道路公团改革进行了长期的抗争。对于道路建设四公团的改革，"特殊法人等合理化整理计划"强调：应废除日本道路公团、首都高速公路公团、阪神高速公路公团、本

① 屋山太郎『道路公团民営化の内幕——なぜ改革はしたのか』PHP研究所、2004年3月。

州四国联络桥公团,代之以新的组织形式。新组织应该以民营化为前提,到 2005 年以前,尽快实现改革。为确保新企业的经济效益性,应成立第三者机关,由其制定具体的改革方案,并于 2002 年中形成具体方案。2002 年以后,国家不再投入资金。今后应调整道路事业建设规格,引入竞争,努力降低事业经营成本。对于以收费为前提的偿还期间,以 50 年为上限,尽量缩短偿还期间。对于其他采取直辖方式的路线建设项目,在编制年度预算时进行具体探讨。在首都高速公路公团和阪神高速公路公团实行民营化时,对于相关费用,应该实行政府和地方的分担原则。在进行本州四国联络桥公团民营化时,为了确保债务清偿,由政府道路预算、相关地方公共团体共同负担,并继续探讨灵活的收费制度。

在小泉政府积极推动和引导下,日本各界形成了强大的改革声势。为了声援公团民营化,以学者、经济界人士、新闻记者、政界人士为中心的"推进日本再建改革 700 人委员会",专门组成了"道路公团民营化问题分委员会",直接对道路改革问题提出建议。由道路公团 OB 会组成的"道路公团改革 100 人委员会"也发出呼吁,号召公团职员"不要屈从上面压力,鼓足勇气,面对改革,仗义执言,勇于行动"。"道路公团改革 100 人委员会"虽然内部意见并不统一,但他们对道路公团的经营和管理现状极度不满,要求顺应改革潮流,力促公团总裁反省。然而,由于当时的扇千景国土交通大臣一味包庇藤井总裁,直到石原伸晃担任国土交通大臣之后才最终解除了藤井的总裁职务。

特殊法人与日本政治有着千丝万缕的关系,因此,日本道路公团等特殊法人的改革直接牵动着以自民党为中心的利益集团利益,因而遭到自民党道路族议员强烈反对。道路公团民营化的焦点在于道路公团巨额债务的偿还与高速公路未执行计划的建设问题。自民党道路调查会长古贺诚指出:"9342 公里中残存的 2300 公里应早期完成,从计划、建造到管理都是国家的责任,这一点应该在国会上加以明确。"在国会内部召开的执政党高速公路建设促进议员联盟会上,前政策调查会长龟井静香强调说:"由没有国会议员参加的机关来决定包括(高速公路建设)先后程序在内的全面改革,是对议会制民主主义的否定。这是要坚决反对的。"因此,在执政党与国会内部,形成了与小泉内阁路线尖锐对立的强大反对势力。道路族和地方团体纷纷登台,极力争取国家出资的高速公路建设权,并要求公开讨论"高速公路建设优先顺序表"。国土交通省一方面要配合道路公团民营化改革,一方面却在加紧高速公路建设。扇千景国土交通大臣对民营化改革采取消极抵制态度,并提出了"日本高速公路股份公司"移转方案,主张以 20 年为目标实行民营化。道路公团更是消极对待政府推动的民营化改革。面对各种政治势力的极力反对和百般阻挠,能否顺利推进道路公团改革,不仅直接关系着小泉内阁所倡导的民营化改革和构造的改革路线能否贯彻,而且还直接影响着小泉首相的政治生命。

根据《特殊法人等整理合理化计划》,2002 年 6 月 7 日,日本国会通过"道路相关四公团民营化推进委员会设置法"。6 月 24 日,作为第三者咨询机构,"道路公团民营化推进委员会"宣布成立。根据法律,小泉首相直接任命了民营化推进委员会的人选,并获得国会通过。道路公团民营化推进委员会由今井敬(经团联名誉会长)任委员长,此外还有中村英夫(武藏工业大学教授)、田中一昭(拓殖大学教授)、松田昌士(JR 东日本会长)、大宅映子(评论家)、川本裕子(麦肯锡高级顾问)、猪濑直树(作家),共 7 名委员组成。

在道路公团民营化推进委员会议事过程中,围绕如何进行民营化改革问题,各委员之间出现了严重意见分歧。委员长今井敬、道路工程学专家中村英夫强调道路建设必须国家经营,反对停建高速公路。今井委员长强调,"不能提出与行政不相适应的报告","否则法案不会得到国会通过"。今井的观点与国土交通省和道路族的意见较为接近。田中一昭和松田昌士曾经参加过土光敏夫主持的第二次临时调查会工作,主张尽快彻底实现民营化。在审议过程中,由于今井委员长的暧昧运营和猪濑委员的长篇大论,几乎占据了整个审议时间。2002 年 8 月 30 日,在今井、中村和猪濑的一致推动下,提出了一个"上下分离"的中间报告方案。

该案与国土交通省道路局制定的方案基本相同，可以说基本代表了国交省的意见。对此，川本和田中委员坚决反对。后来松田又提出了“以 10 年为期，实现上下一体”和“抑制建设”方案，结果得到多数人同意。但委员会内部却形成了 5∶2 的对立格局。

在民营化推进委员会开始审议道路公团民营化方案之初，就曾要求道路公团提供反映其经营状况的财务诸表。然而，道路公团以基于偿还主义的考虑，不存在公团决算以外的数据为由，拒绝提供相关资料。在委员会的审议过程中，为了反映道路公团经营现状的财务状况，川本委员计划采取模拟推算方法，但遭到今井、猪濑的反对。为了系统了解道路公团的财务状况，根据民营化推进委员会的意见，2002 年 10 月 7 日，作为民间第三者专门机构，设立了“财务诸表研讨委员会”，早稻田大学商学部加古宜士教授担任委员长。为了对付财务诸表研讨委员会，日本道路公团总裁藤井将当时的经理部负责人作为“左迁人事”调往地方。2003 年 6 月 15 日，财务诸表研讨委员会公布按照民间基准核算的财务诸表。据此，除本四公团之外，其道路公团资产全部没有超过债务。

经过 35 次审议，2002 年 12 月 6 日，民营化推进委员会对最后意见进行表决。由于今井委员长反对多数表决意见，决定辞去委员长职务，并中途离开会场。最后委员会以多数形式通过了民营化推进委员会的意见书，并提交政府。民营化推进委员会主张将日本道路公团分为 5 个高速公路公司，分别负责各区域道路的运营、管理、建设等职能，并继承道路服务区等相关资产和债务。作为政府全额出资企业，从道路保有机构承租道路资产，并偿付租赁费用。设立道路保有和债务返还机构，继承四公团所有道路资产及其长期债务，负责债务偿还事宜，降低通行费用，实施弹性费用下降政策。

2002 年 12 月 17 日，小泉内阁发表关于道路公团改革的意见：“政府在基本尊重道路公团民营化推进委员会意见的方针下，基于同委员会已经取得的成果，充分研究审议过程和意见内容……最后形成具体的改革方案。”然而，对于民营化推进委员会的决定及其所提出的方案，小泉内阁事实上采取了消极态度，自民党内部也强烈反对，而道路公团和国土交通省则采取了不合作或积极抵制的政策。日本道路公团不仅不按照民营化推进委员会要求提交相关资料，而且以藤井总裁为首道路公团领导层还私自组织咨询委员，制定反对民营化的抵制方案。面对藤井总裁等公团领导层的抵制，国土交通省大臣扇千景一直采取暧昧态度。石原担任国土交通大臣以后，没有立即解除藤井职务，而是选择在民主党和自由党召开合并大会的当天，突然要求藤井总裁辞职，借此转移媒体和国民的视线，削弱新民主党的影响，为自民党改革行政争取更多关注。2003 年 11 月 28 日，国土交通省向政府和执政党协议会提交了民营化的基本方针案。

4. 民营化后的道路经营体制

2004 年 3 月 9 日，日本内阁通过了道路四公团民营化相关法案，并向国会提出。经过再三审议和修订，2004 年 6 月 9 日，日本国会通过了《高速道路股份公司法》《独立行政法人日本高速道路保有与债务返还机构法》《日本道路公团等民营化相关法律调整法》《日本道路公团等民营化关系法施行法》。

依据道路公团四法，2005 年 10 月 1 日，东日本高速公路股份公司、首都高速公路股份公司、中日本高速公路股份公司、西日本高速公路股份公司、阪神高速公路股份公司、本州四国联络高速公路股份公司和独立行政法人日本高速公路保有和债务返还机构（以下简称“高速公路机构”）宣告成立。6 家日本高速公路公司主要经营业务包括高速公路收费、日常维护和管理、停车场业务以及受国家或地方公共团体委托而进行的道路新建、改建、维护、修缮等业务，并根据公司发展规划，自主决定未来道路建设计划。高速公路公司作为特殊公司存在，在接受政府和高速公路机构监督和指导的同时，通过高速公路机构获得政府或地方公共团体的资金支持，可以得到政府的无息贷款或政府担保债券。

新成立的 6 家高速公路股份公司作为特殊法人，各自负责各自区域内高速公路新建、改建、维护、修缮及其他管理等道路管理业务，确保道路交通畅通，以促进国民经济的健康发展和提高国民生活水平为目的。高速公路股份公司的业务还包括为高速公路的通行者或利用者提供方便，对高速公路的服务区、加油站及其他设施进行建设和管理。除此之外，应国家或地方公共团体等委托，在不影响其正常业务的范围内，从事道路相关的调查、测量、设计、实验、研究等活动。公司进行上述业务时，根据国土交通省令，必须提前与高速公路保有和债务返还机构缔结协定。以五年时间为期，根据业务实施状况，在对协定研究的基础上，在认为必须加以变更时，可以向高速公路机构申请变更。在出现大规模灾害或其他社会经济形势重大变化时，也可以申请变更。

政府对高速公路公司拥有财政、人事、事业计划、债务等认可权。政府或地方公共团体必须持有高速公路股份公司股票三分之一以上。公司发行股票、募集新股预约权时，必须获得国土交通大臣的认可。在通过行使新股预约权发行股票时，必须立刻向国土交通大臣报告。在发行公司债或进行超过一年的借款时，必须经国土交通大臣认可。在每事业年度开始前，根据国土交通省令规定，6 家高速公路公司必须制定各自的事业年度计划，并报经国土交通大臣认可。公司对重要财产进行让渡或提供担保时，必须获得国土交通大臣的认可。涉及公司章程变更、利润分配及其他利润处分、合并、分割及解散的决议，非经国土交通大臣认可不发生法律效力。公司必须根据国土交通省令规定，按照事业年度制定勘定项目分类、借贷对照表、损益计算书及其他财务计算诸表，分类进行会计整理，事业年度结束后，必须将上述诸表呈报国土交通大臣。

国土交通大臣对公司行使监督权，可以针对公司业务下达监督命令，要求其报告相关业务，或对公司营业场所、账簿、资料等进行检查。对于涉及股票、财务等方面的处理意见，国土交通大臣必须与财务大臣进行协商。政府及地方公共团体在处分所持股票时，必须提前与相关政府机关或地方团体进行协商。公司的董事长、董事、监事等选定和解任必须经国土交通大臣的认可。

除对高速公路公司进行相关规制之外，对于各公司在未来的经营过程中出现的债务问题，依据法律规定，在国会议决的金额范围内，为补充公司执行业务所需经费，政府可以对相关债务进行保证。因此，6 家高速公路公司虽然实现了名义上的民营化，但是事实上仍然和过去一样，由国家继续承担其债务担保。国土交通大臣和财务大臣分别仍然持有东日本高速公路、中日本高速公路、西日本高速公路近 100%的股权。对于阪神高速公路则由国土交通大臣持有 50%股份，大阪府、大阪市、兵库县、神户市、京都府、京都市等则分别持有其他股票。首都高速公路和本州四国联络高速公路的主要股份也由国土交通大臣和地方自治体所持有。（参见表 3－13）

**表 3－13　六家日本高速公路公司 2006 年会计年度经营状况（亿日元）**

| 公司名称 | 道路经营收入 | 道路经营净利润 | 道路租赁费用 |
|---|---|---|---|
| 东日本高速公路股份公司 | 7094 | 91 | 5268 |
| 中日本高速公路股份公司 | 6356 | 96 | 6260 |
| 西日本高速公路股份公司 | 6993 | 124 | 4917 |
| 首都高速公路股份公司 | 2836 | 36 | 2801 |
| 阪神高速公路股份公司 | 1885 | 17 | 1406 |
| 本州四国联络高速公路股份公司 | 787 | 23 | 764 |

资料来源：6 家日本高速公路公司资料。

高速公路机构通过保有和出租高速公路等相关道路资产，承继债务及其他高速公路新建、改建等相关债务，尽快实现债务返还，以减轻由于高速公路建设等造成的国民负担，支援各高速公路公司顺利开展业务活动。高速公路机构以政府或地方公共团体的出资为资本金，必要时经国土交通大臣认可，可以追加资本金。政府及政令规定的地方公共团体可以在预算范围内向高速公路机构出资。

高速公路机构主要负责保有高速道路资产，并向各高速公路公司出租道路资产。根据与高速公路公司签订的协定，高速公路机构在继承道路四公团所有资产的同时，负责返还各高速公路公司由于新建、改建、修缮或因为灾害恢复所负的债务。为了支持首都高速公路、阪神高速公路的新建或改建，高速公路机构以政府或地方公共团体出资为资本金，分别向首都高速公路股份公司、阪神高速公路股份公司提供无息贷款。对于政府交付的道路修复补助金或地方公共团体交付的补助金，高速公路机构可以以资本形式向各高速公路公司提供无息贷款，用于公路新建、改建、修缮或灾害恢复。根据"道路建设特别措施法"，在高速公路公司进行高速公路的新建、改建、维护、修缮及其他管理时，高速道路机构负责执行道路管理者的代行权及其他业务，为各高速公路公司降低各项运营费用提供必要帮助，并执行本州四国联络桥建设相关法律所规定的业务以及其他附带业务。

高速公路机构在向各高速公路公司出租道路资产时，必须依法签订具体合同。根据业务实施情况，每五年左右时间，对协定内容进行重新协商。在高速公路机构认为必要时，可以提出变更要求。在高速公路机构与各公司缔结上述关于全国路线网、地域线路网等高速公路出租协定时，必须按照道路线路制定具体业务实施计划，并报经国土交通大臣认可。

高速公路机构依据被认可的业务实施计划，在向高速公路公司出租道路资产时，必须征收相关租赁费用。租赁费用按照高速公路具体情况进行征收，包括高速公路使用费、机构业务执行费用及其他政令规定的费用，其具体基准由政令规定。高速公路机构必须将道路资产的保有和出租业务与债务返还业务分别进行核算。对于中期目标执行过程中出现的剩余金，必须与下一个中期目标进行合并处理，经国土交通大臣认可，可以作为返还债务资金处理。

在偿还债务需要时，经过国土交通大臣认可，高速公路机构可以进行长期借款或发行日本高速公路保有与债务返还机构债券。经过国土交通大臣认可，高速公路机构在发行债券时，可以委托日本或国外的银行、信托公司、证券经营者进行。在经过国会议决的金额范围内，政府可以对高速公路机构的长期债务或债券债务提供担保。政府或地方公共团体可以在各自预算范围内向高速公路机构提供补助经费。高速公路机构必须制定每事业年度的长期贷款或债券的返还计划，并报经国土交通大臣认可。

为确保日本高速公路保有机构正确行使道路管理者的代行权，国土交通大臣认为必要时，可以要求高速公路机构采取必要措施。对此，除正当理由外，高速公路机构必须采取适当措施。国土交通大臣在依法进行相关认可时，必须提前听取国土交通省独立行政法人评价委员会的意见，有时必须与财务大臣进行协商，或征求相关地方共同团体首长的意见。法律规定原来四公团的债务偿还期限为 45 年。待偿还完毕之日，高速公路机构解散，由各出资者继承其剩余财产。

日本高速公路与债务返还机构总部设在神奈川县，共有 90 名职员组成，势山广直担任第一任理事长。高速公路机构在继承了四公团的道路资产的同时，还继承了全部固定负债为 34.8 万亿日元，流动负债 4 万亿日元。依据最初设计，高速公路机构计划在 45 年内以道路租赁费等偿还道路建设资金，最终实现免费开放高速公路，并负责免费高速公路管理。高速公路的所有权属于日本政府，高速公路机构只是代表日本政府与高速公路公司签订收费道路的经营协议，而且该协议必须经国土交通大臣批准后方可执行。收费道路以租赁形式交给高速公路公司经营，此后新建和改建的收费道路，一旦建成之后，产权转归高速公路机构所有，并同时移交由此产生的相关债务。政府通过高速公路机构向高速公路公司提供新建、改建、修缮或灾害恢复等的资金或补助金。为了偿还原道路公团时期所欠的债务，高速道路机构必须每年要从金融市场筹集 2 万亿—3 万亿的资金，其中 80％来自有政府保证的财政投融资。自 2005 年 10 月 1 日六高速道路公司体制确立至 2010 年末，在五年时间里，高速道路机构共发行建设债券 132 次，合计金额约 12 万亿日元。

在战后日本历史上二次大规模的民营化改革中，相较于电信民营化、国铁民营化和邮政民营化来说，道路公团民营化可以说耗时最短、变动最小。鉴于高速道路本身鲜明的公共事业特点，加之道路公团民营化本身的体制变化和政府担保等特点，对于民营化后确立的经营管理体制，难以简单依靠经济核算方式进行评价。针对政府的最后草案，各家媒体曾经给予大幅报道，而且评价不一。应该说，日本道路公团民营化改革是多方妥协的结果，它既没有按照民营化推进委员会的设想推进，也没有达到小泉政府所宣传的民营化效果。道路公团时期存在的主要问题并没有从根本上得到解决。道路公团民营化后成立的6个高速公路公司，虽然没有通过出售股票实现产权转移，但毕竟为未来走向市场模式经营创造了一个客观的法律环境和现实条件。道路公团公司化的经营体制为高速道路公司的自主经营创造了条件，拓宽了经营渠道和经营领域。

道路公团民营化问题不仅在于转变公团本身的经营体制，更重要的在于通过道路公团经营体制转变调整原来的财政投融资体制，并在切实保证40万亿日元有息贷款的基础上，尽量减少国民负担，并提供弹性收费制和多样化服务。然而，民营化后的高速道路公司体制及其运营模式却未能完全实现上述目的。上下分离的组织体制不仅未能从根本上解决巨额债务的继续增长问题，反而增加了道路管理环节和行政运营成本。表面看来，财政投融资的贷款渠道得以控制，但政府担保的新建路线和债券的大量发行，不仅不能真正实现民营化的初衷，而且还形成了进一步扩大道路建设的刺激机制，为高速道路公司提供了更为宽松的生存空间。因此，日本长期存在的政治道路建设问题、政府干预问题等问题仍将长期存在。

日本社会对高速公路民营化虽然褒贬不一，其关注焦点主要集中于日本高速公路建设计划是否能如期完成，民营化后高速公路能否在不断降低收费标准的情况下确保服务质量，高速公路公司能否真正做到自主经营，其实质是如何处理好高速公路建设的公益性和企业性问题。如何充分利用民间资本，在提高经济效益的同时，保障高速公路的社会公益性？如何在保证高速公路正常运营的前提下，逐步为社会提供更加优质廉价的道路服务？这不仅是日本政府和高速公路各公司所面临的现实问题，也是世界各国政府都必须正视和亟待解决的课题。

## 五、邮政民营化与公共投资体制转型

日本邮政事业130多年的历史中，经历了太政官时代（1971—1885）、递信省时代（1885—1949）、邮政省时代（1949—2001）、总务省时代（2001—2003）、日本邮政公社时代（2003—2007）五个发展阶段。在日本两次民营化改革浪潮中，围绕邮政民营化改革，日本社会各界矛盾最尖锐，斗争最激烈。邮政公社作为日本经济规模最大、经济实力最强、职工人数最多的国营企业，其改革不仅仅关系着拥有28万职工的日本邮政事业，而且直接关系着日本公共管理体系的根本性变革。在日本，以邮政族议员为中心，不分执政与在野，官僚政客、工会组织、特定邮政局长等既得利益者集团向小泉政府发动了全面进攻。2005年，小泉首相以解散众议院形式清算了反对者，最终推动了邮政民营化改革。

### 1. 邮政事业的发展轨迹与邮政经营

日本近代邮政事业始于1871年。明治政府在废藩置县的同时，作为推进近代化政策内容之一，在东京、大阪、横滨、神户、新潟、长崎等地设立驿递所，由此正式建立了近代日本邮政事业。1873年3月，日本政府颁布《邮政规则》，规定邮政事业为官营垄断事业，从此禁止民间从事邮递业务。作为邮政事业的管理机关，曾先后归属民部省、大藏省、内务省、农商务省管辖。大藏省时代更名为驿递寮，内务省时代更名为驿递局。1885年，日本建立内阁制度，农商务省驿递局与工部省电信局等合并，组建递信省。

为积累社会闲散资金，支持国家重要产业建设，1875年5月2日，仿照英国模式，明治政府开办邮政储蓄业务。1916年，邮政局开设简易保险事业业务。1952年，电信省改组为日本电信电话公社，其行政管理业务划归邮政省。至此，邮政省成为主管邮政业务、邮政储蓄、邮政汇兑、简易生命保险、邮政养老金以及电信政策的行政机关。2001 年，随着中央省厅改革的推进，邮政省与自治省、总务厅一起并入总务省。总务省设立邮政企划管理局，负责邮政事业发展规划等基本政策，作为总务省挂靠单位，设立邮政事业厅，具体负责邮政事业计划的实施，并开始着手准备向日本邮政公社的转变。2003 年 4 月 1 日，日本邮政公社成立。与此同时，总务省邮政企划局转变为邮政行政局，并将对邮政储蓄和简易生命保险的相关检查业务委托金融厅负责。日本邮政公社作为统一经营邮政业务、邮政储蓄、简易生命保险三大事业的公共企业，成为世界上最大的金融机构。

邮政公社成立以后，为改革原来的行政管理模式，引进企业管理方式，聘请原三井造船公司董事长担任公社总裁。为提供高质量和降低服务成本，邮政公社最大限度地引入民间企业的组织体系和经营机制，以提高其运营效率。日本邮政公社内设邮政事业总部、邮政储蓄事业总部和邮政简易保险总部三个事业部，作为独立核算单位，实行会计分立制度。在税收上，与民营企业处于相同竞争条件，由过去的免税转变为交纳部分固定资产税、印花税等税款，额外收益以法人税形式部分上缴国库。邮政公社在不断改善现有邮政服务的同时，继续开发新业务，拓展业务空间，在邮递业导入“丰田管理方式”。它们不断扩大二日送达的邮递服务区域，并积极开展了固定形状的小型包裹邮递服务。

截至 2005 年 3 月，日本总人口约 1.2 亿，按照每 1.1 平方公里设置一个邮局标准，日本全国共设立了 24678 个邮局。由于许多地方的邮政业务处于亏损状态，因而只能依靠其他业务或补贴来维持正常运营。1993 年，日本邮政业务出现赤字。1998 年，受日本金融机构破产的影响，再度出现赤字。1999 年以后，虽然业务收入逐年增加，但单年度赤字达到 553 亿日元。2000 年，赤字达 100 亿日元。随着互联网的迅猛普及，邮政业务收入明显下降。2002 年，日本邮政营业收入比 1995 年下降了 11%，并以每年 2%—3%的速度递减。由于邮政职工为国家公务员，即使出现经营赤字，政府或邮政公社也不能像其他民间企业那样随意裁减职工。长期以来，人工费在邮政成本中占到60%以上。

2004年，日本邮政储蓄额为214万亿日元，随着金融秩序整顿和邮政民营化推动，邮政储蓄虽然逐年减少，但依然维持在200万亿日元以上。在日本，80%的家庭都持有邮政储蓄。日本邮政储蓄主要依靠个人储蓄来维持，其中99.6%为个人储户。与此相对，城市银行储蓄中个人储蓄占55%，地方银行和信用公库的个人储蓄则占66.7%。之所以邮政储蓄拥有如此众多的个人客户，关键在于其便利性和国有的安全性。

近年来，由于受经济长期不景气和低利率的影响，参加邮政简易保险的人数不断下降。2004年度，日本邮政公社共签订保险契约350万件，比上年度减少37.5万件，下降9.7%。保险金额为99146亿日元，比前年度减少10936亿日元，减少9.9%。由于新增保险契约减少与合同到期率增加，2004年，简易保险契约总数为6540万件，比上年度下降4.5%，保险金额为178万亿日元，比上年度下降3.7%。在个人保险领域，在日本全部保险契约中，邮政简易保险契约占37.6%，民间生命保险占53.7%。但是，邮政简易保险所占全部保险金额的比率仅为11.4%，而民间生命保险则占75.1%。可见，简易保险的保险数额较小，但参保人数较多。

邮政公社一直未能从根本上实行政企分开，邮政职工属于公务员性质。到2003年3月末，日本邮政公社拥有职工28万人，成为名副其实的日本最大国营企业。邮政储蓄总额233.2万亿日元，超过日本四大商业银行存款余额的总和，堪称世界上最大的储蓄银行。简易保险资金总额185.3万亿日元，相当于日本四大家生命保险公司资产规模的总和。两类资产累计达418.5万亿日元。2003年，日本邮储资金运作方式主要是用于购买国债、地方债和财政投融资等，并继续用于道路公团、国营土地改良事业、各种公团、地方自治体或通过政府机关间接向民间提供资金。截至2004年3月，日本邮政公社所持有国债余额高达170万亿日元，占国债发行总额的四分之一。可见，邮政资金对日本经济的发展具有巨大的影响。

邮政业务作为日本的政府事业，从其建立到民营化以前，一直延续着传统的经营管理模式，即“特别邮政局长制度”。特别是边远地区的邮局局长，大多实行“世袭制”。明治时期，为迅速建立起全国性的邮政运送体系，解决政府邮政建设资金的不足，政府募集地方绅士担任地方邮政局长，让其以自家住宅为邮政局的办公地点。起初，邮政局长不享受薪金待遇，但职位可以世袭。在邮政局内部，第一层经营邮政业务，由邮政局支付房屋租赁费用。第二层则为邮政局长的家属住房。为了与政府设立的邮政局相区别，后来将这种邮政局称“特别邮政局”。在日本2.4万个地方邮政局中，特殊邮政局占全部邮政局的76.5%左右。在邮政省时代，特定邮政局长的“世袭制”曾经广受抨击。日本邮政公社建立后，废除特定邮政局长的“世袭”制，将特定邮政局长的聘用方式改为向社会公开招聘，并且应聘资格较为苛刻，应聘考试十分严格。

在日本，邮政的“世袭制”与议员的“藩属制”相互结合，形成了紧密的政治链条，使日本邮政系统演化为日本政坛的强力支撑基地。在自民党长期单独执政的背景下，邮政集团培育了一大批“邮政族”政治家，邮局系统成为自民党的重要选票据点。因此，面对小泉的邮政民营化改革，以邮政事业为中心的既得利益集团，联手组织了一场强大的反对浪潮。

在邮政省管理时代，邮政省既是邮递事业的监督管理者，同时又是邮递事业的直接参与者。邮政省独家垄断书信邮递业务，禁止其他民间企业参与书信传递事业。2002年，日本通过《邮政公社法》和《信函投递法》，打破了普通信函投递业务的政府垄断规制，允许民间企业从事书信投递业务，但同时又设置了较高的进入门槛。法律规定，民间企业进入普通信函投递领域时，必须在全国设置邮筒，提供平信及明信片投递服务的公司，必须在全国至少拥有10万个信箱，每周投递日要多于6天。

日本邮政公社成立以后，不仅继续经营书信邮递业务，也参与经营小型包裹运送等物流事业，并积极开展多种经营，结果形成了对民间物流企业的严重挤压。日本邮政公社由于受到书信法和邮递法等保护，邮政车辆在许多区域可以畅通无阻，而民间物流企业则必须接受货物汽车运送事业法等规制。由于日本邮政公社参与冷藏品邮递和定时邮递两项业务的竞争，致使大和运输等民间企业的经营活动受到很大影响。邮政物流系统作为日本陆路运输的最大供应者，2004 年承接信函、包裹总数达 250.4 亿件，而日本著名物流企业“大和运输”的配送交易量仅为 10.6 亿件。为此，大和运输公司以“压制民间企业”为由，曾经向日本邮政公社提出了诉讼。

2. 邮政金融的治理问题

日本邮政改革之前，邮政储蓄资金几乎原封不动地由大藏省“资金运用部”投资于政府直辖的“特殊法人”，进行公共项目建设。如投资于道路公团，修建收费高速公路；投资于石油公团，积极开展海外石油开发等。财政投融资被称为日本政府的“第二预算”，其资金利用不需要国会审批，直接由政府制定和执行相关财投计划，确定政府的投资方向和重点。日本政府在不扩张财政条件下，通过邮储储蓄等财政投融资计划，一定程度上弥补了财政资金的匮乏，极大支持了日本基础设施建设发展。邮政事业资金成为政府维护社会稳定的重要财源。长期以来，日本邮政是政府国债的最大买主。2001 年，实施财政投融资改革，将邮政系统资金从财政投融资中分离出来，邮政系统资金与民营金融机关一样，由邮政公社直接决定购买国债和财政投融资债券。但是，从实际操作看来，其资金利用方式并没有发生根本性变化。

邮政储蓄和简易保险资金是财政投融资最主要的资金来源。它一般通过资金运用部途径被投入日本道路公团、住宅建设公团等特殊法人。因此，各公团、事业团等的经营效益将直接决定着未来财政投融资的回报。但是，绝大多数特殊法人都存在严重的赤字经营问题，因而依靠自身力量根本无法偿还投入资金。然而，各特殊法人的国有性质和资金借入的政府担保性，使它们无须考虑资金的利用效益，而只是一味地追求扩大投入规模。至于最终的资本金和利息偿还问题，只能由对此进行担保的政府财政解决，即由国民税金予以填补。如道路公团利用财政投融资建设的众多赤字路线，其资金利用亏空和巨额赤字只能由政府承担。本州四国联络桥建成后，实际通车量仅为预测量的三分之一，投资根本无法收回。本州四国联络桥公团不但无力偿还财政投融资的借款和支付利息，为了维持其日常运营，政府还必须投入一定的财政支持。

泡沫经济崩溃以后，民间金融利率不断下调。但是，邮政储蓄的定额储蓄率却一直未进行调整，结果导致许多民间资本流入邮政储蓄，从而加剧了金融秩序的紊乱。2001 年，在特殊法人改革过程中，废除大藏省（财务省）的资金运用部，解除了由资金运用部管理邮政储蓄资金和年金的义务。邮政事业厅由此可以自主负责邮政储蓄和简易保险等资金的投向。各财政投融资机关设立财政投融资特别会计，通过发行财政投融资国债来募集资金。但是，从事实上的执行来看，邮政储蓄资金依然用来购买国债。2004 年度末，日本中央政府和地方债务升至 719 万亿日元，其中大部分是依靠发行国债（包括财政投资债）和地方债来进行融资的，而邮政储蓄和简易保险则是上述债务的最大买家。邮政储蓄和简易保险所持有的中央和地方的债权余额为 316 万亿日元，占全部中央和地方长期债务总额的 44%。2004 年度由总务省发行的财政投融资国债主要由邮政储蓄购买，其国债领受率为 75%。邮政储蓄资金和简易保险资金等基本上还是按照原来的资金使用途径进行投资。由邮政储蓄和简易保险筹集的巨额资金通过公共金融形式进行再分配，一方面造成了公共金融的过度膨肿，另一方面也造成了资金流向的畸形发展。因此，只有彻底废除特殊法人或实现邮政的完全民营化，才能从根本上改革财政投融资制度，并彻底消除公共投资的惯性循环。

相对于民间金融机构来说，邮政储蓄享有各种特殊优惠。首先，由于政府提供担保，因而邮政储蓄信用度较高，而且不需要像其他金融机构那样，必须向国家金融机构交纳一定比例的保险准备金。在纳税方面，虽然缴纳消费税和汽车税，但是不缴纳法人税、居民税、事业税、登记许可税、印花税等税种。邮政公社成立之后,虽然开始向地方的市町村等交纳一定额度的固定资产税,但仅相当于其他金融机构的一半左右。据日本银行协会统计,仅 2003 年,邮政储蓄少交纳各种税金达 1.1 万亿日元,10 年间累计少支付 6.2 万亿日元。

邮政金融作为规模庞大的国营金融,日益成为阻碍日本金融业发展的制约因素。2004 年,日本邮政储蓄存款总额为 227.3 万亿日元,而同期日本四大都市银行集团(UFJ、东京三菱、三井住友、瑞穗)的存款总计为 225.9 万亿日元。2004 年,邮政储蓄业务部门总资产高达 264.9 万亿日元,经营利润达 1.2 万亿日元,其利润规模超过丰田公司。邮政公司作为日本规模最大的国营企业,对民间金融业形成了严重挤压,扭曲了日本金融市场,并严重制约了日本金融系统改革的深化。实施邮政储蓄的民营化改革成为深化日本金融体制的必经之路。

依据保险法规定,生命保险公司必须参加生命保险契约者保护机构,灾害保险公司必须参加损害保险契约者保护机构,并缴纳相关保险费。由于邮政简易保险由政府经营,因而免予缴纳保险费。为此,生命保险协会和日本损害保险协会一直强烈批评。简易保险业务由于受政府补贴和保证,形成全面挤压民间保险市场的局面。2004 年度,日本邮政公社简易保险总资产为 121.3 万亿日元,超过民间四大保险公司日本生命、第一生命、住友生命、明治安田生命的合计总资产,经常利润为 6333.1 亿日元。在个人生命保险中,简易保险约占 40%,保险件数约相当于民间保险机构的 70%。日本全国的个人金融资产总额约为 1400 万亿日元,其中约四分之一流入了邮政储蓄和保险系统。

由于邮政保险业务的大量存在,欧美等外资金融资本根本无法进入日本的简易保险领域,这不仅使日本的金融市场开放和自由化大打折扣,也招致了美国等金融资本的强烈批评。从 1996 年起,美国商务部每年都通过书面形式敦促日本实行邮政民营化。长期以来,邮政储蓄和简易保险的巨额资金主要用来购买日本政府发行的国债,从而影响了日本资本市场的全面开放。通过邮政实现民营化,可以使该巨额资金转投国际金融市场,从而给美国国债市场、美国股市等带来巨大利益。2005 年 8 月 8 日,英国《金融时报》刊登金融评论指出:“再等待一段时间,国际金融资本便得到日本邮储的 350 万亿日元。”在此背景下,以布什政府为首的欧美国家一直大力支持和鼓励小泉内阁实施邮政民营化。对于美国保险业界来说,超过 120 万亿日元的简易保险资金是一个具有非常魅力的市场。美国政府按照美国保险业界的运营模式,要求日本政府从邮便事业中完全剥离简易保险,实行完全民营化,公开出售全部股票。围绕邮政民营化方式,日本政府邮政民营化储备处和美国政府相关人员进行了 18 次协商,其中 5 次与美国保险业界人士进行了协商。

3. 邮政民营化改革

2001 年,日本中央政府实行改组,撤销邮政省、总务厅和自治省,组建总务省,统一管理电信、邮政等事务。在总务省内部设立邮政企划管理局,作为外部挂靠机构,负责邮政政策的制定和监督;成立日本邮政事业厅负责邮政事业运营。由此实现了邮政运营职能与监督职能的分离。小泉就任首相之后,立刻召开了“邮政三事业存在方式恳谈会”,其成员由总理大臣、官房长官、总务大臣及相关大臣和专家学者。小泉结构改革的基本出发点是通过精简政府机构,建立“小政府”,实现“民间能做的事情民间做”,减少国有制带来的各种弊端。结构改革的核心是金融和财政体制改革,突破口是邮政民营化。邮政民营化的直接目标是通过改善邮政系统的经营模式,在维持邮政事业基本社会功能的前提下,使邮政事业摆脱政府或国会等政治性干扰,引入民间企业经营机制,提高邮政事业的经营效益。与此同时,改革邮政储蓄和简易保险经营体制,使其真正走向市场。割断日本政府无限增大政治性投资的渠道,恢复“平衡财政”,消除经济隐患,使邮政融资真正成为日本经济发展的支撑资金。

2003 年 4 月 1 日,废除邮政事业厅,成立“日本邮政公社”。新创建的日本邮政公社,全面负责邮件传送、邮政储蓄、邮政汇款、邮政电汇、简易人寿保险等业务,集邮政业务与邮局设施管理于一体。邮政公社拥有资产41.55万亿日元(约3.8万亿美元),资本金1.27万亿日元,邮政局24700个,员工26万人,成为日本最大的国营企业。作为公社化的附带改革措施,废除了邮政储蓄面向财政投融资的利用义务,并开放邮递事业,允许民间企业利用邮政储蓄进行融资。与此同时,积极探讨未来邮政公社的改革思路。

2004年,小泉改组内阁,增设邮政民营化改革担当大臣,并任命竹中平藏为"邮政改革担当大臣",负责领导和策划邮政民营化改革的具体事务。2004年9月,竹中平藏提出邮政改革的基本框架。在此基础上,日本内阁会议制定了《邮政民营化的基本方针》。在日本政府确立的邮政民营化基本方针基础上,参考欧美国家如德国、意大利、新西兰和荷兰等在推行邮政民营化方面的经验和教训,并广泛听取经济界、学术界以及普通国民的意见,最终确立了日本邮政民营化方案。邮政民营化相关法律主要包括《邮政民营化法》《日本邮政股份公司法》《邮便局股份公司法》《邮递事业股份公司法》《独立行政法人邮政储蓄及简易生命保险管理机构法》《邮政民营化法案实施过程中相关法律制定法》等,上述法律共同确立了日本邮政民营化的基本框架和发展方向。

2006年1月,邮政民营化进入准备阶段。为体现邮政民营化的民营色彩,日本政府任命原三井住友银行行长西川善文出任日本邮政股份公司首任总裁。2007年10月1日,伴随着日本邮政公社的解散,日本邮政股份公司及其下属的四个公司,即邮便局股份公司、邮便事业股份公司、邮政储蓄银行、简易生命保险公司全面继承了原来的邮政三事业。作为民营化的基本原则,日本邮政股份公司将继续保有邮便事业公司和邮便局公司的全部股票。对于邮政储蓄银行和简易生命保险公司,则计划在10年内分阶段全部出售,并使之从邮政集团中完全分离出来。

日本邮政股份公司持有邮便公司和邮便局公司所发行的全部股票。在正常情况下,政府必须拥有日本邮政股份公司所发行股票总数的1/3以上。公司董事、监事的选任和解任必须经过总务大臣的认可。公司的事业计划、章程变更、利润分配及处分、合并或拆分及解散等决议，必须获得总务大臣的认可。总务大臣负有对日本邮政股份公司进行监督的权力，可以对公司业务发布监督命令。邮便事业公司主要负责从事邮递业务和印花税销售。邮便局公司主要从事邮便窗口业务及其他服务，以充分利用邮政局为当地居民提供便利为目的。

新成立的独立行政法人邮政储蓄和简易生命保险管理机构，负责继承和管理原有的邮政储蓄契约和简易生命保险契约。对于资金运用和新生储蓄、保险和综合账号的余额管理则移交邮政储蓄银行和简易生命保险公司。邮政民营化相关法律虽然规定了邮政储蓄和简易保险管理机构的职能和运作方式，但却没有规定其撤销时间。与道路公团改革一样，作为暂时事务设立的特殊法人机构最后可能长期化存在。

通过民营化，日本邮政集团的职员将划归 5 家公司。除日本邮政股份公司作为总公司进行运营外，其余 4 家公司基本上是按照原来从事的业务进行划分。特定邮政局职员归属邮便局公司。在集配邮政局从事邮便业务的职员，外务职员划归邮便事业公司，内务职员划归邮便局公司。原邮政短期职员全部归邮便事业公司，民营化以后，按照契约职员待遇执行。从事邮储业务的职员，在设置邮储银行直营店的地方，划归邮储银行，在没有设置直营店的地方，则归邮便局公司。从事保险业务职员，在设置直营店的地方，从事法人营业的职员划归简保生命公司，其他人员划归邮便局公司。原来的邮递医院及宾馆设施等单位职员则划归日本邮政股份公司。在民营化实施前，要求所有公社正式职员递交希望就职单位申请书，对于未能如愿就职的职员，设立相关派遣或转业制度，帮助其向日本邮政相关子公司如日本快递(JPExpress)等转移。

邮便局公司为了维持民营化前的服务水平，计划在那些由于市町村合并而不再使用的公民馆、公共机构、车站等地设置出勤据点，在无人车站等地新设简易邮政局等。计划增加“移动邮政局车”数量，用于向灾害发生地派遣。为了填补暂时关闭约 400 个简易邮政局的机能空位，在没有邮政局的附近区域设立定期巡回制度。为维持人口稀少地区的邮政局网络，日本邮政股份公司设置1万亿日元(最大2万亿日元)规模的基金，用于填补邮政局经营赤字。①

在邮递业务方面，由于实行了业务分割管理，邮便事业公司对公社时期的集配邮政局进行了重组。对于东京、鹿儿岛、冲绳等地的一些离岛，将原来在岛上按邮政局进行的集配业务统一划归本岛支店集配中心或邻岛支店。山地配送人员可以接受报社委托，进行报纸和邮件的一体配送。在民营化改革过程中，随着将原来的集配局降格为非集配局，甚至关闭邮递窗口等问题的出现，结果可能导致人口稀少地区邮递从业人员减少、配送时间延迟等问题，因此，也招致了一些国民的批评。

在邮政储蓄业务方面，民营化以后，邮储银行调整了费用区间，不再实行统一定价。但是，由于邮储银行与民间银行一样必须负担印花税等相关费用，因此，改革后邮储银行的各种手续费大体都有所上升，原来根本不值得核算的普通换汇手续费也有所提高。从邮政公社时代开始执行ATM机的减少计划，而且在夜间或周末利用时还收取一定的服务费用。民营化以后，为了充分利用现有窗口资源，在邮政局办公场所、建筑设施中可以从事出租业务，因此，一些连锁超市等也开始进驻邮政储蓄机构。

### 4. 日本邮政股份公司的治理困境

邮政民营化是日本行政财政改革的突破口。邮政改革不仅涉及邮政三事业如何运转，而且涉及日本财政投融资体制改革和金融体制的调整，进而也直接影响着战后日本形成的利益集团格局和决策体制变革。邮政民营化是对以邮政储蓄为“入口”、以特殊法人为“出口”的财政投融资体制的根本性变革。随着日本邮政民营化改革的不断推进，日本的财政金融体制和公共投资体制将逐渐发生变化，而这些变化势必引起战后

① 読売新聞「郵便局の金融サービス——赤字補てん基金創設へ」2005年2月10日。

形成的利益集团之间的利益调整和势力范围变化，进而影响日本政局的变化。

基于日本政府在邮政集团治理中所扮演的角色，日本邮政集团的公司治理结构，一直为社会所关注。依据规定，到2017年民营化完全实现之前，无论是从出资者、股票持有者角度看，还是从干部任免权、经营方针决定权、日本邮政的公共性角度看，日本邮政股份公司都是标准的国有企业。因此，日本政府作为最主要的利益相关者，必然将在公司治理中充当最主要的角色。

依据《日本邮政民营化法》《日本邮政股份公司法》以及《公司法》，日本邮政股份公司采用了业务执行和监督分离的委员会制治理模式。董事会监督公司业务执行，其成员半数以上为社外独立董事。董事会下设指名委员会、监督委员会和报酬委员会，各委员会成员半数以上为独立董事。各委员会分别向股东大会提出关于董事的任免、执行董事业务执行监督情况、执行董事报酬等意见报告。作为总裁的咨询机构，日本邮政股份公司设立经营会议，负责指导和协调公司重要业务活动。同时设立企业伦理委员会、企业社会责任等专门委员会，作为经营会议的咨询机构，对专门事项进行审议，并向经营会议报告工作，以解决涉及公司经营相关问题。

日本邮政股份公司与旗下三个子公司分别签订集团经营管理契约，要求各公司遵守集团经营基本方针，确保对集团有重大影响事项和经营活动的透明性。对于重要经营活动，必须及时向日本邮政股份公司报告，并获得个别认可。从分公司治理结构角度看，日本邮政事业公司实行董事会和监事会并立的公司治理结构。在经营委员会下，还设立了风险管理委员会，企业伦理委员会等多个专门委员会。日本邮储银行、日本简易生命保险的治理结构与总公司基本相似，实行委员会制治理模式。董事会下设立指名委员会、监察委员会及报酬委员会。

日本邮政股份公司的治理机制主要分为四个层次：首先，为确保邮政民营化的有效推进，日本内阁设立邮政民营化推进本部，直接负责邮政民营化相关政策的制定和落实等事项。推进本部下设邮政民营化委员会，对日本邮政行使业务监督职权，并向政府等相关机构提供建议。其次，依据公司法，由财务省代表国家行使股东权，出席股东大会，并表决董事任命等重大事项决定。再次，总务省作为主管省厅，直接监督和管理日本邮政的相关业务。日本金融厅、会计检察院则对日本邮政相关的金融、保险等业务进行监督和规制。最后，监事委员会负责企业管理层和内部事务的监督，对董事、执行干部进行监督，必须确保公平性和透明性。审查评价委员会必须吸收外部专家，公布评价标准，确保透明性，定期公布评价、审查结果。

依据邮政民营化法和日本邮政股份公司法，总务大臣作为日本邮政的主管大臣，其权力限于董事选任、解任的认可权。对于邮政总裁的选择，由于特殊公社法没有特殊规定，因此只能依据公司法的逻辑，即由董事推举产生，而且从法律程序上看，无须上报总务大臣或财务大臣批准或认可。

财务省作为国家财产的主管机关，依法代表国家行使股东权利。因此，一般应由财务大臣代表国家出席日本邮政的股东大会，而非总务大臣。邮政民营化以来，日本邮政股东大会一般由财务省理财局次长出席，主要决定董事选任等相关问题。作为特例，2009 年 10 月，龟井静香作为金融邮政大臣第一次出席股东大会。2012 年 6 月，受安住财务大臣的委托，松下忠洋金融邮政改革担当大臣再次出席股东大会。

为推动民营化，根据内阁总理大臣命令，特设邮政民营化主管大臣，负责整体推进和协调各省厅邮政民营化相关事务，制定和调整邮政事业根本变革相关计划方案。由于该职务并非常设，因此，一般由总务大臣或金融大臣兼任。此外，加上邮政民营化推进本部、邮政民营化委员会，民营化以后的日本邮政集团，虽然名义上实现了民营化，实际上却形成了日本邮政的三重管理：即总务大臣、财务大臣和邮政担当相。与此同时，由于日本实行内阁负责制，因此，日本邮政的真正控制权，事实上是由首相决定的。

邮政民营化以后，随着日本首相更迭频繁和党派斗争激烈，围绕日本邮政的管理权限和总裁任命问题，一直麻烦不断。2009 年 1 月，围绕原简易保险宾馆拍卖、西川善文连任、总裁任命权限等问题，自民党内部、自民党与民主党之间、首相与大臣之间、大臣与邮政总裁大臣等之间发生了多重冲突。

2009 年，自民党选举失败，民主党等组成联合政权。民主党政府决定大幅修改邮政民营化路线。鸠山内阁任命曾经坚决反对邮政民营化的亀井静香出任邮政民营化大臣。亀井静香全面否定小泉确立的邮政民营化路线，他首先冻结了民营化进程，并迫使西川善文辞职。其后，一反“民间能做的事民间做”的民营化理念，进一步强化日本邮政的公共服务职能，并将邮政储蓄的最高限额从 1000 万日元提高到 2000 万日元，进一步加大邮政资金对国债的投向。12 月 4 日，173 届国会通过《邮政股票出售冻结法》，决定暂时冻结邮政储蓄银行和简易生命保险的上市和股票计划、简易保险的不动产处理计划。自此，围绕着未来邮政民营化的改革方式问题，日本朝野各界又重新开始了新的马拉松。

民主党政府还特别成立“日本邮政治理检证委员会”，专门“探讨今后日本邮政集团业务的健康运营和事业开展，研究日本邮政集团的治理方式”。[①] 事实上，其真实目的在于审查西川担任总裁时期的内部治理问题。日本邮政治理委员会针对“简保之宿”打包出售、邮政事业公司和日本运通公司的快递合并计划、信用卡经营商与集团广告代理商选择等问题，进行了广泛的信息收集、资料分析和相关听证，进而为民主党政权修改邮政民营化法和中止邮政民营化进程准备了充分的素材。

邮政民营化是日本政府调整政府职能、重构政府边界的一个重要环节，邮政储蓄和邮政生命保险的完全民营化可以为深化日本经济体制创

① 総務省『「日本郵政ガバナンス検証委員会」の発足』、2010－01－08。

造一个重要契机。然而，形式上的邮政民营化，既不能真正突破现行日本政治经济体制下的制度安排，也不能根本改变日本的公共投资体制，更无法有效启动民间经济活力，真正构建起激励性制度创新的制度体系。

# 第四章　泡沫经济崩溃后的经济转型与治理困境

对于经济发达国家来说，伴随着工业化水平的高速进步，在经济生活水平全面提高的背景下，相应大城市病、房地产泡沫、通货紧缩等现代化问题相继出现，此外，产业转型、产业创新等新的发展课题同时出现。日本经历了战后高速增长和石油危机的稳定增长之后，长期的经济景气刺激着人们的思维神经，日本经济奇迹神话、房地产神话催生了80年代的泡沫经济。经过短暂几年的辉煌之后，1989年12月29日，日经平均股价达到最高38915.87点，此后开始下跌。1992年3月，日经平均股价跌破2万点，仅达到1989年最高点的一半。8月，日经指数下跌到14000点左右。紧接着，日本城市土地价格开始下跌，泡沫经济全面破裂。由于土地价格急速下跌，带动以土地为担保的房地产贷款出现了极大风险。当时日本各大银行的不良贷款急剧增加，对日本金融市场造成了严重冲击。

## 一、日本房地产市场的发展轨迹及其影响因素

房地产价格作为反映经济发展水平和居民生活质量的一项重要指标，与一个国家的经济社会发展密切相连。纵观发达国家和新型工业化国家的工业化、城市化的发展过程，其经济社会转型期一般都伴随着房

地产市场的繁荣、地价高涨甚至房地产泡沫，而房地产市场价格波动又往往直接影响着经济转型的速度、质量以及转型成功与否。考察战后日本地价波动的演进路径，系统厘清日本经济社会发展与房地产泡沫之间的逻辑关系，纠正对日本房地产泡沫及其破灭等问题认识的误区，有助于理性认识中国目前的房地产泡沫问题及其未来走势。

1. 日本地价波动的五个阶段与三次房地产泡沫

战后日本经历长达 10 年的经济重建和恢复阶段。其间，日本经济虽然快速增长，但与之相伴的是，资源短缺，物价飞涨，通货膨胀严重。与之相对，当时的地价上涨幅度远低于物价上涨和经济增长速度。到 1955 年，日本经济已经基本恢复到战前水平，于是才有所谓“已经不是战后了”的广泛国民认同。①

1955 年以后，随着日本经济发展、工业化和城市化推进等因素的影响，战后日本房地产市场迎来巨变时代。从战后到 1991 年，日本城市地价总体上处于上升趋势。根据战后日本地价波动的特点，可以将日本房地产市场相关的地价变动分为五个阶段，其间曾经出现过三次地价上涨高潮，即所谓房地产泡沫。②（参见图 4－1）

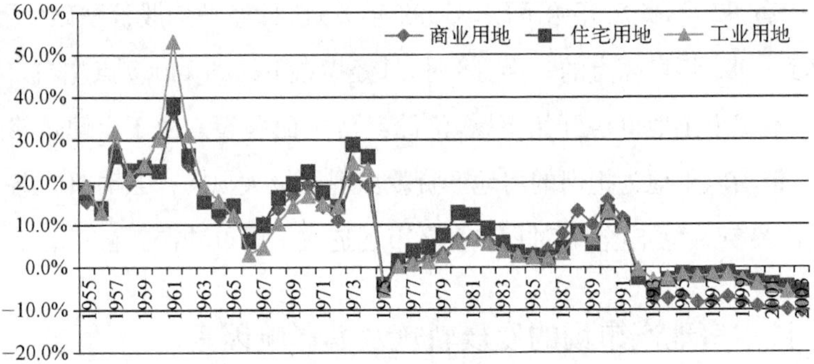


**图 4－1　日本六大城市的地价指数变动率**

資料来源：日本不動産研究所研究部「市街地価格指数」各年度。

① 野口悠紀雄『土地の経済学』、日本経済新聞社、1989 年。

② 山田浩之「戦後の経済成長・都市化と国土政策」、『土木学会論文集』1994 年、No. 494。

（一）地价高涨期：1955—1965 年

自 1955 年起，日本经济开始步入高速增长时期，先后出现两次长期经济景气，即“神武景气”“岩户景气”。企业不断扩大设备投资，大量新兴企业涌现。1960 年，随着“国民收入倍增计划”的出台，日本经济迎来全面高速增长时代。基于人们的经济发展预期，日本制造业企业出现旺盛投资需求，工业用地急剧增加，由此出现了战后日本历史上的第一次地价高涨。由于大量企业聚集在东京、大阪、名古屋三大城市圈，因此三大城市圈工业用地价格急剧上升，涨幅明显超过住宅用地和商业用地。10 年中，日本六大城市的平均地价上升 10.96 倍，年平均上涨 24%，1961 年六大城市工业地价上涨率甚至高达 88.3%。以 1964 年的东京奥林匹克运动会为契机，伴随着东海道新干线、明神高速的建成通车，农村人口大量涌入工业城区，由父母和子女二代组成的小家庭数量急剧增加，从而极大刺激了城市周边的住宅和土地需求。1965 年“奥林匹克萧条”出现后，大城市地价的上涨率虽然有所下降，但仍然保持了上涨势头。①

（二）稳定上涨期：1966—1975 年

1966 年以后，日本经济在经历了短暂“奥林匹克萧条”之后重回增长轨道，地价继续上升。1968 年，以霞关大厦建成为契机，东京迎来大型复合建筑的建设热潮。1970 年以后，受大阪万博会、“尼克松冲击”、日本列岛改造计划、冲绳回归、札幌奥林匹克等因素刺激，全国各地经济活力迸发，物价不断上涨，加之日本政府实行金融宽松政策，日本出现第二次地价上涨高潮，即第二次房地产泡沫。与 60 年代前期工业用地上涨幅度最大相比，此次引领地价高涨的是住宅地价，而且土地投机不只限于大城市，而是形成了全国性房价上涨高潮。

1970 年，日本政府第一次实施地价公示制度。当时横滨的住宅地价

---

① 小林忠雄「戦後における土地問題と土地対策の展開」（上）、『日本不動産学会誌』創刊号、1985 年。

约为每平方米3.27万日元，商业地价为每平方米39.33万日元。1971—1974年，横滨市住宅地价从每平方米3万日元上升至每平方米6万日元，三年上升近一倍。1974年石油危机以后，地价有所回落，并一度呈现短暂下降趋势。10年间，日本六大城市平均地价上涨2.87倍，年平均上涨12.5%左右。相对于日本全国平均地价上涨3.32倍，六大城市的地价上涨幅度较缓。[①] 这主要归因于该阶段劳动者工资收入增多，地区收入差距相对缩小，地方城市居民生活条件获得较好改善等因素。这也正是日本所谓“一亿总中流”的时代。

（三）低速上升期：1976—1985年

以第一次石油危机的冲击为转折点，日本宣告了经济高速增长时代的结束。70年代中期以后，日本经济发展模式开始由“重大厚长”型向“轻薄短小”型转化，节能化、软件化、服务化、信息化成为企业发展的主流。随着日本企业生产方式转型的成功，日本经济进入低速增长时代。受此影响，日本房地产市场上的地价也呈低速增长趋势。从1976—1985年的10年间，日本全国地价上升率分别为：住宅用地6.3%，商业用地3.7%，工业用地2.35%；六大城市平均地价上涨1.77倍，年平均上涨为6%。而且，地价上涨幅度低于同期名义经济增长率的7.6%。可见，此阶段日本房地产市场上的地价相对稳定，与日本经济整体发展态势相符，基本处于低速成长阶段。

（四）泡沫经济期：1985—1991年

“广场协议”以后，由于受到金融自由化和国际化发展等因素影响，日本企业长期积累的大量资金开始大量涌入房地产市场。1985年日本国土厅发表《首都改造计划》，预测到2000年前，东京都地区将需要5000公顷的办公楼，相当于350栋霞关大厦（超高层大厦），这等于再造一个东京。政府及新闻媒体的宣传炒作，极大程度上诱导了国民对未来房地产价格上涨的预期，由此导致日本房地产市场出现巨大的非刚性需求

① 日本不動産研究所研究部「市街地価格指数」各年度。http://www.reinet.or.jp/

泡沫。

1986年，经过20年规划和建设的东京“艺术中心”举办盛大落成典礼。受此刺激，东京掀起大型写字楼的建设热潮，并迅速蔓延至全国各地，从而诱发了日本的第三次房地产泡沫。1988年东京地价上升幅度最大，住宅用地上升68.6%，商业用地上升61.1%，日本各种用地平均上升21.7%，为全日本泡沫经济时期最高涨幅。在1986—1991年的泡沫经济期，主要城市地价全面上涨，六大城市平均地价上涨达3.07倍。第三次房地产泡沫以商业地产价格高涨为主要特征，东京等大城市的商业地价不断攀升至历史高位。泡沫经济高峰时期，日本地价总额达到2400万亿日元，约为GDP的六倍。①

（五）泡沫崩溃期：1992年至今

20世纪80年代末期的房地产泡沫和泡沫经济引起了日本各界的高度关注。1989年以后，日本政府开始采取紧缩政策，抑制土地泡沫继续蔓延。日本政府修改“国土利用计划法”和制定“土地基本法”，加强对金融机构土地融资的总量控制（1990年），并通过制定“综合土地政策推进要纲”、颁布“地价税法”（1991年）等措施，稳定房地产市场价格。1992年以后，六大城市平均地价开始下降，并从此一发而不可收。直到今日，日本各地房地产价格仍跌跌不休，日本主要城市地价虽然偶有反复，但一直未能回归上升通道。今天日本的地价水平大约相当于20世纪70年代末到80年代初的水平。1992—2004年，六大城市平均地价下降近4.01倍。② 由于泡沫经济时期人们通过土地抵押等形式进行了大量房地产融资，因此，房地产泡沫破裂后，长期信用银行等多家金融机构随之破产。③

---

① 伞锋：《日本地产泡沫的形成机制与应对政策的得失》，《日本学刊》2007年第6期。

② 日本不動産研究所研究部『市街地価格指数』各年度。http://www.reinet.or.jp/

③ 樱川昌哉・樱川幸恵「地価変動に翻弄された日本経済」、池尾和人編『不良債権と金融危機』、慶應義塾大学出版会、2009年。

2. 经济增长推高房地产价格

社会转型是一个复杂而长期的过程，社会转型总是伴随着经济发展、产业结构调整、居民收入增加、城市化进程等一系列经济活动而实现的。房地产作为人类生存和发展条件的基本要素之一，是一项直接关系着人们生活水平的硬性指标。经济发展速度、投资水平、社会收入分配机制等都直接影响着人们的住房需求和社会供给水平，并进而影响着房地产价格变动。

日本经济高速增长时期，正是日本地价的高涨时期。房地产市场的自身规模与发展速度作为经济增长的重要指标之一，毫无疑问与经济发展密切相关，且相互影响。但是，我们无法简单地论证是地价上涨导致经济增长，还是经济增长导致地价上涨。这如同鸡生蛋还是蛋生鸡蛋的问题一样，循环论证，最终难以得出一个可信结果。但是，1955 年以后经济长期高速增长引起的工业用地需求、住房需求等直接刺激了城市地价上升。

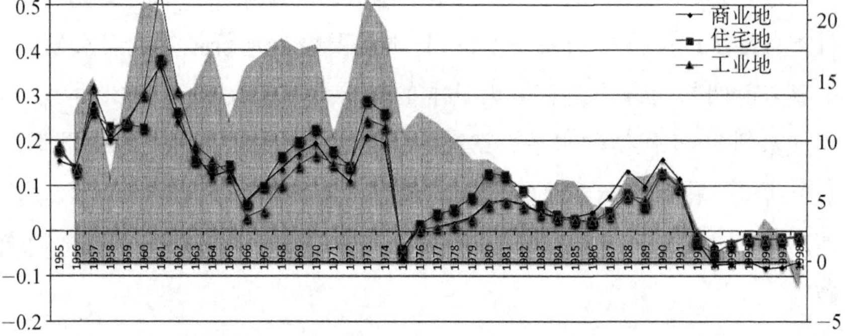


**图 4-2　日本经济走势与地价走势的关系**

资料来源：日本不动产研究所研究部：《市街地价格指数》。

内阁府：《国民经济计算确报》（以 1900 年为基准，68SNA）。

从图 4-2 可以看出，日本地价上涨幅度远高于经济增长幅度，而且经济增长率的变动总是先于房地产价格波动。在 1974 年第一次石油危机后，日本地价市场迎来了第一次地价负增长，然而当年的日本经济却依然保持了 17%的旺盛增长势头。由此可以判断，在高速增长时代，日本经济的高增长拉动了房地产市场的旺盛需求。与之相反，1985 年以后，虽然日本经济处于低速增长阶段，但东京等大城市的商业地产却投机猖獗。同期商业地价变动频率明显快于住宅地价、工业地价以及经济增长率，从而使投机经济远远超过实体经济，形成了巨大的经济泡沫和房地产泡沫，并最终导致了泡沫经济的崩溃。①

作为经济增长的重要驱动因素，企业扩大投资也是导致房地产价格高涨的主要推动力。即由于社会投资规模扩大，引起工业和服务业等用地需要和人员需求，而用地需求和劳动力需求都必然伴随着房地产需要的增长，从而最终推高地价。一般情况下，工业和服务业等的投资变化先于地价上涨而出现。与此同时，还必须看到，企业扩大再生产本身，意味着企业将生产剩余更多地用于生产积累，因此，自然会无形中压缩用于职工消费支出的份额，即企业职工的消费增长幅度低于企业投资扩张速度。反映在房地产供需关系上，则可能表现为居民的消费能力增长乏力，地价居高不下，因而可能加剧房地产泡沫的心理预期。②

### 3. 收入增加拉高房地产价格

对于任何国家来说，工资收入增速一般低于经济发展速度，特别是低于企业投资增长幅度。对于企业家来说，首先必须将绝大部分生产剩余用于扩大再生产，而只能将一定比例的生产剩余分给劳动者。在这个过程中，必然存在一个消费滞后问题。特别是在经济发展的起步阶段，由于一般劳动力充足，资本家通常会充分利用人口红利，以低廉

---

① 福田泰雄「地価高騰と投機」、『一橋大学研究年報：経済学研究』、1989 年。

② 頭川博「高度成長下の地下高騰メカニズム：新沢・華山両氏の所説の批判」、『一橋論叢』75(2)、1976 年。

的劳动力成本来维持其生产规模和资本的迅速扩张。因此，在经济高速增长的初期阶段，与投资增长变化趋势快于房地产价格波动趋势相反，民间最终消费增长变化趋势一般迟于房地产波动的反应速度。

但是，当经济发展到劳动力供给相对不足，而人口红利消费殆尽时，工资的上涨幅度必然会得到较大幅度提高。20 世纪 60 年代以后，日本工人的工资水平开始快速提高，居民最终消费出现持续增长趋势。从图 4－3 可以看出，日本民间消费虽然不断提高，但在 60 年代中期以前，其增长率弹力明显低于房地产价格变动弹力。60 年代中期以后，民间最终消费增长率则明显保持了长时间的大幅提高。第一次石油危机后，日本房地产价格曾经一度出现负增长，但日本企业的工资水平却一直保持了持续上升态势。日本各地的工资水平和增长幅度虽然存在差异，但其增长趋势与日本地价指数增长趋势基本吻合。1985 年以后，民间最终消费增长率变动幅度开始明显变缓，与之相对，地价增长率弹力再次超过民间最终消费增长率弹力。①

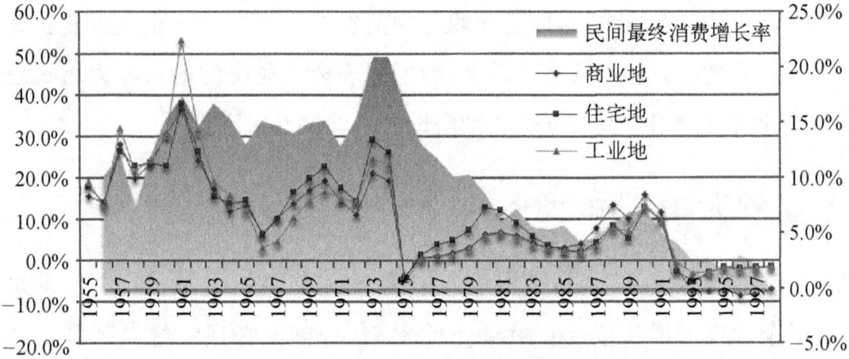


**图 4－3　民间最终消费增长率与地价变动率**

资料来源：日本不动产研究所研究部：《市街地价格指数》。

内阁府：《国民经济计算确报》(以 1900 年为基准，68SNA)。

① 日本内閣府「国民経済計算確報」各年度。http://www.esri.cao.go.jp/jp/sna/menu.html

4. 城市化进程抬高房地产价格

战后日本经济发展是伴随着城市化而同步进行的。在实现经济恢复任务之后,1955 年,日本经济重心转移到重化工业。随着大型工业企业在城市周边的大量聚集,日本的城市化进程不断加快,并逐渐形成了京滨、中京、阪神、北九州四个工业地带和东京、大阪、名古屋三大城市圈。工业化吸引大量地方人口向中心城市转移,导致城市住房供应紧张和地价上涨。原城市居民随着工资收入的增长和经济条件的改善,必然会出现改善住房条件和投资房地产的需求,从而进一步加剧了城市房地产的供需矛盾,并引发房地产价格持续上涨。

战后初期,日本仍然是一个农业国家。随着朝鲜战争后日本经济的全面恢复,自 1955 年起,日本全面进入工业化时代,大量农业人口开始向第二产业和第三产业转移,日本产业结构发生了巨大变化。截至 1970 年,日本制造业和服务业的从业人口迅速增长,并一直处于人口净流入状态。1970 年以后,制造业从业者开始减少,而服务业却仍然持续处于人口净流入状态。由于受到城市就业压力、生存压力和"大城市工业限制法等"因素影响,大批工厂开始向地方迁移,这虽然缓解了日本六大城市的人口流入压力,增强了地方经济活力,但并没有改变农业人口和新增劳动力向城市转移的总体趋势。因此,随着日本经济结构调整的不断深入,大量人口涌向第二产业和第三产业,而这些从农村转出来的人口和新增劳动力主要聚集在大城市和地方城市,由此造成日本城市人口急剧增加,从而也构成了日本城市房地产刚性需求迅速增大的一个重要原因。

各地收入差距是造成人口流动的重要影响因素之一。在收入差距明显较大,而生存手段受到严重限制的条件下,人口将随着城市化进程而大规模流动。而当地区收入差距明显减小,生存空间和生活环境得到较大改善时,移动人口将可能脱离大城市而转向地方。而且,大城市就业压力、住房压力、通勤压力等生活压力不断增大,也必然导致人口的大量外流。70 年代以后,由于东京等大城市的住房价格急剧高涨,大批劳动者不得不选择逃离东京，向东京都周围的千叶县、埼玉县、神奈川县扩散或转移。1955年，三县人口为739万人，1970年达到1271万人，超过东京都人口的1141万。在日本主要大城市地区，由于人口的大量迁入和聚集，造成了房地产市场巨大的刚性需求，从而直接拉升了三大城市圈的房地产价格。①

## 二、日本房地产泡沫及其“崩溃”的认识误区

国内在借鉴日本房地产泡沫“崩溃”的经验教训时，对日本的房地产泡沫及其崩溃问题存在一定认识误区。在经济高速增长和快速城市化时期，往往伴随着房地产价格高涨甚至房地产泡沫。房地产泡沫未必导致泡沫经济，也不必然发生崩溃，而是可能通过有效释放或挤出加以消融。日本1980年代中期出现的房地产泡沫，源于没有刚性需求的房地产炒作，其最终“崩溃”并不是泡沫爆裂后房地产价格的断崖式下跌，而是在日本政府直接干预下的逐渐挤出，并经历了长达二十年的缓慢下降。

### 1. 日本房地产泡沫及其“崩溃”的认识误区

判断房地产泡沫的经济指标是什么？房地产价格长期上涨是否必然产生房地产泡沫？房地产泡沫是否必然导致泡沫经济？泡沫经济是否必然崩溃？诸多房地产泡沫相关的现实问题始终牵动着人们脆弱的神经。国内相关媒体和学术界虽然经常借鉴日本房地产泡沫崩溃的“前车之鉴”，但对战后日本的房地产泡沫及其“崩溃”等相关问题却存在着一定的认识误区，主要体现在以下三个方面：

第一，对日本房地产泡沫产生的认识误区。

战后日本的房地产价格经历了3次快速上涨过程。一般来说，房地

---

① 日本総務省統計局「住民基本台帳人口移動報告」、「国勢調査」、「日本の長期統計系列」各年度。http://www.stat.go.jp/data/index.htm

产价格主要由地价、劳动力价格、建材价格等因素决定。鉴于日本实行土地私有制，而劳动力价格、建材价格具有相对稳定性，日本房地产价格的快速上涨主要取决于地价的大幅上升，因此，在衡量日本房地产价格水平时一般以地价为主要参考指标。1955年以后，伴随着日本经济进入高速增长轨道，工业用地等急剧增长，由此带动房地产价格迅速攀升。1950年代日本GDP增长虽然达到15%以上，但平均地价却上涨超过31.7%。六大城市更是超过35.3%。其中工业用地上升最快。进入1960年代，日本平均地价继续保持15%以上增长率，但此时住宅用地价格上涨速度超越工业用地，开始高居房地产价格首位。与此同时，日本居民最终消费支出的平均增长率则始终维持在10%左右。因此，相对于当时日本居民收入水平来说，1950年代、1960年代的日本房地产价格已经产生了严重泡沫。

1970年代后，日本住宅地价虽然仍保持了10%以上的增长，但地价上升幅度与GDP增长率基本持平，居民收入持续增加，因此泡沫成分相对较小。1980年代中期以后，日本大中城市商业地产价格快速提升，且明显高于工业用地和住宅用地的上涨幅度。特别是六大城市，上涨幅度超过19.6%，因而又出现了高度的房地产泡沫。相对于住宅用地、工业用地来说，城市商业用地本身不具有刚性需求性，因而炒作性质十分明显①。从地价长期变动趋势及幅度看，战后日本的房地产市场曾经出现过三次严重泡沫，分别为1955—1965年工业用地激增期、1966—1985年住宅用地刚性期和1986—1991年商业地产炒作期②。然而，多数学者在引证日本房地产泡沫的例子时，只是进行了简单的现象类比，他们忽略了一个基本历史事实，即1980年代中期以后的房地产泡沫，仅仅是战后日本三次大规模房地产泡沫中的最后一次。（参见图4-1）

第二，对日本房地产泡沫“崩溃”的认识误区。

---

① 米原淳七郎『土地と税制——土地保有税重課論批判』東京：有斐閣1995年，第14頁。

② 野口悠紀雄『土地経済学』東京：日本経済新聞社1989年，第29—53頁。

在谈论日本泡沫经济和房地产泡沫问题时，人们往往习惯于用日本媒体经常使用的"泡沫崩溃"一词，给人感觉是：一旦产生房地产泡沫，必将导致泡沫经济，并最终走向崩溃。日本 1980 年代中期出现的房地产泡沫，确实大大加剧了日本的经济泡沫，但这并不意味着所有的房地产泡沫都必然会衍生泡沫经济，也不意味着房地产泡沫一定走向破裂和崩溃。

从历史演进过程看，房地产泡沫可以通过各种经济要素之间的不断调整而得以有效释放或挤出。日本高速增长时期曾经出现两次房地产泡沫，而这两次房地产泡沫之所以没有崩溃，关键在于随着居民收入的普遍增加和地区收入差距的日趋缩小，房地产泡沫得到了有效释放和缓解。1960 年代以后，大批进入城市的"打工者"和新增劳动者，逐渐演变为日本社会的"中流"阶层，进而成为消融房地产泡沫的有效"刚需族"。(参见图 4 - 4)

根据日本不动产研究所统计，以 2000 年为基期，1955 年，日本城市平均地价指数为 2.19。而 1991 年最高时达到 147.8，即 36 年上涨67.49 倍。如此算来，其平均年增长率仅相当于 11.25%。1980 年代日本泡沫经济时期，其地价上涨率明显低于高速增长时期和稳定增长阶段。然而，由于此次房地产泡沫源于缺乏刚性需求的金融炒作，所以最终引致了泡沫崩溃。

第三，对房地产泡沫"崩溃"摧毁日本经济的认识误区。

许多人认为，战后日本的土地神话催生了房地产泡沫，而 1980 年代中期出现的房地产泡沫催生了日本的泡沫经济，而 1990 年代初的房地产泡沫破灭又最终引发了日本泡沫经济的"崩溃"。然而，纵观日本房地产价格与经济增长之间的变动关系可知，日本历次房地产价格的剧烈变动一般略迟于经济增长率的明显波动。比如，由于受到第一次石油危机影响，1974 年日本经济实际增长率呈现－1.2%的负增长，但同年房地产市场却继续保持了较高增长率。其中，商业地产、住房地产、工业地产的

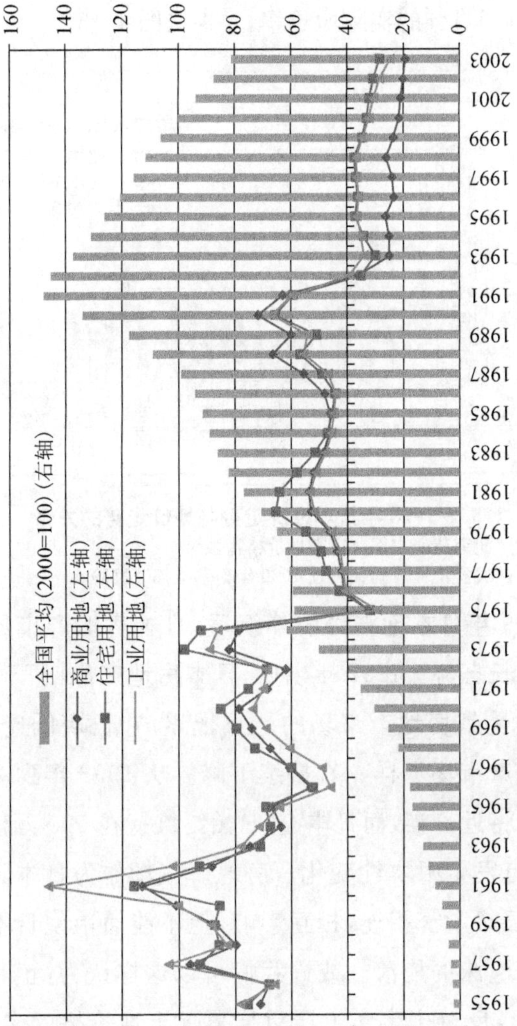


**图 4－4　日本全国平均地价指数变动情况及不同地价变动率**

资料来源：日本不動産研究所研究部「市街地価格指数」各年度。

增长率分别达 19.3%、26.1%、23.1%。可是到 1975 年，日本房地产市场终于迎来了战后日本经济恢复以来第一次价格下降，分别下降 −3.8%、−4.0%、−5.3%。然而，同期日本经济形势却已经企稳向好。1975 年 GDP 保持了 3.1%的实际增长率。（参见图 4 - 5）

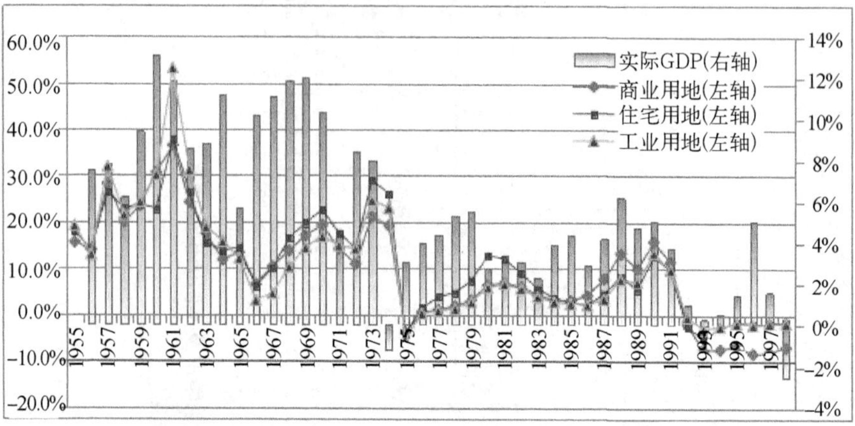


**图 4 - 5　1955—1998 年日本经济走势与地价走势的关系**

资料来源：日本不动产研究所研究部：《市街地价格指数》。
内阁府：《国民经济计算确报》（以 1900 年为基准，68SNA）。

与之相反，1989 年日本泡沫经济崩溃后，日本房地产市场却继续保持了近两年的增长态势。1992 年以后，日本房地产价格开始一路下滑。日本经济虽然受到房地产市场的严重拖累，并长期低迷，但日本经济并没有像房地产市场那样一直持续下降。从 1992 年到 2007 年，日本平均地价下降将近一半，而日本 GDP 始终维持在 500 万亿日元左右，日本经济并没有发生根本性变化。房地产市场作为日本经济的重要组成部分，两者虽然紧密相连，相互影响，但不能简单说日本经济长期低迷源于房地产泡沫的崩溃。或许我们可以这样认为，正是由于日本经济的长期低迷，反过来事实上严重拖累了土地价格的未来预期。（参见表 4 - 1）

**表 4-1　各年代日本全国及六大城市地价与名义 GDP 的上升率(%)**

| 年代 | 日本全国 | | | | 六大城市 | | | | 名义GDP |
|---|---|---|---|---|---|---|---|---|---|
| | 平均 | 商业地 | 住宅地 | 工业地 | 平均 | 商业地 | 住宅地 | 工业地 | |
| 1950 年代 | 31.7 | 33.3 | 29.7 | 30.1 | 35.3 | 30.9 | 37.5 | 39.5 | 15.2 |
| 1960 年代 | 17.4 | 16.8 | 18 | 17.3 | 19.1 | 16.4 | 19.7 | 19.7 | 16.7 |
| 1970 年代 | 8.8 | 7.2 | 10.9 | 7.9 | 9.2 | 6.9 | 12.3 | 7.7 | 13.2 |
| 1980 年代 | 6.6 | 7.4 | 6.6 | 5.5 | 15.1 | 19.6 | 13.4 | 12.2 | 6.2 |
| 1990 年代 | −2.9 | −5.5 | −1.4 | −1.1 | −9.7 | −14.9 | −7.5 | −6.5 | 1.8 |
| 2000 年代 | −5.2 | −6.7 | −3.9 | −5.0 | −3.4 | −2.8 | −2.5 | −5.2 | −0.7 |
| 2010 年代 | −3.7 | −4.3 | −3.1 | −4.0 | −2.1 | −3.3 | −0.8 | −2.3 | −0.4 |

资料来源：三井不動産株式会社企画調查部編集『不動産関連統計集』第 35 集(2013)、2012 年 11 月。

## 2. 战后日本的经济发展与房地产泡沫的关系

所谓房地产泡沫，是相当于人们的收入水平和现实购买能力而言，即房地产价格大大超过了人们的现实购买能力。一般意义上说，当实际房价大大高于当地居民的现实收入水准而导致合理购买能力严重下降时，则意味着房地产市场出现了严重泡沫。然而，房地产泡沫未必意味着一定会破裂和崩溃。它既可能通过各种经济要素之间的动态调整而逐步释放，也可能通过政策手段平缓挤出，还可能由于政策失当刺破泡沫而直接引发经济崩溃。在经济转型过程中，一旦房地产泡沫破裂而引发崩溃效应，则可能严重冲击实体经济和社会稳定。

对于不同国家、不同地区在不同时代的房地产泡沫，不能简单用房地产价格和上涨幅度进行数据比较。同样的上涨幅度，在经济高速增长时期，可能由于经济增长速度、通货膨胀率、收入增长率等因素的变化而相互抵消。然而，在经济低速增长或负增长时期，则可能诱发房地产过热和严重冲击实体经济。对于一定期间内的房地产价格来说，如果年平均增长率为10%，则10年后的价格为2.59倍，20年后的价格为6.73倍。如果年平均增长率为20%，则10年后的价格为6.19倍，20年后的价格为38.34倍。按照这种方法推算，所谓“20年后北京房价将一平方米80万”虽然言过其实①，并也非完全痴人说梦。当然，事实上的房价变动不会是直线上升的。（参见表4-2）

**表4-2　房地产价格年增长率与指数变动率的相关度**

| 年增长率 | 10年变动率 | 20年变动率 | 30年变动率 |
|---|---|---|---|
| 10% | 2.59倍 | 6.73倍 | 17.45倍 |
| 15% | 4.05倍 | 16.37倍 | 66.21倍 |
| 20% | 6.19倍 | 38.34倍 | 237.38倍 |

在社会经济转型期，特别是对于高速发展中的国家来说，难以单纯依据房地产上涨幅度和价格水平判断是否存在房地产泡沫，更不能简单判定房地产泡沫是否崩溃。因为房地产价格受到经济发展速度、通货膨胀率、投资水平、城市化水平、产业结构调整、收入差距、人口增长和移动等多重因素影响，各种影响因素之间不仅存在地区差异、水平差异、阶段差异，而且还往往渗透着政治、经济、文化等历史积淀因素。综合日本战后经济发展轨迹与房地产市场变化规律以及房地产泡沫“崩溃”等因素，可以看到，经济发展与房地产泡沫之间主要体现如下关系。

第一，经济高速增长期往往伴随房地产价格的急速上涨，有时甚至出现房地产泡沫。

在日本经济高速增长时期，伴随着城市化、产业结构升级、人口增长与移动等因素的共同刺激，大城市房地产价格曾经出现大幅度的上涨，并出现了相当程度的房地产泡沫。高地价、高房价是各种经济要素发展

① 董藩：《北京应放开限购用房价来控制人口》，人民网.（2014—09—01）[2017—09—01]. http://house.people.com.cn/n/2014/0901/c164220-25581665.html?_fin.

不均衡的一种集中表现。在经济高速增长阶段，经济发展与投资加大、物价上涨、大量人口移动、房地产高涨、收入增加等各种经济要素和经济现象之间虽然互相作用，相互影响，但这并不意味着经济构成要素之间必然是协调发展、同步提高的，其间必然伴随着各经济构成要素之间的发展不均衡。一般来说，经济增长、投资增长的变动节奏要快于收入增长和消费增长。经济发展之始，企业家往往依赖低价劳动力成本的人口红利，优先选择扩大再生产。当人口红利销蚀殆尽时，在大城市居住压力过大而地方收入差距日渐缩小的条件下，大城市的房地产市场必然面临低利润调整，原来的房地产泡沫将逐渐得以释放，而曾经没有购买能力的刚性需求将逐渐得以实现。因此，高地价、高房价乃至房地产泡沫，有时可以理解为特定经济发展阶段的常态反映。

第二，房地产泡沫并不必然导致泡沫经济或房地产泡沫崩溃。

在战后日本房地产发展史上，曾经出现三次严重的房地产泡沫。前两次房地产泡沫并没有发生破裂，关键原因在于：随着居民收入增加和地区收入差距缩小，房地产泡沫得到了有效地释放。在经济高速增长的后期，日本企业大幅提高了劳动者的工资收入。日本政府则通过不断完善收入再分配制度，缩小地区或产业间的收入差距，逐渐消融了前期积累的房地产泡沫。日本社会形成了庞大的中产阶级阶层，而没有出现收入差距过分悬赏的两极分化局面。与此同时，由于日本政府不断增加公共住房供应，东京等大城市的住房难、住房贵等问题得到一定程度缓解，因而没有发生房地产泡沫“崩溃”。与之相对，在第三次房地产泡沫时期，由于没有强劲的经济增长、收入增加和刚性需求等因素支撑，最终导致房地产泡沫“崩溃”。此后日本房地产市场经过了近二十年的“跌跌不休”。

第三，没有刚性需求的房地产投机，是导致房地产泡沫最终崩溃的根本原因。

与一般商品市场相比，房地产市场既联系着钢铁、建材、家电、劳动力等多种实体经济成分，又与经济发展、物价水平、居民收入、地方财政、金融市场等密切相关。房地产市场发展健康与否，直接影响着人们的消费水平、经济走势和未来预期。在房地产价格普遍上涨时期，人们基于对未来经济增长、通货膨胀率、收入预期和房价趋势等因素的考虑，只要有足够的资金用于支付首付，就一定会尽力购买房地产。因房地产市场将长期处于“买涨不买跌”的火爆之中。然而，这种房价不断上涨的未来预期极易刺激人们的投机心理，进而引发房地产泡沫发生。在日本泡沫经济高涨时期，基于战后 40 年“增长奇迹”的路径依赖刺激，日本投资者对土地神话深信不疑，对未来日本经济走势和房地产市场充满信心，加之金融自由化指导下的过度宽松政策，最终诱发了日本大城市房地产泡沫的急剧膨胀①。然而好景不长，仅仅几年之后，这种既没有实体经济支撑又没有收入增长保证的房地产泡沫最终崩盘。

3. 日本房地产泡沫及其“崩溃”的实像

在战后日本经济高速增长过程中，伴随着工业化和城市化的快速发展，大量人口涌向大城市，住宅紧张成为严重社会问题。由于日本实行土地私有制，土地作为商品，其利用和供给完全由市场进行调节。地价越高，土地所有者越是惜售，土地投机越是盛行②。从长期趋势看，房地产价格由市场定价机制决定，并最终取决于房地产市场的供求关系，取决于居民收入水平和社会分配体制及其变革。从经济发展规律看，居民收入的增长速度一般低于经济增长速度，经济增长速度一般低于生产要素价格上涨幅度。因此，社会有效需求往往带有一定的滞后性，这也正是凯恩斯主义刺激逻辑发挥作用的客观经济基础。日本战后虽然出现了几次房地产泡沫，但除 1980 年代中期以后的房地产炒作泡沫外，都随着居民收入的不断增加和供求关系的逐步缓解而得到了有效释放。

战后日本的房地产市场经历了长期价格上涨和缓慢下降过程。从

① 野口悠纪雄:《泡沫经济学》，曾寅初译，北京：三联书店 2005 年，第 69 页。
② 福田康雄『土地の商品化と都市問題』同文館、1993 年、第 76 頁。

日本经济发展速度和土地价格变动特点等角度看，战后日本房地产市场发展明显经历了工业用地激增期（1955—1965）、住宅用地刚性需求期（1966—1985）、商业用地投资期（1986—1991）和泡沫崩溃后调整期（1992年以后）①四个时期。在工业用地激增期，日本六大城市平均用地价格上升超过10倍，其中六大城市工业用地达15.15倍，远高于年平均增长率20%的6.19倍，存在明显的房地产泡沫。在住宅用地刚性需求期，由于城市化的快速发展，住宅用地的急剧扩大，大城市住宅用地成为拉高房地产价格的主要驱动力。（参见表4-3）

**表4-3　全日本地价指数演变情况（以2000年＝100为基准）**

| 年度 | 全日本城市用地 | | | | 六大城市用地 | | | |
|---|---|---|---|---|---|---|---|---|
| | 平均 | 商业用地 | 住宅用地 | 工业用地 | 平均 | 商业用地 | 住宅用地 | 工业用地 |
| 1955 | 2.19 | 3.22 | 1.52 | 2.13 | 1.66 | 4.08 | 1.06 | 1.36 |
| 1965 | 16.8 | 22.9 | 10.8 | 19.4 | 17.9 | 28.4 | 11.0 | 20.6 |
| 1975 | 58.9 | 75.5 | 45.2 | 58.8 | 52.4 | 68.9 | 40.8 | 53.9 |
| 1985 | 91.5 | 108.1 | 83.5 | 80.8 | 92.9 | 128.9 | 83.2 | 77.7 |
| 1991 | 147.8 | 195.5 | 126.1 | 122.6 | 285.3 | 519.4 | 223.4 | 203.6 |
| 1995 | 126.1 | 152.8 | 111.8 | 113.3 | 151.4 | 210.8 | 125.7 | 131.8 |
| 2005 | 69.1 | 60.6 | 77.3 | 71.2 | 68.6 | 67.3 | 77.6 | 61.0 |

资料来源：日本不動産研究所研究部「市街地価格指数」各年度。

为切实解决住宅问题和确保企业劳动力供应，日本政府通过设立住宅金融公库、日本住宅公团、地方成立公营住宅公库等政策手段，切实推动公共住宅建设和供给，形成了由住宅金融公库、日本住宅公团和地方公营住宅制度为主体的公共住宅供给体制②。日本政府先后制定七个住

① みずほ銀行産業調査部．日本産業の競争力強化に向けて－日本が輝きを取り戻すための処方箋を考える[J/OL]．みずほ産業調査，2013(42)：205—207．(2013—05—24)[2017—09—01]．https://www.mizuhobank.co.jp/corporate/bizinfo/industry/sangyou/m1042.html.

② 山田浩之：《城市经济学》，魏浩光等译，大连：东北财经大学出版社1991年，第123页。

宅建设五年计划，切实保障和改善最低居住水平家庭的住房要求，优先保证公共住房的土地和资金供应。到1980年前后，日本城市化进程趋于成熟，住宅市场供求关系趋于平衡。

进入1980年代中期以后，伴随着日本经济发展和国际竞争力的加强，大量金融资本流入东京等大城市的商业地产，形成炒作高档写字楼的投资热潮。1985—1991年间，六大城市平均用地指数从92.9上升至285.3，年上涨率平均为20.5%。商业用地投资期的房地产泡沫虽然并不比高速增长时期严重。但是，由于此次房地产泡沫主要源于金融资本对城市商业地产的炒作，缺乏现实的刚性需求支撑，最终引发了日本房地产泡沫的"崩溃"①。

然而，日本1980年代房地产泡沫"崩溃"，既不是房地产泡沫急剧膨胀后的自然爆裂，也不是房地产价格的断崖式下跌，而是在日本政府直接干预下的逐渐挤出泡沫过程，是房地产价格长达二十年的缓慢下降。到1980年代末期，地价的高度狂飙和泡沫的不断集聚引起了日本社会各界的高度警觉。1989年以后，日本政府开始采取紧缩政策，抑制土地泡沫继续蔓延。1990年，日本修改《国土利用计划法》和制定《土地基本法》，加强对金融机构土地融资的总量控制。1991年，日本政府制定"综合土地政策推进纲要"，并推出《地价税法》等，坚决抑制房地产炒作。正是在日本政府的强力干预下，1992年以后，六大城市平均地价开始逐渐下降，由此开启了近二十年的地价下降通道。直到今日，日本主要城市地价虽然偶有反复，但一直未能真正重回上升通道。现在日本的地价水平大约相当于1970年代末到1980年代初的水平。

在房地产泡沫高度膨胀的泡沫经济时代，日本已经形成了成熟的市场经济体系、发达的产业基础、一流的技术支撑和强劲的国际竞争优势，顺利实现了产业升级和经济转型，平稳跨过了中等收入陷阱，并实现了

① 山田浩之『都市と土地の経済学』東京：日本評論社、1995年、第98頁。

"一亿总中流"的广泛社会认可。此次房地产泡沫"崩溃"虽然诱发了个别企业破产和银行倒闭，但却没有因此而真正撼动日本经济的整体实力。

战后日本房地产市场的演进路径以及三次房地产泡沫的不同结局启示我们，经济高速增长往往伴随着产生高房价、高地价甚至房地产泡沫的产生。房地产泡沫未必意味着一定会破裂和崩溃，更不意味着一定会衍生为泡沫经济。房地产泡沫可以通过各种经济要素之间的不断调整而最终得以合理释放或消融。日本前两次房地产泡沫之所以没有破裂，关键在于随着居民收入增加和地区收入差距日趋缩小，房地产泡沫得到了有效的缓解。20 世纪 60 年代以后，大量进入城市的"打工者"和新增劳动者，逐渐演变为日本社会的"中流"阶层，进而成为消融房地产泡沫的有效"刚需族"。

高房价、高地价甚至房地产泡沫，如果离开了经济高速增长的底层支撑，则必然成为无本之木、无源之水，并最终导致泡沫破裂。日本第三次房地产泡沫之所以破裂，正是由于房地产市场缺乏强劲的经济增长、收入增加和刚性住房需求等要素支撑，才最终导致房地产崩溃，并演绎了长达 20 多年的跌跌不休。

## 三、日本房地产泡沫及其"崩溃"对中国的启示

经过十几年的长足发展，中国房地产市场在取得辉煌成就的同时，也出现了严重的房地产泡沫。对于中国房地产市场的未来走向，许多专家、学者的观点大相径庭，莫衷一是。十几年来，伴随着国人对房地产价格上涨的焦灼和谴责，我国大中城市的房价曾经一路高歌猛进。近年来，在中央明令"房子是用来住的，不是用来炒的"等相关政策影响下，房价飞涨现象虽然得以有效控制，但房地产市场的动态趋势依然不见明朗。

### 1. 房地产泡沫引发的关注与研究

经济高速增长时期，往往伴随着房地产市场价格高涨，而房地产价格高涨是否意味着房地产泡沫？房地产泡沫是否导致泡沫经济？泡沫经济是否必然崩溃？判断房地产泡沫的经济指标是什么？对此，地产商、投资者、专家学者等基于各自的立场和认识，进行了大量预测、批评和研究，但众说纷纭，自以为是。谢国忠、牛刀、时寒冰等一批知名人士曾经坚持看空中国楼市，并发表了一系列相关论述，但令人十分遗憾的是，唱衰了十几年的中国房地产泡沫，不仅依然十分坚挺，而且至今没有明显向下的迹象。与之相对，任志强、董藩等看涨人士，明显违背一般百姓的意愿，饱受社会各界的诟病，然而，他们过去的许多涨价预言却屡屡一语成谶。多数研究者认为，基于近年来中国房地产价格高涨的事实，中国房地产市场事实上已经出现了巨大泡沫。

自 2003 年开始，中国国内关于房地产泡沫或泡沫经济的讨论不绝于耳，而且还出现了大量的报刊文章和研究论文。一些学者借鉴日本 20 世纪 80 年代房地产泡沫及其破灭的历史教训，不断预言中国房地产泡沫的破灭。当我们利用中国知网对“房地产泡沫”进行主题词检索时，可以找到 3992 条研究文章（截至 2013 年 10 月 3 日）。而这 3992 篇文章中，2003 年以前发表的仅有 150 篇，其他 3742 篇文章均发表于 2003—2013 年的约 11 年间，即平均每年发表约 310 篇之多。如果用“日本＋房地产泡沫”进行检索，则有 1352 条。当我们对“日本＋房地产泡沫”进行全文检索时，竟然能够找到多达 9202 条篇目。（参见表 4－4）

**表 4－4　中国知网关于房地产泡沫相关主题的论文统计**

| 检索方式 | 检索内容 | 2002 年前 | 2003 | 2004 | 2005 | 2006 | 2007 | 2008 | 2009 | 2010 | 2011 | 2012 | 2013 | 合计 |
|---|---|---|---|---|---|---|---|---|---|---|---|---|---|---|
| 主题 | 房地产泡沫 | 150 | 254 | 192 | 374 | 241 | 246 | 294 | 402 | 669 | 487 | 401 | 273 | 3992 |
| | 日本＋房地产泡沫 | 43 | 105 | 56 | 151 | 122 | 120 | 130 | 112 | 214 | 141 | 89 | 61 | 1352 |
| 全文 | 房地产泡沫 | 1591 | 1303 | 1332 | 2395 | 2137 | 2756 | 3314 | 3892 | 4686 | 3477 | 3335 | 1446 | 32033 |
| | 日本＋房地产泡沫 | 299 | 466 | 426 | 796 | 687 | 718 | 840 | 977 | 1424 | 1061 | 1037 | 453 | 9202 |

资料来源:2013 年 10 月 3 日检索数据。

由此足见，中国学者对房地产泡沫之关切，尤其是对日本房地产泡沫破灭的历史教训是多么警觉。近年来，伴随着日益严厉的房地产调控政策不断出台，我国大中城市的房地产价格虽然逐渐趋于稳定，但是，对于一般百姓来说，依然难以真正清楚判明未来的房价走势，依然难以清晰回答中国房地产泡沫是否会崩溃等现实问题。这一方面源于不能准确公布中国房地产市场的实际数据，同时也说明目前的研究方法可能存在着某种逻辑或理论问题。

2. 日本房地产泡沫及其“崩溃”的参考价值

20 世纪 80 年代后期，日本曾经在“世界第一”“购买美国”的全民狂欢中，爆发了大规模的房地产投机热潮，由此引发高度房地产泡沫，并最终导致泡沫经济破灭。但是，我们是否可以简单援用日本房地产泡沫破灭的事实来说明今天的中国房地产市场呢？80 年代日本的房地产泡沫是否与今天中国的房地产泡沫具有同质性呢？

东京作为世界最大城市之一，其房地产价格之贵，往往令人咋舌。东京作为受日本泡沫经济，特别是房地产泡沫崩溃影响最大的城市，时至今日，其地价依然引领日本乃至世界的潮头。东京皇宫附近的丸之内地区，为日本最高房价区。1993 年，这里创造了一平方米 3450 万日元的高价。即便是房地产泡沫破灭后，日本地价市场在迎来跌跌不休的 20 年之后，2012 年，东京中央区银座 4 丁目山野乐器银座本店，仍然创下一平方米 2700 万日元的高价。

事实上，90 年代日本泡沫经济崩溃以后，日本经历了“失去的 10 年”“失去的 20 年”的长期经济低迷，日本的地价至今仍然未能恢复到泡沫危机前的水平。然而，多数学者在引证日本房地产泡沫的例子时，只是进行了简单的现象类比，他们忽略了一个基本历史事实，即 1986—1991 年期间的日本房地产泡沫，仅仅是战后日本房地产价格高涨的第三次高潮。这次房地产泡沫是在跨越了高速增长阶段、稳定增长阶段而进入低速增长阶段后衍生的土地神话炒作，是在基本完成了工业化、城市化过程后出现的非刚性需求下的房地产投机，是在强大实体经济背景支撑下的经济预期过热。这与今天中国所处的经济发展阶段、城市化进程、经济综合实力等客观背景有着本质性差异。

综合考虑中日两国经济发展阶段、城市化进程、国民收入水平等客观因素，可以发现，今天中国的房地产价格高涨和房地产泡沫，与20世纪50—70年代日本高速增长时期的房地产泡沫具有惊人的相似性。[①]国内虽然有多篇文章论及日本房地产问题，但大多未能清晰揭示战后日本房地产市场的演变轨迹及其与经济社会发展的关系。[②] 因此，在借鉴日本房地产市场发展中的经验和教训时，必须综合考虑中日两国各自的发展阶段、经济体制、经济背景，而不能简单类比，否则不仅不能得出科学的结论，而且还可能误导舆论，甚至造成巨大决策失误。

3. 中国房地产调控的制度困境

在从计划经济向市场经济转变的过程中，我国政府通过深化城镇住房制度改革，主动放弃了原来的福利分房形式，代之以住房分配货币化、住房供给商品化、社会化的房改新体制。[③] 2000年以后，伴随着国内经济持续高速增长和城市化进程的加快，城市房地产价格开始连年攀升。由于受到生产资本积累、居民收入增长缓慢等因素影响，国内房地产上涨速度明显高于经济增长速度和居民收入增长水平，城市化进程的不断加快，导致大城市刚性需求急剧增加。2013年以后，伴随着经济转型升级，中国经济逐渐转入中低速增长轨道，房地产价格的变化开始日渐平稳，中国房地产市场进入短暂自然调整阶段。2016年初，以北京、深圳、上海等一线城市为中心，全国房价先后出现异常上涨，直到中央明令颁布“房子是用来住的，不是用来炒的”等相关限购政策后，国内房地产价

① 张季风：《中日“泡沫”生成环境的非同质性探析》，《日本学刊》2008年第2期。

② 梁刚：《日本城市地价变动及其经济影响分析》，《现代日本经济》2005年第2期。

③ 谢家瑾：《房地产这十年——房地产风雨兼程起起伏伏之内幕》，中国市场出版社2009年，第81页。

格才开始趋于稳定。

自2003年前后,国内房地产价格开始加速上升。为有效抑制过快上涨的房价,政府先后推出国八条(2005)、国六条(2006)、8项政策(2007)、16项政策(2008),到国四条(2009)、国十条(2010)、新国十条(2011)、新国五条(2012)等。调控政策不断出台,调控手段不断增加,调控力度不断加大。从提高利率、增加市场供应等市场手段,到直接限购、限贷等行政手段,各种措施不断加码。然而,北京、上海、深圳、广州等大城市的房地产市场依旧高歌猛进,甚至曾经出现了"愈调愈涨""每调必涨"的怪现象。与之相对,2013—2015年间,中央政府逐渐放松对房地产市场的调控力度,各地政府纷纷解禁限购限贷,房地产价格却反而日渐趋于缓和。

近年来,中国房地产市场常常面临两难困境:即一边调控,一边上涨;一边限购,一边库存;一边商品房严重过剩,一边廉租保障房不足;一边有人借机疯狂炒作,一边进城"打工者"无资格购房;一边房地产市场游资充裕,一边实体经济借贷困难;一边开发商既绑定银行,又绑定地方财政,赚得盆满钵满,一边地方政府左右为难,既担心土地财政减少,又担心房地产库存过大,还担心地方融资平台崩盘。在多重困境叠加面前,政府利用常规的限购、限贷、限价等政策手段,虽然可以暂时缓解房价过快增长的问题,但又一定程度上抑制了房地产市场的有效需求,难以真正切中要害,有的放矢。

参考日本房地产市场的发展轨迹,可以判断:在中国经济高速增长阶段,伴随着城市化、产业结构升级、人口增长和人口移动等因素的共同刺激,中国城市房地产价格变动将是一个长时段调整的过程。特别是对于北京、上海、广州等特大城市,如果完全依靠市场调节,根本无法立刻扭转房价过度上涨问题。一旦放任房价过度上涨,则不仅会导致房地产价格疯涨,而且还可能带来诸多复杂的社会问题,因此,在现实条件下,政府不得不继续加强有力的市场干预。但是,从未来趋势角度看,伴随着经济增长速度的逐渐放缓、城市化进程的结束和居民收入的上升,各地收入差距将逐渐缩小，加之各种住房供应的不断增加，住房难、住房贵等社会问题将逐渐得以缓解，届时我国房地产价格可能会实现理性回归。

与此同时，还必须看到，中国房地产价格波动是一种典型的市场行为，房地产领域存在一个相对充分竞争的公平市场。我国的房地产市场与日本的根本差异并不在于价格上的上涨幅度，而在于中国土地所有权的国有性和土地供应的单一性。如果我们不考虑某些国有房地产企业在融资方面享受的非正常待遇等因素，那么相对于石油、铁路、电力等垄断性资源企业来说，中国房地产市场面临的是真正的自由竞争。因此，不能因为房地产价格高涨而否定十几年来中国房地产市场的高速发展和充分竞争，不能否认十几年来国民住房条件的极大改善，不能否认十几年来中国城市基础设施建设的重大改观。

4. 基于日本经验的对策

战后日本房地产市场的发展路径和演进逻辑，为思考今天中国的房地产泡沫问题提供了重要的参照材料和研究视角。对于正处于社会经济转型期的中国来说，我们很难用一个简单尺度来直接判断。房地产价格不仅受经济增长速度、通货膨胀率、投资水平、城市化水平、产业结构、收入差距、人口移动、国家宏观调控政策等多重因素影响，而且还往往渗透着中国特殊国情下的制度和文化因素的影响。今天中国的房地产泡沫、房价高涨等现象与高速增长时期的日本房地产市场具有惊人的相似性。然而考虑到中国人口多，地区差异较大，加之体制转轨过程中出现的贪污腐化、贫富不均、收入差距悬殊等因素的影响，中国房地产市场面临的问题比日本更为复杂和深刻。

结合我国房地产市场的现存问题和房价走势，在制定房地产调控政策时应保持冷静观察，审慎判断，认真总结过去房地产调控中的经验教训，充分借鉴发达国家的公共住房供给政策，深入探究有效挤出或释放房地产泡沫的现实方法。

与日本相比,我国现在正处在产业升级和经济转型的关键时刻。在市场经济体制、产业基础、技术水平、国际竞争力等方面,中国虽然已经取得不小进步,但距离国际一流水平还存在一定差距,在许多产业领域不掌握核心技术和高端生产能力,亟待提高整体产业的国际竞争力和实现自主创新。在中国经济从高速增长向中低速增长的转变过程中,伴随着普通居民的工资水平和收入水平的不断提高,社会再分配体制和社会保障制度得以逐渐完善,城市居民的基础性住房需求自然会持续增加,从而在一定程度上有效挤出或释放房地产泡沫。然而,由于受到国内城乡差异、地区差异以及社会分配体制等多种因素的影响,大中城市的住房供需矛盾很难短时间内解决。在此期间,如果完全放任房地产自由发展,势必引发房地产泡沫,严重冲击实体经济,并最终导致房地产泡沫崩溃。

因此,参考日本战后房地产市场发展及泡沫"崩溃"的历史经验,首先,应该科学评估中国房地产市场的发展阶段和发展趋势,综合分析中国房地产价格上涨的经济因素、社会因素和心理因素,充分认识中国房地产市场价格波动的长期性、弹力性和关联性。坚决贯彻"房子是用来住的,不是用来炒的"原则精神,在保持高度戒备和合理预案的前提下,坚决抑制短期性房地产炒作等投机行为,严防实体经济资本向房地产市场转移,努力挤出由于房地产炒作而引起的房地产泡沫。

其次,转变国有房地产企业的企业职能和市场定位,使其成为提供公共性住房的政策性住宅公司,通过增加中低收入阶层的公共住房供给缓解市场供需矛盾,有序释放房地产市场的泡沫成分,消除房地产市场的炒作空间,构建基础性住房安全保障体系,为长期入城的"新城市人"和"打工者"提供公共性住房保障。与此同时,加强公共住宅用地、公共用房管理,建立公开透明的公共住房动态信息披露机制,确保大中城市综合服务功能的良性运转。

最后,全面深化金融投资体制、财税体制和社会分配体制改革,增加政策金融的科学性和实效性,坚决堵塞政策金融执行过程中的体制性渗漏，适时推出房产税、遗产税，打破地方财政、金融机构与房地产开发企业之间的利益链条，着力消除收入差距过分悬殊和贫富分化问题，提高普通居民收入水平和有效需求能力，积极构建有效化解房地产泡沫的长期综合制度体系。

总之，针对目前中国房地产市场存在的各种问题，我们既不能过度高估房地产泡沫的现实风险，也不能轻易忽视房地产市场潜在的泡沫威胁。既要强力挤出房地产市场的炒作泡沫，又要有效增加中低收入阶层的住房供给和居民收入，有序释放房地产市场的过度需求泡沫，努力构建根本消除房地产泡沫的制度体系和调控机制。

## 四、日本长期通货紧缩的制度根源与治理困境

泡沫经济崩溃以来，通货紧缩的梦魇一直萦绕在日本经济的上空。如何摆脱通货紧缩，如何重振日本经济，成为历届日本政府不得不反复企划的重要政策目标。安倍经济学执行三年多来，日本经济虽然展现一丝复苏迹象，如股价上升、日元贬值、大企业营利增加等，但是，长期困扰日本经济的通货紧缩问题依然没有得到根本解决。安倍经济学是否已经失败？日本经济是否能够最终走出“通货紧缩”的阴影？目前依然是仁者见仁，智者见智。

### 1. “通货紧缩”的治理处方

泡沫经济崩溃后，日本经济陷入长期低迷和通货紧缩。为了消除通货紧缩，经济学家们提出了不少理论假说和治理处方，包括日本银行金融政策失误论、资产平衡表萧条论、结构通缩论、人口减少通缩论、IT引起的成本削减论、进口通缩论、通货再膨胀论等。但是这些假说始终不能回答：为什么发达国家中唯独日本陷入了长期通货紧缩？时至今日，日本政府依然没有找到一条有效医治通货紧缩的良方。

前日本银行总裁白川方明认为，通货紧缩体现为一般物价水平下

降，其背景在于宏观经济整体的需求失衡，即需求不足。具体而言，在企业和金融机构被迫调整资产负债表以应对危机过程中，日本经济整体对全球化和人口快速老龄化等环境变化的反应迟缓，构成日本通货紧缩的基础原因。① 为消除通货紧缩，日本银行虽然不断推行量化宽松政策，并导致了零利率政策的长期化和流动性陷阱，却始终未能从根本上克服通货紧缩问题。福井俊彦认为：现在日本经济面临的通货紧缩是日本固有的结构问题和全球化经济结构变化复杂结合而产生的结果。绝不是单纯的货币现象。② 榊原英资认为，对于这种基于全球化和技术革新背景而产生的结构性通缩，财政、金融政策是无效的。③ 斋藤诚认为，通货紧缩源于资源价格上升和国际竞争力低下而引起的资本向海外的流出，因此，金融政策难以克服。④

吉川洋认为：通货紧缩是一种金融现象，对实体经济带来负面影响，但是通货紧缩不是不景气的原因，而是实体经济不景气的结果。因此，要消除通货紧缩，就必须首先摆脱不景气。日本长期通货紧缩的原因在于缺乏创新，而导致创新缺乏的元凶在于企业从正规雇佣向非正规雇佣转变以及由此引起的名义工资的降低。工资降低导致消费需求不足，最终引发通货紧缩，要消除通货紧缩，必须首先提高工资水平。⑤ 吉川洋虽然清楚认识到通货紧缩的实质，但却未能找到真正造成通货紧缩的原因。对于管理者来说，企业之所以降低工资和更多雇用临时工，往往不是喜好，而是被迫；不是故意，而是无奈。从企业经营角度看，吉川所谓雇佣问题导致创新不足的观点也十分幼稚。对于吉川所强调的需求和

---

① 白川方明「デフレ脱却へ向けた日本銀行の取り組み——日本記者クラブにおける講演——」2012 年 2 月 17 日。https://www. boj. or. jp/announcements/press/koen_2012/data/ko120217a1. pdf

② 西田雅彦「金融政策に何を期待するか」『みずほリサーチ』May2003。http://www. mizuho-ri. co. jp/publication/research/pdf/research/r030501point. pdf

③ 榊原英資「日本が 構造デフレを乗り切るために」『中央公論』2002 年 7 月号。

④ 斉藤誠「インタビュー：日銀緩和、正気の沙汰と思えない」Reuters 2013 年 4 月 5 日。

⑤ 吉川洋『デフレーション——日本の慢性病の全貌を解明する』日本経済新聞出版社、2013 年。

创新，企业家不是不知道，而是不可为，不是不想做，而是做不到，这或许是曾经作为工业化时代骄子的日本人和日本企业的信息化宿命。

针对通货紧缩问题，克鲁格曼、浜田宏一、岩田规久男等经济学家主张实行“通货再膨胀”政策。岩田认为：日本通货紧缩的根本原因在于日本银行的金融政策，日本银行应该制造通货膨胀预期。一旦通货膨胀预期增大，必然引起股价上升，日元贬值，从而增加投资，扩大输出，进而拉动社会总需求，最终才能使日本经济摆脱通货紧缩，增加税收，实现财政再建。① 然而，“通货再通胀”理论立足于日本国内经济系统循环，忽视了全球化、产业创新等重要影响因素，它从货币经济运行的简单逻辑出发，将经济人理性理解为企业理性和社会理性，将短期政策目标理解为企业和社会的长期投资目标，而过分高估了通货再膨胀政策的现实弹性。通货再膨胀理论指导下的安倍经济学，历经三年运作，虽然直接刺激了股价和汇率，但至今依然争论颇大，而且日本经济仍然未能摆脱通货紧缩的阴影。

2. 长期通货紧缩下的经济反常

通货紧缩是一种货币现象，其直接表现是货币购买力上升和商品物价下降。从消费物价指数看，1998 年 9 月以后，日本开始陷入通货紧缩之中。一方面，日本国内市场需求不足，企业投资动力下降，商业银行和企业资金充裕，资本市场陷入零利率的流动性陷阱。与此同时，日元升值，股票疲软，普通消费品物价下降，工资水平下降。日本经济企划厅曾经将通货紧缩定义为“伴随着物价下降而出现的景气低迷”。2001 年 3 月，日本政府正式承认日本经济陷入“缓慢的通货紧缩状态”。② 然而，与经济通货紧缩相伴随，现实的日本经济中存在着某些明显有悖于常态的特殊现象。

首先，日本市场资金充裕，国内企业投资不足，海外投资异常活跃。

---

① 岩田規久男「なぜ，日本銀行の金融政策ではデフレから脱却できないのか」『経済研究所年報』第 25 号、2012 年。

② 第一勧銀総合研究所編『基本用語からはじめる日本経済』日本経済新聞社〈日経ビジネス人文庫〉、2001 年、第 99 頁。

泡沫经济崩溃以后，为刺激经济景气，日本政府不断增大公共投资规模，日本银行也不断推出量化宽松政策，增大市场资本投放。伴随着日本房地产价格和股票价格的大幅回落，大量资金抽离房地产市场和股票市场，结果导致日本资本市场游资充裕，出现了一定的流动性过剩。与此同时，由于日本国内投资机会减少，盈利空间狭小，企业设备投资动力不足。国内企业受到进口商品的压力，不断压低成本，大量雇用非正式员工，以减少债务人力成本支出。因此，泡沫经济崩溃后的日本经济陷入资产负债表式萧条，即日本企业为了避免破产危机，大量压缩设备投资，尽量减少企业的资产负债，并以其企业盈利优先考虑偿还债务，由此导致日本社会总需求严重不足。

1990 年，日本社会总投资为 148.5 万亿日元，其中民间固定资产投资达 117.2 万亿日元。到 1997 年以前，社会总投资始终保持在 140 万亿日元左右规模，而民间固定资本投资则维持在 100 万亿日元左右，此后逐年下降。1997 年，社会总投资大幅下降 9.7%，2012 年，社会总投资下降至 98.7 万亿日元，民间固定资产投资为 79.0 万亿日元。其间虽然 2000 年前后有所增加，但总体处于投资下降趋势。与 1990 年相比，下降幅度达到三分之一。（参见图 4－6）

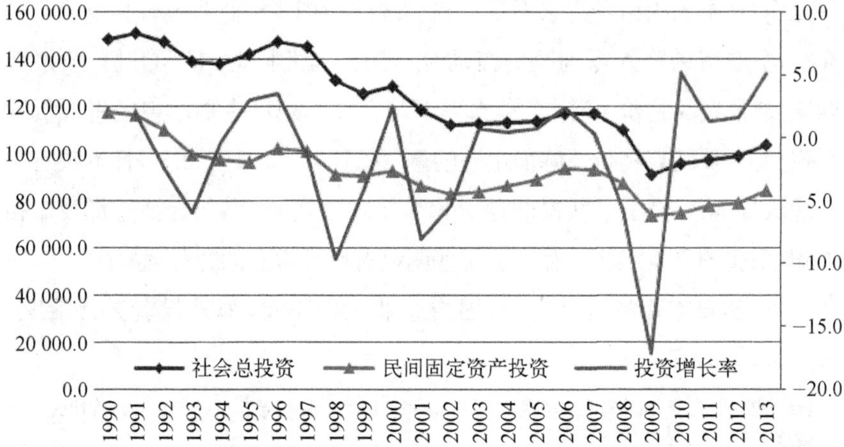


**图 4－6　社会总投资、民间固定资产投资及其投资增长率变化情况（亿日元，%）**

数据来源：日本银行数据。

与日本国内经济低迷相比，日本企业在海外市场获得了长足发展。由于新兴市场国家的迅速成长，日本企业不断加大海外投资规模，海外资产持续增大。与日本国内经济低迷相比，海外资产平均保持约7%的增长速度。2013年末，日本对外资产总额达797.77万亿日元。其中对外净资产增加9.7%，达到325.7万亿日元，连续三年增加。自1991年以来，日本已经连续23年成为世界第一债权国。近二十年中，日本企业海外投资增长率为国内的1.8倍，日本对外资产增值近40倍，对外纯资产增值近60倍，外资储备也增长近20倍。目前日本企业海外销售额达3万亿美元，海外生产额占到国内生产的67%。日本国内和海外市场的发展境遇形成鲜明对照。

其次，GDP增长裹足不前，公共债务不断攀升新高，个人金融资产持续增加。高速增长结束后，为了实现经济增长景气，日本政府长期奉行凯恩斯主义经济刺激政策，不断扩大公共投资规模，借此调节经济发展周期，保持经济稳定增长速度。然而，长期大规模公共投资导致了大规模赤字公债、建设公债累积，最终形成了日本政府的巨额财政负担。加之近年来日本财政收入减少和社会保障费用急剧增加等因素的影响，日本国债负担急速膨胀。1990年泡沫经济崩溃之初，日本国债发行额为26万亿日元，国债累计为311.7万亿日元，相当于当年GDP的三分之二。此后，为恢复经济景气，日本政府不断加大经济刺激力度，致使国债激增。以1996年为节点，日本国债总额达到523.7万亿日元，首次超过当年名义GDP的509.1万亿日元。2001年，日本国债发行总额为133.2万亿日元，其后每年国债发行额均超过100万亿日元，而且发行规模逐年增加。为了回避债务集中清偿带来的财政风险，日本政府开始发行大量转借债，即所谓“借新债，还旧债”。1996—2014年，转借债从26.7万亿日元猛增至122.1万亿日元。日本政府通过变换债务形式拖延债务偿还期限的办法，虽然暂时缓解了财政崩溃风险，但却进一步积累了长期债务负担。1998年以后，日本政府虽然开始压缩公共投资，但日本政府的公共债务规模却没有因为公共投资压缩而减少。2014年，日本国债发行额达到181.5万亿日元，相当于GDP的36%，各种国债总额达到1197.3万亿日元，超过GDP二倍之多，为发达国家之最。

与日本政府债务急剧攀升和GDP长期裹足不前的趋势形成鲜明对照的是，日本个人金融资产不但没有受到经济低迷的影响，反而持续增加。1985年，日本个人金融资产为585.6万亿日元。随着泡沫经济膨胀，日本个人金融资产大幅膨胀。到1992年，个人金融资产达到1025.1万亿日元。泡沫经济崩溃后，虽然日本的房地产价格、股价、消费品价格等持续下降，GDP增长缓慢，但个人金融资产却与之逆向而动，保持长期持续增加势头。根据日本银行资金循环统计，截至2014年3月，日本个人金融资产达到1630万亿日元。如果扣除日本个人负债，日本个人金融资产与日本政府负债额基本相当。

由于日本个人金融资产不断增加，加之老龄化社会中高收入阶层消费严重不足，导致日本个人存款不断增加。在全部个人金融资产中，50岁以上人口占有个人金融资产超过65.6%。在日本国民生产总值长期停滞的背景下，日本居民个人金融资产之所以长期高速增长，主要源于日本社会的收入结构和分配结构的巨大变化。（参见图4-7）

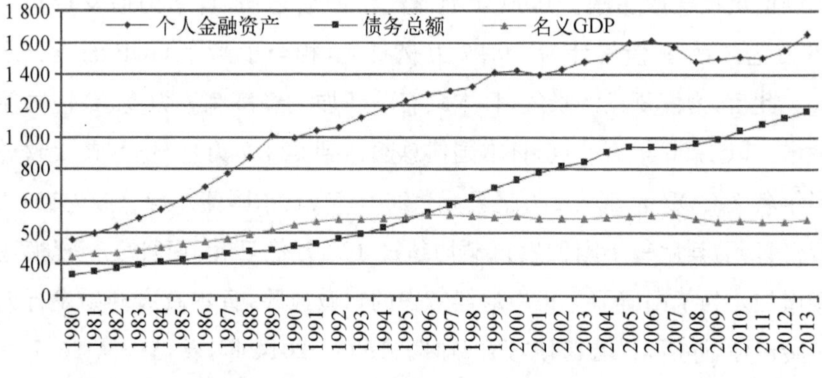


**图4-7　日本个人金融资产、公共债务、名义GDP变化情况(万亿日元)**

资料来源：日本财务省、日本银行数据。

第三，银行存款不断增加，银行贷款裹足不前。1984—2000年，除泡沫经济崩溃初期个人存款数额有所下降外，日本商业银行存款和贷款数量都在不断增加，存款和贷款量大体相抵。但是，1998年以后，个人存款与企业贷款差距明显拉大。1992年，日本居民存款额达453万亿日元，为泡沫经济崩溃后的最低值，其后持续上升，到2013年增加到641.8万亿日元。与之相对，日本商业银行贷款却长期裹足不前，一直保持在440万亿日元左右。2013年，商业银行贷款额仅为449.1万亿日元。银行存款与企业贷款之间出现了近200万亿日元的资金剩余。

一方面日本银行不断推行宽松货币政策，增加资本市场的流动性；另一方面日本国内企业投资动力不足，投资率不断下降，惜于贷款。近200万亿日元的银行资本无法有效投入实体经济之中。为了实现巨额资金的保值升值，商业银行开始大量投资海外和国债市场。1997—2012年，商业银行持有的企业股票价值从47.3万亿日元减少至16.9万亿日元，而同期商业银行持有的国债总额却从31.1万亿日元上升至161.2万亿日元。（参见图4-8）

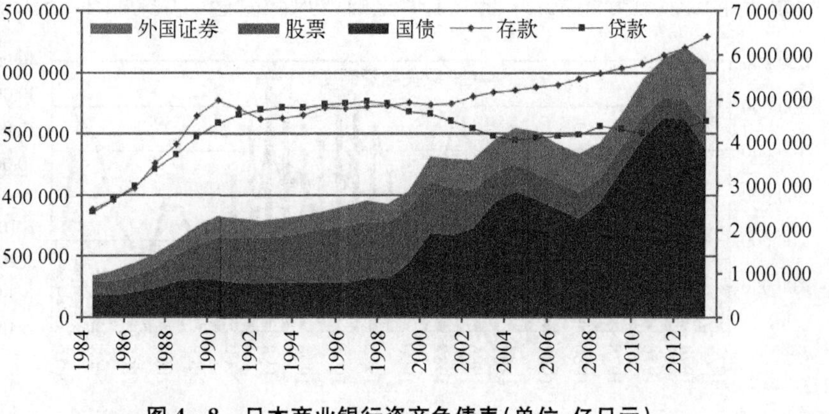


**图4-8　日本商业银行资产负债表(单位:亿日元)**

资料来源：日本银行数据。

### 3. 超额国债积累的政策根源

战后日本高速增长结束以后，为了顺利实现产业升级换代和经济社会转型，恢复经济周期的景气循环，日本政府长期推行凯恩斯主义经济政策,依靠公共投资扩大有效需求。70年代以后,日本逐渐确立了以财政投融资为主体的庞大公共投资体系。80年代以后,基于日本经济奇迹基础上的政府主导型发展模式,形成了对公共投资的过分路径依赖。

1985年,作为日美贸易摩擦的对策,日本政府接受"前川报告"的建议,提出十年(1989—2000)增加430万亿日元的"公共投资基本计划",由此导致80年代后期的经济过热,并最终演变为高度经济泡沫。泡沫经济崩溃之初,日本政府并没有清醒认识泡沫经济的实质,仅仅将当时的股价下跌和地价下降理解为经济周期波动中的低谷,希望通过加大公共投资拉升经济景气。1994年,日本政府重新修改公共投资基本计划,1995—2004年,继续追加公共投资630万亿日元。然而,这种被称为"挖坑填坑之举"的公共投资,对于已经进入成熟发展阶段的日本社会来说,不仅不能继续产生明显的乘数效应,而且还直接加剧了财政赤字负担,导致日本国债过分超发,并埋下了严重财政风险隐患。(参见图4-9)

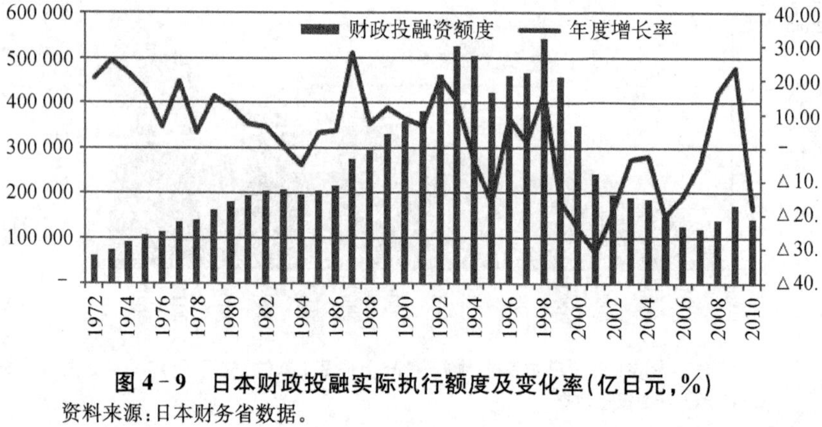


**图4-9　日本财政投融实际执行额度及变化率(亿日元,%)**

资料来源:日本财务省数据。

70年代以后,日本政府的大规模公共投资主要是依靠财政赤字实现的。《日本财政法》第四条虽然规定:"国家财政支出必须以公债或借入资金以外的收入为财源。"然而,作为法定例外,"对于公共事业费、出资资金及贷款的财源,在国会议决的金额范围内,可以发行公债或借入"。

基于此，1965年，日本第一次发行赤字国债，以弥补财政赤字。其后10年间，日本政府一直坚持财政平衡政策。但是，自1966年第一次发行建设国债开始，建设国债发行一直没有中断，并延续至今。1975年，为弥补财政收入的不足，日本政府再次发行赤字国债。其后的40年间，除1991—1993年泡沫经济没有完全崩溃之前由于税收大幅增加，没有发行赤字国债外，日本政府每年都照例发行赤字国债，而且发行额不断攀升。由于长期债务累计，2000年以后，借新债，还旧债，成为日本财政的每年必修课。1993年，建设国债发行达16.2万亿日元，此后建设国债没有继续增加，基本维持在10万亿日元以上水准。与此同时，伴随着景气停滞、税收减少和进入老龄化后财政支出的增大，日本政府不断增加赤字国债规模。截至2016年度3月底，日本政府所欠各类公共债务合计超过1262.6万亿日元，为日本当年GDP的249.3%。从国债具体构成看，主要包括建设国债、赤字国债、转借债、财政投融资债和国债费等。近年来，虽然建设国债增长不多，但赤字国债、转借债和国债费则由于历史欠账过多等原因，一直处于大幅度增长过程中。（参见图4－10）

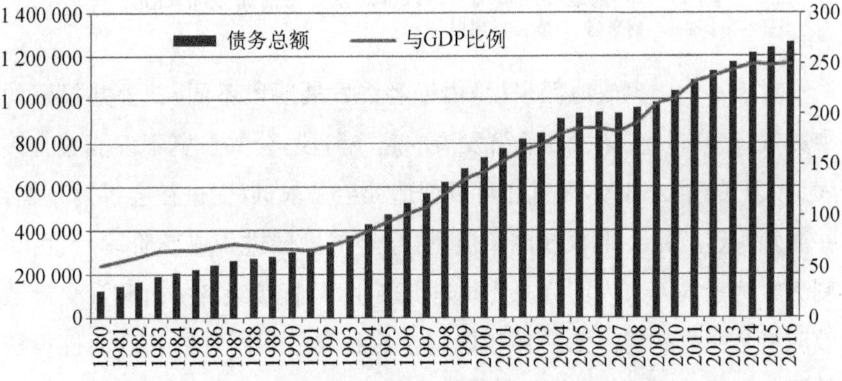


**图4－10　日本政府公债及其与GDP的比例(10亿日元,%)**

资料来源：日本财务省、日本银行数据。

苦于巨额国债带来的财政风险压力，自桥本内阁时代起，日本政府开始大力压缩财政投融资规模。1998年，日本政府实际新增财政投融资达到历史最高，为52.5万亿日元，此后逐渐下降。自小泉内阁以后，日本公共投资规模明显变小。其间除了受到2008年全球金融危机和2011年“3·11”大地震影响，当年财政投融资规模有所增加外，日本政府的公共投资规模已经大幅缩小。90年代以后，日本财政投融资总量长期保持在300万亿日元以上。2000年达到峰值，为417.8万亿日元，此后开始逐年下跌。2014年，新增财政投融资额为16.2万亿日元，财政投融资总额已经减少至170.5万亿日元，仅为最高时期的三分之一。(参见图4-11)

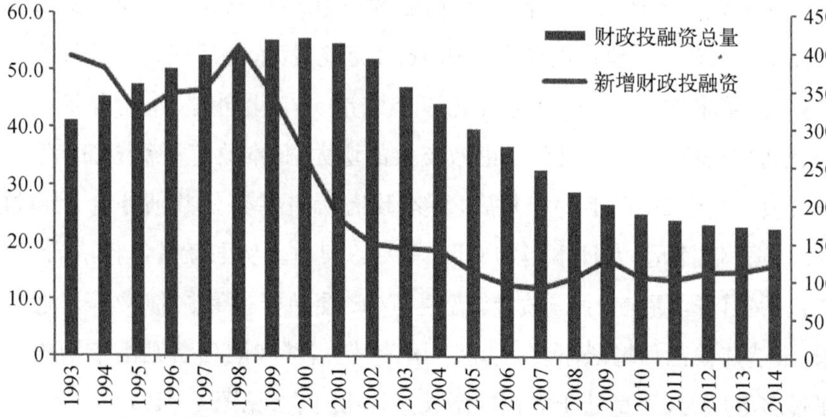


**图4-11 财政投融资增长额及其总量变化情况(万亿日元)**
资料来源：日本财务省、日本银行数据。

对于一个国家或地区来说，由于经济发展阶段不同，其公共投资的乘数效应会有所变化。在经济发展的起飞阶段，公共投资不仅能够直接满足人们的生活需要，而且还可以创造社会需求，以促进社会供需平衡，并激发明显的社会乘数效应。但是，当经济发展进入成熟阶段后，由于刺激经济景气而人为创造的公共建设事业，其直接经济价值和社会乘数效应将会明显减弱。如果再考虑由于受到利益集团制约和政治性投资等因素影响，依靠财政赤字支撑的公共投资不仅可能效益低下，而且还会造成巨大的社会资源浪费。

从经济循环角度看，经济成熟期的过度公共投资虽然可能乘数效应较低，但其影响一般仅限于公共投资的直接效益和社会福利总量，并不会对整体经济循环构成过大冲击。从宏观经济运行角度看，如果政府所借国债全部用于公共事业投资，则总供给和总需求继续保持平衡状态。也就是说，即使该公共投资的乘数效应不高，但也不会导致严重的供需失衡，更不至于引起严重通货紧缩。然而，当日本政府大举国债而不是用于公共投资，而是用于偿还过去债务；或者当政府一方面大举国债，另一方面又大力压缩公共投资时，特别是当民间投资已然严重不足，而政府却也开始极力压缩公共投资时，社会总需求和总供给之间的动态平衡必然难以为继，由此可能最终落入通货紧缩陷阱。

4. 过度国债负担诱发通货紧缩

通货紧缩是泡沫经济崩溃后在民间投资不足的背景下日本政府大力压缩公共投资引起供求失衡的必然结果。在正常经济运行环境下，总供给等于总需求，即 C＋I＋G＝C＋S＋T。储蓄等于投资，政府公共支出等于税收收入。也就是说储蓄可以完全变成投资。

在战后经济发展过程中，日本形成了依靠大量银行贷款进行间接融资的企业运营模式。泡沫经济崩溃后，由于资产价格暴跌，日本企业负债激增，形成严重资产负债表危机。为了避免破产，大型企业尽量减少银行贷款，并利用营利偿还过去贷款，由此导致民间投资严重不足。泡沫经济崩溃初期，为了缓解需求不足，日本政府通过加大公共投资，以刺激经济景气，维持供需基本平衡。然而，长期大规模公共投资使日本政府背负了巨额公共债务，加之老龄化背景下日本财政严重入不敷出等因素的影响，1998 年以后，日本政府不得不努力压缩公共投资。于是，在民间投资严重不足背景下政府公共投资压缩，最终造成了严重社会需求不足。

在正常资本流动环境下，货币作为市场交换的媒介，一般是通过银行、保险等金融机构投入实体经济之中，其民间资本循环链条为：

银行贷款——企业生产——个人收入——银行储蓄

为了弥补市场的失败，政府往往通过公共投资来刺激需求，以求促进供需的基本平衡，即：财政支出——公共事业投入——个人收入或社会福利——个人消费——税收收入。

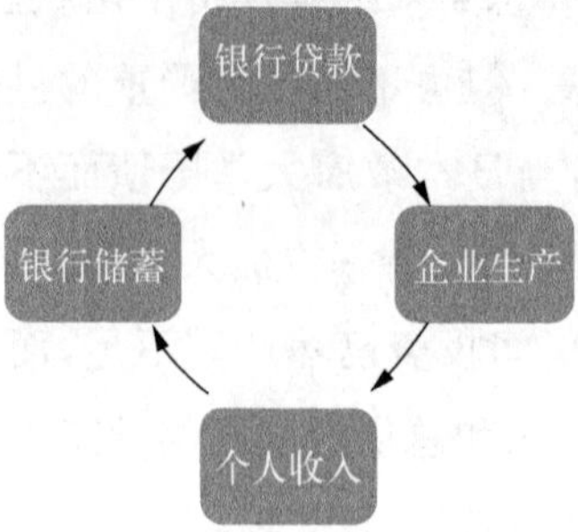


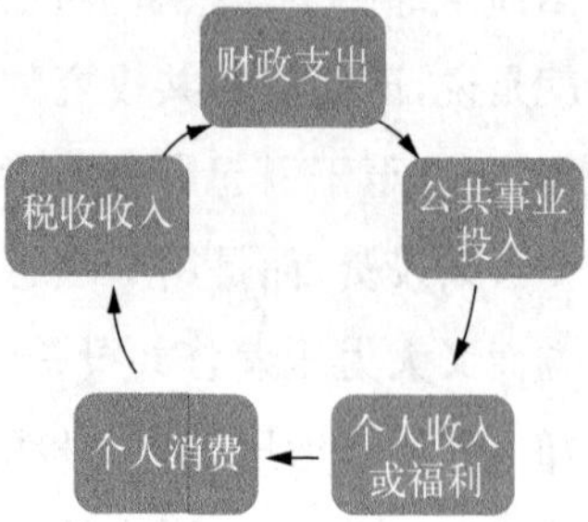


1998年以前，日本政府奉行凯恩斯主义刺激政策，长期依靠大规模公共投资来维持供需平衡。泡沫经济崩溃后，日本经济虽然陷入长期低迷之中，但从总供给和总需求角度看，积极的公共投资有效缓解了社会需求的不足。正是因为如此，才确保了日本经济的平稳运行，而没有在泡沫经济崩溃后出现大规模经济衰退。但是，长期的大规模公共投资导致了另外一个严重后果，即政府债务激增。1998年以后，虽然公共投资得到有效压缩，但长期国债发行造成的巨额国债费用仍在急剧增加。

与此同时，受高龄化等因素影响，日本政府的社会保障费用支出不断增大。1995年，日本开始步入老龄社会，65岁以上人口占总人口的14.5%。2007年，伴随着战后第一次人口生育高峰期出生人口的高龄化，日本迅速进入"超高龄社会"，老龄人口占到21.5%。按照2013年9月推算，65岁以上人口为3186万，占总人口的25.0%。1990—2004年，日本国债共增加603万亿日元，其中仅社会保障费支出一项就增加210万亿日元，地方转移支付增加78万亿日元，公共事业费支出增加57万亿日元。与此相反，同期日本税收收入等反而减少148万亿日元。

泡沫经济崩溃后，日本企业为消除资产负债表危机，大量减少银行借贷，民间投资严重不足，加之日本银行不断推行量化宽松政策，结果造成日本市场资金充裕，形成流动性过剩。商业银行、保险等金融机构苦于寻找优良的放贷渠道。与此同时，由于财政赤字长期居高不下，日本政府不得不继续加大国债发行，用以支付持续增加的社会保障费用和债务清偿。于是乎，在政府国债、商业银行和保险机构之间形成了一个巨额资金流通渠

道。此时,日本货币市场出现了另外两个巨大的资本循环,即:

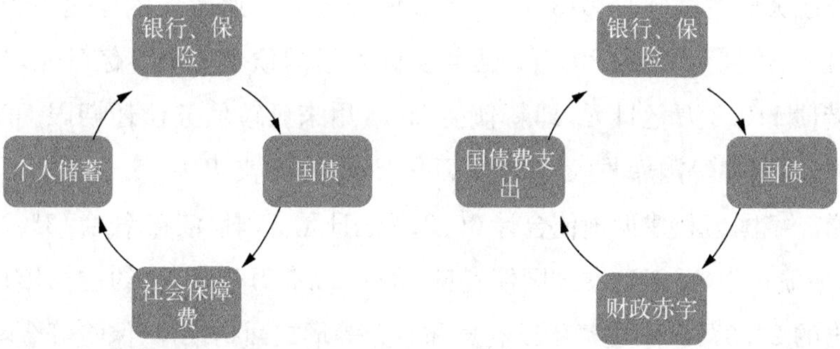


在上述两个资本循环过程中,国债费用支出用于偿还国债利息,主要以资金形式重新回到银行和保险机构,基本不介入实体经济。社会保障费用支出虽然进入居民个人金融资产,但在日本特定的高龄化社会收入结构下,对消费需求的拉动力量影响有限,大部分资金又以储蓄形式重新回归金融机构。从社会资本的长期流动角度看,社会保障费支出可以理解为政府对过去债务的清偿。

当政府大规模举债不是用于投资和消费,而是用于偿还过去债务时,则这种举债不仅不能刺激社会总需求,反而人为减小了商品市场的资金供应,造成实体经济中流通货币的不足。日本政府依靠从金融机构借贷的国债用来清偿各种过去债务,银行、保险机构则依靠大量购买国债来解决资金过剩的出路。于是,在日本政府、金融机构和个人金融资产之间形成了一个基本脱离实体经济的庞大资金循环游戏:

上述游戏的长期演绎,最终导致实体经济相关的货币流通大幅减少。一旦这种趋势成为常态,则必然引起货币升值和物价下降,并最终引发了长期的通货紧缩。由此也可以解释为什么日本 GDP 裹足不前,国债不断攀升,而个人金融资本却持续增大等反常现象。

在日本国债市场，金融机构与日本国库之间形成了脱离于实体经济之外巨大资本循环。2013 年，日本政府和地方长期债务累计达 1035 万亿日元，达到 GDP 的 205%。当年实际发行国债 167.6 万亿日元，其中转借债 110.8 万亿日元，即新债换旧债，用来延缓债务偿还期限。2013 年，日本财税等国库收入为 54.5 万亿日元，财政支出为 95.8 万亿日元，新增赤字国债和建设国债合计 36.9 万亿日元。国债依存率为 43%。其中，国债费用（国债还本＋国债利息）高达 23.5 万亿日元，约占当年财政支出的 24.3%。上述费用以利息和本金等形式回到银行、保险等金融机构。在日本市场利率趋零的流动性过剩背景下，超过 20 万亿日元的国债费用，为日本商业银行、邮政储蓄等相关机构带来了稳定的经营收入。为此，日本商业银行、保险机构、邮政储蓄、养老金等相关机构动用大量资金投入国债市场，最后各种国债又以国债费用、社会保障费用等形式返还金融机构或个人金融资产。个人金融资产则以储蓄和保险形式再次回归银行。在上述两个资金流通环节中，日本政府承担着过度的国债负担，银行、保险等金融机构则享受着巨额资金回报。从长期角度看，如此大量的金融资本脱离实体经济而游走于政府、金融机构和个人之间，势必造成日本实体经济市场的货币流转不足，进而可以解释日本经济出现长期通货紧缩的根本原因。（参见图 4－12）

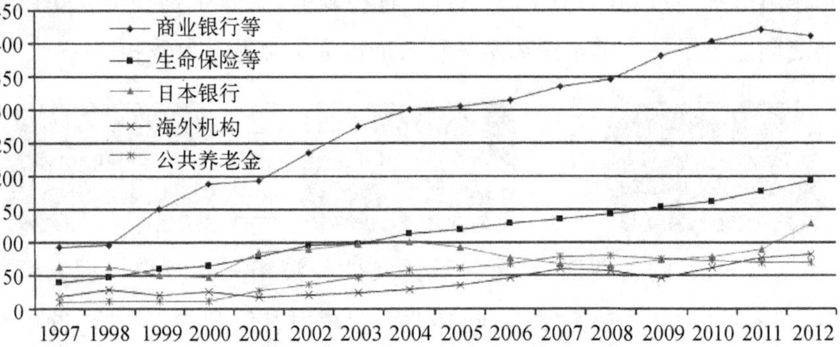


**图 4－12　主要机构持有日本国债额度变化情况（万亿日元）**

资料来源：日本银行数据。

日本大量公共债务的主要持有人是日本商业银行、保险、邮政储蓄以及中央银行等金融机构，民间个人和海外机构的持有比例较低。然而，日本公共债务体制中稳定的发行渠道和收益分配机制，一定程度上缓解了日本政府的过度债务负担，避免了日本公共债务偿还的集中爆发。因此，日本主权债务虽然高居发达国家之首，并超过 GDP 的 200%以上，却从来没有发生像希腊、意大利那样的主权债务危机。

5. 长期通货紧缩的影响及其治理

通货紧缩的政策根源在于日本政府过度举债后公共投资压缩而引起的供需失衡，它是在日本企业资产负债表危机背景下由于压缩公共投资而诱发的资金流动扭曲。其制度机理在于金融机构大量购买公共债务导致实体经济中货币流通量减少，进而造成了货币升值和物价下降。长期的通货紧缩可能诱发物价下降预期，进而抑制现实消费和影响经济增长。1998 年以来日本的长期通货紧缩，直接表现为物价下降、就业环境恶化、失业率增加。对于企业来说，物价下降导致销售增长缓慢、利润下降，最终只能依靠压缩各种投资和成本来化解眼前的危机。因此，许多日本企业开始大量雇用钟点工、临时工，采取鼓励提前退休等手段来提高企业经营效益。

以浜田宏一、岩田规久男为代表的“通货再膨胀”派认为，通货紧缩是一种货币现象，要摆脱通货紧缩局面，必须采取非常规的金融政策。超级量化宽松政策可以在一定程度上缓解长期通缩背景下造成的经济萎缩，进而刺激股票市场和消费市场，增加就业人数。基于此，安倍政府采取了超量化宽松货币政策，试图通过大规模向市场投放货币资本，人为制造通货膨胀预期，以刺激物价上涨，进而消除通货紧缩。为此，日本银行设定了 2 年内实现 2%的通货膨胀目标，并大举购买日本国债。

从短期目标看，超量化宽松货币政策可以制造通缩膨胀预期，一定程度上促进雇佣和生产，推动经济增长速度。从长期目标看，一定程度的通货膨胀可以有效缓解日本政府国债压力和财政赤字压力，为日本根本改革现行财政制度和经济结构赢得时间。但是，必须看到，超量化宽松政策不能根本解决日本经济结构和分配结构中存在的现实问题，而且过度公共债务负担已经严重抑制了日本政府推行积极财政的现实能力。因此，安倍经济学的超量化宽松政策难以真正解决日本创新不足和经济低迷问题。

从逻辑上看，通货紧缩是经济低迷和长期萧条的结果，而不是原因。长期的通货紧缩虽然具有一定的副作用，但是，绝不能将消除通货紧缩作为政策目标，否则只能是舍本逐末，事倍功半。从根本上说，通货紧缩是日本经济长期低迷和国内创新能力不足背景下日本政府不得不咽下的苦果。解铃还须系铃人，消除通货膨胀，重振日本经济，只能依靠改革社会经济结构、增强日本经济活力、调整收入分配结构等来逐步消除。

对于日本企业家来说，只要日本国内市场没有形成新的创新空间，没有出现良好的投资渠道，就不可能吸引大量资本转向国内实体经济，也就无法化解日本国内经济增长后劲不足问题。正如野口悠纪雄所言：简单的货币宽松政策只是一副暂时搁置问题的麻药。金融政策具有一定的局限性，量化宽松政策只是通过日本银行对财政赤字的融资。从长期角度看，在无税制改革和市场制约的条件下，日本银行无限制地购买国债，最终可能导致财政规则破坏和难以控制的通货膨胀。

### 6. 过度公债与通货紧缩的政策警示

经历三十多年高速增长之后，中国经济开始步入中速增长阶段。长期高速增长积累的矛盾和风险日益凸显，新问题、新风险不断涌现。一方面，国民经济面临产能过剩、产业升级和产业结构调整等艰巨任务；另一方面，国际经济环境复杂，国内经济下行压力较大，居民消费严重不足，居民收入差距过大，地区发展不平衡等问题重重。如何在经济新常态下继续发挥国家宏观调整职能，如何充分利用财政、货币政策有效控制和化解各种风险和危机，是确保中国经济平稳过渡的现实课题。日本长期通货紧缩的成因及治理经验，具有重要的警示作用。

首先，客观判断新常态下的经济走势，科学评估通货紧缩的现实性和风险性。

所谓新常态，是指在新的发展阶段，面临新问题、新风险和新机遇进行新的探索、改革和创造。一段时间以来，随着全球经济低迷和国内经济的下行压力，一些学者发出了中国通货紧缩的警告信号，且过于高估了通货紧缩的现实性和风险性。中国经济确实面临一系列现实问题，CPI、PPI指数确实不尽人意，经济走势客观上存在着诸多不确定性，而且还有进一步下滑的风险。然而，上述问题一定程度上是政府坚持宏观调控政策和推进供给侧改革的结果，是人为抑制过度消费需求（投机需求）的产物。与日本通货紧缩的经济背景、政策背景存在较大差异。日本的通货紧缩是在经济长期低迷的背景下发生的，是政府长期利用财政货币政策刺激失效条件下的产物。还必须看到，日本的通货紧缩是经济低迷的结果，而不是原因。通货紧缩虽然具有一定的副作用，但日本经济始终处于平稳发展状态。90年代初日本泡沫经济崩溃后，日本并没有出现经济硬着陆，也没有出现欧美国家那种严重的金融危机。对于中国来说，中国内部国债对GDP的占比相对较小，国家拥有巨额的外汇储备，尚未形成严重的债务风险，政府继续利用财政手段和货币手段的政策空间依然充裕。

其次，适度利用财政政策和货币政策，注意防范公共债务累积风险。

从中国当前经济形势和现实问题来看，一方面CPI指数裹足不前，民间投资整体乏力，大量产能过剩，产业结构亟待转型升级；另一方面则是社会游资潮流性涌动，炒房、炒股、地王等现象不时出现，房价虚高，大量社会游资找不到富有潜力的投资点。与此同时，国有企业不仅控制着金融、电信、铁路、电力等垄断部门，而且还大量占据着钢铁、制造、房地产、粮食、商业甚至超市等竞争性行业，竞争型国有企业长期与民争利，挤压民营企业的生存空间。20世纪70年代，日本曾经同样面临经济结构调整、产业转型升级等多重困难，而且还遭遇了二次石油危机重创。然而，日本政府充分利用积极财政政策，刺激有效需求，积极利用产业政策诱导产业转型升级。日本民间企业依靠长期技术积累和坚持自主创新,最终成功实现了后进国家对发达国家的赶超。然而,赶超之后的日本政府一直难以摆脱依靠公共投资的经济刺激模式,结果形成了超额的公共债务积累和严重的财政风险。因此,今天我们在利用财政政策和货币政策时,必须努力贯彻平衡财政原则,高度警惕过度依靠财政政策或货币政策的宏观调控惯性,避免重蹈日本由于过度公共投资、过度国债而最终导致通货紧缩的覆辙。

与过分注重利用财政政策和货币政策相比,政府应该着力调整经济结构,推进国有企业改革,使国有企业有序退出竞争性行业,为民营经济发展提供更大的发展空间,真正建立公平竞争的市场机制和制度环境。中国的经济发展和产业升级最终只能依靠市场机制的基础型作用,由市场机制自我调节产业布局和升级换代,而不是由政府越俎代庖。政府的宏观调控在于指导而不是命令,积极财政和货币政策只能是补充、补救而不是主动,政府应该为中国经济的长期发展和抵御风险留出充分的政策空间。

# 第五章　信息时代的产业转型与治理变革

信息时代迎来了知识文化传播的“无国界时代”，后工业时代文化产业的耀眼光芒遮蔽了大规模生产、精细化模式的惨淡余晖，给全球性金融危机背景下的世界经济带来一缕阳光。随着文化产业的迅速崛起，世界范围内掀起了文化产业研究热潮，文化产业相关的研究论文和专著不断涌现。世界文化产业的竞争格局迎来大变动、大调整、大重组。数字时代文化产业的异军突起为发展中国家的快速追赶创造了无限机遇，也提出了严峻挑战。然而，由于社会文化背景差异、文化产业时代特点和文化产业研究本身的跨学科性，学者们对文化产业（或称“内容产业”“创意产业”“版权产业”）等相关的学科定义、研究范畴、研究方法、理论基础、研究视角存在较大差异。因此，系统开展日本数字内容产业的研究，揭示日本数字时代网络内容规制体制和规制模式，探讨信息时代日本推动知识创新和培养复合型人才的大学治理机制，具有重要理论参考价值和现实借鉴意义。

## 一、日本内容产业的国际化发展困境

进入后工业化时代之后，在信息化和知识经济背景下，超越硬件、软件分类的思维框架，秉持“内容为王”的发展理念，着力打造数字时代的新型内容产业（文化产业、创意产业），已经成为国家提高自身软实力和国际竞争力的重要途径和现实手段。未来的国际竞争不仅仅是硬件、软件的竞争，更是内容、创意和文化的竞争。如何振兴本国的内容产业，如何实现内容产业的国际化、全球化发展，是各国政府不得不作出回答的一个重要战略课题。在此通过研究日本内容产业的国际化发展战略、国际竞争力、发展模式和民族性特征，试图探讨影响日本内容产业国际化发展的制度性因素和现实困境。

1. 日本内容产业的国际化发展战略

自20世纪90年代日本泡沫经济崩溃后，日本各界一直在探寻新的经济增长点和社会发展方向。进入信息经济时代以后，日本未能像工业化时代那样后来者居上，再次创造经济增长奇迹。日本既没有占据信息时代的先机，也未能打造出新的核心竞争力。面临“失去的10年”背景下的长期低迷，日本急于找到一条重振昔日辉煌的成长之路。

进入21世纪，日本将经济复兴希望寄托于内容产业。日本政府试图通过振兴内容产业，拯救长期低迷的日本经济，重振经济大国的雄风。同时借助内容产业的软实力和波及效应，增强日本的国际竞争力，扩大日本在国际上的政治、经济影响。2001年小泉上台以后，日本政府先后成立了“知识财产战略会议”和“知识财产战略本部”。日本首相亲自担任知识财产本部部长，全面统筹内容产业发展战略事宜，并相继推出了《知识财产战略大纲》和《知识财产基本法》。2004年5月，日本国会通过了《内容创造、保护及活用促进法》，试图“通过促进内容的创造、保护及利用，丰富国民生活，增进海外对日本文化等的理解”。

在知识财产战略本部统筹下，日本内阁府、经济产业省、总务省、外务省、文化厅共同协作，全面推进内容产业国际化战略。作为海外市场开拓手段，日本政府设立了内容海外开拓基金，并通过举办“亚洲内容产业峰会”“日本国际内容节”“东京国际电影节”等活动，扩大日本内容产业的国际影响。日本政府还在海外设立多个内容信息搜集基地、知识产权支持机构等组织，支持内容企业开拓海外市场，打击国际盗版行为。此外还通过立法等手段保证创意企业及人才的经营收入，努力改善投资环境，积极鼓励创意人才赴美一流影像大学留学，支持日本内容企业开拓国外市场。①

日本之所以2000年以后强力推动内容产业国际化战略，与泡沫经济崩溃后经济长期低迷的社会背景密切相关。日本政府虽然曾经为刺激经济开出过多个救治药方，但始终未能使日本经济摆脱通缩和萧条局面。与此相反，亚洲新兴市场国家经济高速增长，日本企业强烈感受到来自韩国、中国及东南亚国家的市场压力。日本社会处于"失去的10年""失去的20年"的焦虑、苦闷、无奈的挣扎之中。

与经济低迷相反，自90年代以来，日本漫画、动画和游戏等内容产品获了国际社会的高度评价。1999年11月10日，动漫《神奇宝贝》在全美约2800个剧场开播，4天获得5210万美元的销售记录，创当周美国票房收入第一。2002年，宫崎骏导演的《千与千寻》获得柏林国际电影节金熊奖，其直接播映权或相关收入达到304亿日元，超越了《泰坦尼克号》和《东京奥林匹克》。2003年，《千与千寻》获得第75届奥斯卡金像奖。2004年，押井守导演的《无罪》获得2004年第57届戛纳电影节提名。而索尼、任天堂的游戏机和游戏软件更是在国际市场保持了长期旺盛销售。据日本经济产业省估计，全球市场上60%的动漫产品出自日本，而韩国文化内容振兴院公布的数据则高达65%。日本在漫画、动画、游戏等方面获得的超强国际人气，强烈刺激着日本政府的政策取向。日本社会各界普遍认为，作为世界第二内容产业大国，迫于少子老龄化背景下的国内市场限制，日本内容产业振兴的根本出路在于推进国际化。②

---

① 平力群：《从振兴内容产业看日本国家软实力资源建设》，《日本学刊》2012年第2期。

② 唐向红、李冰：《日本文化产业的国际竞争力及其前景》，《现代日本经济》2012年第4期。

日本主要媒体对日本漫画、动漫、游戏等内容产品的"国际人气"进行了铺天盖地的宣传。一大批内容产业相关的通俗读物、咨询报告、研究论文相继出版。从国家政策到企业战略,从坊间口传到媒体报道,一股强烈的内容产业热潮在日本各界涌动。日本国内形成了一股重新定位日本漫画、动漫、游戏等内容产业、重新发现日本形象、重新认识日本文化、重新评价日本国际竞争力的文化思潮。似乎日本动漫之魅力、日本文化之可爱、日本国土之美丽足以迷醉世界,足以撑起日本经济复兴之梦。急于走出"失去的十年"萧条阴影的日本民众,在《知识产权战略》《文化立国战略》《酷日本战略》等战略梦想的启示下,期盼着依靠内容产业重振日本经济,重新缔造日本战后经济增长奇迹的辉煌。

2. 日本内容产业的国际竞争力

经过战后几十年的发展,在内容产业方面,日本国内形成了稳定的市场需求、强大的生产能力、成熟的产业模式与高素质的人才技术储备。从世界内容产业看,日本作为内容产业大国,其产值仅次于美国,居世界第二位。根据修曼株式会社统计,2011—2012 年,美国内容产业产值为 25.8 万亿日元,而日本则为 10.4 万亿日元。①

从表 5-1 可见,近年来,随着少子高龄化的演进和经济长期低迷,日本内容产业处于负增长状态。2011 年,日本国内市场产值为 11.8 万亿日元,与 2010 年比减少 568 亿日元,同比减少 0.5%。这是自 2006 年以来的连续五年缩小,但减少规模不大,基本呈停滞状态。随着日本人口持续减少,国内市场将进一步受到限制。与之相对,伴随着数字化、网络化普及、宽带化等内容产业环境的变化,全球内容产业正在迎来新的广阔发展空间。

---

① 株式会社ヒューマンメディア『日本と世界のコンテンツ市場データベース2012』。http://humanmedia.co.jp/database/PDF/release2.pdf 2012-12.

表 5-1　日本内容市场中各种媒体产值变化(单位:亿日元)

| 年度 | 2006 | 2007 | 2008 | 2009 | 2010 | 2011 |
|---|---|---|---|---|---|---|
| 软件套餐 | 65,169 | 63,235 | 61,051 | 56,113 | 53,785 | 51,812 |
| 电视广播 | 37,381 | 36,840 | 37,914 | 36,846 | 35,738 | 36,629 |
| 院线 | 16,246 | 16,196 | 15,628 | 14,164 | 13,424 | 12,824 |
| 网络 | 6,768 | 6,431 | 7,214 | 7,465 | 7,672 | 7,939 |
| 移动 | 4,027 | 4,806 | 5,638 | 6,556 | 7,666 | 8,513 |
| 合计 | 129,591 | 127,508 | 127,445 | 121,144 | 118,285 | 117,717 |

资料来源:株式会社ヒューマンメディア『日本と世界のコンテンツ市場データベース2011、2012』http://www.humanmedia.co.jp/database/index.html。

然而,与世界第二内容产业大国的总体实力和“超强”人气相比,日本内容产业的海外营销绩效则差强人意。2012年,美国内容产业海外销售率约占18%,而日本内容产业海外销售率仅为5%。与曾经支撑“日本制造”的日本汽车产业、家电产业的海外输出率相比,根本不可同日而语。可以说,日本内容产业主要依靠国内市场支撑,海外市场尚未能得到充分开拓。①

在日本内容产品的海外收益中,以游戏软件、卡通商品、动漫、漫画为主。2011年,日本内容产业海外销售额为1.45万亿日元,其中日本制游戏软件销售额为4185亿日元,卡通商品市场为6300亿日元,动漫市场为2669亿日元,漫画销售市场为1200亿日元,电影发行收入为184亿日元。如果扣除国外营销费用,在上述海外销售的国内收益中,除游戏软件获利2930亿日元外,包括电影、电视节目、动漫以及卡通商品二次利用的专利收入等合计仅为700亿日元。(参见图5-1)

近10年来,日本政府虽然不断加大内容产业国际化的支持力度。然而,日本内容产业的海外输出并没有获得较大发展,某些领域甚至呈现萎缩趋势。2006年,日本动漫产业海外销售达到顶峰,销售额为168.2

① 経済産業省、総務省『コンテンツ海外展開の促進に向けた施策について』http://www.bunka.go.jp/bunkashingikai/seisaku/10_06/pdf/shiryo_4.pdf, 2013-2.

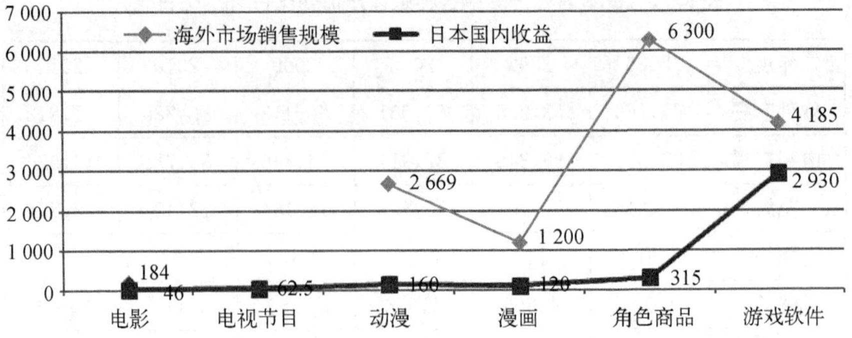


**图 5-1　2011 年日本内容产业海外市场销售规模与国内收益(亿日元)**

资料来源:株式会社ヒューマンメディア『日本と世界のコンテンツ市場データベース2012』http://humanmedia.co.jp/database/Japanese_market.html。

亿日元,到 2011 年则减少为 85.5 亿日元。2009 年,日本国内影像市场规模为 4.1 万亿日元,而影像输出额仅为 227 亿日元,不及国内市场的 1%。其中电影输出为 52.2 亿日元,占国内市场的 1%。动漫内容输出为 82.2 亿日元,占国内市场的 1.5%;音乐市场输出额为 26.4 亿日元,占国内市场的 0.5%。2010 年,日本电视节目海外输出额连续两年减少,为 63 万亿日元,仅占日本国内市场规模 3.7 万亿日元的 0.15%。(参见表 5-2)

**表 5-2　日本内容产业领域海外市场规模(亿日元)**

| 年度 | 2000 | 2001 | 2002 | 2003 | 2004 | 2005 | 2006 | 2007 | 2008 | 2009 | 2010 | 2011 |
|---|---|---|---|---|---|---|---|---|---|---|---|---|
| 电影 | 63.6 | 97.5 | 87 | 80 | 65 | 79.3 | 74.2 | 77.3 | 72.5 | 52.2 | 50 | 46 |
| 动漫 | — | — | 120.4 | 136.1 | 156 | 167.9 | 168.2 | 141.9 | 133.4 | 82.2 | 92.6 | 85.5 |
| 游戏软件 | — | 2532 | 2255 | 1993 | 2327 | 2528 | 3629 | 5600 | 7230 | 5061 | 4115 | 2930 |
| 电视节目 | — | — | — | — | 82 | 83 | 89 | 92 | 75 | 63 | — | — |
| 音乐CD | — | 29.2 | 29 | 27.1 | 24.9 | 22.2 | 26.4 | — | — | — | — | — |

资料来源:三菱 UFJリサーチ&コンサルティング『日本のコンテンツの海外展開促進に関する基礎調査報告書』、2011 年 3 月。株式会社ヒューマンメディア『日本と世界のコンテンツ市場データベース2011、2012』経済産業省『コンテンツ産業の現状』2012 年。

唯一例外的是游戏市场。在2009年日本内容产业海外市场输出额中，游戏输出额为5061亿日元，与国内市场基本相当，占据日本内容产业总输出额的92.5%。自80年代中期任天堂开始销售电子游戏机以来，日本在家庭游戏机（操控型游戏机）领域一直占据压倒性优势。然而，随着游戏领域从操控型游戏向PC、平板、智能手机等游戏平台的转移，未来5年，操控型游戏模式可能面临不得不退出历史舞台的尴尬命运。在线游戏方面，韩国企业急起直追，其产业规模已经与日本旗鼓相当，加之中国游戏产业的迅速崛起，可以预见，未来的日本游戏企业将迎来一场恶战。

与此同时，还应该看到，在日本内容产业领域，作为具有较强国际竞争力的漫画、动漫、游戏三个产业，其产业规模较小。2010年，日本内容产业总产值为约为12万亿日元，其中图书报纸等为4.9万亿日元，占44.2%；广播电视为3.6万亿日元，占27.5%；音乐为1.3万亿日元，占11.7%；游戏为1.2万亿日元，占10%；电影为0.2万亿日元，占1.7%。[①] 虽然日本政府一再强调重视内容产业的文化波及效应，但如果一味自我陶醉与孤芳自赏，则不仅不能正确判断内容市场的客观现状和发展趋势，而且很容易产生政策性误导。

### 3.“日本制造”的思维惯性及其路径依赖

今天，日本政府和内容企业面临的主要课题是：如何使具有国际竞争力的内容产品在获得国际超级人气的同时获得相应国际收益。一方面，日本动漫等内容产品海外盗版流行，日本政府和内容企业鞭长莫及。另一方面，日本内容企业本身尚未找到有效的输出路径和成功的商业模式。特别是在网络经济时代，仅仅依靠过去的知识产权保护手段事实上难以收到良好效果。

---

① 经济产业省「コンテンツ産業の現状と今後の発展の方向性」。http://www.meti.go.jp/policy/mono_info_service/contents/downloadfiles/121226-1.pdf，2012-12-26。

第一，日本动漫、游戏等内容产业的成功，一定程度上是工业化生产方式的延续，是工业化时代的附属品，是日本战后奇迹之后的文化衍生，而不是内容产业时代的创新。正是由于日本创造了工业化时代的发展奇迹，构建了日本全球化生产布局，形成了丰田模式以及松下、索尼等日本产品的全球性扩张和国际品牌效应，于是才有了日本工业产品本身的波及效应，并进而推动了日本内容产品的扩张路径和影响范围。日本一些学者往往过分强调内容产业本身的波及效应，而忽略内容产品本身的附属性。事实上，如果没有日本制造的全球生产、全球销售以及全球品牌，或许难以看到日本动漫、日本游戏的全球人气。至少说，在人类发展史上，似乎并没有出现过脱离辉煌物质文明基础上的单独文化灿烂。因此，日本制造业国际竞争力的日趋衰落，势必将波及日本内容产业的国际化进程。

需要明确的是，日本动漫、游戏产业之所以获得国际超人气，与信息技术的飞跃发展密切相关。20 世纪 90 年代，日本动漫、游戏等内容产业的国际人气得益于数字技术的长足发展。新技术催生了新的表现方法，开拓了新的销售和流通渠道，进而又衍生新的文化内容和商业模式。游戏、动漫等符号经济虽然不是信息时代的产物，但其全球性扩散则是基于媒体技术、互联网以及 IT 技术的普及而出现的。应该说，日本内容产业自身的成长是工业化和信息化结合的产物，并且随着信息技术发展而日益成熟。①

第二，"酷日本"等内容产业国际化战略，一定程度上陷入了高速增长的思维惯性，即日本能够创造战后经济奇迹，能够创造丰田模式和日本品牌，日本就能够创造一切，日本的创造能力就高人一等。特别是在经历"失去的十年"的苦闷和无策之后，面对内容产业的一片国际赞誉，加之一些新闻媒体和知识人士顺风疾呼，在日本社会形成了一股强大的"内容产业泡沫"，似乎日本具有超凡软实力，内容产业足以重振日本经

① 李海春:《日本内容产业现状及发展要因》,《现代传媒》2007 年第 1 期。

济，日本动漫游戏等产业将取代传统日本制造。这种思维惯性的简单推理是：《千与千寻》＝日本动漫＝日本内容产业＝日本文化＝日本软实力＝日本强盛。虽然这种偷换概念的文字游戏漏洞百出，但在日本政府和媒体的轰炸式宣传下，确实可以起到振奋人心的作用。翻看 2000 年以来日本出版的许多关于内容产业、文化产业等相关的研究著作、宣传读物，上述逻辑可谓大行其道。然而，对于内容产业的发展来说，这种爆炸性宣传似乎也只能是画饼充饥。

内容产业立国的战略目标可谓宏大。但是，如此宏大的战略目标，其历史逻辑和文化基础是什么呢？从历史上看，日本民族是否具有优越的原创精神，或许是一个值得深入探讨的问题。然而，相对于日本民族的原创精神来说，超强的学习性和改善性似乎更可以准确描绘日本人的行为品质。与历史上的中华文化和欧洲文化相比，日本文化更像是一种学习型文化或改善型文化。美国内容产业之所以成功，关键在于美国文化的开放习性和兼容并蓄性，即美国文化的无模式性。而战后日本工业化时代之所以成绩骄人，则关键在于学习、模仿之后的精益性。丰田模式的成功不在于其创新性，而在于福特生产方式之上的精益性追求。

今天日本内容产业国际化战略的思维逻辑是：日本人既然能够创造战后制造业奇迹，那么，日本就一定能够创造未来的内容文明。这里我们必须要进行历史性反问的是，为什么工业革命并不是发生在日本？信息革命同样也没有发生在日本呢？如此或许可以反证这种思维逻辑的错误。即使是今天的日本文字，虽然其作为一种独立文字体系存在并影响深远，但如果去掉其中的中国文化内核和西洋文化因素，实在难以想象日语到底为何物。当然我们不必由此全面否定日本文化和日本文明。但是，必须看到，日本文化是一种学习型、模仿型文化或文明，同时也是一种极端美学追求型文化或文明。这种学习型、改善型文化虽然可能在工业化时代表现出强大的制造优势，但其反面则是天然缺乏创意性、原创性，而这也许会构成日本在未来内容产业大发展时代的一个天然缺陷。

第三,日本制造的路径依赖制约着日本内容产业的政策空间。与欧美国家工业化发展路径相比,日本制造之所以后来者居上,源于日本在福特生产方式基础上形成的丰田模式,即"零库存"的精益化追求。然而,基于工业化时代日本制造的审美追求,未必能够适应未来内容产业发展的客观要求,特别是对于电影、电视、互联网等多媒体时代来说,执着于工业化时代的精益化审美追求虽然不可或缺,但内容产业时代成功的关键在于创造。制造不等于创造,制造的终极审美要求是精益化,而创造的关键在于创意、刺激和灵感。

内容产业发展并不是一蹴而就的政策产物。尽管内容产业的发展与各国政策措施具有密切关系,但是,对于一个大国来说,难以幻想仅仅靠所谓战略和政策来实现内容产业的腾飞。与钢铁、汽车等工业化时代典型产业相比,内容产业的振兴,往往不是靠大量的技术、资金等投入,而是要靠日积月累式的创造、集聚、渗透、扩散。好莱坞的全球霸权是美国经济及其文化价值长期积累的产物,日本动漫的国际声誉同样是几十年努力的结果。日本动漫、游戏等内容产业的战后发展,本身就是一种政策外的产物,是一种典型自我成长型的发展模式。从60年代手冢治虫的铁臂阿童木上映和全球热播,到宫崎骏的《千与千寻》获得超强国际人气和不菲收益,我们似乎难以看到政策支持的痕迹。而且依靠政策支持也不可能复制出手冢治虫、宫崎骏、村上隆等创意人才。因此,日本政府提出的"酷日本战略""一亿创意者"等口号虽然鼓舞人心,但是实现这些战略目标的人才培养和文化积淀储备则并非纸上谈兵那样简单。

深入分析日本内容产业的国际化战略,可以发现,日本政府依然沿着工业化时代的发展思路和政策模式来设计未来内容产业的成长。一方面,日本政府花费大量人力、物力去推销其所谓"酷日本战略",要从动漫、游戏、服饰、食文化来推销日本,大有全球性普及日本文化之梦想。但是,另一方面日本政府及企业却顽强地坚守着工业化时代的思维脉络、行动惯性和规制模式,甚至以一种"经济大国"的傲慢心态,唯我独尊地推崇日本文化的优越感。直至今日,日本国家电视台 NHK 及各家电视台依然无视互联网时代视频节目普及的现实，依然固守着工业化时代的经营模式，而只是利用互联网进行窗口宣传和销售，而不肯将其电视节目投放于网络之上，以扩大其所谓一贯提倡的“软实力”。一方面日本经济产业省等投入巨额财政预算，支持各种“酷日本”战略的海外宣传活动；另一方面却不肯通过无线网络展现日本文化的魅力，更不消说充分利用海外数几百万日语人才的间接内容传播。

第四，日本制造的经营惯式，制约着数字内容的商业模式创新。数字内容的扩散模式颠覆了工业化时代内容传播的途径和规律，传统内容企业难以简单套用工业化时代的知识产权模式来获取垄断利润。人们对内容的追求已经不只停留在获得产品本身，而是以直接或间接体验为前提，消费进入体验经济时代。内容产品获利的基点在于消费者对于内容体验的认可度。当一个内容产品尚未达到消费者迫切需要直接体验的心理认可时，那么该内容产品或许无法获得其理想的销售绩效。今天，免费内容消费产品铺天盖地，免费内容本身已经成为一种重要的营销方式。与之相对，传统付费内容则受到了极大限制。人们对日本动漫产品的消费本身，并不意味着消费者的心理认可价值等于其市场价值。当人们免费欣赏日本动漫或体验游戏时，未必意味着一定认可该产品的收费模式。反之，当人们不去欣赏日本动漫时，未必不能欣赏或体验其他免费内容。因此，未来内容产业的成功商业模式在于创造足以吸引人们眼球的内容产品，创建足够引起内容扩散的心理感受和氛围空间，打造足以使某些人群自愿付费的内容魅力。

日本政府往往将海外市场不振的原因归于盗版，因而试图通过派遣知识产权专家、加强国际合作等手段，消除由于盗版带来的损失。应该说，盗版猖獗确实对内容产业发展造成了严重的冲击，加强知识产权立法、执法和国际间合作，坚决打击盗版，是各国政府和知识产权机构的共同任务。但是，如果过分强调知识产权保护的作用，而忽视信息时代内容产业自身发展的现实和特点，无视数字时代的免费商业模式，则不仅可能束缚本国内容产业自身的发展，而且更无法实现其海外扩张目标。

《神奇宝贝》及其相关产品之所以能创造3.5万亿日元的全球销售业绩，除了内容本身的欣赏价值外，关键在于电视动漫、电影、游戏卡、游戏软件等关联商品的共同作战。《阿信》在海外67个国家的成功热播，不仅仅是证实了日本影视产品的文化波及效应，更现实地提示了内容产品海外扩张的文化内涵和商业模式，即追求美好生活的梦想是各个国家或民族的共同文化价值理念，而免费消费本身是促成其海外扩张的重要手段。日本内容企业如果一味机械地死守传统著作权理念而孤芳自赏，那么它不仅可能丧失已经获得的海外内容阵地，甚至还可能导致日本国内市场被逐渐吞噬。

4. 日本内容产品的文化符号及其局限

历史上，作为日本文化的原型，曾经是指“浮世绘、歌舞伎、能、相扑、芸者”等高雅文化。今天，作为亚文化的漫画、动漫、游戏等越来越引起人们的重视，并日益演进为日本文化的代号。战后经济高速增长创造的日本经济奇迹，造就了“丰田、本田、松下、索尼”等许多世界一流企业和全球知名品牌。泡沫经济崩溃之后，在日本制造业国际竞争力日渐衰落的过程中，“皮卡丘、七龙珠、美少女战士、超级马里奥兄弟”等卡通人物不仅获得了各国青少年青睐，而且也为了解和认识日本文化打开了一扇窗口。

基于日本人思想、语言、文化、行动之上的日本文化和日本内容产品，既体现了日本民族创造的非凡工业文明，又展现了日本文化的独特魅力，继承并延续了日本民族的文化脉络和生命力。漫画家里中满智子认为：“故事漫画成为日本的发声点。通过漫画，可以展示日本人的内心世界，可以体现日本人对事物的看法、感性，乃至理性。”①因此，漫画、动漫、游戏等内容产品成为表现日本人和日本文化的重要媒介。

① 遠藤裕『グローバル化するマンガ・アニメ・ゲーム——構成される日本文化』http://en-yu.jp/sotsuron/pre.pdf,2001:5.

然而,纵观日本内容产业发展历程和发展现状,日本动漫、游戏、影视等内容产品到底表现了日本人什么样的看法、感性,甚至理性呢?这是需要加以深入探究和认真思考的。毫无疑问,一个作家、一个大师、一部动漫、一组游戏,根本无法表现全部的日本文化,也不可能表达所有日本人的思想和行动。事实上,在日本政府和日本企业竭力渲染日本动漫等内容产品获得世界超级人气的同时,日本内容产品中充斥的暴力、色情等情节也长期以来饱受日本及各国人民诟病。

文化本身是一个中性词,不同民族和地区有自己的独特文化,任何文化中都存在自己的精华和糟粕。日本文化并不是全部都是优秀文化,更不是日本所有的动漫产品和游戏都举世一流。在日本政府等相关战略报告中,往往过分强调日本内容产业之国际魅力和日本文化的优势,但往往讳言其劣势。事实上,日本文化的独特性既可以成为其扩大内容产业的宣传点,同时也可能成为影响其海外开拓的不利因素。当然人们一味强调内容产品的波及效应和软实力色彩时,往往忽略了由此而引发的文化帝国主义的批评和抵制。一方面我们应该肯定日本内容产业的价值、水平和国际竞争力,但另一方面也应该全面认识日本的内容产业。①

第一,日本内容产品的成功是基于日本国内市场,是日本特定文化积淀、演习基础上的产物,是符合日本文化特点和国民心理的一种文化消费和享受,而这并不意味着日本的内容产品一定能够获得其他国家或民族的认可。综合看日本内容产业的构成,目前其国际化收益产品主要是游戏、动漫及卡通人物,而对于那些构成日本所谓 13 万亿日元主体的电视节目、电影、书籍等,其海外收益微乎其微。这正如日语是一个仅仅适用于日本国度的文化符号一样,许多日本的内容产品,比如日语图书、日本的饮食文化、日本电影等,很难想象其能够获得普遍的海外市场及

---

① 胡文涛、林坚:《简论日本文化产业的缘起与发展特征——一种文化民族主义的分析视角》,《日本学刊》2011 年第 1 期。

收益。尽管所谓“酷日本”宣传中对“COOL、かわいい”等炫耀有加。但日本内容产品的消费趋向和欣赏层次或许仅仅适合于某些国家的“宅男式”(御宅、オタク)的小众。

第二,日本某些内容产品的海外成功,如手冢治虫的《铁臂阿童木》、宫崎骏的《千与千寻》、黑泽明的《罗生门》等优秀内容作品,其成功的关键往往不在于体现了日本文化,而正在于体现了普世价值下的平等、文明、人道主义等文化内涵,体现了内容产品的欣赏性、艺术性、娱乐性等无特色文化符号。正是因为一些日本游戏的娱乐性,某些动漫产品的欣赏性、艺术性、普世价值性,才最终获得了国际社会的广泛认可。在这个免费数字内容如此之多,消费者时间如此之少,口味又如此善变的世界里,“倘若没有娱乐内涵,在明天的市场上,消费性产品将越来越没有机会立足”。①

第三,内容产业本身具有一定的文化波及效应,因此,相对于一般贸易商品,各国对内容产品的国际性流动保持了高度警惕和规制态势。这里既包含了基于历史文化传统、政治经济制度和社会习俗等方面差异的冲突因素,同时也辅以保护本国文化元素和文化积淀的动因,以及对“好莱坞侵略”等文化帝国主义的戒备。另外,内容产业的波及效应本身并不一定都是正面的。同样的软实力战略未必获得相同的结果。“美国的流行文化虽然为亚洲青年人所憧憬,但却难以为法国知识阶层所接受,美国提倡的民主主义宣传虽然可以动员东德民众,但在中东地区,至少现在的推动酿成了反美情绪。”②

全面检讨日本内容产业国际化战略及其行动路径,我们发现,所谓“酷日本战略”等,不过是日本文化外交的直接代名词,它不仅毫不掩饰文化外交的波及效应,而且明确渲染文化外交的经济利益动机。尽管日本文化厅长官近藤诚一再三强调“传播、接受、共生”的文化外交理念,但

① 迈克尔·沃尔夫:《娱乐经济》,黄光传、邓盛华译,北京:光明日报出版社,2001年,第14页。
② 近藤誠一『パブリック・ディプロマシー』『文化外交最前線』2004年(6)。http://www.mofa.go.jp/mofaj/press/staff/bunkagaiko/040801.html,2004-08-01.

是，日本政府和企业在“经济动物”思维驱动下的“酷日本”炒作，着实让人产生心理抵触。过分强调内容产业文化波及效益的战略宣传，不仅不能达到其经济利益目的，还可能导致文化活动自身价值的降低或冲淡。在国际文化往来过程中，完全脱离利益驱动的文化活动虽然并不多见，但像“酷日本”战略这样直白阐释经济目的的文化活动，的确不能不让人倒胃甚至警惕。

第四，应该看到，受到国际社会认可的是日本内容产业中的优秀作品，既不是大多数，更不是全部。然而，作为日本流行文化的另一个重要特征是性表现和暴力表现的泛滥。不管是在日本的超市中，还是在新闻杂志中，都大量充斥着“性信息”，电视节目中的暴力场面也比比皆是。《龙珠Z》等动漫节目在获得超级人气的同时，其内容中充斥的暴力与性表现也多被世人诟病。由于日本动漫、影视作品中性表现和暴力表现泛滥，致使日本内容产业在获得国际超级人气的同时，也往往成为各国政府批判或规制的理由。因此，很难幻想日本内容产业的国际化战略实现整体性飞跃。

### 5. 日本内容产业国际化的现实环境与发展前景

与日本政府所谓内容产业立国、内容产业国际化等战略意图构成根本性冲突的是，日本社会涌动的民族主义思潮和日本政治右倾化。当代日本右翼团体的极端民族主义情结，战后成长起来的新生代日本政治家们的历史认识问题，特别是近年来日本社会的整体右倾化走向，不仅直接刺激了东亚各国政府和人民的脆弱神经，无疑将使日本内容产业的海外开拓战略大打折扣。日本内容产业未来海外扩展的市场基点在于东亚，东亚文化的共通性成为日本动漫产业乃至整个内容产业存在的重要支撑点。然而，日本各界推进内容产业国际化和文化外交的种种努力，有时可能会因为日本政治家们的所谓“侵略没有标准定义”的荒唐只语而灰飞烟灭。

决定日本内容产业国际竞争力的关键在于人才，没有大量的高素质创意人才及良好的人才培养环境，则很难设想内容产业海外开拓的成功。客观地看，日本作为世界第二内容大国，特别是在动漫和游戏领域，日本拥有相对高水准的人才队伍、受众群体和基础设施支撑。但这并不意味着日本一定具有创意人才良好的生存环境和发展空间，更无从证明日本内容产业国际化战略实现的可能性和现实性。

从创意者的生存环境和发展空间看，只有少数几家知名动漫公司实行固定工资制，其他公司则大多实行合同制。年轻动漫制作者既无健康保险，也无养老金等社会福利，还要负担东京等地的高额房租。每天工作达十几个小时，劳动环境恶劣，且收入微薄，90%的新人只能坚持一年左右。20岁左右的年轻动漫制作者平均月工资约9万日元，明显低于日本普通企业职工收入，约为美国动漫制作者工资的1/2—1/3。据日本经济产业省2012年《内容产业现状》显示，20—40岁的日本普通劳动者年均工资为251万—465万，而动漫制作者年均工资为110.4万—213.9万日元，即动漫制作者年均工资比普通劳动者工资大约低140—250万日元。[①] 在这种一个行业整体收入水平明显低于社会平均水平的分配模式下，日本动漫产业能够强劲发展到今天，实在是一个令人惊异的奇迹。

在信息多媒体时代，日本动漫、游戏等内容产业是否存在明天，是一个值得深思的问题。我们很难想象，依靠那些每月仅能领到10万日元工资的动漫画手如何能够支撑起"内容产业立国"的宏伟蓝图。虽然"纸质时代"依靠漫画、动画、影视的相互补给曾经为日本内容产业支撑起一片蓝天，虽然日本社会不乏为了追求艺术境界、人生价值而甘愿忍受清苦的"御宅族"，但是，对于一个试图借此来提高国际竞争力，重振日本经济复兴和辉煌的未来战略型产业来说，则不失为一种政策的捉弄和社会的嘲讽。

日本政府试图通过内容产业的引擎重振日本经济。日本内容产业

① 经济产业省『コンテンツ産業の現状』2012年。http://www.meti.go.jp/policy/mono_info_service/contents/downloadfiles/121226—2.pdf，2012-12-26.

的国际化战略构想可谓宏大壮观，然而，不能不看到的是，这种构想本身既没有务实的政治社会环境，又缺乏扎实的经济基础铺垫和人才成长环境，更不具备全球化文化基因的价值支撑。或许明天的日本内容产业会像当年的日本手机一样，在全球手机市场爆炸性成长的欢呼声中，日本手机却全面退出国际市场，一步步滑入了“孤岛化”发展的怪圈。

经过十几年内容产业振兴神话的鼓噪，日本社会虽然出现了一定程度的“动漫泡沫”，内容产品数量虽然不断增加，但内容产业的整体规模却停滞不前，内容产品的国际化效益更是差强人意。日本不仅没有出现“韩流”那样的炫目光彩，而且一些内容产品如日剧等甚至被打入冷宫。日本内容产业国际化之路可谓任重道远，应该说，日本内容产业承担了其自身“不能承受之重”。

## 二、数字时代的网络内容规制及其治理逻辑

数字时代网络内容的创造与扩散，极大颠覆了传统媒体的传播方式和社会价值，深刻改变了人类信息交流方式、思维方式和生活方式，并将深刻影响人类社会的组织形式、社区结构和国家政策效果。网络空间不仅极大程度上实现了麦克卢汉所谓“人的延伸”和“回归部落”，而且实现了人类传统社会关系的超越和升华。一方面，网络空间的即时性、交互性、无国界性对传统社会结构和权力秩序提出了严峻挑战；另一方面，违法信息传播、有害信息泛滥和网络内容侵权蔓延，对加强和改善网络内容规制提出了迫切要求。

### 1. 数字时代网络内容规制的挑战

数字网络时代，由于表达主体、表达媒介、表达方式的变化，人们在轻松享受数字时代网络内容的丰富和精彩的同时，也切实体验了网络水军泛滥、色情充斥、隐私泄露以及知识产权侵害等社会问题。数字内容的无限传播打破了传统规制模式下媒体传播的生存空间和治理秩序，颠

覆了传统内容规制的现实效能，迫使各国政府和企业不得不重新思考数字时代网络内容规制的程度、方法和治理结构，不得不重新思考表达自由的内涵和意义。

第一，三网融合的客观发展要求。

基于通信的单向性和广播电视、新闻媒体一对多的特点，传统媒介规制主要针对出版、报纸、电影、音乐等相关单位和机构展开，强调内容发送主体的责任和义务，对色情传播、名誉伤害、著作权侵害等违法行为能够实现有效约束。然而，三网融合趋势的不断发展，逐渐消除了广播电视、互联网、电信网之间的界限，改变了传统媒介和视听文化的消费习惯。三网融合不仅是技术和业务的融合，更是经济和社会的融合，是市场主体、消费内容、媒介渠道的融合。在互联网内容不断发展的今天，现代传媒已经成为继经济力量之后的支配世界的第二大力量，政治力量退居第三位，而往往服从于经济和传媒力量。① 因此，传统的电信法、广播电视法、无线电法等规制分立的治理模式，已经难以适应信息时代内容传播的客观要求。

第二，Web2.0时代对传统网络规制的挑战。

Web2.0时代的到来从根本上打破了传统媒介的神圣地位和传媒模式。在Web2.0的技术平台上，信息传播交互的每一个节点都可能是一个传送或接收的中心，传播活动已经不再是自上而下的单向式传播，而是呈现信息传播的网状结构、双向结构。传播活动逐渐演变为“无中心化”结构，甚至出现了“无限中心化”的趋势。面对Blog、SNS、Rss、Wiki等社会软件的应用和普及，依据六度分隔理论和相关技术，互联网实现了网络内容交换的模式创新。

Web2.0时代更加注重用户之间的交互作用，用户既是网站内容的消费者，同时也是网站内容的制造者。网络内容规制的义务主体由原来的网站经营者、运营商扩大至普通网络信息发布者。网络用户在享受网

---

① 江涌：《传媒业的挑战》，《世界知识》2008年第23期。

络服务的同时，应该承担相应的法律义务。由于网络信息发布和获取技术的不断革新，各种信息的发布和传播变得异常简单，而网络虚拟社会中相关法律规范的滞后和缺位，是导致各种违法有害信息泛滥、网络侵权盛行的重要因素。

第三，“微时代”对网络规制提出了新的挑战。

近年来，随着 Twitter、Facebook、微博、微信技术的迅速普及和广泛应用，极大程度上颠覆了传统媒体的传播速度、传播范围和信息环境，进一步引发了信息时代的内容革命。人类开始进入以“微信息”“微交流”“微革命”等为特征的“微时代”。“微时代”是一个人群交织的自制时代，人们可以根据自己的社会关系、个人好恶、知识兴趣而自由结合。与传统意义上的群落组织、企业组织、社会组织等相比，它较少受到地理条件、社会条件、经济条件的约束。“微时代”以简单而短小的信息内容，可以顷刻间引发核聚变式的传播效应。从舆论监督到黑色讽刺，从国家大事到柴米油盐，民间语境下的“微信息”传递开始成为直接影响人们思想和行动的重要媒介。“微时代”从根本上改变了传统媒体的传播格局，并宣告了麦克卢汉“地球村”的真正实现。基于“微时代”的信息传输具有即时性、开放性、交互性、多元性和平等性等本质特点，政府规制者已经难以简单依靠信息监控、信息限制来实现其理想中的规制理念，而必须全面调整自身的价值定位、角色定位和行为定位。

第四，内容时代的本质呼唤。

信息时代超越了工业时代或技术时代的传统思维范式，它带给人类社会的不仅仅是人的延伸，更大意义上是人类本性的回归。农业时代的本质是生活，是通过获取吃穿住行等最基本的生活资料来满足人类的基本生理需求。工业时代的本质是产品，是通过机器化大生产制造各种产品来改善人类的生活条件和生存环境，从而更好地提高人的本能。信息时代的本质是内容，而内容的本质是体验和享受，即通过观赏、交流、参与、消费等各种方式来体验和享受“人生”的价值。信息技术和互联网本身并不是目的，而是工具。信息时代的根本点在于内容的创造、传播、繁衍、扩散和消费。

正如蒸汽技术、电气技术等推动工业时代的经济腾飞一样，互联网技术导致了信息内容的爆炸式增长。这些信息内容已经不再仅仅局限于满足人类传统意义上的吃穿住行，而是为了更深层次地满足人类的发展要求和精神食粮。如果说工业时代是人的本能的延伸，那么信息时代则是人的思想和精神的延伸。从一定意义上说，这是人类本能的原始回归。因此，确保信息时代旺盛生命力的关键在于确保人类思想的自由与活跃，以及由此衍生的内容丰富与繁荣，这正是互联网时代一切政策和规制的根本出发点。

在经历了信息技术发展、传输渠道融合、传媒模式革命、网络内容聚变等演进之后，数字信息市场正在迎来未来的"内容时代"。"内容时代"主宰信息市场的不再是技术、带宽、权力和组织，而是知识、文化、思想和创新精神，即所谓内容为王。然而，跨越了 web2.0、"微时代"的门槛，网络信息内容未必总是传递正能量，一些违法、犯罪、色情、污秽的东西也必然会泛滥于内容的海洋。因此，基于传统媒体内容传播方式基础上的规制模式，已经难以胜任互联网大发展时代内容规制的使命和职能，必须及时调整网络内容规制的范围、方法和结构，以适应内容时代发展的客观要求。

## 2. 网络内容规制的理论与实践

互联网作为人在虚拟世界的延伸，虽然可能存在着种种不同于现实空间的特殊性，但互联网内容本身始终难以摆脱人为性的表现本质。与现实世界中并不存在绝对的表达自由一样，互联网世界同样也不可能有绝对的表达自由。围绕互联网世界的内容规制问题，自互联网产生之日就一直争论不休，也从未达成过普遍认可的规制模式和治理结构。

### （一）网络自由主义

在互联网迅速普及和成长过程中，无政府主义思潮主宰了早期互联网治理的思维空间。早期的网络缔造者们怀着自由主义梦想，设计了网络结构和TCP/IP通信协议。网络自由主义者强调网络开发性、自由性、免费性，崇尚内部自律，反对信息封锁、信息过滤，反对来自政府等一切组织的各种管制。他们认为“网络空间造就了现实空间绝对不允许的一种社会——自由而不混乱，有管理而无政府，有共识而无特权”。[①]“在我们的世界里，人类思想所创造的一切都毫无限制且毫无成本地复制和传播。思想的全球传播不再依赖你们的工厂来实现。”[②]网络黑客(Hacker)、闪客(Flash Mob)等成为网络自由主义的典型形象。网络自由主义者主张：“审查制度只会毁掉网络，法律、警察、政府和公司，只能站在无尽数据不停流动的网络长河之外。”[③]对于网络空间是否需要一套独特的法律，或者需要将现实空间的法律做出必要调整和完善，伊斯特布鲁克(Frank Easterbrook)指出，正如没有必要制订“马法”(Law of Horse)一样，也没有必要制订“网络法”。[④]

### (二) 有限规制主义

随着互联网技术的飞速发展和全球普及，一些互联网空间变成了违法、不良信息泛滥的温床或盗版者天堂，甚至成为攻击政府、破坏社会稳定的主要表达渠道，有些网站还大量传播杀人、贩毒、枪械出售等违法信息。因此，各国加强网络规制的呼声也日益强烈。莱斯格认为，网络并不是网络无政府主义者所倡导的那样自由和不受规制，而是可以通过改变网络空间和代码来加以规制。随着网络市场商业化程度的深入，政府和公司都可能成为网络规制者。政府有时虽然不能直接控制互联网上的内容，但政府可以在建设什么样的网络架构上发挥重要的作用，政府可以将不太容易规范的网络架构发展成容易规范的网络架构。[⑤] 莱斯格虽然反对政府直接管控网络，但却认同网络空间的有限规制。对于传统

① 劳伦斯·莱斯格：《代码——塑造网络空间的法律》，李旭等译，中信出版社，2004年，第4页。
② 高鸿钧(主编)：《清华法治论衡》(第四辑)，清华大学出版社，2004年。
③ 许晓娟、彭志刚：《利益衡平视角下网络管制原则的法理分析》，《科技与法律》2009年第4期。
④ Frank H. Easterook, Cyberspace and the Law of Horse ,1996 U. Chi. Legal Forum 207.
⑤ 劳伦斯·莱斯格：《代码——塑造网络空间的法律》，李旭等译，北京：中信出版社，2004年，第55—56页。

的政府规制模式和司法介入，无论从程序角度还是从时间耗费上看，都已无法适应互联网时代。为了保护互联网的自由表达，就不能任由市场任意构筑网络框架，而必须认可政府介入，以防止由于市场垄断性企业操作网络架构，从而影响网络自由。

（三）国家规制主义

与早期的网络自由主义者和有限规制理论不同，绝大多数发展中国家奉行国家规制主义路线。国家规制主义者虽然并不否定网络内容的自由表达价值，但却不承认自由表达权的不可超越性。网络时代内容传播的自由蔓延，致使人们在虚拟性、隐匿性的背景下，突出暴露了弗洛伊德所谓“犯罪潜意识”的一面。人们一方面乐于关心和传播那些极端的、刺激的、甚至是丑陋的社会负面消息，一方面又无限制地放纵自己潜意识中的罪恶，加之新闻媒体基于商业营销目的的无责任炒作和推动，往往形成汹涌的网络洪流，涤荡和冲蚀现存的社会伦理、权力结构和社会秩序。桑迪·斯帕克斯(Sandy Sparks)说：“我们所有人，正被拖向信息世界，这趋势不可阻挡。就像有人送来一辆车，但没有人教你怎么开，也没有行车地图。我们正蒙着眼睛往前冲。”[①]

网络作为一个平民化的自由空间，草根群体的原子化分散存在虽然一定程度上削弱了现实集体行动的可能性，但当经济失利、政治失语的草根群体因为个别事件刺激而引爆时，其网络空间集体行动的冲击波将难以估量[②]。尤其在发展中国家，诸如茉莉花革命、人肉搜索、隐私泄露、媒体攻击、舆论审判等网络性群体事件，不仅冲击公共权力、社会秩序，也严重冲击着人们的心理道德防线。“社会和道德方面通常很难跟上技术革命的迅猛发展。而像中国这样的发展中国家，在抓住信息时代机遇的同时，却并不总是能意识到和密切关注各种风险，及其为迅猛的技术

① 戴维·申克：《信息烟尘——在信息爆炸中求生存》，黄锫坚等译，南昌：江西教育出版社，2001年，第67页。

② 杨志军，冯朝睿，谢金林：《政府规制网络舆论的缘由、策略及限度研究》，《学习与实践》2011年第8期，第98—109页。

进步所付出的日渐增长的社会代价。”①“如果我们过分夸大网络民主的作用和功能，最终带来的只是民主的幻像和乌托邦。”②

（四）发达国家网络内容规制的实践探索

对于网络内容规制，大多数发达国家执行网络内容分级制度，并强调业界自律规制。针对互联网上违法内容和不良信息的传播问题，不同国家基于自身的文化特点和现实国情，采取了相应的治理措施，但是，网络违法、犯罪等有害信息仍然难以得到有效改善。根据 2006 年互联网监视财团（IWF）统计：在互联网关于儿童色情内容的流通中，美国占 51.1%，俄罗斯占 14.9%，日本占 11.7%，西班牙占 8.8%，泰国占 3.6%，韩国占 2.16%，其他占 7.5%。③

美国是互联网的发祥地，也是贯彻网络内容自由主义相对彻底的国家。1996 年，克林顿政府曾经出台《通信端正法》（CDA），试图借此净化互联网内容，保护未成年儿童不受互联网上淫秽语言和图片的侵害。但该法案最终被美国联邦最高法院裁定违反美国宪法第一修正案。尽管美国最高法院在 CDA 违宪判决中强调“欣赏国会立法管制网络有害言论”的做法。但是，立法机关在制定法律保护特定少数人权利的同时，必须顾及社会其他人的权益，即不违反宪法有关人权保障的规定。此乃美国立国之根本。④ 此后，美国国会曾经推出《儿童色情保护法》（CPPA）、《儿童在线保护法》（COPA）和《儿童互联网保护法》（CIPA）等多部法律，但都未能逃脱违宪裁决的命运。在司法实践中，美国联邦政府一直重视对网络内容，特别是对涉及儿童色情淫秽等有害信息的治理工作。FCC 作为独立通信监管机构，一直致力于加强网络内容规制。美国司法部设立了专门打击网络儿童色情犯罪机构，为各州和地方提供相关技术设备

---

① 詹姆・斯卡伦：《媒体与权力》，史安斌、董关鹏译，北京：清华大学出版社，2006 年，第 222 页。

② 郭小安：《网络民主制中国的功能及限度》，《中南大学学报》（社会科学版）第 14 卷第 5 期，2008 年 10 月，第 631—639 页。

③ 渡辺真由子「ネット上の性情報に対する規制とメディア・リテラシー教育の在り方の国際比較」「メディア・コミュニケーション」No. 61、2011。

④ 严茜：《美国互联网的内容管制与表达自由的冲突问题》，《新闻界》2009 年第 4 期。

和人力支持，协助案件侦破。联邦调查局设立专门项目，调查儿童色情相关网络内容和图像，加强对不法分子的法律震慑和制裁。一些NGO组织、电信运营商、服务商等也通过各种形式参与打击网络儿童色情信息。

与美国社会由于过分强调宪法第一修正案的立法精神相比，德国基本法在保障公民言论自由的前提下，强调"所有的权利要受到一般法律的限制，这些一般法律包括对未成年人的保护和对公民个人权利的尊重"。德国是发达国家中第一个成功对网络危害性言论进行专门立法的国家。1997年，德国通过《信息和传播服务法》(ICSA)，明确规定了网络内容提供者、网络服务提供者、网络搜索服务提供者等对于非法信息、非法言论传播的法律责任。① 在德国的司法实践中，当网络言论自由与其他利益发生均衡冲突时，德国政府往往采取措施，限制网络言论自由。依据多媒体法，德国设立特定网络警察，以监控危害性内容的传播，禁止制作或传播对儿童有害的网络内容。尤其是对于涉及儿童色情以及法西斯复兴的言论，政府一般会以"公共利益"名义抑制"个人的言论自由"。对于有关纳粹复兴的违法网络内容传播，相关机构或企业有义务进行技术性阻止。对于网络违法言论责任者，可以进行归罪处罚②。

与美国、德国对网络内容规制特点相比，日本对网络内容规制则处于中间模式，即在强调政府规制责任的前提下，主要依靠企业或用户的自律规制。2008年，日本政府出台了《青少年网络规制法》，强调在政府支持下，以民间相关机构的自主性、主体性规制行动为基础，在规范互联网相关企业义务的同时，要求监护人、网络利用者共同行动，确保青少年远离有害信息。首先，政府成立互联网青少年有害信息对策与环境整备推进会议，负责制定有关青少年安心、安全利用网络政策的基本计划，由国家和地方公共团体负责采取必要措施，推进青少年有害信息过滤软件

---

① 魏小雨：《论侵权法中网络服务提供者的安全保障义务》，《国家行政学院学报》2013年第1期。

② 邢璐：《德国网络言论自由保护与立法规制》，《德国研究》2006年第3期。

的利用和普及，并对民间团体和企业进行必要的支持。其次，家长或监护人必须依法履行网络内容规制相关的责任和义务。最后，对于互联网相关企业，包括移动电话公司、电脑生产企业、网站管理者等，在向青少年提供相关网络服务时，必须提供相应过滤服务或者为运行过滤功能创造条件。法律规定，2009 年 4 月 1 日之后，对于未满 18 周岁的青少年，在使用手机和 PHS 电话进行网络接续时，移动运营商必须附加过滤服务。特定网络管理者，在一定条件下，有努力采取措施防止青少年阅览的义务。

3. 网络内容规制的治理逻辑

网络内容规制的理论和实践告诉我们，现实中并不存在什么普世性的治理模式，有的只是基于本国社会发展要求、历史文化特点和法律制度基础之上的特定治理模式。虽然几乎没有一个国家承认网络表达的绝对自由，但对于如何规制问题，从理论到实践，始终存在着巨大差异。今后，随着信息技术、传播方式的进一步发展和内容含义的不断丰富，只有那些充分利用信息技术的创新优势，适应社会经济发展的客观要求，并能不断调整和完善的网络内容治理模式，才可能真正拥有现实的生命力。

（一）网络内容规制的治理基点

内容时代的全面推进，客观上要求我们重新审视传统的媒介规制，重新考虑规制对象、规制程度和规制方法。然而，无论我们采取怎样的规制手段，不论我们构建怎样的规制架构，其治理逻辑的基点都应该是以最低限度损害网络内容自由，以最大限度保护人类的创造力为出发点。互联网内容持续保持旺盛生命力的根本在于人类丰富的内心世界和自由表达空间。对于那些非法、有害信息的传播，虽然我们可以设计最基本的必要的警示、代码框架和过滤途径，但绝对不能因此而过分限制网络自由的本质和人类自身的创造力。

规制不能以牺牲创造为代价，我们不可因噎废食，不能因为网络内容存在问题而人为阻塞网络，不能凭一己之念而判断网络内容的是是非非，不能悄无声息的秘密处治或过滤封堵。正如现实世界一样，我们只能对于现实的犯罪进行惩罚，而且罪名成立与审判必须遵守特定的法律和规则，同时还要保障相关利益者进行合法伸张的权利。无论是现实生活环境还是虚拟网络，对于向未成年人传播的带有明显淫秽色彩的信息内容，由于其违背正常社会伦理和法律秩序，应该依法加以规制。然而，如果缺乏明确的执行标准和公开透明性，那么原则性、抽象性规制可能会演绎为规制者的执法游戏，甚至成为他们借此寻租的工具，或许这也正是互联网世界非法、有害信息长期泛滥的一个重要原因。

（二）网络内容规制的程度依据

弥尔顿的《论出版自由》和密尔的《论自由》通过对言论自由的有力辩护，奠定了思想市场理论的基础。“我们永远不能确信我们所力图压制的意见是一个错误的意见，即使我们确信它是一个错误的意见压制它仍然是错误的。”①霍姆斯大法官以司法实践论证了思想市场理论的现实性。“我们所期望的至善，唯有通过思想的自由交流才比较容易获得；也就是说，对某种思想是否是真理的最佳检验方法，就是将其置于自由竞争的市场上，让大众决定是否要接受该思想为一真理。”②科斯在《商品市场和思想市场》（《美国经济评论》1974 年第 64 期）中曾经批判言论市场和商品市场的逻辑不一致性，并抨击国家对思想自由市场的干预。③ 与之相对，欧文·费斯作为思想市场的现实主义者，则主张国家对思想市场进行积极干预。他以国家对经济市场进行管制的合理性为前提，强调国家在言论市场可能扮演的积极正面的角色。“国家的功能就是成为一个平衡的反作用力，把因为市场而歪曲了的公共讨论给摆正。国家的目

① 约翰·密尔：《论自由》，北京：商务印书馆，1959 年，第 20 页。

② T. Barton Carter、Marc A. Franklin、Jay B. Wright：*The First Amendment and the Fourth state*, Foundation Press, 1985, 46.

③ 罗纳德·H·科斯：《商品市场和思想市场》，《论经济学和经济学家》，上海：格致出版社、上海人民出版社，2010 年，第 78—90 页。

的不是去代替市场，也不是去完善市场，而是去补充市场。那些被系统地忽视和轻视的问题应当被提到议事日程上，我们因此能够听到那些被压制了的和沉默了的声音和观点。”①

对于信息时代的互联网内容，由于媒介市场对人的语言和思想的无限放大与延伸，某些非法或有害的自由表达的网络泛滥，足以造成失之毫厘而谬以千里的恶果，甚至可能造成我们永远难以挽回的损失和危害。如果一味放任网络内容市场的绝对自由，那么，事实上我们得到的可能只是那些被主流媒体、强势力量主导的扭曲性结果。因此，应该适当允许国家干预，有时国家干预甚至是必不可少的。

互联网时代，人类信息的沟通和传播虽然已经远远超越了国界，但是传统的民族国家体制下的国界围墙却依然那么坚固。尽管早期的互联网思想家们试图通过乌托邦式的幻想冲破国界网络的藩篱，然而，至今我们仍然难以看到全球统一的规制标准，而只能依据国家自身的发展认知，采取自我认可的治理模式。与发达国家倾向于对网络内容的软约束相比，发展中国家则更加强调网络内容规制的严格性。2012 年世界电信联盟迪拜会议，围绕加强网络规制问题，美、欧、日等发达国家与中东、俄罗斯、中国等国形成鲜明对立。对于重新修改的《国际电信规则》，美国、英国、加拿大等发达国家最终以拒绝签字形式宣告其无效。据自由之家（Freedom House）2012 年报告指出，阿拉伯之春之后，在 47 个被调查国家中，20 个国家进一步加强了互联网规制。

互联网内容是否需要规制已经没有更多的讨论价值，关键在于如何进行规制。发达国家的实践经验虽然为我们提供了一些可供参考的素材，但发展中国家的特殊国情与网络有害信息的无限制泛滥可能导致的舆论灾难，则是一个必须要加以冷静考量的现实。对于一个尚未建立顺畅泄洪渠道的地区来说，突发洪水造成的冲击和危害可能是毁灭性的。在没有畅通表达渠道的制度环境下，网络自由主义可能导致道德秩序的

① 汪庆华：《言论自由与国家角色：科斯 v. 费斯》，《政法论坛》2009 年第 4 期。

混乱、社会层级结构的撕裂和政权正统性的丧失。而主流媒体的拙劣表现和商业炒作性更会加剧社会危机的到来。

因此,网络内容的规制程度与民主化进程呈正相关关系。在全球范围内,对于那些尚未完全摆脱意识形态、民族认同、宗教情结等因素影响的国家来说,如果不问具体国情而过分强调网络内容自由,则不仅是不现实的,而且是非常危险的。对于一个民主体制尚未成熟、意见表达机制尚未健全的国度来说,网络意见滥觞不仅可能导致诸多现实生活风险,而且还可能直接冲击政府权威。当然,我们也必须看到,这种现实风险具有一定的社会发展正效应,由此可能衍生为矫正公权力良性运行的刺激动因,成为公共机构不断提高自己的认识能力、执政能力、免疫能力的监督手段,同时也成为打破主流媒体垄断的必要途径。

(三)从监管思维到治理思维

面对数字时代的内容传播,政府将逐渐演化成为一个自治村落的警察,政府对互联网内容的监管理念、监管原则和监管手段将面临全面变革。作为对违法内容和不良信息进行有效规制的主体之一,政府将逐步减少直接干预,由直接监管转变为参与治理。网络内容治理是指国家、公共团体、私人部门依据各自角色的定位和法定职能划分,共同参与和推进网络内容健康成长的权利行使过程。从网络监管到网络治理,意味着从舆论管控理念向舆论引导、民主自治理念转变,意味着从自上而下的、单一主体的管理框架向平等的、多主体的公共治理框架转变,意味着从内容审查和信息过滤手段向网络自律和共同规制的转变。①

第一,重新定位政府的规制职能,明确政府规制的原则、职权、程序和手段。使政府及其相关机构逐步演变为自由市场价值观念下的治安员、巡视员,而不再是入户管理员。政府行为必须具有公开透明性,必须给予被规制者申诉的权利、渠道和机会,而不是利用职权对网络内容进行简单地封堵和删除。这就要求政府及相关公共团体必须不断提高自

---

① 方兴东,张静,张笑容:《即时网络时代的传播机制与网络治理》,《现代传播》2011年第5期。

己的网络内容认知能力、行政处理能力和应急反应能力。

第二，充分认识政府自身的网络主体角色。政府本身也是一个网络内容的参与者、创造者和发信者，其政令、公告、行为等往往是通过自身的市场参与行为来影响着网络内容以及人们的思想和娱乐。在依法履行网络监管职能的过程中，政府以政策引导、行政执法、舆论宣传等形式参与内容表达，阐述自己的公共利益主张和社会伦理道德。因此，政府自身的表达行为也必然要接受规制约束和群众监督。

第三，建立畅通的表达渠道，特别是网络渠道的意见表达机制，培育社会舆论监督体制下的公共治理空间。一方面，网络内容吸引了社会各个阶层的积极参与和交流，使他们在增加知性水平和体验消费感受的同时，也获得了现实空间的自我超脱和心理压力释放，有利于推动社会进步和舒缓社会矛盾。另一方面，互联网时代的发展虽然带来了诸多新生问题、矛盾和冲突，但没有数据证明这直接导致了犯罪率上升和社会道德滑坡。与此同时，互联网扩大了公民自由表达的渠道和程度，提高了群众监督的广度、深度和力度，形成了对政府行为和公权力滥用的有效制约。因此，网络内容规制的治理逻辑不在于堵塞和抑制，而在于有意识地疏通、规范和开拓。

第四，探索公开、透明、合法的规制形成机制和运行体制。微时代的到来，传统的防火墙体制、封堵程序和删帖手段已经难以适应时代发展的要求，因此，探讨网络内容规制的形成途径、方法，构建良性运行的规制体系，成为实现网络环境治理的重要内涵。在参与网络内容治理的过程中，政府可以组织独立的第三者机构，由其依法履行监管职能和组织责任，以防止政府自身既作为运动员，又作为裁判员，过分干预网络内容自由。应该动员政府、公共团体、企业和个人等各个网络主体，共同参与网络规制的酝酿、讨论、建立和实施，以形成公开、透明的网络内容评估标准，探索违法、有害信息的规制办法，并畅通对评估标准和规制模式的批评渠道，努力形成网络主体自律规制和共同规制相结合的治理结构。

### (四)网络分层、内容分级的规制治理结构

互联网信息传输规制可以分为三层结构:即物理层的技术规制、代码层的中立规制和内容层的无害规制。物理层是基础层,是信息传递的载体,它包括互联网空间、计算机、传输线路等。对于物理层,只能依据技术规则进行规制,目的在于确保网络信息传输的快速畅通。代码层为互联网的应用层,包括互联网协议、文本传输协议、网站构建、传输平台建设,以及在此基础上运行的各种软件和操作系统等。不同的代码架构,可能形成不同的互联网内容影响机制。网络运营商和政府监管者可以借此实现其不同政策目的。因此,代码层规制应该坚持网络中立原则,依法构建代码框架,应尽量防止大企业或政府机构通过改变代码架构操作网络信息平台。内容层是互联网的核心和本质,位于信息传输的最顶层,它包括传输的文本、数字图像、音乐和电影等。内容规制既要受到技术规制和代码规制的影响,同时又要接受社会道德伦理和法律规制,其基本的治理逻辑在于互联网内容的合法性和无害性。

进入 Web2.0 和微时代以后,网络内容规制正在由原来的政府直接规制演变为网络运营商、服务企业和普通用户的自律规制。政府和企业的网络规制方式不再适用原来的准入式直接干预,而是转换为通过代码控制、信息认证、技术过滤等方式进行。① 目前,网络内容规制的常用方法主要采用过滤法、分级法。过滤法是通过软件形式对网络传输内容进行的一种监控,具有内容审查性质,其最大危害在于可能形成对公众言论等表达自由的限制。对于网络色情等有害内容,其治理逻辑应该采用内容分级标准,禁止网站将具有成人色彩的网络内容向未成年人传输。网络运营商、内容服务商等依据分级规制标准,修改网络传输的代码框架。用户登录网络时必须进行身份验证和选择。用户可以设计自己的档案,在档案中设立身份验证框。对于儿童身份登录者,要获取成人档

---

① 周勃:《Web2.0 时代网络文明现状及法律规制》,《理论月刊》2007 年第 5 期。

案则必须提供密码验证。①

总之，在全球化和无国界的互联网时代，仅仅靠一国政府的网络规制难以实现其政策目的。互联网打开了人类大脑的天窗，使人类步入了无止境的“内容为王”时代。在未来的内容时代，为了确保网络自身的创新机能和发展活力，应该最小限度地减少政府规制。但是，内容时代并不意味着单纯依靠自律规制，一方面，是因为我们无法保证普遍认可的自律规制的自然形成；另一方面，我们更难以确保所有主体都自觉遵守自律规制；再者，由大企业主宰制定的自律规制，很可能成为遏制中小企业创新发展的桎梏。因此，我们既要正视自律规制的社会效益，也要合理评估自律规制的风险，同时还要考虑补充一定程度的政府规制。最大限度地发挥自律规制的主动性，最小限度地利用政府规制的补充性，逐渐确立稳定的网络内容规制的治理体系。对于那些目前尚不足以及时灵活应对的新问题、新风险，则应该持以宽容的创新胸怀，调整我们习以为常的规制心态，在认可“思想市场发展必要之恶”的前提下，通过公开透明的规制形成机制，探索纠正“必要之恶”的共同治理结构。

## 三、国立大学改革与内部治理

伴随着全球化、信息化潮流的激烈冲击，人类社会经济环境和生活方式迎来巨大调整。中国、东南亚等发展中国家的强劲崛起，正在改变着世界政治经济格局，欧美等西方发达国家长期主宰世界发展方向的工业化模式正在被打破，新兴经济体日益成为驱动全球经济增长和社会进步的重要力量。为确保在全球竞争中的优势地位和发展潜力，各国政府不断调整国家发展战略，积极探求创新发展动力，以适应飞速变化的世界竞争形势。

大学作为现代人才培养和社会科学文化发展的重要基地，必将在全

① 欧树军：《国外网络色情的法律规管》，《网络传播》2005 年第 9 期。

球化和信息化进程中扮演创新驱动的生力军和主导力量。重新定位大学发展的社会使命，加快大学改革步伐，积极调整大学的组织结构和管理体制，增强对大学和科研机构的政策支持，建立科学管理和高效运行的大学治理机制，将成为国家制定大学发展战略的重要内容。

1. 国立大学改革理论与研究视角

一个国家和民族的发展根本在于创新，大学是技术创新、知识创新、文化创新、人才创新的最主要培养基地和创发基地。工业化时代的创新载体主要集中于知识和技术，是一种硬技术的创新，适应工业化时代的客观要求，知识的积累和技术创新是大学的根本使命。今天，在人类社会进入全球化、信息化为基础的多元化、大数据时代以后，软技术、软环境的创新价值日益凸显。因此，大学不仅要继续承担知识积累、技术创造等传统机能，而且必须进一步发挥大学天然具备的知识融合机能、思维交汇机能、创新驱动机能，通过跨越知识门界、技术领域、文化视域、逻辑空间的组织调整和机能再造，实现全球化、信息化、多元化背景下的信息交流、技术融合和思维创新，以真正培养出适应未来社会发展的新时代精英人才。

对于大学来说，其基本使命是教育和研究。基于世界各国大学的发展历史和治理理念，不同大学的内部机构设置既有诸多相似之处，又有许多特色和差异，而且伴随着全球化、信息化等社会经济形势变化，大学内部的机构设置正在不断调整。大学内部的机构设置，既要考虑大学自治的使命定位，又要考虑现实社会发展需要。一所大学要保持旺盛的生命力和发展潜力，就必须时刻准确把握时代脉搏，紧跟时代步伐，不断调整自身的知识结构、组织结构、人才结构和管理结构，以更好地适应社会发展变化和现实客观需要。

（一）全球性大学内部机构设置的改革潮流

大学制度起源于中世纪的欧洲，并逐渐扩展到全球性制度体系。各国大学形态虽然各具特色，但对于那些学术性事务，则普遍是由教授组织来决定的。从大学管理的发展历程看，其内部管理模式主要经历了五个发展阶段：即自发教学团体阶段、教师学生行会阶段、学院成形阶段、科研教学并重的象牙塔阶段、社会服务多功能阶段。现行各国大学的内部组织结构和治理机制是伴随着每所大学自身的发展特点和社会需要而逐步建立和完善的。马丁·特罗认为，高等教育的入学率一旦超过50%，则高等教育进入普遍服务阶段，此时则强烈要求学士课程教育的质量保证。

自20世纪80年代以来，发达国家由于受经济社会变化和财政紧张等因素影响，新自由主义思想开始盛行，主张通过市场方式配置公共资源和提供公共服务。在大学管理方面，新公共管理运动强调应用现代企业治理理念和手段介入政府与大学之间的关系。尽管各国大学政策内容和进度不尽相同，但是在全球大学治理方面，"政府财政窘迫""政府干预减少""大学自治权扩大""新型组织模式诞生""机关机能分化"等成为世界大学治理的共同趋势。进入21世纪以后，迫于全球化、信息化的时代发展需要和国际竞争的不断加剧，各国政府和大学自身都在积极探寻大学改革之路。目前，扩大大学自主权，改革大学现行运行机制，调整内部治理结构和管理体制成为大学改革的最主要议题。

伯顿·克拉克通过分析政府、市场与学术权威之间的博弈关系，提出的"三角协调模型"理论被称为高等教育治理分析框架的雏形①。在此基础上年鲍尔和贝瑞特·阿斯克林提出了"权威-目的两分法"，并基于此框架提出了四种理想高等教育治理模式，即洪堡模式、纽曼的自由主义模式、贝纳的社会主义模式、市场模式②。金子元久认为："无论何种类型的大学制度，在新的社会经济环境变化过程中，都在摸索新的改革方向。而其中，政府管理的间接化、政府社会管理机制的调整和大学经营机能强化等构成大学改革的共同倾向。"③

① 柳亮：《国外高等教育问责制研究：多重三角模型与思考》，《外国教育研究》2010年第7期。
② 甘永涛：《权威-目的两分法：大学治理模式解析》，《教育发展研究》2006年11月。
③ 金子元久「大学の設置形態-歴史的背景・類型・課題」『大学の設置形態に関する調査研究』、国立大学財務・経営センター研究報告第13号、2010年9月。

美国的大学一般设立有全体教师组成的大学评议会。关于课程设置、学位、人事等相关事项，经过理事会进行权力委任，实质决策大多由大学评议会下设置的各委员会决定。英国在实施《1992年继续教育和高等教育法》之后，许多专业技术学院也获得了独立颁发学位的大学资格。在1992年以前，大学运营由地方政府、产业界、毕业生代表等组成的理事会(Council)决定。学术等事务则由教师组成的评议会(Senate)决定。1992年以后，政府通过资金支持引导、建立绩效评估机制、质量保障机制和市场竞争机制等手段，加强对大学的管理。高等教育基金委员会等机构负责对大学进行各种评估，试图建立一个受到监管的高等教育市场。牛津大学与剑桥大学在创办初期形成了以学院为主、大学为辅的管理体制。为了有效促进学校的总体管理，牛津大学与剑桥大学在发展过程中都设立了校务委员会。在法国，2007年8月10日，法国通过《大学自由与责任法》，重新定位了法国高等教育的方向，即到2012年前，法国85所大学全部转型以独立基金为基础的自律形态。2013年7月，法国制定《高等教育研究法》，新设学术评议会。因此，现在法国的大学决策机构一般由三个评议会组成。管理评议会决定大学基本方针、预算、人事等重要事项。学术评议会决定教育课程、研究、教师资格审查等事项。大学研究生活评议会则决定教育基本方针、学位授予、学术支持等政策。各委员会的主要成员是教师。在联邦制的德国，由于各州法律差异而各不相同。一般来说，评议会成员半数以上由教授组成。并决定学校章程、选举校长等。学院评议会则管理各院教育研究事宜。

(二) 日本国立大学法人化及其改革

日本国立大学起步于1886年建立的帝国大学。战后，在美国占领军指导下，日本政府进行学制改革，在原来帝国大学、官立大学的基础上，按照“一县一国立大学”原则，将各地的旧式学校、师范学校、农业、工业、商业等专门学校重组形成了多所国立大学。截至2016年10月1日，日本现有国立大学86所(其中包括4所仅有研究生院的大学)，公立大学88所，私立大学600所，共计774所。

1970年前后，日本社会掀起大学改革之声。前文部大臣永井道雄曾经主张大学公社化，中央教育审议会的“四六报告”和OECD教育调查团报告书《日本的教育政策》也曾提出国立大学独立法人化的建议。20世纪80年代以后，在新自由主义思潮的影响下，日本政府开始大力推动行政、财政改革，缓和政府规制，大学改革作为行政改革的重要内容之一被列入议事日程。桥本内阁时期，教育改革被列入六大改革内容之一。1998年10月，中央教育审议会提出《关于21世纪大学愿景与今后改革方策》报告，强调21世纪的大学要提高大学的教育研究质量，在确保大学自主性基础上，建立教育研究体系的柔性结构，整备组织运营体制，建立多元性评价体系，实现大学教育研究的个性化。①

2002年，经过多次研究论证，小泉内阁最终决定推进国立大学法人化改革。2003年，日本国会通过《国立大学法人法》，并强调国立大学法人化“是明治以来日本大学史上的一大转折点”②。2004年4月1日，在日本政府的强力推动下，87所国立大学正式宣布转变为国立大学法人。法人化以后，国立大学作为独立经营实体，脱离国家行政机构系列，被赋予较大程度的人事、组织、财务等权力。文部科学省则作为主管机构，要求各国立大学按照6年为1期，分期制定具体改革目标和推进计划，进一步落实国立大学法人化的成果，并委托第三方机构定期进行绩效评价。2016年，在文部科学省对第一、第二中间期大学改革计划执行评估的基础上，正式开启第三中间期（2016—2021）计划执行。

日本国立大学管理模式来自欧洲，战后又深受美国自由主义管理思想的影响，但基本上是作为自治组织运转的。国立大学的组织结构一般由教育和经营相关的法律体系共同调整。国立大学法人化以后，教育公务员特例法不再适用。在教学层面，主要由学校教育法、大学设置标准、

① 大学審議会「21世紀の大学像と今後の改革方策について—競争的環境の中で個性が輝く大学—(答申要旨)」1998年10月26日。http://www.mext.go.jp/b_menu/shingi/old_chukyo/old_daigaku_index/toushin/1315917.htm

② 合田哲雄、神山弘「国立大学法人法について」『ジュリスト』1254号、2003年。

学位规则以及诸多具体标准加以规范。在经营层面，主要由国立大学法人法、地方公立大学独立法人法等调整。在大学内部，一般设有大学章程、学生规范、各学院、学科规则等。国立大学的院系设置基本按照传统学科分类模式进行设置，学科内部又分为学院（学部）和研究生院（大学院）两个层次。

日本宪法第 23 条明确规定保障学问自由。基于此，战后日本的国立大学基于大学自治理念，一般以教授会为中心开展各项教育研究活动。《学校教育法》(1947)明确规定了各级各类学校的校长、副校长、院长、教授会等设置方式与权限范围。《学校教育法》第 93 条规定："大学为审议重要事项，必须设置教授会。"然而，对于何为重要事项，教授会的审议具有多大程度的决定权等，学校教育法没有具体规定。从实践情况看，各级大学基本上沿用惯例，各地大学的具体权限也差异较大。一般来说，许多明确规定校长拥有最终决定权的事项，实践中却往往被教授会予以否决。

战后日本大学的管理模式是以学院教授会为中心的自治模式，教授会在学校运转中具有广泛权力。与国外相比，日本国立大学的人才流动性较低。这一方面与日本企业、政府中流行的终身雇佣制度有关，另一方面也反映了国立大学的社会地位等。特别是从事大学管理的校长、副校长、院长等高级管理层人才，一般是从内部选任，大学内部论资排辈现象十分严重。美国的研究型大学一般本科学院规模较小，而以研究生院为中心。与之相比，日本的国立大学一般本科学院规模较大，而研究生院规模较小。对于一些大型国立大学来说，由于学院数量越多，校长往往难以在充分掌握学院情况的基础上发挥领导力，各学院的独立性较高。

国立大学法人化之前，依据《教育公务员特例法》(1949)，大学教师作为国家特殊公务员的一种，大学校长直接由政府任命。大学教师等人事权由教师组成的评议会和教授会决定。依据该法，由校长、院长等组成的评议会选举产生新校长。教授会拥有选举院长、聘任教师的实际权力。对于教师聘用和升职等，由教授会设置的领导（院长等）向教授会陈述意见。对于校长或教师，非经评议会的审查结果，不得违反其意图而被转任、降职或免职。

2003 年制定的《国立大学法人法》重新定位了国立大学校长、干部会、经营协议会、教育研究评议会、监事、校长选聘会议等机构的权力与义务。伴随着社会经济形势的急剧变化，日本政府广泛吸收产业界、知识界等意见，不断深化国立大学治理改革。2015 年，日本再次修改《学校教育法》和《国立大学法人法》，进一步加强校长等管理层的权力，为改善国立大学治理环境提供制度支持。关于修改学校教育法的目的，文部科学省强调："促进大学运营中校长领导力的确立等治理改革，在重新调整副校长、教授会等职务和组织规定的同时，采取实现国立大学法人校长选聘透明化等措施。"①

2. 国立大学改革的推进体制与发展规划

日本国立大学作为从事大学教育研究和高级人才培养的国家机构之一，不仅承担着教育研究等一般性社会职能，还承担着特定的区域社会服务、国际服务等公共职能。日本《教育基本法》（2006 年 120 号）规定："大学作为学术中心，在培养高级教养和专业能力的同时，通过深入探究真理，创新知识和理论，为社会提供更多优秀成果，促进社会发展。"对于大学的目的，《学校教育法》规定："大学作为学术中心，在教授各方面知识的同时，以深入传授和研究专门学艺，增强知识、道德及应用能力为目的。"为最大限度发挥国立大学的教育、研究和社会贡献等作用，日本政府不断推进大学治理改革，并要求各国立大学结合自身优势和特点，自主推进组织调整和制度变革，以适应急剧变化的国内外竞争形势，

① 高等教育局大学振興課「校教育法及び国立大学法人法の一部を改正する法律について（概要）」http://www.mext.go.jp/b_menu/houan/kakutei/detail/__icsFiles/afieldfile/2014/06/30/1349263_01_2.pdf

打造世界一流的教育研究基地和人才培养基地。

（一）“教育再生实行会议”的《大学教育方式报告》

2006年，第一次安倍内阁时期，为全面改革日本教育，日本修改了执行60多年的《教育基本法》，明确增加教育振兴基本计划。日本内阁成立“教育再生会议”。然而，由于第一次安倍内阁下台，教育再生计划未能真正落实。2012年，第二次安倍内阁上台后，日本政府重新启动教育振兴计划。

第二次安倍内阁以后，为构建适应21世纪的日本教育体制，推动教育改革，2013年1月15日，日本内阁决定成立“教育再生实行会议”。经过4个多月的研究论证，5月28日，教育再生实行会议向日本政府提交了《今后大学教育等存在方式》[①]的报告。报告认为：在世界各国重视高等教育，不断扩大规模的同时，从国际角度看，日本由于成人入学和外国留学生较少等影响，大学升学率较低，成人再学习的机会受到限制。日本对高等教育的公共财政支出，与国际水平相比，处于较低水平。国立私立大学间的差距较大。在大学全球化方面行动迟缓，且存在一定危机性。重新使日本的大学成为不断接受挑战和创发之地，是提高日本国际竞争力、再创辉煌的一个巨大支柱。

日本国立大学应以“开展世界水准教育研究的基地、全国性教育研究基地和充满地方活力的核心基地”为建设目标。在提高大学教育质量过程中，必须有效发挥各大学自身的优势，并基于大学的多样性、地域性等特征而采取相应措施。为此，作为国家的战略措施，在2017年前的5年时间，被确定为国立大学改革的“集中实行期”。在迅速制定具体政策方针的同时，要对推动情况进行定期检查，并落实相关责任。

在社会各方面不断全球化的进程中，大学要彻底推进教育内容、教

---

① 教育再生実行会議「これからの大学教育等の在り方について(第三次提言)」2013年5月28日。http://www.kantei.go.jp/jp/singi/kyouikusaisei/pdf/dai3_1.pdf

育环境的国际化，培养能够在世界领域活跃的全球领袖，培养用全球化视角承担地域社会活力的人才。只有在充分考虑大学自身的特色、方针、教育研究领域和学生的多样性等因素的基础上，才能有效推进全面国际化，创造与世界为伍的大学竞争环境。今后要争取支持有留学意愿和能力的学生全部实现留学，使日本的海外留学生倍增至12万人，招收外国留学生增加到30万人。

努力打造牵引社会创新的教育研究环境。为培养兼具技术能力、经营能力和战略视野的复合人才，日本政府应积极支持国立大学跨越文理界限开展项目研究，使所有学生都具备基础的文理两方面知识。

改革大学治理，强化财政基础和经营基础。大学改革各项目标的实现，与各大学校内决策和改革紧密相关。要充分发挥大学校长的领导力，使校长敢于承担改革大任，推进大学治理，政府和民间必须对大学改革给予财政上的支持，强化大学的经营基础。为此，各大学应明确自身的优势、特色和社会职能，在对国立大学整体未来构想充分规划的基础上，于2013年夏季制定出改革工程的具体目标。国立大学要真正引入年薪制、校外机构混合工资制等人事工资制度改革，要国立大学的运营费交付金进行全校性、战略性、重点性分配，并实现校内资源分配的可视化。对于上述改革，政府要确立基于教育研究活动等成果的新型评价指标，在第三期中期目标实施期间，根本性调整国立大学的运营费交付金运行方式。

基于各国立大学的经营特色，政府和大学要确保大学校长、大学自身的独立预算，强化辅助校长工作的管理层和行政干部职能，整备能够发挥校长领导力的制度环境，探讨校长等的选聘方法。在明确教授会职能的同时，重新调整院处长等领导职务、理事会、干部会职能，强化监事的业务监察机能。研究修改学校教育法等法律，调整校内各项规定，推进根本性治理改革。

（二）文部科学省的《国立大学改革计划》

2004年日本国立大学法人化以后，按照文部科学省的安排，各国立大学分别制定了自己的大学改革第一期中期目标和中期计划。文部科学省还委托第三者机构对各国立大学的改革与运营情况进行定期评估。按照文部科学省的改革要求，各国立大学要逐渐建立自己的内部调研评价机构，主要任务是评估自身改革的主要目标、计划和执行情况，系统跟踪大学改革与运营相关的管理信息，直接向校长通报大学相关动态数据和提供政策建议。

2012年6月，文部科学省发表《大学改革实行计划——社会变革引擎的大学构建》①，强调日本面对少子高龄化加剧、地方社区衰退、全球化引起的无国界化、新兴国家诱发的竞争激化等巨大变化和东日本大震灾等国难，必须开展可持续性和充满活力的社会变革。大学及构成大学的利益相关者，负有培养社会变革人才、构建作为知识基地的世界性研究成果和创新创造的重大任务，应该力求推进适应国民和社会需要的大学改革。应在重新定义各大学使命的基础上，对所有国立大学的学院和研究生院进行重新定义，构建国立大学的新体制，强化机能。因此，今后逐步制定"大学远景""国立大学改革基本方针""国立大学改革计划"，不断推进国立大学改革。

2013年6月14日，日本政府提出《日本再兴战略》。关于大学治理改革问题，日本再兴战略强调要"明确教授会的作用，重新调整院处长等作用，强化大学的治理机能"。同日，日本内阁还出台了《第二期教育振兴基本计划》。作为教育振兴的基本措施之一，其中专门设立了"大学治理机能强化"条目，主张"各大学为进行适应学生、地域、社会需要的高质量大学教育，应在整备确立校长或理事长领导能力的环境、基于评价分配资源等强化大学治理机能的必要支持"。

基于日本政府提出的《日本再兴战略》和《第二期教育振兴基本计划》以及中央教育审议会关于《今后大学教育等存在方式》的大学改革精

① 文部科学省「大学改革実行プラン—社会の変革のエンジンとなる大学づくり—」2012年6月。http://www.mext.go.jp/b_menu/houdou/24/06/__icsFiles/afieldfile/2012/06/25/1312798_01.pdf

神，2013年11月，文部科学省制定了《国立大学改革计划》①。该计划是在国立大学法人化的基础上对国立大学改革的进一步深化，目的在于使“国立大学在自律、自主环境下发挥国立大学活力，采取积极行动，推进优秀教育和特色研究，建立更加富有个性和丰富魅力的国立大学”。

《国立大学改革计划》强调，在第二期目标期间（2010—2015）以及改革加速期间（2013—2015），以国立大学改革计划规定的各种事项为中心，加强了国立的全球化、创新化机能和人事工作制度弹性化。在第三中期目标期间（2016—2021），要最大限度发挥各大学的优势和特色，通过构筑自我改善和自我发展的组织结构，建设具有可持续性竞争力和能够创造高附加值的国立大学。

关于强化各国立大学机能，主要包括：(1)建立世界最高水平的教育研究基地，培养能够进行相互竞争的优秀人才，形成世界一流的教育研究基地；(2)打造全国性教育研究基地，形成跨域大学和学院框架的日本一流研究基地和向世界开放的教育基地，培养领导亚洲的技术人员；(3)形成适应区域需要的人才培养基地，打造能够解决各种现实问题的区域智库。为此，必须努力构筑自主自律进行改善和发展的大学组织框架，构建能够适应社会变化的教育研究组织，开展国际水准的教育研究，积极支持留学生活动，支持大学创办风险企业，培育理工系人才的战略思维，加强人事工资制度的弹性化，强化治理机能。

在第三中间期大学改革中，要发挥校长的领导力，构筑进一步增强各大学特色的治理结构。首要目标：打造能够不断调整教育研究组织和校内资源分配的治理环境，充分利用海内外优秀人才，建立充满教育研究活力的人事工资制度。到2020年，使日本学生赴外留学人数由2010年的6万人增加到12万人。日本接受海外留学生人数从2010年的14万人增加到30万人。使日本大学进入世界排名100强的大学

① 文部科学省「国立大学改革プラン」2013年11月。http://www.mext.go.jp/component/a_menu/education/detail/__icsFiles/afieldfile/2013/12/18/1341974_01.pdf

达到10所。今后10年中，创造20个大学发起的新产业。

（三）中央教育审议会及《关于推进大学治理改革》

文部科学省作为国立大学的主管机构，负责具体大学改革政策的制定和落实。根据日本内阁教育再生实行会议的大学改革精神，文部科学省开始具体探讨大学改革推进计划。在文部科学省，作为文部科学大臣咨询机构，中央教育审议会负责调查审议教育重要政策。中央教育审议会下设大学分科会等多个分会。大学分科会专门负责大学及其他高等专业学校等教育振兴政策的调查审议。根据工作需要，大学分科会有时单独设立特殊部会或工作组，具体落实相关大学政策的调研、提议工作。

2013年6月，大学分科会设立组织运营部会，专门研究大学内部治理问题。2014年2月12日，在组织运营部会报告的基础上，中央教育审议会大学分科会向文部大臣提交《关于推进大学治理改革》①报告，主要从大学、政府和社会三个层面阐述了推动大学治理改革的基本思路。

报告认为：对于大学来说，治理改革应该坚持大学原来的自主、自律治校原则，今后要在大学校长领导下，推进大学自身的治理改革。大学法人化以后，虽然法律规定教授会不具有学院人事权，但要加强对法律的正确理解，推进教职员的意识改革。大学法人化10年后，是否仍然在单纯延续过去的内部规制，大学自身和各个院系应该进行全面检讨。通过国家的制度调整，强化校长辅助体制，明确教授会的审议事项，进一步确认决策主体及其责任，排除权力重复，简化审批手续，确立校内各级决策过程。为实现教育研究和社会贡献机能的最大化，校长应努力实现校内资源配置的最优化。治理改革不可能一次性结束，而要经常以最佳治理体制在运行过程中不断调整。

---

① 中央教育審議会大学分科会「大学のガバナンス改革の推進について」（審議まとめ）（平成26年2月12日 大学分科会）。http://www.mext.go.jp/b_menu/shingi/chukyo/chukyo4/houkoku/1344348.htm

报告强调:各大学在与国内外大学竞争过程中,要以人才培养和创新为基地,最大限度发挥教育研究机能,在校长的领导下,必须构建战略性大学管理的治理体制。为此,各大学要坚持主动性、自律性全面检讨和调整治理体制,最大程度上实现教育研究和社会贡献机能。在校长领导下构筑能够充分发挥大学优势和特色的治理体制。为确立校长领导和改革教职员意识,政府将实施有效的制度改进和富有弹性的支持。社会要积极与大学进行联系,成为校长领导的后盾。

对于国立大学来说,加强大学治理改革主要包括五方面工作:

(1) 确立校长领导力:强化校长辅助体制,设置常务副校长。设立高级专业性职位,强化专业研究和学校研究,充分利用大学经营会议等。重组人事岗位,确保人事招聘的合理性、建立依据工作绩效评价的工资制度。根据校长的设计进行预算编制和分配,确保校长裁量经费。校长通过坚定不移的改革方针和基于客观数据的说明,担当责任,推进组织变革。

(2) 校长选聘和业绩评价:选聘组织要具有主体性,公示大学的使命和对校长的要求,在确认候选人未来计划的基础上决定校长人选。设定能够保证校长稳定工作的校长任期。由校长选聘组织和监事对校长进行业务评价,并对不能胜任者予以解聘。

(3) 任命认同校长治校理念的学部长,由校长对学部长等进行业绩评价。

(4) 明确教授会职能:审议教学课程编排、学生身份、学位授予,审查教师的教育研究业绩等。重新检查内部设置的各单位,实现审议事项的透明化。

(5) 强化监事作用,检查学校治理状况,推进监事常态化。

### 3. 国立大学组织与业务的全面调整

为推动国立大学改革,2009 年 2 月 5 日,国立大学评价委员会发表

《全面调整国立大学法人组织及业务的视角》①。该文件认为，在第一期中期目标期间，国立大学在承担学术研究和研究者培养等核心任务的同时，在支持地方教育、文化、产业基础，提供不受学生经济状况影响的升学计划等方面，都发挥了重要作用。在第二期中间目标和计划中，开始着手调整国立大学的组织和业务工作。

2013 年 6 月 20 日，文部科学省发表《今后国立大学机能强化的设想》②。文部科学省主张：国立大学承担着确保全国高等教育计划均等、实现世界高水平教育研究、继承重要学术领域、有计划地培养人才、贡献区域活力等多种职能。但是，面对快速少子高龄化、全球化、新兴国家发展引起竞争加剧等现实情况，日本必须推进可持续性发展和富有活力的社会变革。因此，基于国立大学改革计划，必须着力打造适应社会变化需要的教育研究组织，强化治理机能，实现人事工资制度的弹性化，打造全球化的人才体系和世界一流基地，加强整备具有创新能力的教育研究环境整备和理工科人才培养。

为实现教育研究和社会贡献机能的最大化，文部科学省要求各国立大学努力对学校内部各机构的治理体制进行全方位评价和调整，在重新确认各自任务的同时，排除权限重复，简化审议手续，确立通达的校长决策流程。国家为确立校长领导能力和动员教师的改革意识，实施有效推进制度改革和弹性支持等政策。

各国立大学应基于各自规划的愿景，调整人才、组织、预算、设施等，通过校内外资源再分配和共享，如推进青年研究者的挑战性研究，促进国际共同研究和海外网络形成，推进具有国际竞争力的尖端领域和校内外组织的边缘领域融合研究，强化调查行政人员等的研究支持和工作体制。

---

① 国立大学法人評価委員会「国立大学法人の組織及び業務全般の見直しに関する視点」について(案)」http://ds.cc.yamaguchi-u.ac.jp/-presi/00_gakutyousitsu/houjingyoumu_minaosi_siten.pdf

② 文部科学省「今後の国立大学の機能強化に向けての考え方」2013 年 6 月。http://www.mext.go.jp/b_menu/shingi/gijyutu/gijyutu4/siryo/attach/1338472.htm

2015 年 6 月 8 日，文部大臣下村博文发布《关于全面调整国立大学组织及业务的通知》[①]。通知强调："为开展世界高水准教育研究和全国性教育研究，强化大学在发挥区域活力上的核心作用等机能，各国立大学应明确自身的优势和特色，充分发挥各自作为国立大学的功能。"对于国立大学来说，尤其要注意制定明确目标，落实具体实现目标的手段，设定具体评估政策手段实现程度的检测指标，在此基础上制定中期目标和中期计划。

首先，在重新定义大学任务的基础上进行组织调整。通过重新定义任务，明确各大学的优势、特色和社会职能，迅速实行组织改革。"特别是关于教师培养学部、人文社会学部及其各自的研究生院，应根据 18 岁人口减少和人才需要，在确保教育研究水准和国立大学职能等基础上，制定组织调整计划，积极推进组织停办或向根据社会需要较大领域转型。"

其次，调整法学研究生院。关于法学研究生院，基于"公共支援调整强化政策"，考虑司法考试合格情况、入学选拔情况等因素，在确保招生规模合理化和提高教育质量的同时，在司法考试合格率过低或不能有效保证招生人数的情况下，应对问题严重的法学研究生院进行根本性调整，包括停办或合并。

最后，调整其他组织。对于其他组织，要建立可以经常性检查和评估其组织功能的制度体系，在全面审议各种建议的基础上，根据需要调整大学间的合作和招生规模，灵活机动地实行组织改革。

2015 年 9 月，针对社会各界对"6・8 通知"的反对意见，文部科学省发表《基于新时代的国立大学改革》[②]，强调调整综合科学课程和人文社

---

① 文部科学大臣下村博文「国立大学法人等の組織及び業務全般の見直しについて（通知）」2015 年 6 月 8 日。http://www.mext.go.jp/component/a_menu/education/detail/__icsFiles/afieldfile/2015/10/01/1362382_1.pdf

② 文部科学省高等教育局「新時代を見据えた国立大学改革」2015 年 9 月 18 日。http://www.mext.go.jp/component/a_menu/education/detail/__icsFiles/afieldfile/2015/10/01/1362382_2.pdf

会科学系等。“不是轻视人文社会科学系等特定学问领域，或只重视能够立刻发挥作用的实学”，“而是由于围绕日本的环境变化，对于国立大学来说，必须进行能够灵活对应的自我变革”。

在全面调整国立大学组织结构和业务机能的同时，文部科学省要求加强国立大学的创新机能。2015 年 4 月 15 日，文部大臣下村博文发表《创新视角的国立大学改革》①强调：“为使日本发展成为最具创新性的国家，作为知识基础社会的核心基地，关键在于将分布全国的国立大学在竞争环境下实现‘知识创造机能’最大化。”

6 月 16 日，为落实创新性大学改革，作为具体推进措施，文部科学省又出台了《国立大学经营力战略》②，强调国立大学必须充分发挥法人化的优势，在展望新经济社会和大胆转换思想的基础上，努力开拓新领域、融合空间，培养适应产业结构变化和雇佣需要的能够承担新时代产业的人才，努力解决区域、日本、世界所直面的经济社会问题，实现能够最大限度贡献于学问发展和创新生产的组织自我转换。文部科学省要求各国立大学打破现存体制和手段束缚，大胆设想，发挥校长领导力和管理力，基于引导整个组织的未来愿景，实行自我改革，新陈代谢。文部科学省在确保国立大学基础经费水准的同时，对于实行自我改革的大学进行有针对性的重点支持，并缓和必要规制。根据《国立大学经营力战略》，在 2016 年开始的第 3 期中期目标期间，将加速大学创新型的自我改革。为培养主要承担创新支柱的理科人才，文部科学省在制定“理科人才培养战略”的同时，在推进国立大学改革计划的过程中，要求通过教育研究组织重组，建立具有国际竞争力的一流研究生院。在未来的 10 年中，争取打造出 20 个大学创发的新型产业。

---

① 文部科学大臣下村博文「イノベーションの観点からの国立大学改革について」2015 年 4 月 15 日。http://www.kantei.go.jp/jp/singi/keizaisaisei/kadaibetu/dai5/siryou1.pdf

② 文部科学省「国立大学経営力戦略」2015 年 6 月 16 日。http://www.mext.go.jp/component/a_menu/education/detail/__icsFiles/afieldfile/2015/06/24/1359095_02.pdf

根据文部科学省关于《全面调整国立大学法人等组织及业务》[1]通知精神，86所国立大学分别结合自身特点和现实需要，制定了内部组织调整的中期目标和中期计划。国立大学通过"重新定义大学任务"，打破现存教育研究组织，组建新型组织，开发更加适应社会需要的教育研究活动。自2013年开始，按照文部科学省的政策要求，多所国立大学开始学院改组。许多大学停办原来的师范教育学院等综合课程，新设"区域系""国际系"等相关学院。新设学士、研究生一贯制的教育课程，增加理学、工学、农学等人数。目前新设的学院主要面向社会急需的人才培养，包括跨领域横向教育、具有高水平发现问题和解决问题能力的教育、企业或区域合作等领域。在新设学院，采取多样化、综合性评价等新型入学选拔方法，优先进行学士课程改革。

按照文部科学省的大学治理改革目标和支持计划，日本的国立大学被分为三种重点支持模式：即"世界最高教育研究开展基地"（16所大学）、"全国教育研究基地"（15所大学）、"区域活力核心基地"（55所大学）。国立大学本着"引入积极教育模式，推动大学教育质量转变"，"实行多样化综合性入学选拔"和"推进全球化"改革要求，逐渐打破了传统文理分界的院系设置模式，开设跨越自然科学与人文社会科学联动的综合性课程体系，组建能够适应全球化要求和服务地方发展创造的新型院系。到2016年，包括计划新设学科在内，有约15%的学科提出了新的组织调整构想。

东京工业大学将现存的学院、研究生院重组为6个学院，实行博士课程一贯制教育体系，建立与世界一流大学相对应的教育体系，培养卓越的专门性和具备领导能力的理工系人才。不断加强大学间、专业领域间的联合与协作，推进共同利用和共同研究，构筑同一领域协作的共同教育系统，构筑有利于强化基地功能的大学间网络。山口大学调整教育

---

① 文部科学省「国立大学法人等の組織及び業務全般の見直しについて」2015年6月8日。http://www.mext.go.jp/component/a_menu/education/detail/__icsFiles/afieldfile/2015/10/01/1362382_1.pdf

学部和经济学部，将课程设计从培养型向成果型转换，设立文理综合型教育的新学部——国际综合科学部。2015 年开设，培养兼备科学技术应用能力、英语交流能力、课题解决能力的国际性人才，规定所有学生本科期间必须海外留学一年，要求具备广泛的文理知识，引入数字化学习成果评价方法。①

东京大学将文学部现在的四个学科改组为一个学科，以解决过分倾注自己专门领域的倾向，培养从宏观视角活用人类社会知识的人才。东京大学的信息网络学府，以信息为纽带，构建融合多学科、多领域合作的教育研究机构，开展横跨文化、技术、媒体、产业、生物、、环境、国际关系等多领域、多角度、融合性的信息教学和研究。筑波大学新设置了“学群制”，金泽大学设立了学域、学类制等多种形式。与之相配套，原来按照学科设置的教授会也被新的委员会制等组织代替。宇都宫大学为培养具备社会发展、城市建设和防灾减灾等复合型地域课题需要的人才，将教育学部与工学部调整，准备成立新学部。新学部将以地域为活动空间，跨越原来的学科界限，要求学生必须参加解决实际问题的演习课程，对于所有的专门科目实施主动性学习。

为适应全球化的发展要求，许多国立大学根据自身特点和地域发展需要，加强国际化教育和国际共同研究。一桥大学和东京艺术大学利用自己的专业优势，与国外大学联合，共同开展国际研究据点。长崎大学重新调整经济学部和环境科学部组织，将人文社会系领域从“多文化社会”角度加以重组，形成具有边缘性特色的课程。2014 年，成立多文化社会学部，促进多种文化背景的学生交流和学术协作，培养全球化型人才。山口大学新成立国际综合科学部，千叶大学设立国际教养学部。

从国立大学学科和学院设置趋势看，综合教育课程和人文社会科学等学部的规模和人数逐渐减少，与此同时，一些大学相应增加了理学、工

---

① 文部科学省高等教育局「新時代を見据えた国立大学改革」2015 年 http://www.mext.go.jp/component/a_menu/education/detail/__icsFiles/afieldfile/2015/10/01/1362382_2.pdf

学、农学院系的课程和院系设置。2016年,岩手大学工学部、德岛大学工学部改组成理工学部。2017年,高知大学理学部、大分大学工学部停止招生,预定成立理工学部。2014年,秋田大学改组工学资源学部,新设国际资源学部。2016年,德岛大学新设生物资源产业学部。2017年,滋贺大学新设资源生命学部,名古屋大学新设数据科学学部。福井大学原来的教育地域科学部改称教育学部。大阪教育大学新设"教育协动学科",以培养教师支持人才为目标。高知大学设立地域协动学部,爱媛大学设立社会共创学部,以培养发现和解决各种区域问题人才为目的。一些大学虽然没有重置学部,但却新设了"能源""环境""防灾"等学科或课程。

## 4. 国立大学的治理改革

国立大学法人化之前,国立大学作为日本国家行政机构之一,虽然在教育研究等方面保持了较大程度的独立性,但其重要事项、人事任命、财务活动等受到相关行政法、国家公务员法以及日本政府等约束。国立大学法人化以后,政府放松了对国立大学限制,增强了大学的自由裁量权。近年来,伴随着大学改革不断深入,国立大学内部治理结构和运行机制也迎来重大变革。

### (一)国立大学校长的领导力与权力强化

1995年9月,日本文部省大学审议会在《关于大学平稳管理》[①]中强调发挥校长、院长领导力及其实现条件。1998年10月,大学审议会提出《21世纪大学形象与今后的改革方策——在竞争环境中辉耀个性的大学》[②]报告,主张在校长领导下,建立富有实效的决策制度和发挥校长的强大领导力。

2004年国立大学法人化之后,为了确保国立大学法人化的平稳运

---

① 大学審議会『「大学運営の円滑化について」答申』1995年。

② 大学審議会「21世紀の大学像と今後の改革方策について　—競争的環境の中で個性が輝く大学—(答申要旨)」1998年10月26日。http://www.mext.go.jp/b_menu/shingi/old_chukyo/old_daigaku_index/toushin/1315917.htm

行，许多国立大学继续沿用《教育公务员特例法》框架下的各种内部规则，并没有全面落实国立大学法人化政策。对于国立大学的许多教师来说，由于未能真正理解法人化本身的价值和法人化后的大学治理关系变化，因此，在国立大学内部权力运行和决策体制变革方面，也没有获得广大教师的理解和支持。

《国立大学法人法》规定：大学校长应具有"高尚人格，学识优秀，且能够恰当而有效管理大学教育研究活动"。《学校教育法》规定："校长掌管校务，领导和监督所属职员。"据此，校长对于大学全部校务，作为最终责任者，拥有在教育研究相关的最终决定权，对教职员工具有指挥和监督权力。

从法律上看，校长是国立大学的最终决策者。然而，在现实实践中，日本国立大学的各学院和教授会却往往成为事实上的决策者。特别是教授会，虽然法律上处于审议机关地位，而且其自身也不能对审议结果承担直接责任。但是，长期以来，日本国立大学的学院教授会或研究生院等教授会具有较强的自治意识，对于法律意义上的大学校长最高决策权，往往不能充分理解和认同，认为各院院长和教授会等当然具有上述权利。

2014年，日本修改《学校教育法》和《国立大学法人法》，进一步强化校长领导权力。校长选聘由校长选聘委员会制定的标准决定，但选聘标准和结果必须公布。校长选聘委员会由相同数额的教育研究评议会的校内委员和经营协议会的校外委员共同组成。选聘委员会接受来自校内外的候选人推荐，然后由校长选聘会议对候补人进行考察，并征求经营协议会、教育研究评议会各自的意见，最后由校长选聘会议决定。据此，学校一般教职员工不再进行投票。校长选聘机构应对校长的业务执行情况进行经常性监督和评估。监事通过日常业务执行情况进行监督，并对校长尽可能进行支援和帮助。而当发现校长不能充分履行校长职责时，基于法律规定，有责任向有任命权者提出解任要求。

尽管日本政府通过修改相关法律不断加强大学校长权力，但是，目前仍有部分国立大学囿于过去的惯例，在校长选聘问题上，主要以教职员工的投票意见为选聘依据。在大学内部具体管理方面，继续沿用多年惯例形成的内部规则，许多权限被分散于各学院，导致校长难以真正发挥其领导作用。

关于校长的人事权问题，主要包括教师的校内配置权和聘任权。按照日本的惯例，某教师退休出现职位空缺时，自动由本组织内部同领域的后任者接任，即使该职位的社会意义和在该大学中的重要性已经降低，往往也难以进行全校性的资源重新配置。此外，为适应学术发展和社会发展需要，大学势必对现行组织进行必要调整，由此也可能引致预算、人员配置、教师职位削减等方面的变化，进而影响学院和教师的教育研究，从而招致校内教师的反对。因此，校长在发挥领导作用的过程中，一方面要不断明确学校未来愿景，同时要通过 IR 等机构提供客观合理的数据说明，争取获得相关教师和学生等校内外理解，落实校长的改革责任。

为此，《日本大学改革计划》明确提出：要发挥校长的领导能力，最大限度提供大学的教育研究机能，必须向教职员工准确传达校长的形象，最大限度诱发教职员工的激情和能力，通过对话、交流等形式，争取获得教职员工对校长职能理解。加强与经营协议会、理事会等管理机构的意见沟通，争取获得管理层的支持。为满足各种各样的社会需要，不可能仅仅依靠校长一人来推进改革构想，而必须整备和充实校长助理体制。为此，以副校长、校长助理、校长办公室干部等形式，让负责各学院事务的教师加入到校长管理层等，强化贯彻校长决定的支持体制。为切实推动大学治理，使校长充分掌握各学院情况，以制定改革方针，在校长之下设置校内专门调研机构（IR），基于校内信息和分析结果，帮助校长适时做出政策判断。

为进一步体现校长领导力，86 所国立大学全部设立了校长裁量经费。83 所大学实现了教师人事权的校长决定。通过设立校长裁量经费，以此支持校长的改革行动，推动有利于组织自我变革和新陈代谢的校内资源再分配。许多大学还设立了在校长直接领导下的调查研究机构(IR),通过收集、调查校内各种资源、财务状况、管理信息和教育研究活动等工作,提供大学治理改革的政策建议。各国立大学不断加强学校愿景规划和内部评价制度,积极向社会发布相关大学治理愿景、制度变革和人事变动信息,实现可视化大学管理。作为校长权力的辅助机构,干部会、经营协议会、教育研究评议会等中间管理层会议作用得到提高。根据调查,在国立大学的管理层机构中,78.2%的干部会、59.0%的经营协议会、67.9%的教育研究评议会能够充分发挥作用。①

国立大学法人后,经过第一期中期目标6年的运营,日本国立大学所面临的形势严峻。2010年,日本大学升学率为47%,即使是亚洲的韩国和泰国都超过日本。日本政府对高等教育机关的公共财政支出,在OECD各国中最低(与OECD平均1.0%相比,日本为0.5%),家庭负担十分突出。日本国立大学获得的运营费逐年减少1%。国立大学正式员工数量减少,平均年龄增高,临时聘用教师增多。国立大学人文学领域教师不断减少,1998—2007年,从6193人减至5490人,减少11.4%。②科学技术预算增长率较低,与中国存在明显差距。

严格经费控制导致国立大学人事雇佣方面出现较大变化。2015年,国立大学教师人事费用支出仅为2004年的87%,实际支出减少842亿日元。大学行政干部人事费减少至82.9%,实际支出减少426亿日元。由此导致国立大学新增青年教师人数不断减少,长期可能影响未来大学的国际竞争力。③

按照文部科学省的部署,在第3期中期目标期(6年)中,各国立大学

① 国立大学財務・経営センター「国立大学法人の経営財務の実態に関する全国調査」(平成21年6月中間報告書)2009年6月。http://www.zam.go.jp/n00/pdf/ni004001.pdf

② 文部科学省「国立大学法人化後の現状と課題について(中間まとめ)」について,2010年7月15日。http://www.mext.go.jp/a_menu/koutou/houjin/__icsFiles/afieldfile/2010/07/21/1295896_1.pdf

③ 国立大学協会「国立大学法人 基礎資料集」2016年 http://www.janu.jp/univ/gaiyou/pdf/20161011-pkisoshiryo-japanese.pdf

有计划地改革人事和工资制度。以导入年薪制为契机，努力构建新的绩效性评价体系。2014 年 10 月，已经有 6578 人采取新的绩效评价体系。计划到 2015 年末扩大至 10000 人。以终身教师为前提，积极促进聘用优秀年轻教师，对于海外优秀人才，在保证必要时间的前提下，采取双聘制度，促进产学官共创打造创新基地。

（二）中层管理机构及其运行机制

各学院院长负责全院教学研究等事务，并代表学院与大学校长及其他部门、校外机构进行联系。法律没有规定院长的产生办法，战后日本国立大学形成的惯例是，院长一般由教授会投票确定候选人，或由教授会提出 2 人以上的研究科长等为候选人，或者由校长及执行理事组成的选聘会议决定，最后由校长任命。在院长人选问题上，重点考察候选人是否具备胜任职位的能力。

（1）大学运营会议或干部会

对于涉及大学整体的决策，过去一般是由各院长分别回归本院听取教授会意见，这不仅导致大学整体决策延迟，而且往往导致意见分散。因此，作为全校意见调整机构，设立大学运营会议、大学经营会议等组织，由校长、副校长、院长等管理层构成，集中讨论全校意见，从而顺利落实校长决策。院长则代表各学院陈述意见。校长在决定大学的中期目标意见、年度计划、预算的编制、执行和决算、重要组织的设置和终结以及需要文部科学大臣认可或承认的事项等时，必须经干部会讨论。理事依据校长的决定，辅佐校长管理大学业务。在校长出现事故或缺席时，代替校长执行职务。

（2）经营协议会

经营协议会由校长、校长指名的理事及职员、具有宽广见识的校外知名人士等组成，但校外人员需听取教育研究评议会意见，并经校长任命。校长兼任经营协议会议长，并主持经营协议会。国立大学设立经营协议会，负责审议经营相关重要事项，包括中期目标相关意见、中期计划及年度计划中经营相关事项。审议大学章程（有关经营部分）、会计规程、干部报酬及退职补贴的支付基准、职员工资及退职补贴支付基准及其他经营相关的重要规则制定和修改等事项。审议预算的编制、执行、决算相关事项;审议关于组织及运营情况相关的自我检查和评价事项。

(3) 教育研究评议会

国立大学设立教育研究评议会,负责审议国立大学教育研究相关重要事项。教育研究评议会由校长、校长指名的理事、由教育研究评议会决定的学院、研究生院、研究所等机构负责人,以及其他教育研究评议会决定并由校长指名的大学职员组成。此外,在设有主管教育研究副校长的情况下,该副校长(副校长为二人时,由校长指名)为评议员。校长兼任教育研究评议会议长,并主持评议会工作。

教育研究评议会负责审议以下事项:中期目标、中期计划、年度计划等相关事项;大学章程(除国立大学经营部分外)及其他教育研究相关重要规定的制定或废除;教师人事、教育课程编制方针等事项;支持学生顺利完成学业相关帮助、指导及其援助事项;学生入学、毕业、课程修了及其他在籍相关方针、学位授予等事项;对教育研究现状进行自我检查和评价相关事项等。

在国立大学具体管理过程中,虽然法律上对教育研究评议会和经营协议会的审议事项进行了明确分工,然而在实践过程中,同一事项可能既涉及教育研究又涉及大学经营,难以简单区分,可能被分别交由不同的机构进行审议。在具体落实时,又往往需要双方密切配合。与教育研究评议会相比,经营协议会一般开会较少。因此,有关经营的重要事项,只能等待合适机会才能进行审议。国立大学法人法规定,经营协议会的校外委员必须占 1/2 以上,目的在于认真听取校外意见。由于校外委员难以充分掌握大学相关信息,加之有时不能出现会议等,因此,实践意义上的经营协议会往往以校内委员为中心。为真正反映校外委员意见,因此,对于大学治理来说,在选聘经营协议会委员和召开会议时间方面应该充分考虑。

（4）监事

监事负责监督国立大学业务，并依据文部科学省令规定，制作监察报告。监事可以随时要求大学干部及职员提交事物或事业报告，可以对国立大学法人的业务或财产状况进行调查。国立大学依据法律规定向文部科学大臣提出的认可、承认、认定、申报等相关材料或报告书，监事必须对此进行调查。必要时，监事可以基于监察结果向校长或文部科学大臣提出意见。

监事不仅仅是对财务和会计进行监事，而且要对教育研究和社会贡献情况、校长选聘方法、大学内部决策系统等大学治理体制进行监督。为真正履行监事职能，监事必须确保出席重要会议，整备关于管理机构的资料提供、信息提供、内部检查组织充实等支持体制，对于规模较大的大学，要尽量配置正常上班的监事。

（三）教授会制度与改革

作为大学治理政策的目标之一，长期以来日本国立大学一直奉行“教授会自治”模式。原来的《学校教育法》规定：“大学为审议重要事项，必须设立教授会。”在国立大学法人化之前，依据《教育公务员特例法》，学院教授会对院长选聘、教师人事、勤务评定等权限具有重要影响。近年来，伴随着国立大学治理改革的不断深入，“教授会的过大权限”经常被指为“诸恶之源”①。自民党日本经济再生本部在其《大学治理改革的建议》中认为，由于管理层与教授会的职能分担、决策程序不明确，领导层对校内事务管理权限不明确，导致教授会在预算分配、人事等多方面具有决策权，由此使校长难以真正发挥领导力。然而，教授会并不是事实上的决策机关。为明确作为校长咨询机关的位置，学校基本法 93 条应该修改为“作为教育研究相关的校长咨询机关，大学中设置教授会”。2014 年中央教育审议会提出的《关于推动大学治理

① 清成忠男「学長選考方法と教授会の権限の検討」リクルート『カレッジマネジメント』186 / May-Jun. 2014。http://souken.shingakunet.com/college_m/2014_RCM186_58.pdf

改革》[①]中，取代“学问自由”“大学自治”等宪法精神和制度，着重强调“构建校长领导下的战略性大学管理的治理体制”。即引进公司治理的基本理念，通过发挥校长的领导力，要消除作为抵抗势力的教授会制约。

2015年，日本修改《学校教育法》，将原来的“大学为审议重要事项必须设置教授会”（93条第一项）修改为“大学设立教授会”（93条第一项），“教授会对校长关于学生入学、毕业、课程修了、学位授予的决定陈述意见。对于除此职位的其他教育研究重要事项，校长在做出决定时必须听取教授会意见”。副教授及其他职员可以参加教授会。

国立大学的教授会是指由全体教师组成的全校教授会、学院教授会、研究科教授会、专业教授会等。此外还有教育课程制定委员会、教师人事委员会等按照机能划分的教授会组织。其中学院教授会影响最大。大学自治的宗旨在于排除公权力对大学的不当干预。对于大学管理范畴中的某些事项，并不意味着必须由学院所有教师参与决策。

教授会作为由拥有专门知识的教师组成的合议制审议机关，根据学校教育法和国立大学法人法，教授会主要负责审议的重要事项包括：(1)教育课程制定；(2)学生身份审查；(3)授予学位；(4)审查教师研究业绩等。在充分考虑教授会意见的基础上，校长拥有最终决定权。根据2013、2014年《学校法人经营改善政策问卷调查》，在日本的大学中，45.6%的教学计划等由教授会决策，35.6%的教师人事权由教授会决定。教授会对大学管理层的决策权则影响较小。教授会正在日益成为名副其实的教育研究咨询机构。

### 5. 国立大学治理改革的趋势与问题

日本的国立大学治理改革正在路上。伴随着国立大学改革的不断

---

① 中央教育審議会大学分科会「大学のガバナンス改革の推進について(審議まとめ)」2014年2月12日。http://www.mext.go.jp/component/b_menu/shingi/toushin/__icsFiles/afieldfile/2014/02/18/1344349_1_1.pdf

深入，各种改革政策现实效果和相应问题也继续推动，按照文部科学省关于推进大学治理改革的政策要求，各国立大学不断加强校长领导力建设，并通过加强副校长、理事、干部会、经营协议会、教育研究评议会等校长辅助机构建设，增强大学管理层的权限，有效控制教授会权力，努力实现权责一致。伴随着大学治理改革的不断深入，大学校长的权力明显得到加强，而教授会的作用则明显得到削弱，教授会正在日益变成关于教学研究的咨询机构。

文部科学省关于加强国立大学校长权力和削弱教授会权力的政策，引发了社会各界的广泛关注，褒贬不一。一些学者认为，文部科学省的政策是对宪法规定的“学问自由”的践踏。“教授会的地位、教授的意识等，在丝毫未变的条件下实行了法人化。结果，教授会被说成是阻碍大学改革的万恶之源。但是，在大学的实际工作中，很多事情必须要经过教育研究评议会或教授会审议，以期获得成员的理解和形成共识。对于大学来说，越是重要的事情越需要获得这些会议的理解。”①与之相对，国立大学教师、教授会自身却反应冷淡。对于国立大学的教师来说，由于实务工作导致的教育研究时间不足，每年运营费交付金减少 1%导致的研究费不足，正在丧失魅力的研究生院的入学率低下日益凸显。

日本政府强力推动国立大学治理改革，是试图借鉴公司治理改革理念来推动大学治理，进而提高国立大学的整体实力。然而，大学治理与企业治理存在着诸多差异，公司治理本身意味着对管理层的约束和制衡，股份公司的目的在于股东利益的最大化，从法律角度看，十分明确。而大学的目标则在于教育、研究、社会贡献等多个方面，而且还存在着各种不同的利益相关者。大学涉及学生、企业、社会等复杂利益相关者，一个组织的公共性越高，其利益相关者范围越广，其法人运营也越难以表达利益相关者本身的意思。因此，各国立大学法人只有结合自身特点和内在治理结构，才能更好地反映或实现其国立大学的设立初衷。国立大

① 有川節夫「九州大学におけるガバナンスについて」『IDE 現代の高等教育』No. 557、2014 年。

学作为代表国民和社会一般利益相关者而由国家设立的法人，在法人化过程中，基于尊重大学自主性的观点，将国家的干预控制在最小范围内，使大学运营具有广泛的裁量权。日本现行学校教育法虽然强调选举制度化、透明化等精神，但却一定承担上背离了大学治理改革的本质课题，混淆了治理与管理、领导能力和权威的内涵区别。

对于“6·8通知”中关于“重新定义任务的基础上进行组织调整”政策，特别是停办或重组教育学院、人文社会科学相关学院及其研究生院的政策内容，引起了人文社会科学界的极大批评，日本学术会议等知识团体纷纷表态反对。2015年6月10日，朝日新闻社论质问：“国立大学——只是为了立刻发挥作用吗?”6月17日，读卖新闻社论强调：“国立大学改革——不能简单扔掉人文系!”许多知名人士对该政策进行了严厉批判或表示了担忧。5月17日，京都大学校长山极寿一表示，对于京大来说，人文社会系是重要的，没有停办或缩小的考虑。“要培养具有广泛视野和专门知识的人才，就不能失去人文社会系。包括高举国旗、齐唱国歌等，应该考虑以维护大学自治和学问自由为前提。”

与之相对，日本的人文社会科学领域确实存在着专业领域过度专门化、学生生存能力掌握不充分、培养对象不明确等问题。日本学术会议在《日本展望——学术角度的建议2010》①中强调：展望委员会人文社会科学作业分科会：具有精英教育传统的跨学科教育越来越远离社会和学生的发展需要。此前进行跨学科教育的人文、社会科学越来越脱离跨学科的框架，专业分化和实用化的倾向日益浓厚。日本人文社会科学领域过于细分化、国际性发声迟缓，应该努力培养具有宏观性、国际性视野的学术研究和文理兼备型人才。

日本国立大学全面调整内部组织和业务，打破传统学科体系的院系重组和融合，特别是文部科学省强力推动的教育类学院、研究生院、人文

---

① 日本学術会議「日本の展望—学術からの提言2010」2010年4月5日。http://www.scj.go.jp/ja/info/kohyo/pdf/kohyo-21-tsoukai.pdf

社会科学学院、研究生院等组织重构和业务调整，虽然可能带来一定意义上的学科融合、促进创新和现实成果化效应，但同时必须看到，跨越文科和理科的框架，追求短期的成果主义，将扭曲日本的学术体制。运营费重点分配模式对于以人才培养和区域贡献为中心的大学、从事教育研究的大学等将造成预算差别化，由此将进一步拉大国立大学间的差距。在政府强力计划下全国普遍推开的大学组织变动，有可能导致大学整体教育基础松动，进而降低国立大学的学科实力和社会地位。

日本国立大学改革自本世纪初真正开始启动，是作为日本行政改革、财政改革的重要一环而由日本政府强力推动的。虽然全球化、信息化、新兴国家竞争加剧为重要背景，但经济长期不景气和国家财政危机日趋窘迫则是导致国有大学法人化的重要因素之一。国立大学法人化的初衷是放松国家对国立大学的控制，增强国立大学的自治性。但经过三个周期的中间计划实施之后，国立大学改革变成了政府支付的运营费日益减少，研究费支持变成了文部科学省的指挥棒，大学治理改革的中心任务变成了加强校长权力，教授会变成了国立大学诸恶之源。

面对全球化、信息化的不断深入和国际竞争的日渐加剧，充分发挥国立大学的文化融合、知识创新能力，打造世界一流的教育科研基地，培养适合全球化竞争要求的复合型高科技人才，成为各国政府制定大学改革政策的重要内容。近20年来的日本国立大学改革的路径、政策以及经验教训，为我国制定未来大学发展政策和改革大学体制提供一定的借鉴。

(1) 打破完全以传统学科为基础的人才培养体系，试点调整学科体系和院系体系，建立融合多学科、多门类的自由选课系统，努力培养复合型人才。

在国立大学改革过程中，全面调整大学内部组织和业务的政策措施，虽然在一定程度上造成了教育院系、人文社会科学院系的生存危机，但根据全球化背景下的科技发展和社会需要，全面调整大学院系设置，打破过分依赖传统学科建设的固有教育模式，构建文理融合、具有国际视野和创新精神的新型院系框架和课程培养体系，具有重要借鉴意义。

全面调整和改革现行的课程管理体系,改革现行完全按照传统学科设立院系和课程的人才培养模式,对于未来的研究型大学,对于培养适应时代要求的复合型人才具有重要意义。

(2) 制定大学长期发展规划,构建能够调动全体教师积极性、创造性的大学治理模式,避免过分成果化、程式化的行政管理。

战后日本形成的大学治理体系是以教授会为中心的大学自治模式,它一方面为战后日本经济发展和社会进步提供了重要智力支持和人才支持,但也逐渐形成了以教授会为中心的稳定利益群体和自我驱动机制,造成了日益专业化、细分化的学科发展模式。近年来日本国立大学治理改革,一定程度上顺应了日本企业界要求增强国际竞争力和创新驱动等客观要求,但是,在大学治理改革中过分强调成果主义的可视化计划模式和绩效评价方法,通过运营费、研究费来控制和左右大学改革方向的支持政策,虽然一定程度上可以激发教师的创新热情和加剧竞争,但却加剧了大学教师日常行政事务工作的压力,从整体教师队伍和长远角度看,也难以真正调动广大教职员工的积极性和创造性。

(3) 改革国际交流相关行政管理体制和课程设置体系,构建开放性、多元化课程体系和院系结构。

全面瞄准世界一流大学、一流学科的研究成果、研究动态,形成能够及时反应国际学术变化的课程结构。鉴于日本各国立大学加强全球化教育和强化国际交流的客观要求,应改变传统思维方法,调整战略定位,从人才培养和国际交流入手,制定加强中日大学间联合办学等相关研究和推动工作,改善影响中日关系的基础环境。

# 第六章　全球化背景下的战略摇摆与选择

面对冷战结束后全球化和区域化趋势日趋加强，亚洲经济迅速崛起。面对世界格局日益发生的重大变化，加之长期低迷的日本经济现状，日本政府不得不全面调整其外交战略。曾经以“脱亚入欧”和“西方社会一员”而自豪的日本，正踌躇于亚洲主义或太平洋主义的历史分水岭上。围绕东亚共同体的构建，日本政府左右摇摆，这一方面体现了当代日本在区域主义问题上的方向迷失，同时也反映了日本外交战略智慧的匮乏。

## 一、亚洲主义还是太平洋主义——日本在东亚共同体构建上的战略摇摆

2011 年 1 月 20 日，日本首相菅直人发表《站在历史分水岭的日本外交》的演说，阐明了第二代民主党内阁的外交路线。菅直人所谓历史分水岭到底是什么？分水岭两侧又分别是什么？对此，菅直人在演说中并没有给予清楚明了的回答。联系鸠山内阁时期的外交方针，或许可以发现日本外交政策的重大转变。日本在东亚共同体构建问题上的政策变化，一定程度上揭示了日本对外战略及其政策的走向。

### 1. 东亚区域主义的进展

1990年以后，随着全球规模的东西冷战格局结束，在国际新秩序的构建过程中出现了国际化和区域化两种潮流。一方面，人员、物资、服务以及金融等国际流动性不断扩大，国家之间的相互依存关系日益增强；另一方面，区域合作、一体化和共同体等形式的区域主义潮流涌动，通过推动区域合作成为当今世界性经济发展的一个重要特征。

过去，在东西冷战夹缝中挣扎的东南亚各国，长期被迫卷入地区纷争或战争的漩涡之中。20世纪70年代以后，全球性区域合作趋势日益加强，东盟成立虽然一定程度上缓解了地区矛盾，但整个东亚地区却一直未能建立起稳定的国际秩序。战后，创造了经济发展奇迹的日本虽然以雁行阵势领导了东亚经济发展，但是，对于以日本为核心的东亚新秩序构想，东南亚各国始终保持着高度警惕和消极态度。

以1997年7月亚洲金融危机为契机，东亚地区金融领域的多国合作取得重要进展。作为区域概念的“东亚”意识也日益获得周边国家的认同。东南亚各国以多国间合作为中心，积极推动新的区域秩序构建活动，区域主义潮流开始席卷东亚地区。

到目前为止，在东亚地区，同时存在着东盟峰会、10＋1、10＋3、10＋6、中日韩首脑会议等多个合作模式。此外还有东盟地区论坛（ARF）、亚太经济合作组织（APEC）等多个与东亚相关的组织模式。亚洲太平洋自由贸易区（FTAAP）和环太平洋战略经济合作协议（TPP）等各种各样的经济合作构想也正在研讨和推进之中。

过去13年中，通过各种各样的区域合作模式，东亚地区经济合作和一体化步伐取得巨大进展。现在，东亚区域内或跨区域的两国间FTA或EPA不断缔结，东盟10国分别与中国、日本、韩国的FTA正在推进之中。然而，中日韩三国间却至今仍然不存在FTA。虽然民间研究机构进行了相关研究，但是面向缔约的政府间交涉尚未提上议事日程。在东亚地区内外不断缔结的一个个形式各异的FTA，不仅可能给自由贸易带来负面影响，而且很容易引起所谓意大利面碗现象。①

围绕东亚共同体的构建，现在至少需要在三方面达成共识，即东亚区域共识在哪里？东亚共同体的“共同”程度到底有多少？东亚一体化的道路是怎样的？② 2005 年 12 月东亚峰会召开，使围绕东亚共同体的主导权和参加国范围等问题更趋复杂化。目前在东亚合作问题上，ASEAN 一直处于驾驶席位置，10＋1 和 10＋6 都在向前推进。但是由于缺乏明确的前进方向，而作为发动机的 ASEAN 又底气不足，加上中日之间的主导权较量，致使在东亚共同体构建上难以取得较大进展。作为连区域共识都难以达成的东亚峰会，与其说是它一种东亚共同体的构建组织，不如说是一种东亚共同体的摧毁机制。

2. 日本对外战略的轨迹

战后，日美关系经历占领时期、安全保障条约时期、新安保体制时期三个阶段。自 1978 年开始，进入日美同盟时期。1978 年，大平正芳首相首次正式将日美安全保障关系称为“同盟国”关系，而且作为“西方阵营的一员”，日本政府决定为驻日美军提供军费。其后，日本外交战略以稳固日美同盟为最重要支柱，对美国以外的各国实行无差别的等距离外交。

日本将美国置于“共同拥有基本价值及战略利益的同盟国”位置，明确表示，“日美同盟是日本外交基轴，在东亚地区存在不透明性和不确定性的形势下，以日美安全保障为核心的日美同盟，对日本的和平安全及亚洲太平洋地区的稳定和发展将发挥不可或缺的作用”③。在对外经济战略方面，日本按照关贸总协定、WTO 原则，严格执行自由的、无差别的多国协作主义，即不对任何国家采取特别有利或不利政策，对于一个国家承诺的市场开放和关税下降同样适用于其他国家。为了防止封闭性

---

① 星野三喜夫：《“東アジア共同体”とアジア太平洋の地域統合—米国が地域統合に関与・参加することの必要性と妥当性—》，《新潟産業大学経済学部紀要》第 38 号、2010 年 6 月。

② 陆建人：《从东盟一体化进程看东亚一体化方向》，《当代亚太》2008 年第 1 期。

③ 日本《外交青書 2009》概要，第 9 頁。

经济同盟的出现，严格遵守多国间交涉的原则。

日本一方面强调按照GATT原则进行多国间自由贸易的重要性，同时作为外交基本方针，重视对美、对欧关系，对亚洲事务则置于次要地位。与中国和韩国相比，对于东亚区域化问题持消极态度。因此，在国际化和区域化日益加强的大背景下，日本未能充分把握机会，其对应措施也相对迟缓。特别是泡沫危机崩溃后，由于日本经济长期低迷，加上亚洲新兴国家经济飞速发展的强烈刺激，迫使日本政府不得不调整全面调整其对外战略。近年来，日本的贸易政策开始从以WTO为主体的多国间贸易自由化政策向以FTA为重点的贸易政策转移。2002年，日本与新加坡签订第一个新的经济贸易协定(EPA)。以此为契机，日本开始加速推动FTA活动。

今天，日本以坚持日美安全保障和日美同盟体制的两国主义为基础，将推动地区经济合作、区域统合、东亚共同体形成的多国间主义作为东亚及亚洲太平洋地区的基本战略。日本外交的关键词是"进一步加强日美同盟，与包括美国在内的各个国家一起，构建亚洲太平洋的和平与繁荣"，"在两国间外交之上，为了对付共同的课题，积极参与东亚峰会(EAS)、10＋3、10＋1、中日韩合作等东亚地区的区域合作组织，以及APEC、ARF、ASEM(亚欧会议)等区域外国家广泛参加的组织，推进地区合作"①。但是，日本的多国间主义与区域内两国的FTA制度模式紧密相连，是要建立一个融合这些关系的松散型结合体。因此，日本真正的东亚共同体构想是以两国间主义为基础的融合多国间主义的"拼布型体系"②。

### 3. 摇摆中的日本外交政策

围绕东亚地区的区域合作模式问题，虽然各国已经进行了许多研

---

① 日本《外交青書2009》概要，第9頁。

② 山本武彦『日本の"東アジア共同体外交"と共同体構想』山本武彦、天児慧編《新たな地域形成》(毛里和子編集《東アジア共同体の構築》第1巻)、岩波書店、2007年6月、第149頁。

究，但实质上的进展则是在1997年以后。面对东亚地区日趋加强的区域主义潮流，日本各界反应不一。积极推动和参与者有之，感到威胁和敌视者有之，冷战思维和消极对待者有之。日本政府则一直处于左右摇摆之中。

10＋1和10＋3的东亚区域合作模式，始于桥本龙太郎提出“桥本主义”外交政策[①]。1997年1月，桥本访问东南亚时，提议日本与ASEAN举行定期首脑会谈。与此同时，桥本主张实行首脑对话组织化、加强多样化文化合作、加强在解决全球规模课题上的协作。桥本主义体现了日本试图与东盟国家进一步加强联系的政策倾向。小渊内阁和森喜朗内阁时期，继续执行桥本主义的外交路线，积极推进日本与东盟国家的经济合作。1999年的10＋3首脑会议发表“共同宣言”，充分肯定了10＋3的合作模式。以此为基础，自2000年开始，东盟和中日韩三国合作体制大力推动了以“清迈倡议”为首的贸易、教育、环境、观光、能源、安全等广泛的区域合作。

在日本，明确提出推进东亚共同体构想的是小泉纯一郎。2002年1月，痛感于日本在东亚区域合作中的行动迟缓，小泉在新加坡发表《东亚中的日本和东盟——寻找诚实的伙伴关系》的演说，宣布与东盟一起构建“共同前进的共同体”。小泉主张，“日本、中国和韩国的合作深化将成为构建共同体的巨大推动力量”[②]。2003年12月，日本与东盟的特别首脑会议共同发表“东京宣言”，强调“10＋3模式是促进东亚地区合作和区域经济统合网络的重要路径，在尊重普遍规则和原则的同时，努力构建外向型的、充满丰富创造性和活力、相互理解及具有理解亚洲传统和价值的共同精神的东亚共同体”[③]。这是在多国外交文件中首次使用“东亚共同体”一词。

---

① 伊藤憲一・田中明彦：《東アジア共同体と日本の針路》、日本放送出版協会、2005年、第44—47頁。

② 日本首相官邸：http://www.kantei.go.jp/jp/koizumispeech/2002/01/14speech.html

③ 日本首相官邸：http://www.kantei.go.jp/jp/koizumispeech/2003/12/12sengen.html

然而，小泉在声称最大限度利用10+3机制的同时，却又强调为了确保地域繁荣和稳定，应该进一步推进更广范围的区域合作，主张在10+3的基础上增加澳大利亚、新西兰为东亚区域合作的主体。2005年12月，由东盟、日中韩、印度、澳大利亚、新西兰十六国家参加的首届东亚峰会虽然并没有结束10+1、10+3的合作模式，但事实上冲淡了日益形成中的东亚共同体共识，客观上阻断了东亚共同体构想之路。正如小泉在高呼“彻底粉碎自民党”的口号中夺取了自民党总裁一样，在外交政策方面，小泉在高调构建“共同前进的共同体”的宣言声中，摧毁了已经事实上取得进展的东亚共同体。

安倍、麻生内阁期间，日本政府在努力修复由于参拜靖国神社而日趋恶化的中韩日关系的同时，2006年，安倍提出了促进亚洲经济成长的“亚洲门户构想”，主张进一步加强与亚洲各国的合作。日本政府强调以开放性地域主义、10+3为基础，通过机能性合作，努力加强与印度、澳洲、新西兰、美国等的合作。2006年11月，麻生外相提出了“创建‘自由和繁荣之弧’——拓展日本外交地平线”的外交指针，主张在强化日美同盟、强化与中国、韩国、俄罗斯等近邻国家关系等的基础之上，提倡重视民主主义、自由、人权、法治、市场经济等普遍价值的“价值外交”。日本试图与亚欧大陆外围的新兴民主主义国家展开连接外交，共同构筑一条“自由与繁荣之弧”①，其本意在于进一步牵制日益发展的中国②。

与安倍和麻生外交不同，2008年5月22日，福田康夫首相发表《太平洋成为‘内海’之日——共同走向未来亚洲的五项承诺》的演说，提出了“新福田主义”。福田认为，未来的亚洲将以太平洋为内海来构筑各国之间网络关系。生活在亚洲太平洋圈的各国人民应该加强心与心之间的沟通，共同创造信赖关系③。太平洋内海论的关键是开放，即面向多样

① 外務省：http://www.mofa.go.jp/mofaj/press/enzetsu/18/easo_1130.html

② 矢嶋定則「東アジア情勢と“世界とアジアのための日米同盟”—当面する主要外交防衛問題—」,《立法と調査》、2007年第1期、第263頁。

③ 日本首相官邸：http://www.kantei.go.jp/jp/hukudaspeech/2008/05/22 speech.html

化的亚洲太平洋、多样化的世界，日本应该进一步开放，与亚洲太平洋各国人民构建共同相互信赖的关系。新福田主义是继承“福田主义”重视亚洲的精神实质，体现了更加广阔的亚洲太平洋主义的理念和视野。

与自民党政府不同，鸠山内阁虽然继续强调“日美安保体制今后将继续成为日本外交的基轴，这是不可动摇的日本外交的支柱”。但鸠山主张“友爱”外交，强调日本“不能忘记作为亚洲国家的共识”。鸠山认为，“应该将充满经济发展活力、日益联系紧密的东亚地区作为日本生存的基本生活空间，必须不断努力在该地区创造稳定的经济合作和安全保障机构”，“日本是亚洲的一员，应该在重视日美关系的同时，推进重视亚洲的政策。中日韩通过推进实际合作，在开放性、透明性、包含性的理念下，以三国为核心推进地域合作，其目标就是构建东亚共同体。”①

鸠山认为，为了实现东亚地区的稳定，“虽然应该有效发挥美国的军事实力，但对于其政治的和经济的过度干涉应尽量加以限制，在减少邻国中国的军事威胁的同时，努力实现庞大经济活动的秩序化”②。鸠山的“友爱外交”是对小泉所谓“只要与美国搞好关系，自然就会搞好亚洲关系”的外交理念的批判，他虽然继续维持与美国的关系，但却强调保持一定的距离，并希望具有一定的自主性。鸠山的倡议无异于对已经日渐平静的东亚合作论重新起到了投石问路的作用。③ 事实上，鸠山主张限制美国影响力和构建东亚安全保障体制和统一货币体制的外交路线，引起了美国政府的高度警觉和不安，致使美国在普天间飞机场转移问题上强硬态度，并最终导致了鸠山政府垮台。

与鸠山重视亚洲的亚洲主义色彩的“友爱外交”不同，菅直人吸取鸠山失败的教训，重新回到了对美一边倒的协调外交路线。2011 年 1 月

① 日本外務省：第 2 回日中韓サミット（概要）2009 年 10 月 10 日。http://www.mofa.go.jp/mofaj/area/jck/jck_sum_gai.html

② 鸠山由紀夫：《私の政治哲学》，《Voice》2009 年 9 月号。

③ 中西寛：《東アジア地域協力の現況》，2009 年 10 月 29—30 日。http://www2.jiia.or.jp/pdf/column/20091221-nakanisi.pdf

20日，菅直人在《站在历史分水岭的日本外交》演说中，在坚持日美同盟关系的基础上，提出了“日美基轴再出发、展开亚洲新外交、推进经济外交、致力于全球课题和切实对应安全保障环境”五个外交政策支柱。菅直人强调“日美基轴是最重要的两国间关系”，在亚洲太平洋地区，日本将积极推进与“中国、韩国、俄罗斯，加上东盟各国、澳洲、印度以及美国等亚洲太平洋地区各国之间的合作”，“充分利用APEC、东亚峰会、东盟地区论坛等区域合作组织，强化多重的协作关系”，创建不仅对日本，也对亚洲太平洋各国来说的“双赢关系”。

但是，对于民主党选举中所主张和鸠山时期所推动的“东亚共同体构想”问题，菅直人毫无涉及。与此同时，作为“平成开国”的重要举措，菅直人表示将参加环太平洋经济协定(TPP)①。可以说，菅直人的“站在历史分水岭的日本外交”的演说，是当前日本政府所奉行的太平洋主义外交政策的宣言。借此，日本外交开始脱离鸠山的亚洲主义外交轨迹，重新回归到以日美同盟为核心的外交路线上来。但是，从现实行动角度看，今天的日本外交已经不是原来传统意义上的对美一边倒的外交政策，而是向具有区域主义色彩的太平洋主义的转变。（参见表6-1）

**表6-1　日本内阁围绕东亚共同体构想所采取的外交政策**

| 首相 | 政策 | 主要观点 |
| --- | --- | --- |
| 桥本龙太郎、小渊惠三、森喜朗 | 桥本主义 | 首脑对话组织化、多样化文化合作、全球规模课题的合作、强化与东南亚各国关系 |
| 小泉 | 小泉主义<br>东亚共同体 | 真诚的朋友、共同前进的东亚共同体构想、日中韩三国合作和10+3模式是重要路径、东亚共同体的开放性 |
| 安倍、麻生 | 亚洲门户构想<br>自由繁荣之弧 | 强化日美同盟，强化与近邻各国的关系，重视以民主主义、自由、人权、法治、市场经济等普遍价值 |

① 首相官邸官邸：菅総理の演説記者会見等、2011年1月20日。http://www.kantei.go.jp/jp/kan/statement/201101/20speech.html

**续表**

| 首相 | 政策 | 主要观点 |
|---|---|---|
| 福田 | 太平洋内海论 | 共同走向未来亚洲、开放性、构筑心连心的信赖关系 |
| 鸠山 | 友爱外交<br>东亚共同体 | 日本是亚洲的一员、重视亚洲、构建以日中韩为核心的东亚共同体 |
| 菅直人 | 站在历史分水岭的日本外交 | 日美基轴的再出发、开展新的亚洲外交、推进经济外交、致力于全球规模的课题、切实对应安全保障环境 |

如上所述，近年来的日本各届政府，虽然都毫无例外地在坚持日美同盟的同时强调重视亚洲的外交政策，但各自的政策侧重点却存在细微差异。特别是围绕东亚共同体的构建问题，如同外交文书一样，如果仅仅依靠语言表达，很难直接看出具体差异。对于各自的真正目的和政策意图，则必须从政策主体的人际关系、具体行动和体制机制等角度来进行剖析。如果如菅直人所说，日本外交正站在“历史的分水岭”上，那么分水岭两侧则应该是亚洲主义和太平洋主义两个区域主义潮流。不管是亚洲主义还是太平洋主义，对于日本政府来说，这是必须进行的战略选择，而且二者必选其一。然而，今天，许多日本人正处于迷茫状态，日本的政治家们正在亚洲主义和太平洋主义之间摇摆。这与其说是由于内阁更迭而引起的政策变动，不如说是日本在区域主义问题上的迷失，是日本对外战略智慧的匮乏以及现行政治经济体制下的路径依赖等。

4. 亚洲主义与太平洋主义的源流

亚洲主义的思想最初是由日本人提出的。原本的亚洲主义是主张排除欧美列强的威胁，亚洲各国联合抵抗殖民侵略。在明治中期以前，曾经以“兴亚会”为代表，其主张被称为兴亚论。中日甲午战争以后，伴随着国际形势的变化，无论日本政府还是新闻媒体，视对中国和朝鲜的侵略为正当行为的对外强硬论逐渐占据主流，亚洲主义思想的内涵开始发生转变。后来，在日俄战争胜利的刺激下，亚洲主义逐渐演化为以日本为盟主的亚洲新秩序构想。① 作为昭和研究会的“东亚协同体论”的政策化，“大亚洲主义”“亚洲门罗主义”“东亚新秩序”“大东亚共荣圈”等观点纷纷登场。他们宣传“取代列强的日本亚洲霸权就是亚洲的解放”，主张日本侵略亚洲大陆和对亚洲的统治正当化。应该说，后期的亚洲主义具有一定的美化侵略性和欺骗性。1945 年，随着日本的战败，通过武力形式推行的亚洲主义宣告失败。

战后，伴随着日本经济的飞速发展，日本试图打开东南亚市场。在以日美关系为基轴的外交战略下，日本为谋求美国在亚洲的发言人和美亚之间联络桥的地位，积极推动东亚战略②。但是，曾经饱受日本殖民侵略的东南亚各国，对于类似于“大亚洲主义”“大东亚共荣圈”等区域主义的呼吁，保持了高度警觉。1977 年 8 月，福田赳夫首相访问东南亚，并在马尼拉发表东南亚外交三原则，即“不做军事大国，为世界和平和繁荣做贡献；构筑心连心的信赖关系；在平等基础上促进东南亚各国的和平和繁荣”，以此为契机，在日本诞生了具有和平主义色彩的新亚洲主义——福田主义。福田认为，日本和东南亚各国的关系不应该仅仅停留在基于物质上的相互利益，同为亚洲的一员，彼此之间从内心深处具有互相帮助、互相支持的心理，因此能够创造出物质的、经济的关系。福田主义在不否定冷战格局下美苏对立的国际政治版图的前提条件下，以强化与东南亚各国的“互惠互助关系”为目的，是日本谋求独立外交的尝试。福田主义热情洋溢的“心灵之间的沟通”演说受到东南亚各国的高度评价，并给予了积极响应。但是，对于生存在东西冷战夹缝中的东南亚国家和以日美同盟为外交基轴的日本来说，其区域主义路线很难取得真正实质性进展。

如果说福田主义是日本试图通过脱离美国、接近亚洲，实现新亚洲主义的独立外交的开始，那么大平正芳提出的“环太平洋合作构想”则开

---

① 盛邦和：《19 世纪与 20 世纪之交的日本亚洲主义》，《历史研究》2000 年第 3 期。

② 金熙德：《日本对东南亚外交的转折——从福田主义转向桥本主义》，《当代亚太》1998 年第 7 期。

启了日本亚洲太平洋主义的大门。与福田重视亚洲的外交政策相比较，大平正芳则高度倡导亚洲、澳洲、美洲等环太平洋国家的经济合作和综合安全保障构想。

1967、1968年，在小岛清教授的倡议下，日本、澳洲、新西兰、美国、加拿大五国的大企业家和经济学家分别召开了太平洋经济委员会(PBEC)和太平洋贸易开发会议(PAFTAD)，从而发出了环太平洋地区多国合作的先声。此后，对太平洋合作的关心逐渐扩展至外交官、国际关系学者和新闻媒体。1978年，为了进一步发挥日本"作为国际社会一员"的作用，大平正芳正式提出了"环太平洋合作构想"。响应此倡议，1980年9月，日本、澳洲、新西兰、美国、加拿大、韩国及东盟五国在堪培拉召开了由工商业者、政府官员和学者共同参加的第一次太平洋经济合作会议(PECC)。1986年，中国、台湾、香港加入会议。[①] PBEC和PAFTAD成员构成了PECC的基础成员[②]。1992年以后，太平洋经济合作会议改称太平洋经济合作理事会。

20世纪80年代以后，在中曾根康弘的"政治总决算"和建立"国际国家"的战略思想指导下，日本积极谋求在亚洲和太平洋地区发挥领导作用。随着欧洲和北美地区市场一体化进程的不断加快，在亚洲太平洋地区加强经济合作的呼声也日益高涨。1989年，澳大利亚总理霍克倡议召开亚洲太平洋合作会议，得到日本的积极响应。11月5日，由12国政府正式参加的亚洲太平洋合作会议在堪培拉举行，由此确立了亚洲和太平洋地区政府间合作机制。1993年以后，会议改称为亚太经济合作组织(APEC)。APEC主要讨论与全球及区域经济有关的议题，如促进全球多边贸易体制，实施亚太地区贸易投资自由化和便利化，推动金融稳定和改革，开展经济技术合作和能力建设等。但是，APEC采取自主自愿、协商一致的合作方式，所作决定须经各成员一致同意。会议最后文件不

---

① 山澤逸平:《APECと東アジア共同体》,《国際貿易と投資》,第72号,2008年6月。

② 山澤逸平:《アジア太平洋協力:21世紀の新課題》,日本貿易振興機構,2010年。http://www.jetro.go.jp/apecjapan*2010*/apec-report.pdf

具法律约束力，但各成员在政治上和道义上有责任尽力予以实施。

如上所述，到1997年亚洲金融危机以前，在东盟以外的东亚地区，基于亚洲主义或太平洋主义理念的区域合作潮流虽然有所涌动，但是一直没有形成实质性的区域主义的组织框架。1997年，以亚洲金融危机为契机，10＋1、10＋3、中日韩三国、东亚峰会等组织模式逐渐形成并不断发展，从而构成了事实上的区域主义发展。但是，这些区域主义活动逐渐被分为亚洲主义和太平洋主义两个潮流。东盟各国、中国、日本、韩国等东亚国家虽然参加了各种形式的会议和论坛，但是，各国之间围绕东亚共同体构想和未来的区域主义发展方向等问题，却一直未能形成基本共识。

5. 东亚共同体的发展趋势

遭受1997年亚洲金融危机沉重打击的亚洲经济，在2000年以后，重新又恢复到危机前的水平，且经济持续稳定增长。2007年，亚洲地区平均实质GDP增长率为9.5%，大大超过世界平均水平的5.0%①。2008年，由美国爆发的“百年不遇”金融危机，迅速波及亚洲各国，世界经济瞬间落入同时萧条之中。为了消除金融危机的影响，各国政府接连推出紧急性内需刺激政策。2009年，以中国为首的亚洲新兴国家仍然保持了6.6%的正增长，2010年预计将实现8.7%的高速增长。②

过去，人们常说，如果美国打喷嚏，那么日本就得感冒，而亚洲新兴工业体则会得肺炎。然而，今天却变成，美国患重病，东亚得感冒。东亚地区内部经济依存关系日益加深，经济独立性日益加强，与此同时对美国和欧盟的依赖有所减轻。③

1990年以来，以中国、新兴工业体国家等为首的东亚经济取得了

① IMF，“World Economic Outlook Database”，October，2008.

② 日本経済産業省《通商白書》2010年。

③ 末廣昭《東アジア経済をどう捉えるか？—開発途上国論から新興中進国群論へ—》《環太平洋ビジネス情報》RIM、2010 Vol. 10 No. 38。

快速发展。与此相伴，区域内的经济合作也日趋加强，并逐渐形成了事实上的区域合作、一体化、共同体等组织机制。但是，东亚经济和综合实力的重心并不是东南亚，而是东北亚。2009年，10＋3集团GDP总额为12.3万亿美元，约占世界总额的21.2％，EU、NAFTA分别达到16.5万亿美元和占世界总额的28.4％。在10＋3的GDP总额中，中日韩三国共占88.1％。从世界贸易角度看，10＋3的贸易总额为7.1万亿美元，超过NAFTA的4.8万亿美元，达到EU的10.8万亿美元的65.7％。①

过去，曾经以"脱亚入欧"和"西方世界一员"而骄傲的日本，开始出现了"亚洲的一员""脱美入亚"等呼声。日本对东亚地区的依存度也越来越高。2009年，日本对外贸易总额为1.51万亿美元，其中对10＋3的贸易总额为5734亿美元，占对外贸易的37.9％。与之相对，日本对EU和NAFTA的贸易总额分别为1731亿美元和2561亿美元，分别占日本对外贸易总额的11.5％和16.9％，远低于日本对东亚国家的贸易量②。今天，虽然中日韩三国尚未真正展开FTA谈判，但东亚地区已经形成了事实上的10＋3经济圈，而且东亚地区市场一体化的发展趋势难以阻挡。

然而，直至今日，由于受到日美同盟、冷战思维等影响，许多的日本政治家对未来的对外战略感到迷茫，左右摇摆不定。针对目前日本朝令夕改的外交政策和缺乏战略思维的外交动向，一些日本学者提出了自己的建议和方案。木下俊彦认为，日本要主导未来的经济合作，就应该主动确立与向心力紧密联系的"东亚市民"意识。"东亚市民"在享受经济合作利益和权利的同时，应该承担区域公共成本的分担义务。日本人应该改革意识，放低姿态，建立平等的伙伴关系，在知识贡献和资金合作方

① 日本経済産業省《通商白書》2010年。
② 日本経済産業省《通商白書》2010年。

面，发挥符合日本自身身份的主导权。[①] 末广昭认为，对于东亚经济动态变化和现状，应该从“亚洲化的亚洲”和“中进国家化的亚洲”两个角度出发，加以宏观和历史性重新审视。应该从“工业发达国家”日本领导“发展中国家”亚洲的传统思维，转变为“问题发达国家”日本与“中进国家”亚洲合作的现代思维上来。[②]

谷口诚认为：“与日美150年的交流历史相比，日中之间已经有超过2000年的交流历史。日本的文化、语言、思想、生活习惯、饮食、日常举止等，从现在日本人的一般生活来看，日本人无可否认是亚洲人。作为亚洲人一员的日本人，应该以‘亚洲价值观’为基础构建东亚共同体。”[③]渡边昭夫指出：“日本面临两个选择：其一是环抱太平洋，与亚洲、美国结成‘亚洲太平洋主义’，还有一个是像‘东亚共同体’那样的东亚主义。”前者是一个包括亚洲及太平洋地区全体的广义概念，许多学者将APEC作为代表性的区域合作组织来对待。后者则是以中日韩三国为中心包括东南亚各国的限定性区域概念。[④]

在此，我想借助群集生物学相关理论对国家之间的合作关系加以说明。洞口治夫认为，二个生物种群之间存在的关系可以分为三种类型，如表所示，“＋”“－”分别表示从对手那里获得的影响为正或负，“0”表示未受到对手的影响。这里，双方互相给予正影响的情况被叫作双利共生。单方面获得利益而另一方未受影响的情况叫作偏利共生，一方获利为正，而另一方面为负时称为寄生，而一方未获得正的效应，而另一方却遭受负的影响的称为偏害共生。在双方都为负时则称为竞合。[⑤]（参见表6－2）

---

① 木下俊彦：《東アジア共同体づくりの課題——日本、求心力の形成主導を》、《日本経済新聞》、2004年2月20日。

② 末廣昭：《東アジア経済をどう捉えるか？—開発途上国論から新興中進国群論》、《環太平洋ビジネス情報》RIM，2010 Vol. 10，No. 38。

③ 谷口誠：《危機的アジア外交をいかに立て直すか》、《中央公論》、2006年4月号

④ 渡辺昭夫編：《アジア太平洋と新しい地域主義の展開》、千倉書房、2010年。

⑤ 洞口治夫『集合知の経営——日本企業の知識管理戦略』文真堂、2009年。

**表 6-2 生物共生类型与经济关系**

| | 博弈者 B | | |
|---|---|---|---|
| 博弈者 A | 双利共生 Mutualism<br>+,+<br>双赢关系 | 偏利共生 Commensalism<br>+,0<br>正外部性 | 寄生 Parasitism<br>+,−<br>零和博弈 |
| | 偏利共生 Commensalism<br>0,+<br>正外部性 | 0,0 | 偏害共生 Amensalism<br>0,−<br>负外部性 |
| | 寄生 Parasitism<br>−,+<br>零和博弈 | 偏害共生 Amensalism<br>−,0<br>负外部性 | 竞合 Competition<br>−,−<br>囚徒困境 |

在经济学和管理学上，双利共生是一种双赢关系的正和博弈，而寄生则是零和博弈，竞合相当于囚徒困境。偏利共生时存在正外部性，而偏害共生则存在负外部性。依据上述理论来观察近代以来的中日两国关系，日本发动侵华战争相当于寄生或偏害共生。日本为了获取他国利益，发达侵略战争，结果其所得为(+,0)，与此相对，中国却遭受到了深重灾难，其所得为(−,−)。战后，日本推行的雁阵模式则相当于偏利共生或双利共生。对于日本来说，通过引领经济潮头，获得经济技术的领先优势(+,+)，对于东南亚国家来说，跟随日本这个领头雁，有时可能获得一定经济利益，有时却因为被动而难以实现自己的经济目标(+,0)。

对于未来的东亚共同体构建来说，如果中日两国如果齐心合作，必然是双利共生，或偏利共生，从而创造双赢关系或正的外部性。如果进行竞合，则可能导致偏害共生的负外部性或囚徒困境的结果。从日本在近代历史路径选择上考察发现，日本的选择思维模式往往是：为了自身的利益从不考虑他国利益，或者为了不让他国获得更大利益，宁肯牺牲自己的局部利益。

围绕日本在东亚共同体构建中的摇摆我们更多看到，一些日本政治家似乎一直在试图寻找一条偏利共生的道路，即一方面日本积极加强与中国及东盟之间的贸易合作，从东亚区域合作中大获贸易红利；另一方面，日本极力遏制中国，一边依靠美国打压中国，一边拉拢印度、澳大利亚及东盟国家，尽量压制中国的话语权和掣肘中国的周边环境。

温家宝总理在东亚峰会上发言中指出："只有尊重他人，才能得到他人的尊重；只有帮助别国，才能得到别国的帮助；只有维护和促进共同发展，才能实现自身繁荣。"①正如菅直人所说，日本正处在历史的分水岭上。日本是否能够做出正确的路径选择，这依赖于当代日本政治家们的战略智慧，同时也依赖于日本现行政治体制的运行机制。

## 二、"文明冲突"还是"文明共生"——"一带一路"背景下中日合作与竞争的行动逻辑

中国政府提出的"一带一路"和亚洲基础设施投资银行的建设倡议，不仅得到了周边亚洲国家的积极响应和广泛参与，也极大牵动了发达国家的战略神经。英国、法国、德国、意大利等西方国家的加入，深刻冲击了国际政治经济的旧有秩序，宣告了工业化时代"文明冲突"理念的穷途末路，预示着"文明共生"的互利共赢时代的来临。②

"一带一路"建设倡议激发了亚洲基础设施投资热潮，引起了中日两国政府和企业在亚洲地区的广泛合作与竞争，并推动国际政治经济秩序走向重构。我国应该秉持信息时代"文明共生"的发展理念，充分发挥亚投行的诱导作用，促进亚洲基础设施投资，潜心打造"一带一路"建设的发展支点，努力实现内陆经济与"一带一路"建设的实质性对接，通过构建陆权、海权共重的战略格局，为亚洲地区的和平与发展创造条件，推动"文明共生"理念下的国际秩序重构。

① 温家宝：《温家宝出席东亚峰会并见证多项合作文件签署》，中国新闻网，2009 年 10 月 25 日。

② 葛剑雄、林毅夫等：《改变世界经济地理的"一带一路"》，上海交通大学出版社，2015 年，第 42—44 页。

### 1．“文明冲突”“文明共生”与国际秩序重构

20世纪90年代，基于“文明冲突”的理念，亨廷顿提出国际秩序重构理论，曾经深刻影响了美国等西方国家的全球战略和世界地区安全。该理论是在默认西方文明与非西方文明的差异、矛盾和冲突的基础上，试图构建以西方文明的先进性、普适性为前提的国际政治经济新秩序。按照亨廷顿的“文明冲突”逻辑，未来的世界可以划分为几个相互冲突的文明，而伊斯兰文明和中华文明将对西方文明构成重要威胁。①

亨廷顿所谓的“文明冲突”，实际上是以工业化时代组织、国家、民族、地域以及文化等之间的对立为前提，是在工业现代化基础上的人类社会行动能力、组织能力被无限放大后而形成的地域性、组织性对抗。工业革命的巨大能量在为人类社会带来丰富财富的同时，也造成或大大加剧了组织间、地区间、民族间或国家间的差异、矛盾和冲突。一方面，工业化引起了人的能力和力量的极大扩张，由此上升为组织、民族、国家或区域之间的力量差异，进而导致了群体之间的特殊利益诉求及其纷争，有时演化成地域性、民族性、国家性的发展不均衡和利益冲突。另一方面，伴随着工业现代化，并没有出现全球性信息沟通和文化交流的同步化、大众化和对称化，人类个体之间、群体之间、组织之间存在着严重的信息不对称性和交流误区，加之各地历史发展过程中长期形成的文化习俗差异，在特定的政治条件下，往往演化为组织间的高度不协调、冲突甚至战争。

亨廷顿的“文明冲突”理论虽然并不排除人类群体、民族、国家之间的合作和结盟，但这种合作和结盟是以对付共同敌人和获得共同利益为目的，而且时刻伴随着大规模的组织对抗、民族对立和国家冲突。“文明冲突”的逻辑常常是以牺牲他人或组织的利益为前提，是典型的零和博

① 赛缪尔·亨廷顿：《文明的冲突与世界秩序的重建》，周琦、刘绯、张立平、王园译，北京：新华出版社，1998年。

弈或负和博弈，其结果往往是发达国家借助自己的人才、资金、技术等国力优势，凭借既定的世界体系、制度模式、交易框架甚至价值观念或意识形态等手段，使落后国家遭受变相掠夺、奴役甚至屠杀，使发展中国家最终难以摆脱贫穷和落后。

亨廷顿的“文明冲突”理论过分夸大了人类之间的对立、冲突，过分强调了民族、国家和文明之间的矛盾和利益纷争，而未能全面认识文明之间的交流历史和融合现实，未能准确判断信息化时代人类社会演进的潮流和趋势，特别是没有认识到信息化对人际关系、组织关系、国家关系等带来的重大冲击，以及由此引发的思想变化、社会变革与文明融合。进入 21 世纪以后，美国全球战略的不断失败，恐怖主义的全球蔓延，中东战火的连绵不断，多边谈判机制的长期停滞等，足以说明西方国家主导的国际旧秩序已经遭遇了严峻挑战。在经济全球化、区域自由化的大趋势下，伴随着以中国为首的发展中国家的不断进步，由西方发达国家主导的国际金融体制、国际贸易体制已经难以适应时代发展要求，基于“文明冲突”逻辑下的国际秩序重构日益走向穷途末路。

基于人类文明进步的时代特点，我们可以将世界文明史划分为文明孤立的农业时代、文明冲突的工业时代和文明共生的信息时代。基于信息时代的“文明共生”，是指各个国家、地区、民族、社区、部落之间，在彼此尊重文化传统和文明习惯基础上的文化交流、文明融合和互利共赢。① 信息化时代的文明共生是以广域的、即时化的人际交流和信息沟通为前提，是人类社会全面发展的必然产物。相比于工业化时代，人际距离和信息不对称将大幅缩小。人类交流信息的互联互通、即时化、大众化极大消除了工业化时代形成的组织壁垒，大大促进了地区、民族、国家和文明之间的沟通、交流、合作和创新。②

“文明共生”的发展逻辑是对工业化时代“文明冲突”逻辑下的国际

---

① 苏国勋：《全球化背景下的文化冲突与共生》(上、下)，《国外社会科学》2003 年第 3、4 期。

② 阿芒·马特拉：《世界传播与文化霸权——思想与战略的历史》，陈卫星译，北京：中央编译出版社，2005 年。

旧秩序的否定和重构。在“文明共生”的发展逻辑下，并不排除某些文明冲突的现实存在，但这些冲突是在承认人群、民族、国家等差异之上现实认知的反应。“文明共生”理念的根本点在于，在承认差异、对立和冲突的前提下，寻找大家可以共同接受的联络点、合作点和发展点。① 文明共生是一种帕累托最优，它不是零和博弈，而是一种互利双赢的正和博弈。

伴随着信息化时代的到来和发展，人群之间、民族之间、国家之间存在的最广泛的经济合作、人际往来和文化交流必将成为维系国际秩序的主体。作为构建未来国际秩序的一个重要支柱和途径，将是建立在信息化基础上的海陆交错的互联互通。② 如果说工业革命开始于蒸汽时代的铁路建设，后工业化时代得益于航海技术、汽车技术和航空技术的大发展，那么信息时代的高速铁路技术则可能成为沟通陆路国家“文明共生”桥梁、化解“文明冲突”的重要生命脉络。

2013 年，中国政府秉持“和平合作、开放包容、互学互鉴、互利共赢”的理念，提出了“一带一路”的共建倡议，旨在通过全方位推进务实合作，打造政治互信、经济融合、文化包容的利益共同体、命运共同体和责任共同体③。“一带一路”建设不同于过去发达国家依据自身的价值判断而设计的“支援”模式，它是真正反映发展中国家、亚洲国家现实需求的协商合作模式，不附加任何政治要求和价值判断，通过各参与主体之间的共商、共建、共享，促进地区间国家的共同发展，打造人类发展的“文明共生”模式。④

### 2. “一带一路”背景下的中日关系新常态

20 世纪 90 年代以来，马来西亚、日本、韩国、中国等都曾经努力推动

① 哈拉尔德·米勒：《文明的共存——对赛缪尔·亨廷顿“文明冲突论”的批判》，郦红、那滨译，北京：新华出版社，2002 年。

② 托马斯·弗里德曼：《世界是平的：21 世纪简史》，何帆、肖莹莹、郝正非译，长沙：湖南科学技术出版社，2006 年。

③ 金立群、林毅夫：《“一带一路”引领中国》，北京：中国文史出版社，2015 年，第 1—12 页。

④ 王义桅：《“一带一路”：机遇与挑战》，北京：人民出版社，2015 年，第 18—22 页。

东亚地区的区域合作，并形成了一系列强化区域合作的协议和机制。然而，直至今日，亚洲地区始终未能真正建立起稳定的区域性合作组织。究其原因，根本在于美国和日本。美日两国基于自身利益和冷战思维，长期推动亚洲地区的零和博弈。中国提出的“一带一路”建设倡议或许可以成为化解亚洲地区零和博弈的破局之策。

“一带一路”和亚洲基础设施投资银行的倡议得到了世界各国的广泛认同和支持。然而，与英、法、德等欧洲国家的积极参与不同，曾经长期充当亚洲领头雁的日本，虽然深知扩大亚洲基础设施投资的必要性，却对中国提出的“一带一路”、亚投行建设倡议反应冷淡，充满质疑，并主动放弃了参与创建亚投行的机会。与此同时，日本却积极利用亚洲开发银行、国际协力机构以及ODA等形式，与亚投行等展开公开的竞争。在“一带一路”建设的大背景下，中日关系正在全面进入新的历史时代。

第一，从经济格局上看，2010年，中国GDP超过日本，成为世界第二经济大国。经过五年发展，到2015年中国经济规模已经达到日本的两倍。然而，在工业技术水平、产业结构布局和市场成熟度等方面，中国与日本相比依然存在较大差距。中日经济具有较大的互补性，中日企业之间存在着广泛的合作空间，同时中日两国在国际市场已经开始了激烈竞争。

第二，从对外关系角度看，经历了30年左右的中日友好时代后，进入21世纪，中日之间出现了诸多矛盾和冲突，围绕历史问题、钓鱼岛问题等曾经一度关系极度焦灼，大有擦枪走火之势。近年来，中日关系虽然有所缓解，实现了首脑会晤和高层互访。但是，导致中日关系紧张的各种症结依然存在，许多问题难以在短期内加以简单解决。因此，中日之间可能会在一定时间内处于貌合而神离的对峙状态。

第三，中国提出的“一带一路”建设倡议，具有从陆权到海权两个角度全方位开展包容性对外合作的特点，这对于一直自视为亚洲经济的领头雁，且仅具有海洋优势的日本来说，无异于如鲠在喉。日本既希望通过广泛参与亚洲开发，充分开拓海外市场，又十分担心陷入中国主导的合作格局之中。为此，日本一方面大力开展东南亚外交，极力挑拨中国同周边关系；一方面又积极推动日美 TPP 谈判，借此冲淡和牵制中国的“一带一路”建设，进而减少来自中国的压力。

“一带一路”建设是在“文明共生”理念基础上对国际秩序重构的一种积极探索。这种探索从理论上势必挑战西方倡导的“文明冲突”模式，从现实上则威胁美日长期主宰的亚洲旧秩序，由此必然引发中国与美国、日本之间的矛盾和冲突。事实上，由中国牵头的亚投行建设和“一带一路”建设的顺利推进，在一定程度上已经打破了美日欧主宰国际金融体系的传统格局。在一定时期内，如果中日之间的国际经济合作不能取得实质性进展，那么，亚洲将可能迎来一个中日各自主导、欧美选择性参与、亚洲其他诸国渔夫得利的恶性竞争局面。与之相反，如果中日之间能够达成一定程度的默契、妥协，特别是在第三国市场建立某种形式上的合作，则不仅为亚洲乃至世界经济发展和社会稳定做出重要贡献，而且也会极大增强中日两国各自的经济实力和发展机遇。

### 3.“文明冲突”影响下的日本战略定位

面对信息化时代国际秩序的重大历史转变，基于“文明冲突”逻辑下的外交战略日益走向穷途末路，必将代之以“文明共生”逻辑下的协商、合作和共赢。然而，由中国提出的“一带一路”建设和亚投行建设的倡议，曾经极大刺激了东亚大国日本的战略神经，使其表现得异常亢奋、焦躁和狐疑。一段时间内，日本政府确定的外交战略定位表现为：坚定背靠美国，有针对性地盯住中国，全力争夺亚洲市场。

#### （一）主动放弃亚投行

2013 年，中国提出亚投行建设倡议后，曾经向日本抛出了热诚的邀请。但是，日本政府对此报以长期的冷漠甚至敌视。安倍政权高度质疑亚投行的透明性和治理模式，强调“从恶劣的高利贷处借钱的企业最终将失去未来”，日本不会在还留有疑问的情况下加入亚投行。亚洲开发银行总裁中尾武彦则主张对“中国主导的投资银行可以置之不理”。日本内阁参与饭岛勋更直接指出:“亚洲基础设施投资银行是中国的圈套。”然而,亚投行筹备的顺利推进大大超出了日本的预判。截至 2015 年 4 月 15 日,共有 57 个国家正式成为亚投行意向创始成员国。英国、法国、德国、意大利、韩国、俄罗斯、澳大利亚等国的先后加入,使亚投行涵盖了除美国、日本、加拿大之外的主要西方国家。

关于日本最终放弃成为亚投行创始国,一些媒体解读为日本政府的情报纰漏和形势误判。事实上,对于日本来说,其最大顾虑在于中国在亚投行中的主导权问题。作为百年来一直傲居亚洲第一的日本,虽然深知中国经济潜力和中国崛起的不可阻挡,深知中日关系发展的重要性,却难以简单接受中国崛起的事实,难以自我消除被中国超越的内心纠结。应该说,日本始终没有做好加入中国主导的国际机构的心理准备。因此,日本选择不加入亚投行,并不是简单的情报纰漏和形势误判,而是基于地缘政治和日美同盟关系基础的不作为的战略选择。这在一定程度上反映了日本当局对世界局势发展的认知能力和传统冷战思维下的保守心态。日本不能承受中国的和平崛起,更拒绝接受中国对国际事务的领导。

### (二) 独立推进亚洲投资计划

对于亚投行的建设,虽然日本政府和财界态度冷淡和消极,但日本产业界出于拓展海外市场的需要,则迫切希望分享“一带一路”建设的发展红利,因而猛烈抨击日本政府的亚投行政策。为了平息社会各界的质疑,确保日本在亚洲的竞争优势,增强日本对亚洲事务的发言权,2015 年 5 月 21 日,安倍政府宣布:五年内向亚洲地区提供 1100 亿美元的“高质量基础设施投资”。日本政府计划通过亚洲开发银行、国际协力银行、国际协力机构及其与民间企业的合作,动员各种经济支持工具,包括无偿技术支持、无偿资金援助等模式,迅速加大对亚洲基础设施的投资规模。与此同时,安倍政府高调主张“高质量亚洲基础设施建设”,并一再声称“买便宜货等于扔钱”,不失时机地夸耀日本产品的技术和质量优势,其弦外之音尽在不言中。

当然，日本所谓1100亿美元并非全部新增投资，而是在原有日本对外投资基础上大幅增加30%的结果。这些资金将通过日本传统的对外投资渠道，如亚洲开发银行、国际协力银行(JBIC)、国际协力机构(JICA)以及与民间企业合作等渠道加以落实。其中包括日本主导的亚洲开发银行投资530亿美元，JBIC和JICA分别增资200亿美元和335亿美元，并大幅增加ODA低息融资和无偿援助资金。

日本一方面主动放弃成为亚投行创始会员国，一方面又突然加大亚洲基础设施投资，独自撑起亚洲基础设施投资的大旗，而全然忘记其亚投行加入问题上一直强调的投资风险。日本政府和金融机构一再降低贷款利息，甚至提供零利率支持，承诺放弃知识产权要求、无偿提供技术支持等，其用意十分明显，即全面针对即将成立的亚投行。日本试图通过加压中国及中国主导的亚投行，进而增加亚投行的投资风险，激化亚投行的内部矛盾，其搅局心理和故意刺激成分昭然若揭。

日本放弃加入亚投行和独立大幅增加亚洲基础设施投资表明，在亚洲开发和合作问题上，日本确立了全面针对中国的竞争架势。亚洲地区尤其是中国周边地区，或将成为中日两国经济角逐的主战场。为了保持对中国竞争的质量优势、技术优势、资金优势和管理优势，日本将不惜以牺牲自己的局部利益为代价，全面冲击中国的产品、项目和合作。日本试图利用亚洲基础设施投资带动地缘政治性投资，甚至通过恶意竞争手段压制中国，牵制中国的"一带一路"建设和亚投行的未来运营。

### （三）全面围堵中国的遏制外交

近年来，中日之间围绕历史问题、靖国神社问题和钓鱼岛问题等矛盾和冲突不断加剧。日本政府不断渲染中国威胁，挑拨中国与周边国家的关系。日本积极拉拢越南、菲律宾等国家在南海地区选边站队，制造混乱，搅局中国。围绕高铁线路建设和其他基础设施项目，中日之间展开了针锋相对的激烈竞争。在东亚区域合作方面，日本消极对待中日韩FTA谈判，并将中国置于FTA谈判末位。与此同时，日本政府则积极推进对美TPP谈判，借此削弱和抑制中国的"一带一路"建设。

为实现孤立中国的目的，日本曾经在中国周边地区大力推动“价值观外交”，即联络东南亚、中亚、中欧、东欧等具有相同“价值观或意识形态”的国家，倡议建立“自由与繁荣之弧”，形成对中国的包围圈，进而拓宽日本外交地平面。在日本的“价值观外交”遭到冷遇和挫折后，2013年，安倍政府又提出了所谓“积极和平主义”，强调整合日本外交和国家安全战略，“从基于国际协调的积极和平主义立场出发，更进一步参与到世界和平、稳定和繁荣”。其根本目的在于，借助参与国际协调行动的名义，摆脱战后体制的束缚，彻底修改和平宪法，谋求成为军事大国。①

在湄公河流域，日本加紧对中国周边国家的诱导和支持，先后出台了一系列湄公河流域行动计划和战略。2015年7月4日，日本与湄公河流域国家举行首脑峰会，通过了《2015年新东京战略》，强调“日本与湄公河领域国家将合作实现该区域‘高质量发展’，以应对该区域内庞大的基建要求，强化区域内外联系，完善投资环境等”，宣布三年内向湄公河流域提供7500亿日元ODA。日本加强与中国周边国家的经济合作与交流，增加对湄公河流域基础设施投资，本无可非议，而且事实上对亚洲地区开发也具有一定的促进作用。然而，日本对中国周边国家的投资和援助背后，总是有意掺入某些直接针对中国的成分，以实现其遏制、围堵和搅局中国的战略意图。在《2015年新东京战略》中，日本坚持加入针对中国南海的词句，“与会国注意到了对可能使局势更加复杂，损伤信赖和信用，损害区域和平、安全与稳定的南海近期动向的关切”。

（四）“文明冲突”理念下的零和博弈

作为亚洲第一个成功实现了近代化转型，并创造了战后经济奇迹的发达国家，日本社会形成了强烈的民族优越感和自豪感。长期以来，日本一直梦想成为政治大国、文化大国，然而，岛国情结下的战略短视和文化狭隘极大束缚了日本人的视野和行动，导致日本的战略目标与时代需

---

① 冯并：《“一带一路”：全球发展的中国逻辑》，北京：中国民主法制出版社，2015年，第144—162页。

求充满矛盾和冲突，有时甚至背道而驰。日本一方面希望通过维护日美同盟关系，借助美国敲打和遏制中国；一方面又试图借助日中关系紧张，突破集体自卫权，修改宪法，进而摆脱美国的控制，实现正常国家的梦想。日本一方面将对外战略的基点孤注于美国，一方面却又将经济利益的焦点聚集于中国和亚洲。日本既希望获得中国的市场利益，又绝不放松对中国的严格技术封锁；既要分享中国经济高速增长的现实利益，又想尽量遏制中国的发展速度和发展水平。

日本梦想自己一直是引领亚洲潮流的领头雁，而其他国家则只能充当雁行阵式的侧翼和尾雁。近年来，中国的和平崛起，使日本感到十分的局促不安，并深陷丧失亚洲领导地位的惶恐之中。面对"一带一路"建设的超级市场，面对亚洲基础设施开发的广袤空间，日本无法无视日中经济之间的巨大互补性和广阔合作前景，但日本又拒绝与中国一起共同探索互利共赢的合作途径，而且还往往将中国视为其获取亚洲利益的最大假想敌，全方位对中国展开零和博弈，甚至是负和博弈。如果说美国对华战略的立足点在于"不损害美国利益"，那么，日本对华战略的出发点则在于"不扩大中国利益"。为此，日本甚至不惜牺牲自己的局部利益。日本之所以对中国的和平崛起如此惶恐、担心和妒忌，之所以对"一带一路"建设如此的冷漠、怀疑和焦虑，根本原因在于：日本一直无法忘记高速增长成就带来的辉煌和骄傲，一直不能摆脱工业化时代养成的冷战思维，一直迷恋和执着于"文明冲突"的行动逻辑，一直不能正视"文明共生"的时代趋势，一直难以接受"互利共赢"的时代精神。

### 4．"文明共生"理念下的"一带一路"

2010年是中国超越日本成为世界第二大经济体的元年。21世纪前十年，不仅成为中日历史关系进入"新常态"的开端，也将成为国际社会走向"新常态"、新秩序的起点。为了继续维持其对中国的绝对竞争优势，日本采取了全方位围堵、遏制和刺激中国的外交战略。未来中日之间的激烈竞争虽然不可避免，但是，在"一带一路"建设过程中，我们应该冷静判断亚洲地区的现实需求，把握大局，稳步推进；在充分开展市场竞争的同时，努力推进中日之间的多方面合作，积极探索“文明共生”理念下的互利共赢的发展新模式。①

（一）充分发挥亚投行的诱导作用

亚投行建设从倡议到签约，正在由梦想变为现实。伴随着亚投行的成立，中国将在亚投行中担负发起国、最大股东、核心成员的责任和义务。实现亚投行有效治理和高效运转，既是中国“一带一路”建设的战略性尝试，又是对中国牵引亚洲发展能力和力量的考验。在亚投行建设中，中国应该基于“新常态”下的战略思维，在合作中学习，在学习中合作，努力构建公开透明的治理机制，有效调整利益各方的合理诉求，借此提高中国主导国际合作的领导力、政策力和操控力。

亚投行成立在世界经济发展史上具有里程碑性质，它是由新兴经济体走上世界舞台的重要标志。亚投行的战略价值大于经济利益。针对亚洲国家的复杂权力结构以及来自欧洲、日本、印度等国的反制因素，中国对亚投行的运行绩效不要期望过高。努力发挥亚投行的资金诱导作用和现实协调作用，将其置于中国探寻国际沟通渠道、合作途径和建立互信平台的地位，是我国对亚投行建设的现实目标追求。亚投行应该成为中国对外联络沟通的重要途径，而不是国家战略布局本身。

伴随着国际经济形势的发展和国际政治走向的变动，未来日本可能会申请加入亚投行，也可能借助日中合作形式踏上“一带一路”建设这条船，以实现其在陆权和海权上的同时“出海”。对于未来“一带一路”建设的具体合作项目，应该提前制定相关预案，充分评估日本政府、日本企业参与“一带一路”建设的现实途径和战略价值，制定相应的投资、技术、市场对策，特别是展开对第三方国家合作的充分调查和论证。

（二）打造“一带一路”的发展支点

“一带一路”建设是一个跨越多个国家、多个民族的长期发展规划，

① 王立新：《踌躇的霸权：美国获得世界领导地位的曲折历程》，《美国研究》2015年第1期。

是在“文明冲突”逻辑遭遇严峻挑战条件下，基于“文明共生”的发展理念而对“互利共赢”的合作模式的积极探索。“一带一路”建设是一个宏大的文明发展工程，短期内难以取得立竿见影的明显效果。因此，应积极倡导“一带一路”建设的战略构想，谋划切实可行的合作途径和推进方策，认真探寻“一带一路”建设的行动支点，在“文明共生”的理念指导下，努力探索各国之间合作共赢的行动机制。

（三）构建沿海与内陆联动的发展格局

亚投行作为中国倡议成立，并由部分发达国家参与的国际金融组织，是“一带一路”建设的先行者和战略尝试。57 个创始会员国之间的签字本身说明，西方世界主宰的国际金融秩序开始松动，中国已经开始踏入国际金融话语权国家的行列，同时也侧面印证了“一带一路”建设的广阔发展空间。

“一带一路”作为贯通亚欧大陆乃至联通世界的战略布局和发展愿景，其真正建成需要多个国家的长期协调努力。现阶段的主要着力点在于倡导、推动和支持。伴随着亚欧大陆桥建设、高铁建设、能源通道建设和海上丝绸之路的不断深入，可能产生中国内陆与沿海地区的联动效应。对于亚洲地区来说，不管这些投资来自亚投行的支持，还是日本或亚洲开发银行的支持，事实上都可以纳入“一带一路”建设的宏伟蓝图之中，都会给亚洲地区带来广泛的经济合作、人文交流和发展机遇。① 只有真正建立起沿海和内陆全面贯通的国家合作格局，才能真正提高“一带一路”建设的“文明共生”能力。

## 5. 借助“一带一路”建设，探索“文明共生”的国际秩序重构

在亚洲地区，中国与日本、美国、印度等大国之间的竞争是长期的、战略性的，难以短期发生根本性转变。中日之间的合作与竞争，矛盾和冲突，并不是简单用批评、道歉、会谈，或者签订战略伙伴关系协定等所

① 王玉主：《“一带一路”：与亚洲一体化模式的重构》，社会科学文献出版社，2015 年。

能立刻解决的。中日两国内部长期积累的各种历史因素、文化因素，配之当代的经济因素、政治因素、国际因素等，共同影响着中日关系的变化与发展，并最终决定着中日竞争与合作的模式和方法。

伴随着中国经济的长期高速增长，中日经济关系的历史性逆转，日本经济近 20 年的长期低迷，使日本社会普遍弥漫着一种难以言表的焦虑、惶恐和不安。过去几年中，日本有些主流媒体为了迎合日本社会的焦躁心理，曾经在中日关系问题上大做文章，刻意宣传中国的负面形象，导致日本社会对中国的整体好感大幅下降，厌恶和敌视情绪在不断上升，一定程度加剧了日本社会的右倾化趋势。因此，要充分认识现实中日关系的复杂性、长期性和历史根源性。

对于亚洲地区来说，不管由谁投资，只要是投资于亚洲地区的基础设施，则必会大大改善当地的经济环境和提升发展潜力。对于中日两国来说，如果能够达成某种战略默契，建立某种形式的合作机制，可以发挥各自在资源、技术、专利、人才等方面的优势，形成优势互补，为亚洲乃至世界文明发展打造一个互利共赢的建设平台。①

因此，我们应努力讲好“一带一路”的故事，让中国和世界充分了解“一带一路”，动用各种有限力量积极参与“一带一路”建设，尤其要动员和诱导发达国家大力投资亚洲基础设施建设，借助“一带一路”建设，真正实现“文明共生”理念下的国际秩序重建。

① 李向阳：《“一带一路”：定位、内涵及需要优先处理的关系》，社会科学文献出版社，2015 年。